文化社会学入門

―― ◆ テーマとツール ◆ ――

井上 俊／長谷正人
編著

ミネルヴァ書房

はじめに

1 テーマとツール

　本書は，文化社会学の教科書・入門書として編まれました。「文化社会学」という言葉は，社会学の歴史の上では，特定の方法論的立場（社会的相互作用の形式を重視する「形式社会学」の抽象性を批判する立場）を意味することもありますが，現在では，文化現象を扱う社会学という広い意味で用いられるのが普通です。しかし，この意味での文化社会学の輪郭は少し曖昧で，どうも「教科書」的な体系になじまない性質を持っています。そこで本書も，体系にはあまりこだわらず，文化社会学が扱うさまざまな具体的テーマと，それらをうまく扱うためのツールについての説明を中心に構成することにしました。

　テーマについては，現代文化の動向をやや一般的に扱う「Ⅰ　文化変容の現在」と，文化をめぐる多様なトピックス（たとえばコンビニの文化，デジカメという文化，美容・化粧の文化，笑いの文化，クリスマスの文化，学校と工場の文化などなど）を各論的に取り上げる「Ⅱ　現代文化の諸相」との2部構成にしました。そして，テーマを分析・探究するためのツール（視点・方法・概念など）については「Ⅲ　文化社会学の道具箱」にまとめました。

2 ヒントと展開

　講義のテキストとして用いるにせよ，参考書として利用するにせよ，本書はどこからはじめても，どのような順序で進んでもよいように作られています。興味と必要に応じて，つまみ食いや拾い読みを楽しみながら，また先生に質問したりゼミで議論したりしながら，文化社会学という自由な知的営みのコツを身体感覚的につかんでほしい。そして自分なりに探究したいテーマを発見し，考えを深めていってほしい。編者たちは，そう考えました。いわば本書は，読者の皆さんがそれぞれに独自のアイディアをつかむためのヒント集のようなものといえるかもしれません。

　そして，コンビニの文化はどうやらデパートの文化とは違うらしいとか，クリスマスはキリスト教とは関係なくショッピングの文化として世界中に広がったようだとかいった「ヒント」から，さらに考察を進めていくためには，それぞれのトピックスの側注に示された文献情報や「道具箱」のセクションが役に立つでしょう。

　「道具箱」には，文化社会学の代表的な下位分野とされてきた宗教社会学・芸術社会学・教育社会学・知識社会学などだけでなく，広く隣接・関連領域の考え方も含めましたので，たとえばコンビニやデパートを雑誌がどのように語ってきたかについての「言説分析」，ショッピングの文化についての「ジェンダー・スタディーズ」など，さまざまな展開が可能です。その意味で，文化社会学は独立した一個の学問体系というより，むしろ多様な関連学問の重なりあいのなかで具体的な文化現象に沿って営まれている雑種的な学問であるともいえるでしょう。

3　日常文化と芸術文化

　文化社会学が扱う「文化」には，大まかにいって二種類のものがあります。ひとつは，ある社会の生活様式の総体としての「文化」です。たとえば文化人類学者は，いわゆる未開社会の小さな村を訪れて，その村の家族や労働や恋愛やお祭りなどのありようを「文化」として詳細に調べ上げてきました。その多くは，そこで社会生活を営んでいる本人たちにとっては，ごく当たり前の習慣や考え方でしかないでしょう。しかしその当たり前の習慣や考え方こそが，他の文化に所属する人びとからは興味深く見えるのです。ですから私たちが日本の現代文化を分析するときも，自分たちの生活習慣（たとえば正月の過ごし方，メールの作法，通販ショッピングの楽しみ方など）を，あたかも異邦人になったかのような目線で珍しいものとして捉え直してみると，いろいろと新しい発見があるでしょう。

　こうした日常生活としての「文化」に対して，人びとがただ平凡な日常生活を営むだけではなく，もっと精神的に豊かな生活を送りたいと考えて営むような活動を「文化」と呼ぶこともあります。コンサートや展覧会に行って音楽や美術に触れるとか，映画や演劇を見るとかいったことがそうです。こうした芸術としての文化は，日常生活から離脱したいという欲望を孕んでいるという意味で，日常としての文化とは対立するように見えます。

　しかし，たとえば弁当箱にプリントされたアニメのキャラクターは，ある意味では子どもたちが退屈な日常生活から離脱するための魔法の呪文だともいえますし，逆にごく普通の日常的な生活文化のなかにその一部として組み込まれているものともいえます。つまり現代のようにメディア文化が日常生活のなかに深く行き渡った社会では，両者は重なりあい，絡みあって存在しているのです。その二つの文化の重なり方を分析するのが，現代にふさわしい文化社会学の仕事のひとつだといえるかもしれません。とくに「Ⅰ　文化変容の現在」では，そういう視点が意識的に採用されていますので，ご参照ください。

*　　　　*　　　　*　　　　*　　　　*

　教科書として，参考書として，あるいは一種の読む事典として，本書が文化社会学への入口として役立つこと，そして文化社会学の豊かさと楽しさをうまく皆さんに伝えられることを願い，さらに皆さんをそれぞれに独自の探究へと導くきっかけとなることを心から願っています。

　最後に，編者たちの企画に賛同して形式上の制約の多い（つまり書きにくい）原稿をお寄せくださった執筆者の方々，また煩瑣な編集作業を辛抱強く担当してくださったミネルヴァ書房編集部の河野菜穂さんに厚くお礼を申し上げます。

2010年9月20日　　　　　　　　　　　　　　　　　　　　　　　　　　井上　俊・長谷正人

もくじ

はじめに

I 文化変容の現在

1 テーマパーク化する都市 ………… 2
2 パーソナル化するメディア ……… 6
3 コンテンツ化する芸術 …………… 10
4 イメージ化する日常生活 ………… 14
5 サービス化するコミュニケーション …………… 18
6 グローカル化する文化 …………… 22

II 現代文化の諸相

1 消費社会の文化

A 都市の文化

1 ストレンジャーの文化 …………… 28
2 喫茶店・カフェの文化 …………… 30
3 コンビニの文化 …………………… 32
4 ストリートの文化 ………………… 34
5 24時間の文化 ……………………… 36

6 オタクの文化 ……………………… 38

B メディアと情報の文化

1 マスメディアのゆくえ …………… 40
2 うわさの文化 ……………………… 42
3 ファンの文化 ……………………… 44
4 電話文化の変貌 …………………… 46
5 デジカメという文化 ……………… 48
6 インターネットという文化 ……… 50

C アートの文化

1 芸術という文化 …………………… 52
2 近代文学と大衆小説 ……………… 54
3 ハリウッド映画という文化 ……… 56
4 ポピュラー音楽の文化 …………… 58
5 デザインの文化 …………………… 60
6 アニメ・マンガの文化 …………… 62

D 身体の文化

1 スポーツ文化 ……………………… 64
2 ファッション文化 ………………… 66
3 美容・化粧の文化 ………………… 68
4 フィットネスの文化 ……………… 70

5　健康をめぐる文化 …………… 72

E　娯楽の文化
　　1　観光の文化 ……………………… 74
　　2　ショッピングの文化 …………… 76
　　3　ゲームの文化 …………………… 78
　　4　笑いの文化 ……………………… 80
　　5　カラオケという文化 …………… 82
　　6　ギャンブルの文化 ……………… 84
　　7　性風俗をめぐる文化 …………… 86

2　日常生活の文化

A　暮らしの文化
　　1　食生活の変容 …………………… 88
　　2　住まいの文化 …………………… 90
　　3　洋服／和服の文化 ……………… 92
　　4　地域という文化 ………………… 94
　　5　出産と育児の文化 ……………… 96

B　つきあいと儀礼の文化
　　1　友だちの文化 …………………… 98
　　2　恋愛の文化 ……………………… 100
　　3　贈り物の文化 …………………… 102
　　4　クリスマスの文化 ……………… 104
　　5　職場づきあいの文化 …………… 106
　　6　結婚式の文化 …………………… 108

　　7　祭りの文化 ……………………… 110

C　ライフコースの文化
　　1　子どもの文化 …………………… 112
　　2　少年・少女の文化 ……………… 114
　　3　若者文化 ………………………… 116
　　4　オジサン・オバサンの文化 …… 118
　　5　老年の文化 ……………………… 120
　　6　死の文化 ………………………… 122

3　グローカル社会の文化

A　国民国家の文化
　　1　国民国家という文化 …………… 124
　　2　学校と工場の文化 ……………… 126
　　3　近代家族という文化 …………… 128
　　4　逸脱と統制の文化 ……………… 130
　　5　社会運動をめぐる文化 ………… 132
　　6　監視の文化 ……………………… 134
　　7　マイノリティの文化 …………… 136

B　グローバル化する文化
　　1　万国博とオリンピック ………… 138
　　2　文化のアメリカニゼーション … 140
　　3　越境するメディア文化 ………… 142
　　4　世界遺産という文化 …………… 144
　　5　エスニシティという文化 ……… 146

6　グローバル・リスクをめぐる文化… 148

　　7　グローバル化と公正価値……… 150

Ⅲ　文化社会学の道具箱

1　社会学の伝統

　　1　宗教社会学……………… 154

　　2　芸術社会学……………… 156

　　3　教育社会学……………… 158

　　4　知識社会学……………… 160

　　5　歴史社会学……………… 162

　　6　余暇・遊びの社会学………… 164

　　7　スポーツ社会学……………… 166

　　8　日本文化論・比較文化論……… 168

2　隣接・関連領域から

　　1　文化人類学……………… 170

　　2　構造主義………………… 172

　　3　文化記号論……………… 174

　　4　言説分析………………… 176

　　5　精神分析………………… 178

　　6　マルクス主義…………… 180

　　7　カルチュラル・スタディーズ… 182

　　8　ジェンダー・スタディーズ…… 184

　　9　民俗学・考現学・風俗学……… 186

　　10　メディア論……………… 188

　　11　視覚文化論……………… 190

3　文化を考えるための補助線

　　1　文化と自然……………… 192

　　2　文化と身体……………… 196

　　3　文化と性・ジェンダー………… 200

　　4　文化と階級……………… 204

　　5　文化と権力……………… 208

　　6　文化とテクノロジー…………… 212

関連文献年表……………………… 216

事項索引…………………………… 226

人名索引…………………………… 232

第 I 部

文化変容の現在

1 テーマパーク化する都市

菊池哲彦

1 「都市」と「テーマパーク都市」

　都市は，これまでさまざまなかたちで定義されてきましたが，シカゴ学派都市社会学のルイス・ワースの定義をふまえるならば，相対的に人口量が大きく，密度が高く，異質性の高い集落ということになります。このような都市においては，さまざまな生が混在しています。華やかな消費生活，貧困，洗練された高級文化，サブカルチャー，性，地下文化などなど。都市のこうした雑多さは怪しげではありますが，同時に「盛り場」的な魅力でもあります。

　一方，テーマパーク的なあり方をする都市としての「テーマパーク都市」の魅力はどのようなものでしょうか。テーマパークとは，何らかのテーマのもとで空間が演出された観光施設であり，その魅力は，テーマに貫かれた空間の快適さ・快楽を享受することです。テーマパーク都市においても，テーマパークと同様，空間の快適さ・快楽がその重要な魅力であるといえるでしょう。

　では，都市でもありテーマパーク的でもある「テーマパーク都市」において，都市の「異質性の高さ」とテーマパークの「快適さ・快楽」はどのような関係にあるのでしょうか。建築家のマイケル・ソーキンは，テーマパーク都市の特徴を，場所的固有性の消失（非地理化），監視・管理の徹底（セキュリティ化），際限なきシミュレーション（演出の徹底）という3点に整理しています。「快適さ・快楽」というテーマパーク都市の魅力を考えるとき，「演出の徹底」と「セキュリティ化」という特徴は重要です。この2つの特徴に注目して，テーマパーク都市における異質性の高さと快適さ・快楽との関係を考えてみましょう。

2 空間演出の徹底

　テーマパーク都市の魅力と空間演出の関係について考える前に，まず，テーマパークにおける空間演出とそこでの快適さ・快楽との関係を，東京ディズニーランド（以下TDLと略記）から確認しておきます。人びとは何を求めてTDLにやってくるのでしょうか。それは，園内に浸透している「ディズニー映画の世界観・物語」というテーマです。このテーマに浸るために人びとは（何度も）TDLを訪れます。1983年に開園したTDLは，さまざまな仕掛けによって，園の内部とその外部を物理的・視覚的に分離し，さらに外部の「現実社会」が園内に侵入することを周到に防ぐことで，自己完結的なディズニー的世界をつ

▷1　ワース，L.／高橋勇悦訳（1938＝1978）「生活様式としてのアーバニズム」鈴木広編『都市化の社会学［増補］』誠信書房，127-147頁。

▷2　テーマとしては，たとえば，物語世界，歴史，外国などがある。

▷3　Sorkin, M. (1992) "Introduction: Variations on a Theme Park", Sorkin, M. (ed.), *Variations on a Theme Park: The New American City and the End of Public Space*, Hill and Wang, pp. xiii-xv.

くりあげています。このように，テーマに沿った演出を徹底して，テーマがもたらす快適さ・快楽を享受させるのがテーマパークの基本だといえるでしょう。

こうしたテーマパーク的なイメージを発散していた現実の都市空間が1970～80年代の渋谷です。渋谷駅から渋谷区役所・渋谷公会堂にいたる長い坂道は元々「区役所通り」と呼ばれていました。1973年に西武系のパルコが，この通りの中程に進出すると，これを機に「公園通り」と通りの名前を変え，この通りを中心としたエリアは「パルコ的空間」として演出されて大きく変貌していきます。たとえば，井の頭通りからパルコに抜ける無名の坂道が「スペイン坂」と名づけられ，周辺は命名後に南欧風の雰囲気づくりが進められていきました。また，パルコは，評価の高かった「アート系」広告を前面に出すだけでなく，ウォールペイントやデザイン性の高い街灯の設置などによって，その周辺に文化的な雰囲気をつくりあげていきました。このように，公園通りを中心としたエリアは，パルコのマーケティング戦略によって徹底的に「オシャレ」に演出され，それを通して〈シブヤ的なるもの〉という物語が紡ぎ出されます。この物語に若者を中心とした人びとが惹き寄せられていったのです。

現実の渋谷とは異なる，広告戦略によってつくられた〈シブヤ〉の魅力は，パルコが演出的につくりあげた空間というハードと，そこから生まれた雰囲気や文化というソフト，両者によって生み出される〈シブヤ的なるもの〉という物語を受け入れることに支えられています。その意味で，現実社会から切り離されて自己完結したディズニーの世界観に浸ることによってその快適さ・快楽を享受できるTDLと同じ構造をもっているといえます。パルコがつくりあげた〈シブヤ〉は「テーマパーク都市」としての存在感を示していたといえます。そして，西武資本による渋谷の〈シブヤ〉化の成功は，都市デベロッパーたちを刺激し，80年代から90年代初頭にかけて日本に多くのテーマパーク都市を出現させていきました。

テーマパーク都市は，何らかのテーマに従って演出されることで，そのテーマに対して快適さ・快楽を感じる多くの人びとが集い，その空間（舞台）を楽しむ場です。これは裏返せば，このテーマを受け入れられなければテーマパーク都市は魅力的ではない，ということです。実際，〈シブヤ〉の場合，そこに閉鎖性を感じとったり，〈シブヤ的なるもの〉を嫌ってそこを敬遠する人も少なくありませんでした。テーマパーク都市は，さまざまな人びとが集まるという点で異質性が高い場ですが，そこでの異質性は，テーマを受け入れる人びとが集うことによって，テーマが許容する範囲内に抑えられています。テーマパーク都市の異質性は「テーマを受け入れる人びと」という均質的な集団内部の異質性なのです。その意味で，テーマパーク都市の異質性は，都市がもっていた雑多な盛り場性とは異なる，テーマによって飼い慣らされた異質性だといえます。

▷4 くわしくは，吉見俊哉（1996）「遊園地のユートピア」『リアリティ・トランジット——情報消費社会の現在』紀伊國屋書店，45-71頁を参照。

▷5 「パルコ」はイタリア語で「公園」を意味する。

▷6 パルコによる渋谷の演出についての詳細は，増田通二監修／月刊『アクロス』編集室編（1984）『パルコの宣伝戦略』PARCO出版を参照。

▷7 〈シブヤ〉とディズニーランドの構造的な同型性については，吉見俊哉（1996）「ディズニーランド化する都市」『リアリティ・トランジット——情報消費社会の現在』紀伊國屋書店，77-80頁；北田暁大（2002→2011）『増補　広告都市・東京——その誕生と死』ちくま学芸文庫，82-85頁を参照。

▷8 たとえば，兵庫県尼崎市の「つかしん」や渋谷区恵比寿の「ガーデンプレイス」など。

③ セキュリティの徹底

ところで，社会学者のデイヴィッド・ライアンは，「ディズニーランド本体が安全でピカピカに清潔なのも，無邪気な外見のエキストラが園内をパトロールして，絶えず監視を怠らないからである」と，テーマパークの演出性を維持する重要な要素として「監視」を指摘しています。都市のテーマパーク化は，「絶えざる監視」による都市のセキュリティ化の徹底という様相ももっているのです。とくに，テーマによる演出がその魅力を支える力を失っていった90年代後半以降の日本のテーマパーク都市において，その快適さ・快楽の維持における「監視・管理」の比重が高まっています。

近年，繁華街を中心に都市空間に設置される「防犯カメラ」が急速に増加しています。警視庁は2002年に新宿区歌舞伎町に55台の防犯カメラを設置したのを皮切りに，2004年に渋谷区宇田川（10台）と豊島区池袋（35台），2006年に台東区上野（15台），2007年に港区六本木（35台）と設置エリアを拡大しています。防犯カメラの導入は，その呼称が示しているように，犯罪を未然に防ぐことを目的としていますが，他方で，犯罪が起こった場合，防犯カメラの記録映像を捜査に活用するという目的も含まれています。防犯のためだけでなく犯罪捜査にも使われるという意味で，「防犯カメラ」というよりも「監視カメラ」という方が実態に即しているのではないでしょうか。

都市空間における監視カメラの急増は，人びとが監視カメラを求めた結果であるという点が重要です。より正確にいうならば，人びとは，自分たちの安全を確保するためには，自分たちの日常生活が常にカメラに晒され，行動が監視されることもある程度やむをえないと考えているのです。それは，私たちの生活環境に対する不安が高まっているためです。たとえば，窃盗犯の認知件数は，1998年以降毎年大幅に増加し，2002年に戦後最多の237万件を記録しています。こうした不安は，不透明な他者に対する不安だと考えることができます。つまり，地域コミュニティの結合力が弱まり，隣人がどんな人物かということすらわからない，自分とは異質で理解不可能な人物が隣人である，という状況が不安を高めているわけです。都市部の繁華街のような「不特定多数の他者」が集う空間ではこのような不安はとりわけ高くなります。他者の不透明性が高まっている状況のなかで，他者を透明化し不安を解消するために監視が求められているのです。しかし，この監視が「相互監視」であるということは見落とせません（他者にとっての私も不透明な他者なのです）。こうして，都市空間における「安心（セキュリティ）」を確保するために監視が浸透していきます。

そして，ここで注目すべきは，監視は空間の異質性の低減を目的としていない，という点です。こうした監視体制の下では，むしろ，自由な行動が可能です。しかし，「絶えざる監視」によって行動が追尾されているので，空間の秩

▷9 ライアン，D./河村一郎訳（2001=2002）『監視社会』青土社，96頁。

▷10 90年代後半以降の日本のテーマパーク都市における空間演出の失効については，北田暁大（2002→2011）『増補 広告都市・東京——その誕生と死』ちくま学芸文庫，第3章を参照。

▷11 「街頭防犯カメラシステム」，http://www.keishicho.metro.tokyo.jp/seian/gaitoukamera/gaitoukamera.htm, Jan 14, 2010.

▷12 「平成20年版 犯罪白書 第1編／第1章／第3節」，http://hakusyo1.moj.go.jp/jp/55/nfm/n_55_2_1_1_3_0.html, Jan 14, 2010. また，同資料によれば，窃盗は2002年を境に増加傾向から減少傾向に転じている。この減少傾向への転換は，東京都内の例で示したように，2002年前後から都市部への監視カメラの導入が急速に進行していることをあわせて考える必要がある。

序を乱すような行動は速やかに特定され排除されます。監視は，異質性を抑えて秩序を維持するために行われているのではなく，異質性を許容したうえで秩序を攪乱する要素（個人）が発生した場合に速やかにそれを排除して秩序の安定を図るために行われています。そのために，都市空間に集うあらゆる人びとが常に監視されているのです。「絶えざる監視」と「空間からの排除」が一体となった「監視的環境管理」だといえます。とくに，情報技術が高度化してきた近年では，監視体制と情報機器とが結びつくことで「監視」と「排除」の連携がより高まり，徹底した監視的環境管理も実現されつつあります。

▷13 たとえば，IDカードによる街区への立ち入りコントロールなど。

テーマパークでは監視によってその秩序が維持されていることをライアンは指摘していましたが，テーマパーク都市においても，監視的環境管理が空間の安心を確保し快適さ・快楽をもたらしています。そこでは，自由な行動が許容されますが，その行動は常に監視されており，安心を脅かすものだと判断されればたちまち排除されます。こうしたコントロールによって，都市の自由と秩序が保たれています。しかし，監視的に環境管理された空間における自由とは，自分たちの安心を確保するために常に監視の下におかれている「自由」なのだ，ということを見落とすべきではありません。テーマパーク都市においては，不特定多数の人びとが自由に集う異質性は，恒常的な監視的環境管理の下におかれた「限定付の異質性」であり，盛り場としての都市が抱えていた雑多な異質性は安心のために最初から排除されているのです。

▷14 監視的環境管理と自由の問題については，東浩紀（2007）「情報自由論」『情報環境論集――東浩紀コレクションS』講談社を参照。

④ 都市のテーマパーク化から何を考えるのか

これらのことから，都市の「テーマパーク化」とは，都市が抱えこんでいる高い異質性をコントロールすること，と捉えることができます。テーマパーク都市における空間の演出性は，都市としての快適さ・快楽を維持するために，その内部の異質性をテーマの範囲内に抑えていきます。また，テーマパーク都市の監視の様相は，都市空間の異質性を許容しつつも，それを監視と排除によって管理し，空間内部の安心を維持しています。都市の高い異質性をコントロールすることで，そこに集う人びとに快適さ・快楽を提供しているのがテーマパーク都市なのです。

しかし，ここで思い出しておきたいのは，都市が高い異質性という特徴をもっていたことです。私たちが「盛り場」としての都市に感じる魅力は，この異質性の高さに支えられた雑多さでした。この点をふまえるならば，テーマパーク都市は，都市が本来もっていた重要な魅力を縮減していく都市のあり方だということもできるのです。現代を生きるわたしたちは，テーマパーク都市から大いなる快適さ・快楽を得ています。しかし，文化社会学の知にとって必要なのは，その「快適さ・快楽」という魅力を享受するだけでなく，それがどのようにもたらされているのかを考えてみることなのです。

おすすめ文献

† 五十嵐太郎（2004）『過防備都市』中公新書ラクレ。
† 北田暁大（2002→2011）『増補 広告都市・東京――その誕生と死』ちくま学芸文庫。
† 吉見俊哉（1987→2008）『都市のドラマトゥルギー――東京・盛り場の社会史』河出文庫。

 # 2 パーソナル化するメディア

周藤真也

1 メディアのパーソナル化

こんにち「メディアのパーソナル化」ということがよくいわれます。メディアのパーソナル化とは，一般的には，これまで中心的なメディアとされていた新聞やテレビなどのマスメディアに，1990年代後半以降，インターネット，携帯電話などのパーソナルメディアが取って代わった，あるいは取って代わろうとしていることを指しているように思われます。しかしながら，この考え方にはいくつかの問題があります。ひとつには，これまで中心的なメディアとされていたマスメディアも，依然として社会のなかである程度の地位と影響力を保ち続けていることであり，もうひとつにはわれわれのパーソナルメディアの受容の経験のなかにはマス（大衆）的な現象が含まれていることです。

そもそも，メディアのパーソナル化は，1990年代以前から徐々に浸透してきた現象です。住宅における個室化とメディアの小型化は，それまでリビング（居間）にあり家庭で共有していたメディアを，個室に持ちこんで個人が占有することを可能にしました。たとえばステレオやラジオは，ラジカセとなって個室へと持ちこまれ，さらなる小型化は携帯することをも可能にしました。たとえばリビングや玄関先にあった電話は，コードレス化することによって個室への持ちこみが容易になり，携帯電話の普及によって身につけて持ち運ぶようになりました。したがって，こうした観点からすれば，メディアのパーソナル化それ自体は1990年代に突如として起こった出来事ではありません。

ここで注目しておきたいことは，1990年代後半以降のメディアのパーソナル化がネットワーク化を伴っていることです。たとえば，パーソナル・コンピュータ（パソコン，PC）は，1995年のマイクロソフト社のWindows 95の発売に象徴されるように1990年代後半に急速に家庭に普及しましたが，ワープロ，表計算といったビジネス的な用途だけでなく，しだいにインターネット端末としての用途が広がっていきました。1993年にすでに商用利用が開始されていたインターネットは，電話回線を利用して必要なときに接続する当初の形態から，ADSLからFTTHへと常時接続でより高速な通信を行なうことができるよう，通信網が整備されていきました。1990年代後半から末にかけて急速に普及した携帯電話も，通話機能だけでなく，メール機能，インターネット機能などが整備されていき，これらの機能を利用することが当たり前となっていきます。こ

▷1 ラジオカセットレコーダー（ラジカセ）は，1970年代に家電各社から発売されるようになり一般に普及した。
▷2 コードレス電話機の日本における本格的な発売は1987年。1980年代末に急速に普及した。
▷3 ADSL: Asymmetric Digital Subscriber Line＝非対称デジタル加入者線。家庭などで既存のアナログ電話回線を利用して，インターネットに接続するもの。
▷4 FTTH: Fiber To The Home。インターネット接続などのために，光ファイバーを直接家庭に引きこむこと。
▷5 こうした通話機能だけでない携帯電話のあり方を示すのに「ケータイ」とカナ書きすることがある。岡田朋之・松田美佐編（2002）『ケータイ学入門』有斐閣選書，など。

うしたあり方は，1990年代後半以降のパーソナルメディアがインターネットに代表されるネットワーク化を伴っていることを示すものです。

❷ メディアの変移／マスメディアの消滅？

メディアの中心がマスメディアからパーソナルメディアを中心としたあり方へとモードを変更するにつれて，1990年代後半くらいからマスメディアのことを単にメディアと呼ぶようになりました。

1990年代に入る頃まで，マスメディアという概念はあっても，今日，メディアとして取り上げられるさまざまな事物，たとえば電話や携帯電話，パソコンなどは，メディアとしては意識されていませんでした。1990年代を通じて，携帯電話，パソコン，インターネットといった新しいメディアの登場とその「発見」は，それまでにあったさまざまなメディアを，再発見，再評価していきました。書物，新聞，テレビ，ラジオ，電話，レコード・CD，写真，映画などの従来からのメディアがそれらにあたります。

これらのメディアは，それぞれにおいてパーソナル化を遂げてきました。たとえば，書物は印刷技術の発明により大量につくることができるようになりましたが，それとともに，個人で所有するものになり，独りで黙読するという習慣を生みました。また，映画は，映画館でしか見ることができなかったものが，ビデオテープやDVDなどで家庭で個人で楽しむことができるものへと変質しました。さまざまな新しいメディアの登場と，従来からのメディアの再発見は，マスメディアをそれぞれのメディアと同列に位置づけることを可能にします。

そうしたなかで，マスメディアはインターネットや携帯電話などの新しいメディアに対して，「古いメディア」としてまなざされることがあります。たとえば，「インターネットで無料でニュースを読むことができるようになれば新聞はなくなる」，「インターネットで無料で動画を見られるようになればテレビはなくなる」などといった意見は，マスメディアを旧態依然とした滅びゆくメディアとして捉えるものです。

1990年代に急速に家庭に普及したインターネットにおいて，ホームページ（ウェブページ，World Wide Web＝WWW）は，インターネットの代名詞となるとともに，個人が自由に情報を発信することができる新しいメディアとして注目されてきました。2000年代に入るとホームページでは，ブログ（Blog）という新しい形式が注目されるようになります。ブログは，個人の情報発信の作業を簡便に行なうことができるシステムであるとともに，日付，時刻などにより管理されることを通して，報道と同様の位置づけを与えられることになりました。すなわち，「報道のパーソナル化」です。また，従来のマスメディアとは異なるベンチャー企業が，インターネットを利用した情報発信の業界に参入してきていることも事実です。

▷6 さまざまなメディアの再発見，再評価にながる先駆的な研究として，吉見俊哉・若林幹夫・水越伸（1992）『メディアとしての電話』弘文堂。

▷7 ウェブログ（Weblog）の省略形であり，原義は気になったホームページ（のアドレス）を記録するという意味であったが，個人的な体験や日記を掲載するものに転化した。

こうしたなかで囁かれるようになったのは,「マスメディアは近い将来,消滅するのではないか」という意見です。しかしながら,従来からのマスメディアの側も新しいメディア環境に対応しながら,自らをつくり変えてきているということも事実です。たとえば,新聞社もインターネットにニュースを配信したり電子版の発行をはじめたりします。テレビ局も,インターネットで番組を配信したりします。注目されるのは,マスメディアを単にメディアと言うのを,マスメディアの当事者たちが好んで使用する傾向にあることです。このことは,マスメディアの特権性が喪失し,相対的な地位が低下していくと考えられるなかで,自らを他のメディアと同列に置き,新しいメディアに寄り添うふりをすることを通して,自らの生存を図ろうとしているものと考えることができるかもしれません。たしかに,日本では,新聞の場合には宅配制度によって安定的な販売網が形成されており,テレビの場合には電波法によって新規参入が抑えられており,これらのことが従来からのマスメディアの保護に繋がっていることがしばしば指摘されるところです。

しかしながら,重要なことは中心的なメディアがパーソナルメディアへと移り変わるにしたがって,マスメディア的なものが何らかの形で転移してきていることです。たとえば,Yahoo!に代表されるポータルサイトやGoogleに代表される検索エンジンは,情報を収集し配置することにおいて,WWWの世界の中で大きな力をもつようになっていきます。つまり,従来マスメディアがもっていた大衆に対する影響力は,今日ではこうした多数の人びとが利用するウェブサイトがもつようになってきています。このことは,自ら情報を収集して記事を書き,配信する従来のメディアに対して,さまざまな既存の情報を収集加工し,配置するメディアが支配的な力をもつようになってきていると考えることができるでしょう。こうした意味で,マスメディア的なものは,より複雑で分散化された形で存在していると考えられるのです。マスメディア論は,こうしたこんにちのメディア環境に適合的なように再編成する必要が生じているのかもしれません。

③ ほんとうに「パーソナル化」したのか

ところで,1990年代以降のメディア環境の変容について検討する際,「マスメディアからパーソナルメディアへ」という支配的言説は,ほんとうに正しいものなのでしょうか。

たとえばパーソナル・コンピュータは,多量のデータ処理や多数のユーザの同時使用に対応したメインフレームなどの汎用大型コンピュータに対して,個人が独占使用するために開発されてきました。それは,初期のころは自分でプログラムを書く必要があり,趣味的なものにとどまっていましたが,さまざまなソフトウェアが開発されていくにつれて,必要な人が現在と比べれば高額な

対価を支払って買い求めるものになっていきました。しかしながら、1990年代中盤以降の急速な普及と、インターネット利用の増大は、真にパーソナルなものとしてのパーソナル・コンピュータを終焉させていきます。さまざまなバグが含まれ、いつ更新されたり新しいヴァージョンのものが発売されたりするかわからない「未完成品」としてのソフトウェアの購入、ネットワークへの接続を前提とし、世界中のコンピュータに接続するための端末としての使用は、パーソナル・コンピュータが「閉じられた箱」ではなくなっていることを示すものです。

また、携帯電話の普及は、電話を通して相手と繋がることよりも、相手といつでも繋がる可能性を選択することへの変化を意味します。1990年代前半までの電話のパーソナル化において見られた電話機の所有が、長電話文化を形成し発展させたのに対して、いつでもどこにいても繋がることのできる可能性は、携帯電話の通話料が比較的高価であることも相まって、逆に電話で話をしなければならない必然性を減退させ、日常的なやりとりは携帯電話のメールで済ませるという使い方へと変化させました。

こうした変化は、1990年代前半までのパーソナル化が、メディアを単純に「所有」することを意味していたのに対して、1990年代後半以降、メディアの「非所有を含んだ所有」というあり方へと転換することであったと考えることができます。あるいは携帯電話などの事例では、単純な「繋がり」を求めるあり方から「繋がらないこと」を含んだ「繋がり」へと、他者とのコミュニケーションにおいてより複雑な形態に変更することであったといえるでしょう。

こうして考えてくると、1990年代後半以降のメディアのパーソナル化は、むしろますます個人が〈社会〉へと組みこまれるようになってきていることを意味しているのではないでしょうか。しかし、ここでいう〈社会〉とは、間接的にしか人間の存在していない空虚なもの、すなわちネットワークそのものとなっていることには注意が必要です。2000年代に登場した「ユビキタス社会」という概念は、いつでもどこでもコンピュータに接し、ネットワークに繋がるという意味であるとともに、そうしたものを意識しなくなる社会の実現が目論まれたものです。このようなコンピュータの「非人格化」は、こんにち至るところで生じてきています。しかしながら、それとともに、あるいは、ネットワーク全体がひとつの人格をもった存在に転化してきているのかもしれません。こんにち私たちがパーソナル・コンピュータや携帯電話を使用するとき、それらの先にはネットワークが存在していることを意識します。つまり、相互行為の相手は、そうしたネットワークになりつつあるのです。このように、1990年代後半以降のメディアのパーソナル化を考えるとき、それはパーソナル化というよりも、新たな形での〈社会〉の存在とその肥大化という私たちの世界とその経験のあり方の変化であるということができるでしょう。

▷8 坂村健（2002）『ユビキタス・コンピュータ革命』角川oneテーマ21；総務省（2004）『情報通信白書 平成16年度版』ぎょうせい。

おすすめ文献

†加藤晴明（2001）『メディア文化の社会学』福村出版。

†吉見俊哉（2004）『メディア文化論』有斐閣。

†津金澤聰廣（2009）『メディア研究とジャーナリズム 21世紀の課題』ミネルヴァ書房。

 コンテンツ化する芸術

長谷正人

1 芸術はなぜあるのか

　雨が降って道路に水たまりができると，通行の邪魔だなと思います。間違えて足を踏み入れて靴を汚してしまったり，自動車に泥を跳ねかけられたりすると気分が悪くなります。だから人間は，雨の日には長靴を履いて足を汚さないようにし，アスファルトで土を舗装したり側溝を掘ったりして水たまりができないように環境整備をします。私が子どものころは，歩行者のための道はたいてい土のままでしたが，この40年間にどこもかしこも舗装されてしまったので，昔ほどたくさんの水たまりは見られなくなりました。それでも舗装道路の微妙な傾斜のへこみに雨水はたまり，靴の中に入りこむこともあります。だからきっと人間はさらに雨水で身体を汚さないような工夫を重ねていくのでしょう。

　このようにして人間は合理的で快適な生活を，行政や産業の組織的活動を通して探求します。しかし，子どもは大人とは逆のことを考えているように見えます。水たまりができると，自分からそのなかに入ってバシャバシャとやって泥だらけになって大喜びしているからです。母親はそれを大声で叱りますが，子どもにはその喜びは抑えられないようです。それに大人たちの側も叱りながら，どこかで子どもの喜びを知っているようです。彼らも子どものときには同じように遊んでいたのですから。つまり人間はただ快適な生活を追及するだけではなく，無駄な活動（遊び）を人生の喜びとする動物だということです。

　ミュージカル映画『雨に唄えば』の有名な場面で，主役のジーン・ケリーは，恋人の家からの帰り際にキスをした喜びのあまり，土砂降りの雨のなかを傘をステッキ代わりにして主題歌を歌い，踊りはじめます。踊りのなかで，まるで子どものように，水たまりを両足でバシャンバシャンと飛び跳ね，車道の脇に溜まった水を歩道へと何度も足で蹴上げようとします。しかしその馬鹿みたいな振る舞いは，生きることの喜びに満ち溢れています。ミュージカル映画とは，人間が生きることの喜びを表現しているのだ，と見ている私も深く感動します。むろん私は日常生活においては，雨のなかでは傘を差して歩き，自分の娘が水たまりをバシャバシャとやっているのを叱ってしまう常識的な人間にすぎません。しかし『雨に唄えば』は，そういう社会的常識による抑圧から私をほんの少しだけ解放してくれます。靴や服が汚れたって楽しければそれでいいじゃないか，と。だから水たまりを見たときに，ふとこの場面のことを思い出し，

▷1　遊びについては，井上俊（1977）『遊びの社会学』世界思想社を参照せよ。

▷2　ケリー，G.・ドーネン，S. 監督（1952）『雨に唄えば』。山田宏一（1984）は，この場面を見れば，ミュージカル・コメディが「生きる歓びの表現以外の何ものでもないことがわかる。こみあげてくる歓びが歌になり踊りになる。こらえきれないという感じだ」と述べている（『シネ・ブラボー——小さな映画誌』ケイブンシャ文庫，23頁）。

「ジャスト，シンギング，イーンザレイン」と口ずさんだりすることもあります。

　芸術はなぜあるのか，という問いはたいへん難しい問題ですが，しかし以上のようなありふれた挿話のなかに答えは隠されているのだと思います。人間は掃除や洗濯をし，会社に行って仕事をし，子どものオシメを換えるといった日常生活を送っています。しかしそうした単調な日常生活のなかで，ときに恋の喜びを感じたり，家族の死を悲しんだり，仕事で失敗して落ちこんだりといった，自分の感情を大きく揺り動かされる非日常的な出来事に遭遇します。そのとき人間は，その感情を，歌や身振りや言葉や絵画で表現したくなります。たとえば恋人に振られて悔しいときは，自分が悲劇の主人公であるかのように脚色した失恋話を友人に語るでしょう。恋人とうまくいっているときは，鼻歌を歌いながら家事をしたり，歩きながらスキップしたりするでしょう。そのとき私たちは，日常生活のなかにほんの少しだけ芝居やミュージカルを持ちこんでいるのです。このような，日常生活のなかでのちょっとした感情表現こそ，「芸術作品」へと結実する以前の，人間の原初的な「芸術」だと思われます。

▷3　こうした原初的な芸術を鶴見俊輔は，「限界芸術」と呼んでいる。専門的芸術家が専門的享受者のためにつくるのが「純粋芸術」，企業家と専門的芸術家によって大衆のためにつくられるのが「大衆芸術」，そして非専門的芸術家が非専門的享受者につくるのが「限界芸術」であり，それは凧やコマや盆踊りや盆栽や花火など，芸術と生活の境界線上にあるもののことである（鶴見俊輔（1999）『限界芸術論』ちくま学芸文庫）。

　そうした日常生活のなかで現れては消えていく個々人の表現活動は，「絵画」とか「音楽」とか「芝居」とか「小説」とか「マンガ」とか「映画」とか「漫才」といったさまざまなジャンルの「芸術」として，制度化されて社会的に存在しています。歌のうまい人は職業歌手となって，失恋の悲しみを歌ってCDとし，それを私たちは失恋していないときにも聴いて，「いい曲だなあ」と自分の失恋の経験を思い出しながら楽しみます。私も『雨に唄えば』をDVDで持っていて，雨も降ってないし，恋人とキスしたわけでもないときに，それをひとりで部屋の中で見直して，生きることの喜びを感じることができます。自らが現実に水たまりで踊って服を汚し風邪をひいてしまうよりも，ジーン・ケリーの天才的な歌と踊りを見たほうがずっと楽しい。だから私たちは素朴な表現活動だけでなく，高度な芸術作品を求めます。芸術作品とは，そうやって日常生活のなかで生まれたはずの感情表現を，日常生活とは切り離して，いつでも消費可能なようにパッケージ化したものです。つまり芸術作品は，そもそも表現活動の「コンテンツ化」を孕んでいるように思われます。

2　コンテンツ化する芸術作品

　では，その「コンテンツ」とは何でしょうか。それは，デジタル技術の社会的普及を背景にして，メディアを超えて流通する映像，音楽，ゲーム，書物などの「内容」（content）を指す概念だそうです。たとえば，1952年公開の映画作品『雨に唄えば』は，その当時は映画館で見るしかなかったわけですが，その後はテレビ放映，ビデオ化，DVD化，インターネット上の動画化と，さまざまなメディアによって違う形式で見ることが可能になってきました。このよ

▷4　長谷川文雄・福富忠和編（2007）『コンテンツ学』世界思想社；電通総研（2009）『情報メディア白書2009』ダイヤモンド社。

うにひとつの作品の多様なメディア形式による二次利用を想定したときに，『雨に唄えば』は「コンテンツ」とみなされます。たとえば，「ハリウッド映画産業は『雨に唄えば』のような豊富なコンテンツを持っているから，ネット上で多様なビジネス展開が可能だ」といった表現のなかでコンテンツという用語は使われることになります。

　つまりコンテンツは，芸術作品をビジネスと結びつけたときに使われる概念です。ですから正直にいうと，私はこの言葉を聞いただけでうんざりしてしまいます。そこには，私が日常生活のなかで感じている，水たまりをバシャバシャさせてみたい（日常から飛び出たい）という欲望が忘れられているからです。ジーン・ケリーの作品を使ってどうやって利益を生み出したらよいかという経済問題だけが語られていて，自分たちもジーン・ケリーになってみたいという欲望がその言葉からは感じられません。この作品をインターネットで流したら，世界中の人が会社に行くのをやめて，水たまりでバシャバシャしてしまうかもしれないのです（むろん冗談です）。ところがコンテンツビジネスの発想では，この作品は仕事に疲れた人間がちょっとリフレッシュするために見るものにすぎないのです。その意味でコンテンツとは，ビジネス感覚による芸術的感覚の抑圧のように思います。

　しかし，このような私の批判はあまりにもロマンチックに聞こえるかもしれません。私自身が，水たまりを避けて歩いていることも間違いありません。いや，そもそもDVDによって大量複製された『雨に唄えば』を安価で「商品」として購入できるからこそ，私もまたこの水たまりの場面を自分で見直したり，読者のみなさんに紹介したりすることができるのです。さらには，このミュージカル作品自体が，監督の生きる喜びの芸術的な表現というよりも，MGMというハリウッドの映画会社が安定的な収益のために量産した「ミュージカル」というジャンル映画のひとつとして，いわば売れる商品として企画され，つくられたにすぎないのです。その意味で，20世紀以降の大衆文化やメディア文化において，私たちと芸術作品の出会いには必ずビジネスが介入しています。ビジネスを通してこそ，多くの人びとがこの作品にふれることができるわけですし，ジーン・ケリーもビジネスを通して大勢の観客に喜んでもらえるからこそ，この水をバシャバシャやる場面を必死に練習して絶妙な仕方で表現できたのだとも言えます。つまり，芸術表現は，ビジネスの力を借りて，よりいっそう豊かなものになっているかもしれないのです。

❸ 芸術作品の礼拝価値

　このような芸術と産業（ビジネス）の緊張関係を考えた著作として，アドルノとホルクハイマーの『啓蒙の弁証法』（原著1947年）が有名です。彼らはナチス政権下からアメリカへ亡命したドイツ人として，30年代のジャズやハリウッ

▷5　ホルクハイマー，M.・アドルノ，T. W.／徳永恂訳（1947=2007）『啓蒙の弁証法』岩波文庫。

ド映画（ミュージカル映画はその主要作品です）などの大衆娯楽作品にふれて驚愕しました。それは彼らが親しんでいた西欧における印象派の絵画やクラッシック音楽のように，芸術家が自分の才能を示すために提示した個性的な芸術作品ではなく，まるで工場のベルトコンベアーでつくられた自動車のように，同じ規格で大量複製される商品にすぎなかったからです。そのように産業の論理で大量複製される芸術作品を，彼らは「文化産業」と呼んで批判しました。文化がビジネスによって産業化されること自体が彼らにはショックだったのです。

むろん彼らの考え方は，今からみると素朴すぎるように思います。現代では古典的な絵画（レオナルドやレンブラント）も音楽（バッハやショパン）も，すべては美術全集やレコードという複製技術品として世界中で大量販売されることによって共有されているのですから。つまりビジネス抜きには，高級芸術の価値もこれほど広範には伝わらなかったのです。とはいえ，コンテンツという言葉を聞くとき，やはり私はアドルノたちと同じようなショックを感じるのも事実です。テレビは視聴率を目標にするからくだらないとか，ハリウッド映画産業がCGを駆使してつくった大作は空疎でアジアの監督がつくった小品が素晴らしいなどと多くの人がいうときも，彼らはアドルノたちの議論をなぞっているにすぎないでしょう。つまり産業（ビジネス）と芸術の関係は決して決着がついた問題なのではなく，社会にとって普遍的な問題なのです。

逆に考えれば，人びとが飽きもせずに芸術作品の産業化を批判し続けるのは，彼らが芸術作品に世俗的で合理的な産業とは違った，非合理的で呪術的な感覚を求めているからに違いありません。ベンヤミンはそれを芸術作品の展示価値と対照させて，礼拝価値と呼んでいます。ラスコーの洞窟の壁に描かれた牛や鹿の壁画は，暗闇のなかにわざわざ描かれたのですから，誰かに見せるために描かれたものではなかったはずです。詳細はわかりませんが，それらは旧石器人たちがなんらかの呪術的な儀式のなかで精神を高揚させて幻覚的に描いた作品なのだと思われます。つまりそれらは見るためではなく，超越的な何かを感じるために描かれた。しかし美術全集は，その洞窟壁画に光を当てて写真に収め，私たちに隅々まで眺めることを可能にし，その礼拝価値的な権威を凋落させてしまいました。その意味でたしかにベンヤミンのいうように，20世紀における写真や映画などの複製技術の展開は，芸術作品を礼拝価値から展示価値へと移行させたのです。

しかし映画館という暗闇に入って，全身土砂降りの雨で濡れながら狂ったように踊り，歌うジーン・ケリーを見た観客たちは，そこで人間が水と呪術的に交流する姿を見たとはいえないでしょうか。芸術をビジネスの道具だと高を括っている現代の人間たちも，心のどこかで，こうした芸術の礼拝価値を欲望し，日常世界の彼岸を感じたいと思っているのではないでしょうか。私は，芸術とは常にそういうものだと思えてならないのです。

▷6　この点にかんしては，少し異なった文脈においてだが，近代の芸術家崇拝を批判した松宮秀治（2008）『芸術崇拝の思想——政教分離とヨーロッパの新しい神』白水社が参考になる。

▷7　ベンヤミン，W.／久保哲司訳（1935-36=1995）「複製技術時代の芸術作品」『ベンヤミン・コレクション1近代の意味』ちくま学芸文庫，583-640頁。ベンヤミンが礼拝価値を批判するときに思い浮かべているのは，教会や王室を飾りたてていた宗教画や肖像画の権威性であるように思われる。私がここで取りあげたような，ラスコー壁画のもっている呪術性は，むしろカメラによって現実の世界が違った相貌で見えるようになるという彼のほかの議論に近いのではないかと思う。ベンヤミンの支持するシュルレアリスムと洞窟壁画は明らかに類縁性をもつ。

▷8　旧石器時代の洞窟芸術にかんしては，港千尋（2001）『洞窟へ——心とイメージのアルケオロジー』せりか書房がきわめて興味深い分析を行なっている。

おすすめ文献

†橋本治（2002）『人はなぜ「美しい」がわかるのか』筑摩書房。
†松宮秀治（2008）『芸術崇拝の思想——政教分離とヨーロッパの新しい神』白水社。
†鶴見俊輔（1999）『限界芸術論』ちくま学芸文庫。

 イメージ化する日常生活

大貫恵佳

① 変わる生活イメージ——「貧困」からの脱却と主体的な生活者

　日常生活とは，衣食住を中心とした人間が生きていくための基本的な場です。誰にとってもその人の足元に当たり前に経験されるものです。その意味では，私たちが現在生活をしているのと同じように，大昔の人びとにも生活があったでしょう。しかし，その「生活」という言葉にこめられる意味合いは時代や社会によって変化します。

　過去長い間，「生活」という言葉は「貧困」のイメージと結びついたものでした。明治時代以降の日本の近代化は「富国強兵・殖産興業」をスローガンとして進められましたが，それによって国民の生活が楽になったわけではありませんでした。むしろ，国民生活には近代化のしわ寄せがやってきて，人びとは貧しさに苦しみました。この頃の生活を描いたものとしては，『日本の下層社会』(1899)や『女工哀史』(1925)などが知られていますが，いずれも人びとの生活の苦しさを伝えています。「生活」というものが社会のなかで問題化されたり研究されたりする際には「貧困」という意味がつきまとっていたのです。

　たしかに20世紀はじめには，すでに都市部の生活者には近代的な生活様式が浸透しつつありましたし，とりわけ第一次世界大戦中には大戦景気にわくこともありました。しかしながら，「生活」にこめられてきた否定的な意味合いが決定的に変容するのは，やはり第二次世界大戦後の復興を待たなければなりませんでした。

　1956年（昭和31），『経済白書』が「もはや『戦後』ではない」と記述したまさにその年に，『国民生活白書』が創刊されます。国民の生活を把握することが国にとって重要な課題となったのです。1965年（昭和40）の『国民生活白書』の副題は「生活に奉仕する経済へ」，1969年（昭和44）の副題は「国民生活優先への展開」でした。そこでは，国の経済よりも国民の生活が優先されるべきものとして謳われています。国民生活が貧困から脱していくのと同時に，「生活者」は国家や社会の変容を受動的に受け入れるだけの存在としてではなく，社会に対して主体的に働きかける存在として表象されはじめます。

　さらにその後の『国民生活白書』の副題をみると，目を引くのは「豊かさ」というキーワードです。「豊かな社会への構図」(1971)，「世界に開かれた豊かな生活を求めて」(1986)，「戦後50年の自分史——多様で豊かな生き方を求め

▷1　横山源之助 (1949)『日本の下層社会』岩波文庫（初出は教文館, 1899年)。
▷2　細井和喜蔵 (1954)『女工哀史』岩波文庫（初出は改造社, 1925年)。

て」(1995)などと,じつに20年以上ものあいだ,日本の国民生活は「豊かさ」という言葉とともに語られました。ここでの「豊かさ」は物質的なものだけではなく精神的なものを含みますが,いずれにせよ,かつて「貧しさ」という否定的な意味合いを背負っていた「生活」は,肯定的な意味をもつものへと変容したのです。

2 「よりよい」生活と「家族」の物語

戦後の人びとの生活をもう少し細かく追ってみましょう。戦後間もないころ,人びとは,「アメリカのような」物質的な豊かさと「アメリカ人のような」生活を求めていました。このアメリカという外部モデルの存在によって,日本人は国の経済を復興させることができたといっても過言ではありません。復興によって,生きていくための最低限のレベルの「食,衣,住」が満たされ,1950年代後半には国民全体が「よりよい」生活に向かってさらなる努力を重ねるようになりました。

白黒テレビ,電気冷蔵庫,洗濯機といった家電製品が三種の神器と呼ばれ,国民に普及しはじめたのも1950年代末からです。これらを備えた「よりよい」生活のイメージは,雑誌やテレビなどのメディアを通して人びとに提供されました。普通の人びとの現実の生活が,メディアによって提供されるイメージと結びつけられ,そして現実の生活がイメージの方へと吸い寄せられるようにしながら組織化されていくという事態がこの頃に生じます。そして,その生活イメージの主役が「家族」であったということを忘れてはいけません。封建的な制度としての「家」ではなく「マイホーム」としての家族です。雇用労働に従事した男性が稼ぎ主となり,その配偶者である女性は職業をもたずに家事育児に専念し,子どもは少なく産んでより豊かに生活する,そういう「幸福な家庭」のイメージが当時の人びとの理想でした。

テレビの普及に多大な役割を果たしたといわれる皇太子明仁(現天皇)と正田美智子の婚約・結婚報道(1958-1959)もまた大衆にとっての憧れの家族イメージを提供していました。自由な恋愛によって結ばれた皇太子夫妻は,先祖代々の縦のつながりに拘束された「家」に代わって,夫婦が主体となる新しい家族のモデルとして人びとに受け入れられました。戦後15年弱で,天皇家は戦争の暗さから遠く離れた,明るく幸せな日常生活のモデルへと華麗に変容したのです。そしてこうした家族を中心とした「よりよい」生活のイメージは,その後60年代を通して保持されます。日本中がひとつのイメージを共有しながら生活を形成していくことの政治的な評価はさておき,この時代が非常に前向きな力をもっていたことは確かでしょう。現代の日本社会がノスタルジーの対象として思い浮かべるのはエネルギーに溢れる50年代末の生活なのです。そこには,人情味ある「家族」のメンバーが生活の主体として存在しているのです。

▷3 吉見俊哉(2002)「メディア・イベントとしての『御成婚』」津金澤聰廣編『戦後日本のメディア・イベント[1945-1960年]』世界思想社,267-287頁。

▷4 たとえば,映画『Always 三丁目の夕日』(山崎貴監督,2005年)は,東京タワーが完成した1958年を舞台にしている。この映画の成功からも,現代社会がいかに高度経済成長期に前向きな力を見出しているかがうかがい知れる。

③ 家族の物語の終焉と生活イメージの断片化

しかしながら、「家族」の物語にべったりと寄り添っていた「生活」イメージは1970年代の半ばには徐々に変化しはじめます。社会学者の見田宗介は、日本の戦後史を整理し、高度経済成長が終わりを告げた1974年から90年代へと続くこの時期を「虚構の時代」と呼んでいます。それは人びとが現実的なものから離陸し、虚構を生きようとした時代です。現実がもつ土のにおいや汗のにおい、そういった汚いもの、生々しいものを排除し、「キレイ」で「オシャレ」なもので生活空間を満たそうとした時代。この時代の生活のイメージは、いわば「生活感のない生活」、たとえば、都心のオシャレなマンションやホテルでの生活です。この新しいタイプの生活イメージは、前の時代のように多くの人びとに共有される物語――家族の物語――を背負ってはいません。単一の物語へと収れんすることのない断片化されたイメージは、まるでカタログのように、さまざまなライフスタイルのなかで自由に選ばれ組み合わされます。初婚同士で結婚し、夫はサラリーマン、妻は専業主婦、子どもは2人、離婚はしないという家族イメージは、国の政策レベルでは維持されますが、すでに70年代には、人びとの実際の生活はそのモデルから少しずつズレはじめていました。有配偶女性の就業率の上昇と性別分業の揺らぎ、晩婚化と非婚化の進展、そして高齢化社会の到来（子育てを終えた後に残る30年以上の人生の前景化）によって、個々人は自分の人生を家族の物語に単純に重ね合わせて設計することができなくなりました。「家族の物語」には収まらない多くのライフスタイルが出現したと同時に、家族イメージは多様な生活イメージのひとつとなっていくのです。

見田は、「虚構の時代」においては、「家族という、社会の中の『実体的』なもの、『生活的』なもの、『リアルなもの』の最後の拠点ともいうべきものまでが、この時代のいわば虚構化する力のごときものに、その日常の底からすくい上げられて」おり、「家庭の幸福」や「親子の対話」がもはや自然に行なわれるものではなく「わざわざするもの」、演じられるものになっていくと指摘しています。かつて「自然」だったものが自然ではなくなっていくこの過程を、彼は「『自然』なものの『脱臭』」という言葉で表しています。

④ イメージと生活の逆転、自然のイメージ化

生活的なものが日常生活から失われていく傾向は、90年代以降ますます進展しました。それどころか、これまでイメージ（「幸福な家庭」イメージであったり「オシャレな生活」イメージであったり）を常に追い求めてきた現実の生活は、イメージと現実との距離を――追いかけることさえ不可能なほどに――縮めることに成功してしまったといえるかもしれません。自然なものの煩わしさ（汚いもの、生々しいもの）とはある程度無縁に快適な生活が送れるようになりました。

▷5 日本社会は、1970年には65歳以上人口比率が7％を超える「高齢化社会」に、1994年には14％に達する「高齢社会」に、2007年には21％を超える「超高齢社会」に入っている。

▷6 見田宗介 (2006)『社会学入門――人間と社会の未来』岩波新書、88-90頁、93頁。

④ イメージ化する日常生活

　さらに，個人がデジタルカメラに日常の風景をおさめたり，ブログで自分の生活を発信したりすることが可能になりました。そこでは人びとは自分の生活を編集して「イメージ化」することに夢中です。かつては現実の生活をよりよくするために外部にあるイメージを追い求めましたが，今では，イメージを自らつくりあげ，そのイメージを維持するために現実の生活の方を費やすという逆転現象さえ起こっているようです。そうして綿密につくりあげられた個々人のイメージのなかには，汚いものや生々しいものが入りこむすきはありません。

　戦後，「幸福な家庭」というイメージを追い求めることからはじまった私たちの生活のイメージ化は今日にいたるまでずっと，イメージの実現のために，自然なものの煩わしさをいかにコントロールするかという課題とともにあったといえるでしょう。イメージ化は「自然であること」と対立する運動だったのです。

　しかしながら，そのイメージ化の運動と同時に，21世紀の私たちの生活は，まるで今まで排除してきた自然から逆襲を受けているかのように「自然」をテーマとしはじめました。「持続可能な社会」というスローガンのもとに自然環境，資源への配慮がなされ，「ロハス」(Lifestyles Of Health And Sustainability) や「スロー・ライフ」などの新しい生活イメージが出現しました。私たちはいまや，オシャレなレストランで食事をするよりも，安心で安全な食品を食べたいと思うようになりました。生産者の名前がわかる有機野菜が定期的に自宅に届けられる生活は，毎日高級レストランに通う生活よりもはるかに価値が高いような気がします。エネルギー消費を抑えたり，エネルギーを生産したりする設備のある住居は，80年代に憧れの対象であったホテル・ライフよりも素敵にうつります。もちろん，不便であってはいけません。便利に簡単に「自然」と共生したい，これが現代社会の私たちの欲望です。つまり，「本当の自然」ではなく，容易に扱うことのできる「自然というイメージ」が求められているのです。

　自然をコントロールし，自然を脱し，高度なイメージ化を経験したすえにたどりついたのが，自然のイメージ化であったということは文明の皮肉でしょうか。そのような視点は重要でしょう。しかし，この極限的なイメージ化の果てに，私たち人間はようやく「生活」するということの原初的な意味を問う出発点に立つことができた，と捉えることはできないでしょうか。日常生活は，根本的には，人間が自然に対して（自分のなかにある生き物であるという自然と，周囲の自然との両方に対して）人間的な仕方で対処してきた場です。私たちは，その場のどこかに，「本当の自然」があるはずだと躍起になって探す必要はないのです。私たち人間が出会うことのできるのは「自然のイメージ」でしかない，人間は人間的な仕方でしか自然とかかわれないという単純な事実を受け止めることが，生活について考えようとする私たちに必要とされる姿勢ではないでしょうか。

おすすめ文献

†吉見俊哉（2002）「メディア・イベントとしての『御成婚』」津金澤聰廣編『戦後日本のメディア・イベント［1945-1960年］』世界思想社，267-287頁。
†見田宗介（2006）『社会学入門――人間と社会の未来』岩波新書。
†中川清（2007）『現代の生活問題』放送大学教育振興会。

第Ⅰ部　文化変容の現在

 サービス化するコミュニケーション

小倉敏彦

 業務／奉仕としてのコミュニケーション

　白岩玄の小説『野ブタ。をプロデュース』には，今の私たちが理想とするコミュニケーションのあり方がじつに皮肉な眼で描かれています。主人公の修二は，誰に対しても調子のいい「キャラ」を演じることで，カリスマ的な人気を集めている高校生。彼は毎朝起きるたびに「さてと。今日も俺をつくっていかなくては。」と気合を入れ，教室に入ると「いらっしゃいませ，本日も桐谷修二の着ぐるみショー，スタートです。」とうそぶき，次々と話しかけてくる同級生を軽やかにさばいていきます。その様子はまるでテレビの司会者か売れっ子ホストのようですが，修二自身はそんなやりとりに何の喜びも感じていません。彼には遊び仲間や女友だちと過ごす時間すら，うっとうしい日常業務でしかないのです。そんな修二は退屈しのぎに（！）いじめられっ子の転校生をさまざまな手を使って人気者に仕立てていくのですが，ある不注意から修二の評判は急激に落ちてしまいます。結局教室のなかで孤立した彼は別の高校に転校し，そこでも同じキャラを演じようとするところで，小説は終わります。

　他人はすべて「見テクレ」しだいでどうにでも操れると信じ，誰にも心を開こうとしなかった修二の姿はかなり不気味です。しかし，たえず周囲に気を配り，どんな相手ともスムーズな関係を築いていた彼の処世術自体は，多くの現代人が求めているものではないでしょうか。たとえば書店に行けば，職場の人間関係を円滑にする「対話力」や「交渉術」について論じたビジネス書が常に平積みされていますし，恋愛関連の棚には異性から「モテ」たり「愛され」たりするテクニックを説いた本が数多く並んでいます。また若者たちは「空気」が読めない人を忌み嫌い，ワイドショーでは近隣や公共の秩序を乱す「困った人たち」の行状が年中告発されています。これらの例は，世代を問わず，現代人がいかに対人関係上の不調や得失について敏感になっているかを示しているでしょう。そうした円滑さや効率性ばかりをめざすコミュニケーションに自らうんざりしている点も含め，修二の姿は私たちの戯画でもあるのです。

　消費者が便利で快適な生活を求めてきた結果，現代のサービス産業に携わる人びとには過大な負担がのしかかっているということがしばしば指摘されます。しかし近年では修二のように，日常的なコミュニケーション自体をサービス労働のように受け止め，神経をすり減らす人も増えているようにみえます。たと

▷1　白岩玄（2004）『野ブタ。をプロデュース』河出文庫。後述するように，この作品は設定を大幅に変更したうえで，2005年にテレビドラマ化された。

▷2　ホックシールド，A.／石川准・室伏亜希訳（1983=2000）『管理される心——感情が商品になるとき』世界思想社；リッツァ，G.／正岡寛司監訳（1996=1999）『マクドナルド化する社会』早稲田大学出版部。

えばささいな意見の食い違いや「上から目線」にいきり立つ人，あるいは家庭や学校での人間関係に苦労する人が少なくないのは，彼らが金銭のやり取りを伴わない私的な場面においても，効率的で神経の行き届いた「サービス」を求めているからではないでしょうか（サービスには「奉仕」または「業務」という意味もあります）。ここではそうした日常的なコミュニケーションの「サービス化」を，サービス労働の発達と重ねあわせながら考えてみたいと思います。

2 労働のコミュニケーション化

現代社会には，対人コミュニケーションを仕事内容とする職業が数多く存在します。すぐに思い浮かぶのは飲食店やお客様窓口などの接客業，看護師や心理療法士などのケア専門職，公務員や教師といった広義のサービス業などですが，近年では一般企業のなかでも対人業務の比重は高まっています。たとえば採用試験や人事考査では，自分の個性をアピールするプレゼンテーション能力や部下のやる気を引き出す指導法（コーチング）などが重視されるようになっています。コミュニケーション・スキルの重要性を強調するビジネス書が現在大いに売れているのも，そうした雇用側の需要があるためです。

こうした変化は，もともと資本主義経済が大量生産・大量消費の段階に入った20世紀後半からはじまっています。多様な商品を大量に売りさばくためには，モノを取り扱う能力よりも，販売や営業などのヒトを扱う能力が重要になるからです。したがってそこでは，巧みな話術で商品を客に売りこんだり，消費者の動向を読んで広告戦略を立てたり，従業員の成績を細かく管理したりする，人間相手の業務が企業活動の中心を占めるようになります。こうした産業構造の変化を背景にして，さまざまな種類のサービス業も発達してきたわけです。

社会のなかにさまざまな対人業務やサービス産業が創出されたことは，一方で多くの労働者を肉体労働や単純作業から解放することになりました。しかし，今日ではその否定的な側面を指摘する声も強くなっています。たとえばアーリー・ホックシールドは，現代のサービス産業が顧客の満足度を上げるために，従業員に過大な「感情労働」を課していることを明らかにしました。また飛行機の客室乗務員の研修では，不快な表情を出さないようにするとか，心から客を歓待している自分を想像するといった，感情をコントロールする訓練が入念に行なわれています。こうした感情労働の蓄積が心の病を引き起こすケースも多く，現在では医療や福祉の現場でも深刻な問題になっています。

また森真一は，高度なサービスを求めるようになった現代の消費者を「お客様」と呼んで批判的に分析しています。つまり，産業界全体が客の欲望を神聖なものとして祭り上げ（「お客様は神様です」），馬鹿丁寧な接客をエスカレートさせてきた結果，いまの消費者は，サービス業者から王侯貴族のような扱いを期待する受動的な「お客様」になっているというのです。たとえば，近年店員

▷3 たとえば1990年代頃から「〜力」という接尾語のついた概念（「人間力」など）がビジネスや教育の分野で盛んに使われるようになったが，その多くは対人関係にかかわる能力を意味している（本田由紀（2004）『多元化する「能力」と日本社会――ハイパー・メリトクラシー化のなかで』NTT出版参照）。

▷4 デヴィッド・リースマンは，サービス産業の発達した消費社会では，揺るぎない原理原則をもってコツコツと仕事に取り組む「内部指向型」人間に代わり，周囲の変化に敏感で協調的な人間関係を築ける「他人指向型」人間が主流になると指摘している（リースマン，D.／加藤秀俊訳（1961=1964）『孤独な群衆』みすず書房）。

▷5 ホックシールド，A.／石川准・室伏亜希訳（1983=2000）『管理される心――感情が商品になるとき』6章，世界思想社。

▷6 武井麻子（2006）『ひと相手の仕事はなぜ疲れるのか――感情労働の時代』大和書房。

▷7 森真一（2005）『日本はなぜ諍いの多い国になったのか』7章，中公新書ラクレ。

に対して横暴な態度をとったり理不尽なクレームをつけたりする客が増えているのは，そうしたお客様意識の蔓延が背景にあると考えられます。

ただこのような弊害を批判する前に，労働のサービス化は20世紀社会全体の夢であったということにも留意すべきでしょう。つまり，単調な生産労働より人間相手の労働に魅力を感じる人びとが増えたからこそ，サービス産業は今日のような発展を遂げたことも事実なのです。そして人と向きあう仕事に，自然や機械を相手にする仕事とは別の快楽や喜びを感じる人はいまなお多いはずです。人間はただ自己の生命維持のために働くだけでなく，できれば他者とのつながりを感じられるような働き方をしたいと望むものだからです。その意味で労働のサービス化は，人間の文化的な欲望に根ざしているともいえるでしょう。

おそらく問題は，現代人がサービスのやり取りにかんして杓子定規になりすぎている点にあるように思われます。素朴にいって，眼の前にいる店員や客が，時には疲れていたり不機嫌だったりもする生身の人間だということを忘れなければ，多少の行き違いやミスは気楽に受け流せるのではないでしょうか。たとえば海外に行けば列車の遅延や運休などは日常茶飯事ですが，そうした不自由な経験がじつは旅の一番の思い出にもなったりするものです。また筆者の経験でいえば，怖そうな客から思いがけず温かい言葉をかけられるとか，マニュアルにない事態を客の助けも借りながら解決するといった想定外の体験に，人を相手にする仕事の面白さはあると思います。つまりサービス業の魅力とは，本来そうした人間のいい加減なところに由来する部分が大きいように思うのです。

③ サービス労働化するコミュニケーション

以上のように考えると，サービス産業の論理を日常生活のなかに持ちこみ，対人関係を感情労働のようにみなすようになったいまの人びとは，20世紀の大衆が抱いていた文化的欲望を忘れてしまったようにみえます。単調な仕事を少しでも人間的なものにしたいという欲望が労働の「コミュニケーション」化を推し進めてきたわけですが，現代人は仕事以外の人間関係まで「労働」化することで，コミュニケーションの快楽を自ら抑圧しているように思えるからです。

そうした徴候は，とりわけ「対等性」と「効率性」の追求という形で現われているといえるでしょう。たとえば今日では夫婦や親子のあいだでも，対話を通じて相手の立場を理解し，対等で自立的な関係を築こうとする傾向が一般的になっています。しかしそうした友だち感覚の家族も，互いの自主性を尊重することが絶対的な規範になってしまえば，かえって負担や不安に感じる部分が多くなるはずです。じっさい精神科医の大平健は，1990年代頃から，家庭のなかで心理的な葛藤や激しい感情を出せなくなったために，他人にしか打ち明けられない気苦労を抱えこむ子どもや夫婦が増えたことを指摘しています。[48]

同じことは学校のなかの友人関係についてもいえるでしょう。土井隆義が論

▷8 大平健（1995）『やさしさの精神病理』岩波新書。

じているように，いまの学生は友人同士の摩擦や対立を避けるために異常なほど神経を使うようになっていますが，その原因のひとつは，彼らが「個性の尊重」という学校的な理念を杓子定規に信じているからではないでしょうか。

また最近では，異性から好意を引き出す技術を集めた「モテ」本の類や，職業や趣味や家族構成などさまざまな条件を絞りこんだ合コンが人気ですが，その背景には，恋愛コミュニケーションに伴うコストを抑えようとする意識が強く感じられます。もちろん恋愛本や見合い自体は昔からあるわけですが，現在の「婚活」ブームなどを眺めると，互いの距離を徐々に縮めていったり慣習の違いに悩んだり喧嘩したりといった，途中経過を楽しむ余裕のない人も多いように思われます。筆者などはそうしたプロセスも恋愛の楽しさだと思うのですが，彼（女）らをみていると，異性は安定した生活を確保する手段でしかなくなっているようにさえ思います。こうした実も蓋もない風潮は，やはり私生活にも効率性を律儀に求める人が多くなった証といえるかもしれません。

しかし恋愛も結婚も人間が相手である以上，一方だけが得をしたり，永久に同じ関係性が続いたりするようなことは現実にはありえません。たとえ望み通りの結婚生活が得られたとしても，相手は失職するかもしれないし，浮気するかもしれません。あるいは惚れさせたと思っていた相手に，いつのまにか自分のほうが夢中になっているかもしれません。むしろそうした見通しのつかない変化や危機を共に生きることで，私たちは「恋人」や「夫婦」になっていくのではないでしょうか。同じことは親子や友人の関係についてもいえるでしょう。おそらく婚活に明け暮れる人の多くも，平凡な日常をかき乱す可能性をどこかで期待しているからこそ，新たな出会いを貪欲に求めているのではないでしょうか。つまりコミュニケーションの快楽や喜びは，そうした「非対称性」や「偶然性」に身を委ねるところに生まれるのだと筆者には思われます。

じつはテレビドラマ化された『野ブタ。をプロデュース』には，そのような態度の変化が見事に描かれています。ドラマ版ではいじめられっ子が女子（信子）に変わり，修二のことを親友と思いこんで付きまとう彰が新たに加わるのですが，修二はこの不器用な信子と彰に調子を狂わせられるうちに，要領良く立ち回ることを忘れ，対人関係が勝ち負けのあるゲームではないことに気づいていくのです。そして人間のさまざまな欲望（彰の信子に対する恋心やいじめの犯人との対決など）に翻弄されながら，3人で過ごした時間をかけがえのないものと感じるようになります。それは修二にとって，退屈な業務でしかなかった日常生活にひそむ，豊かな表情を再発見していく過程だったといえるでしょう。その結果，ドラマ版の修二は，新たな人びととの出会いに心躍らせながら学校を去っていきます。このドラマは放映時大好評を博しましたが，そのことはいまの社会にも，効率性や円滑さとは別の価値をコミュニケーションに求める人びとが決して少なくないということを示唆しているように思います。

▷9 土井隆義（2008）『友だち地獄――「空気」を読む世代のサバイバル』ちくま新書。

▷10 赤坂真理は，「モテ」を「異性との関係において優位に立つためのノウハウ」と定義し，そのノウハウがビジネスの世界で求められているコミュニケーション能力と合致していることを指摘している（赤坂真理（2007）『モテたい理由――男の受難・女の業』講談社現代新書）。

▷11 長谷正人・奥村隆編（2009）『コミュニケーションの社会学』有斐閣。とくに4章（長谷正人）と5章（井上俊）の論文を参照されたい。

▷12 木皿泉（2006）『野ブタ。をプロデュース――シナリオBOOK』日本テレビ放送網株式会社。なお小説版とドラマ版の違いについては，宇野常寛の分析が優れている。宇野常寛（2008）『ゼロ年代の想像力』8章，早川書房。

おすすめ文献

†長谷正人・奥村隆編（2009）『コミュニケーションの社会学』有斐閣。
†森真一（2005）『日本はなぜ諍いの多い国になったのか――「マナー神経症」の時代』中公新書ラクレ。
†ホックシールド，A. R.／石川准・室伏亜希訳（1983＝2000）『管理される心――感情が商品になるとき』世界思想社。

第Ⅰ部　文化変容の現在

グローカル化する文化

加藤裕治

① グローバル文化（グローカル文化）という捉え方について

　ジャーナリストライターでもあり文学者でもあるR.ケルツは，日本を訪れた外国人観光客のかすかな失望感という話を自著のなかで展開しています。アメリカのファスト・フード店やブランド（マクドナルドやスターバックス，GAPなどでしょうか）の溢れる日本の光景が，異国情緒を期待してやって来る外国人観光客の期待を裏切るものになっている，というのです。しかし逆に日本人にとって，こうしたグローバル文化に取り囲まれていることは，ほとんど意識することのない，ごく当たり前の日常の光景になっています。

　グローバル文化とは，ある特定の文化現象やそれに伴うライフスタイルや価値観が，国民国家や特定のローカルな地域等の枠組みを超えてひろく浸透していくという現代文化のありようです。一方，タイトルテーマでもあるグローカル化する文化とは，グローバル文化の浸透により，さまざまなローカルの文化現象やライフスタイル，価値観が変質したり，新たに生み出されてもいく——たとえばディズニーがアメリカでは子どもと家族の文化であるのに対し，日本では若い女性の文化としても受け入れられている——という，現代のグローバル文化の現実的な状況を強調する概念です。

　こうしたグローバル／グローカル化する文化を捉えるうえで重要な視点となるのは，資本主義経済のグローバル化でしょう。経済活動が国民国家という枠組みを易々と飛び越えるようになった20世紀後半以降，それと連動するように各地域の文化も大きな変容を迫られることになったのです。そのため，グローバル／グローカル化する文化を考える際には，商品やメディアを通して広がるグローバル文化が，それを受け入れていくローカルの側の文化や生活・価値観にどのような変化をもたらしているのか，という点が注目されることになります。

② 文化産業あるいは文化帝国主義からのグローバル文化批判

　しかし従来，（グローバル）文化を考える際に，資本主義的な経済・産業活動と文化の関係を論じることは，ある種の批判的なまなざしを伴うものでした。たとえばT. W. アドルノやM. ホルクハイマーによる『啓蒙の弁証法』(1947)では，産業（的な目的）によってつくり出された作品や商品を，そもそ

▷1　ケルツ, R.／永田医訳（2006=2007）『ジャパナメリカ——日本発ポップカルチャー革命』ランダムハウス講談社。

▷2　「グローカル化」という概念について，くわしくはロバートソン, R.／阿部美哉訳（1992=1997）『グローバリゼーション——地球文化の社会理論』東京大学出版会を参照。本書の序章でグローカリゼーションは次のように定義されている。「グローカリゼーションの概念は，一方に，全世界が同質化しつつあると考える人々と，もう一方に，一つの全体としての現代世界はますます多様化する世界だと考える人々との知的な衝突を取り扱うために採択されている」。

▷3　アドルノ, T. W.・ホルクハイマー, M.／徳永恂訳（1947=1990）『啓蒙の弁証法』岩波書店。

▷4　文化帝国主義については，トムリンソン, J.／

も文化として捉えることが否定されていました。彼らによれば文化とは本来（崇高な）芸術なのであって，産業的な目的でつくり出され，不特定多数の人びとに消費されるような商品や作品は文化の名に値しないとされたのです。「映画やラジオはもはや芸術であると自称する必要はない。それらが金儲け以外の何ものでもないという真理は，逆に金儲け目当てにつくられたガラクタを美化するイデオロギーとして利用される」。彼らは産業によって生み出される（文化の名に値しない）文化を「文化産業」と呼び，その消費の拡大が，個人の創造性・想像性を奪い，受け手の生活や思考を画一化・均質化してしまうと指摘したのです。

　また，巨大資本をバックにした西欧の巨大企業がもたらす消費スタイルの流入が，その受け手であるローカルな地域の生活文化を犠牲にし，そのライフスタイルや価値観を（西欧の消費文化的なものに）画一化してしまう脅威は，1960年代ごろから文化帝国主義の名で語られてきました。とりわけアメリカ文化の影響力は大きく，アメリカニゼーション，またあるいはアメリカを代表する商材であるコカ・コーラを指して，コカ・コロニゼーションと呼ばれ，文化侵略のシンボル的存在とされていたのです。

　また1971年（当時革命的社会主義政権であった）チリで，A.ドルフマンとA.マトゥラールが『ドナルド・ダックを読む』という本を書きました。その本では，社会主義国においてディズニー漫画が読者に与える影響や価値観の変容が分析されていました。これはディズニー＝アメリカ流の資本主義や文化の影響力が，当時の社会主義国にも脅威として受け取られたことを示しています。

　こうした議論は，第二次世界大戦後，圧倒的な資本と産業的基盤を背景に，全世界的な規模で（社会主義国に対しても）その影響力を増しつつあったアメリカの文化やライフスタイルの一方的な流入に対する危機感がその背景にあったといえます。そうした当時の時代的リアリティが，文化産業や文化帝国主義の考え方を後押ししていたのです。

③ 脱西欧化するグローバル文化・グローカル文化

　しかし一方で，上記で述べてきた文化産業や文化帝国主義的な（グローバル）文化の把握に対し，社会学者の鈴木謙介は実際のグローバル文化のありようの変容に伴い，グローバル文化の捉え方も変容してきたと指摘しています。

　たとえば，1979年に登場した携帯音楽プレーヤーのウォークマンは，ソニーという日本企業による製品が世界を席巻したということだけでなく，音楽の視聴スタイルを大きく変える——路上という公共空間で個人が私的に音楽を視聴する——ものでした。日本企業のオーディオ製品が，グローバルのレベルで音楽（視聴）文化の変容を引き起こしたといってもよいでしょう。つまり，文化帝国主義的な図式からすれば，（文化侵略を受けてしまう）ローカル側の文化が

片岡信訳（1991=1993）『文化帝国主義』青土社を参照のこと。ただしトムリンソン自身は「文化帝国主義」の概念の捉えなおしを行なっており，グローバル文化が一方的に受容されるという図式ではなく，受け取る側＝ローカルの側による文化の多様な受容形態を捉えなおすべきとの議論を展開している。

▷5　このほかにも，ファスト・フードといった外食産業の世界的な拡大が，ローカルな食文化の破壊をもたらす脅威として，マクドナライゼーションと呼ばれ批判の対象とされてきたこともあった。

　また，たとえばこうした文化侵略に抵抗する意味で，1969年には京都大学生協ではコカ・コーラを販売中止にすることさえあった。近年，この販売中止が終了し，京大生協ではコカ・コーラが再販されている。くわしくは『京都新聞』（2000年4月23日付）を参照のこと。

▷6　ドルフマン，A.・マトゥラール，A.／山崎カヲル訳（1971=1984）『ドナルド・ダックを読む』晶文社。

▷7　鈴木謙介（2007）『〈反転〉するグローバリゼーション』NTT出版。また，社会学者のA.ギデンズはグローバリゼーションという用語そのものが，学術的にも日常用語としても1980年代末ごろまでは，まったく使われていなかったことを指摘している。くわしくはギデンズ，A.／佐和隆光訳（1999=2001）『暴走する世界——グローバリゼーションは何をどう変えるのか』ダイヤモンド社。

グローバル化する現象が生じたわけです。

「「文化」……もっぱら限定的に「芸術」とのみかかわっていた用語は、いまやその最も似つかわしくない場所にまで現れるようになった。たとえばビジネスや経済の世界といった——およそ最も「物質的な」領域において「文化」はますます重要な位置を占めることになった」。先の文化産業の視点とはまったく逆の主張から、P. ドゥ・ゲイやS. ホールらはウォークマンの生産と流通と消費の過程を文化として捉え、ソニーという企業文化のありかた、デザインの意味、消費スタイルといったウォークマンが生み出した、新たな文化の分析をはじめました。[8]

従来の文化帝国主義的な視点からは明確に解明できないグローバル文化の拡がりは、1980年代から90年代以降ますます増加していきました。たとえば任天堂のファミリーコンピュータは85年にアメリカで発売され、その後玩具市場を席巻し、87年にはアメリカ玩具業界で売上げNo1を獲得しました。[9]また90年代後半には「ポケモン」が世界を席巻し、世界の子ども文化やメディア文化に影響を与えていったことや、アメリカやイスラム圏などでは必ずしも好意的に受け取られなかった面もあることなどが、J. トービンを編者とした『ピカチュウのグローバルアドベンチャー』で詳細に分析されています。[10]また「冬のソナタ」をはじめ韓流というアジア文化の流入が日本でも話題になり、韓国のイメージを変化させたことは記憶に新しいところです。

❹ 「能動的」に受容されるグローバル文化

さらに、ローカルの側が文化帝国主義的なグローバル文化を、必ずしも受動的で一方的に受け取るのではなく、各ローカル文化に適合するように「能動的」に受容していることが次々と明らかになっていきました。

たとえば、日本におけるディズニー受容について、有馬哲夫は世代間で相当な受容の差があることを指摘しています。つまり1967年以前は"ウォルトおじさん"に案内されたディズニーアニメの受容がありました。その後、ディズニーの日本での不振（その背景には日本製アニメの黄金期の開始が影響しています）が続きます。そして1980年代には、東京ディズニーランド開業によるディズニー文化の再流入があり、テーマパークを通してディズニー文化を日本人は再び受け取ることになったのです。[11]

こうした流れをみればわかるように、ディズニーの受容は、一方でグローバル企業の企業戦略に左右されながらも、しかし、（企業戦略だけでは対処できない不振の期間があったように）産業側のロジックに留まらないローカル文化の側の能動的な受容のあり方が大きく影響しているのです。有馬はC. ラリーの議論を基に、こうしたローカルの文化受容のあり方を「流用（用途）」[12]という概念で説明しています。それは、グローバルな文化受容に際して、その受け手が自

▷8 ゲイ、P. du ほか／暮沢剛巳訳（1997=2000）『実践 カルチュラルスタディーズ——ソニーウォークマンの戦略』大修館書店。ちなみに本書の原題は"Doing Cultural Studies"、つまりカルチュラルスタディーズという方法の実践の書でもあったといえる。

▷9 安川一（1992）「ビデオゲームはなぜ楽しいのか」アクロス編集室編『ポップコミュニケーション全書』PARCO出版、144-177頁。安川によれば、当時のアメリカでは、"ニンテンドー・クリスマス"と呼ばれる事態をひきおこし、また「マリオ」の人気はすさまじく、TV番組化やキャラクター商品化に加え、子どもの社会関係認知の枠組みに影響を与える（たとえば園長を大ボスと呼び、クラスの先生を子ボスと呼ぶといったような）事例もみられたという。

▷10 Tobin, J. ed. (2004) *Pikachu's Global Adventure*, Duke University Press.

▷11 有馬哲夫（2001）『ディズニーとは何か』NTT出版。

▷12 有馬の著作のなかでは「用途」とされているが、ラリーの原著には"use"と"appropriation"の2つの言葉が使われている。後者はカルチュラルスタディーズの概念として「流用」の訳が用いられることが多いため、ここでの訳語としては「流用」を用いている。

らの時代や社会状況にあわせ，そのグローバル文化を自分たちに合うスタイルへと変化させ（＝「流用」し），そうした文化を受け入れていくという状況を指す概念です。

こうした受け手の能動的なグローバル文化の受容は，グローバル文化とは一見程遠いと考えられるような日本の"不良文化"にも見出すことができます。長らく学問では扱われなかった不良文化ですが，難波功士や大山昌彦らが明らかにしているように，そこには明確にアメリカ文化の影響がみられつつ（たとえば"フィフティーズファッション"など），関東／関西などの地域差，また世代的な受容の相違といった，さまざまな「流用」のスタイルが存在しているのです。

5 グローカル化する文化を考えていくにあたって

21世紀も10年を経たいま，グローカル的な文化受容はいまや私たちにとって自明のものとなっています。むしろ自明化した分，グローバル文化が私たちのライフスタイルや価値観に与える影響は，逆に見えにくくなっているともいえます。さらに重要なのは，今やグローバル企業が企業戦略としてローカル文化を丹念にマーケティングし，ローカル側の「流用」をも視野にいれながら，商品化や製品化を行なっているということです。

しかし，こうした産業側のマーケティング戦略の充実化をもとに，グローバル文化をそうした産業側が操作できるようなものとして扱ってしまうことには注意が必要です。というのもグローバル文化が受け入れられるのは，それがローカル文化に変容をせまる脅威でありながら，受け手にとって"憧れ"や"すばらしいもの"として現れてしまうからでしょう。そもそも「流用」自体，そうした"憧れ"を受け手が自らのものとしようとすることに支えられているはずです。コカ・コロニゼーション的な文化侵略でありながら，日本においてアメリカ文化があっけらかんと受容されていく"矛盾"した過程も，そこに"モダニズム"や"輝かしい未来"への憧れがあったからこそといえます。

そうだとすれば，このすっぽりとグローバル文化に覆われている現在の日本において，グローバル文化はローカル文化に変容をせまるどのような脅威として現れつつ，一方で人びとへどんな"憧れ"を提供するものとしても現れているのでしょうか。たとえばスターバックス。90年代半ばから従来の喫茶店文化を駆逐しつつも若者に受け入れられた過程は，単に商業的なマーケティング論の視点だけからでは理解できないでしょう（抹茶ティーラテがあるから日本に受け入れられたわけではないのです）。この過程に文化受容のどのような"矛盾"が含みこまれており，コーヒーのどのような飲み方に人びとは"憧れ"たのか。グローカル化する文化を考えることは，こうしたことの探求からその第一歩がはじまるといえるでしょう。

▷13 難波功士（2009）『ヤンキー進化論——不良文化はなぜ強い』光文社新書；大山昌彦（2007）「茨城県A市における「フィフティーズファッション」の消費と受容——サブカルチャー的スタイルのローカル化／ローカライズド化」遠藤薫編『グローバリゼーションと文化変容』世界思想社，213-239頁。また，こうした不良文化の捉えなおしは，戦後日本の文化史を見直すことにもつながっているといえる。

▷14 たとえば，ディズニーアニメの「スティッチ」は物語の舞台がハワイから沖縄へ，リロはユウナと名を変えた日本版が作成されている。またこれを紹介した記事として『週刊東洋経済』2009年12月5日号（第6235号）などを参照のこと。

おすすめ文献

†ブライマン，A．／能登路雅子監訳／森岡洋二訳（2004＝2008）『ディズニー化する社会』明石書店。
†シュン，Z・タロッコ，F．／松田和也訳（2007＝2008）『カラオケ化する世界』青土社。
†片岡義男（2008）『ナポリへの道』東京書籍。

第Ⅱ部

現代文化の諸相

1 消費社会の文化／A 都市の文化

1 ストレンジャーの文化

井上　俊

1 都市生活のリスク

　都市で生活するということは，たくさんの「見知らぬ人びと」（ストレンジャー）といっしょに暮らしていくということです。家庭や学校や職場を一歩離れると，私たちは日常不断に，無数のストレンジャーに出会います――街頭で，駅で，車中で，デパートやスーパーで，映画館やレストランで……。L. ロフランドがいうように，都市は「ストレンジャーの世界」なのです。

▷ 1　Lofland, L. H. (1973) *A World of Strangers : Order and Action in Urban Public Space,* Basic Books.

　匿名性の高いストレンジャーの世界では，親や教師はもちろん，知り合いの誰の目にもふれることなく，また誰からも干渉されることなく，自由に行動できる可能性があります。そして，このことが都市生活の大きな魅力のひとつになっています。しかし反面，どこの誰ともわからないストレンジャーとともに生活することには，それなりのリスクもあります。だから，子どもたちは必ず「知らない人について行ってはいけませんよ」などと教えられるのでしょう。

　子どもだけではありません。大人たちもストレンジャーに対しては漠然とした警戒感をもっているのが普通です。たとえば，街頭で（とりわけ人通りの少ない夜道などで）見知らぬ人に呼び止められたりした場合，私たちはほとんど反射的に，その人の年齢や性別，服装や態度，言葉遣いなどをチェックし，相手の信頼性やリスクの有無を判断しようとするでしょう。「外見で人を判断してはいけない」とはよくいわれることですが，ストレンジャーの世界では，リスク回避のために，そうせざるをえないことも多いのです。

　しかしもちろん，外見やその場の状況などの表層的情報だけによる判断は，リスク回避の方法として十分なものではありません。この種の情報は，たとえ熟練した詐欺師やスパイでなくても，比較的容易に偽装することができるからです。もし情報が偽装されていれば，リスク回避のためのチェックがかえって（欺かれる）リスクを招き寄せることになります。

2 不関与規範

　ストレンジャーにかかわるリスクを回避するためのもうひとつの方法は，ストレンジャー同士の直接の接触やコミュニケーションがなるべく生じないようにするということです。この方法はリスクの回避に効果的であるだけでなく，プライバシーの保護にも役立つので，社会生活のなかに定着し，一種の生活ル

ールともなっています。この点に着目して、S. ミルグラムは、都市生活における「不関与規範」(norms of non-involvement) の存在を指摘しました。つまり、みだりに他人に関与すべきではないという暗黙のルールがあるというのです。

たとえば、街なかで困っている人を見かけて、手助けしてあげたいと思いながらも、気軽に声をかけることをためらったような経験は誰にもあるのではないかと思います。この「ためらい」は、「たとえ見知らぬ人であっても困っている人には親切に」という一般的な規範（あるいはその規範に基づく親切心）と都市的な不関与規範との一瞬の衝突が生み出すものです。

この不関与規範の作用を詳細に示した研究として、D. カープのポルノショップ調査が知られています。彼は、ニューヨークのポルノ書店に隠しカメラを取りつけ、店内における客たちの行動をくわしく調べました。わりに狭い店なのですが、客たちは他の客との会話や身体的接触はもとより、視線を合わせることさえ慎重に避けています。つまり不関与規範が厳格に守られているのですが、せまい空間でそうするためには、互いに他の客たちの存在や動きに気を配り、チェックしあうことが必要です。その意味で彼らは、不関与の状態を保つために互いに関与しあい、協力しあっているのです。

▷ 2　Milgram, S. (1970) "The Experience of Living in Cities," *Science* 167.

▷ 3　Karp, D. (1973), "Hiding in Pornographic Bookstores," *Urban Life and Culture* 4.

3 自由と安全

匿名性やプライバシーの保持がとりわけ重要なポルノショップほどではなくても、不関与規範の働きは、たとえば地下鉄の車中、エレベーターのなか、街頭や公園など、都市のいたるところでみられます。それはときに「無関心」と誤解されますが、この場合、人びとは直接的な関与やコミュニケーションを避けるために、間接的に暗黙のうちに関与しあい協力しあっているのですから、無関心とは違います。その意味で、都会は必ずしも無関心の砂漠ではないのです。匿名的なストレンジャー社会では無関心と無秩序がはびこると考えられがちですが、そういう思いこみは少し単純すぎるようです。

ストレンジャーの世界にはストレンジャーの文化が形成されます。不関与規範はその文化の重要な構成要素です。それは、ストレンジャー世界につきまとうリスクを軽減するとともに、必要に応じて匿名性を守り、行動の自由を確保することにも役立ちます。たしかにそれは、不関与と関与、警戒と協力の微妙なバランスの上に成り立つ、いわば壊れやすい文化です。しかし、この頼りないといえば頼りない文化が、都市生活における自由と秩序（安全）の両立を危うく保っているのです。こうした文化が崩れ、失われてしまうなら、もはや都市生活の秩序と安全は、いたるところに監視カメラを設置することによってしか守れなくなるのかもしれません。

▷ 4　ただし、不関与規範が結果として無関心と同じ働きをすることはある。

おすすめ文献

† ジンメル, G. ／川村二郎編訳（1903=1999）「大都会と精神生活」『ジンメル・エッセイ集』平凡社ライブラリー。
† ゴフマン, E. ／丸木恵佑・本名信行訳（1963=1980）『集まりの構造』誠信書房。
† 井上俊（1992）「ストレンジャーの文化」『悪夢の選択──文明の社会学』筑摩書房。

1 消費社会の文化／A 都市の文化

2 喫茶店・カフェの文化

池田太臣

1 現代のカフェ

　日本では，2000年頃に，カフェブームがあったといわれています。このカフェブームに影響を与えたと考えられる出来事のひとつが，「スターバックスコーヒー」（以下，「スタバ」と略記）の日本進出（1996年）でした。

　『日本カフェ興亡記』の著者・高井尚之は，「スタバ」の影響として，「多くの女性がコーヒーを飲むようになったこと」をあげています。[1]「スタバ」のコーヒーがなぜ女性に受けたのでしょうか。高井の指摘している一般的な「スタバ」の魅力のなかでも，(1)エスプレッソをベースにしたミルク系コーヒー（「カフェ ラテ」や「キャラメル マキアート」など）を提供したこと，(2)全席禁煙であることの2つを，まずあげることができます。[2]

　現代では，女性がコーヒーをひとりで飲んでいる光景は珍しくなくなりましたが，私たちは，女性も男性も含めて，なぜカフェに魅せられるのでしょうか。そこには，"コーヒーがおいしいから""ケーキがおいしいから"だけですまされない理由があるようです。つぎに，日本のカフェの誕生と1930年代初頭のカフェブームを簡単に振り返ることで，人びとがカフェに足を運ぶ理由について，考えてみたいと思います。

2 カフェの誕生とカフェブーム

　ところで，日本のカフェあるいは喫茶店の歴史をみる場合に，気をつけなければならないことがあります。それは，カフェ（喫茶店）というと，2つの形態のものを指しているということです。一方は，コーヒーを飲む場としてのカフェであり，他方は，女給のサービスを楽しむ場としてのカフェです。そして，1920年代中頃から30年代初頭のカフェブームの中心にあったのは，後者のカフェでした。

　日本で最初のカフェは，1888年（明治21）に東京・下谷西黒門町に開店した「可否茶館」とされています。この喫茶店の創設者は，留学体験から知ったイギリス風のカフェ（コーヒーハウス）をモデルとしていたようです。彼は，カフェを「コーヒーを飲みながら知識を吸収し，文化を交流する場」と考え，国内外の新聞や書籍のみならず，トランプ，ビリヤード，碁・将棋などを置いていました。[3]この日本初の喫茶店は5年で閉店しますが，その後，1911年（明治44）

▷1　高井直之（2009）『日本カフェ興亡記』日本経済新聞社，34頁。

▷2　高井，同上書，33-40頁。

▷3　高井，同上書，93頁。

1-A-② 喫茶店・カフェの文化

に「カフェー・プランタン」が銀座につくられ，永井荷風や森鷗外といった文化人の交流の場となりました。

他方，女給のサービスを楽しむカフェの方は，「カフェー・プランタン」と同じ年に銀座に開業した「カフェ・ライオン」が，その最初といえるでしょう。このカフェは，女給がお揃いの衣装（和服にエプロン姿）で給仕をするということで，評判を呼びました。関東大震災後の1924年（大正13），この「ライオン」の筋向いに開店した「カフェ・タイガー」は，女給とのコミュニケーション（身体接触も含む）をサービスの前面に打ち出し，「ライオン」以上の人気を博しました。「タイガー」の後も同種の店が増えていき，カフェは現在のバーやキャバレーのような性格を帯びていくことになります。そして，新しい風俗として大流行します。酒井真人は，1929年（昭和4）に，この種のカフェが東京都下に7500軒以上あると報告しており，「今や実際，カフェの黄金時代である」と述べています。

3 時代を映すカフェ

今述べてきた時期のカフェと現代のカフェとのあいだには，いくつかの共通点があるように思います。

たとえば，馬場伸彦は，1930年代初頭のカフェブームにおいて，カフェへ通った人びとのあいだに，ヨーロッパ文化への強い憧れがあったと指摘しています。「スタバ」に通う現代の日本の女性にも，同じことがいえるのではないでしょうか。ファッション誌などに目を通すと，海外のセレブや日本のモデルたちが「スタバ」のカップを持っている姿を見つけることができます。「スタバ」へ足を運ぶ日本の女性たちには，海外セレブへの，あるいは"「スタバ」の似合う都会的な女性像"への強い憧れがあるのかもしれません。

また，先ほど紹介した女給のサービスを楽しむ場としてのカフェも，現代のメイドカフェなどに通じるものがあります。メイドカフェは，2001年に誕生し，2005年にブームとなりました。メイドカフェも，あくまで喫茶店ではありますが，"メイドの格好をした女性の給仕のサービスを楽しむ場"であるといえます。

カフェは，単なる飲食の場にとどまらず，時代のさまざまな要求を受けとめ，つぎつぎと新しいサービスを提供してきました。カフェという文化を研究することは，まさに"その時代の人びとの嗜好や志向を知る"ことと同義です。その意味で，カフェ研究は，社会学的な文化研究の重要なテーマであるといえます。

▷4 馬場伸彦（1998）「『カフェ』と『女給』のモダニズム試論」『淑徳国文』39，愛知淑徳短期大学国文学会，44頁。
▷5 酒井真人（1930）「カフェ通」和田博文編（2005）『コレクション・モダン都市文化 カフェ』ゆまに書房，327頁。
▷6 馬場，前掲論文，32頁。
▷7 早川清・山崎龍（2008）「メイド喫茶サイドレポート'98〜'08 ぼくらの熱中時代」早川清・山崎龍・木全直弘・清水銀嶺・佐藤楓編著『メイド喫茶で会いましょう』アールズ出版，26-36頁。
▷8 17〜18世紀に流行したロンドンのカフェ（コーヒーハウス）でも「バー・メイド」と呼ばれる女性がいて，入店の際に，彼女にお金を払っていた。バー・メイドは，客引きも兼ねており，美しい女性を置くことが多かったようである。「美人」とカフェは，どうも切ってもきれない関係にあるようだ（小林章夫（2000）『コーヒーハウス 18世紀ロンドン，都市の生活史』講談社，48頁）。

おすすめ文献

†酒井真人（1930）「カフェ通」和田博文編（2005）『コレクション・モダン都市文化 カフェ』ゆまに書房。
†高井直之（2009）『日本カフェ興亡記』日本経済新聞社。
†馬場伸彦（1998）「『カフェ』と『女給』のモダニズム試論」『淑徳国文』39，愛知淑徳短期大学国文学会。

1 消費社会の文化／A 都市の文化

3 コンビニの文化

田中大介

1 コンビニは文化？

まずは、コンビニのない生活を想像してみてください。たとえば、移動先にコンビニがなくて困った経験はありませんか。あるいは近所にコンビニがなかったらどうでしょう。多くの人は少し困るのではないでしょうか。

現在、コンビニは、コンビニエンスストア協会に所属しているだけで4万店以上あります。また、そのマーケットは、独身男性から次第に女性や幅広い世代へと広がり、近年では「公共空間としてのコンビニ」とさえいわれています。

では、これほどまで日本社会に浸透した「コンビニ」とはどのような存在であり、どのような条件のもとで成立している「文化」なのでしょうか。

2 消費社会の情報ネットワーク化

社会学者のJ.ボードリヤールによれば、消費社会においては、商品の機能上の違いよりも、広告・宣伝などによって意味が付与されたイメージや記号の違いが重要になります。パッケージをかえた「新製品」を販売しているコンビニも、消費社会の延長線上にある存在といえるでしょう。

ただし日本のコンビニは、情報ネットワーク化された流通システムを構築することで、消費社会に新しい局面を開いてきました。この流通システムは、1980年代以降広がった大企業によるチェーンストア化とPOS（point of sales）システムに支えられています。「コンビ」や「コンビニエンス」と地域ごとに異なる略称で呼ばれていた時期を経て、「コンビニ」という独特の略称で落ち着きはじめるのも、流通システムが確立し、チェーン化された店舗が全国に普及した時期と重なります。日本のセブン-イレブンが開発したPOSシステムは、レジで売買が成立するときに、商品、金額、顧客層、従業員、日時、天候等を情報としてデータベースに蓄積し、このデータを商品発注に反映するシステムです。このシステムによって、需要と供給の時差が縮められ、新しい商品をすぐに補充できます。その際、このデータにしたがって素早く商品を補充するため、一日3回配送を可能にする物流システムも欠かせません。

こうしてコンビニは、商品回転を高速化し、常に新しい商品（新製品・新鮮品）を提供できるチェーンストアとして日本全国に普及しました。それが当たり前になると、消費者の側でも、「コンビニ＝いつでもどこでも新しい商品が

▷1 鷲巣力（2008）『公共空間としてのコンビニ』朝日選書。

▷2 ボードリヤール, J.／今村仁司・塚原史訳（1970=1995）『消費社会の神話と構造』紀伊國屋書店。

▷3 タバコ、お酒、清涼飲料、おにぎりなどのコンビニの主力商品、とくに特定銘柄の商品は内容にほとんど違いはなくても、しばしば新しい製品として売られることがある。

ある」と期待するようになります。たとえば，お弁当やおにぎりのほとんどが品切れで，新製品もあまりない小売形態を，「コンビニ」といえるでしょうか。もちろん，一定の基準を充たせば，「コンビニエンスストア」を名乗ることはできますし，統計上そのように分類されます。実際，そうした店舗をしばしばみかけます。しかし，少なくとも上述したような「コンビニ的なもの」に対する期待からズレているという感覚は残るでしょう。

　つまり消費者は，商品の記号的差異を事前に共有して購入する（あるいは新商品をわざわざ探して購入する）というよりも，POSシステムのおかげで，手に取った商品が常に新しいことを頻繁に経験するようになります。情報ネットワーク化された流通システムが私たちの商品選択の欲望を代補することで，新しい商品の供給が当たり前のことになったのです。

　私たちは，コンビニなしの生活を想像しにくくなっています。しかし，逆にいえば，消費者が「いつでもどこでも新しい商品が存在する」ことを期待しなければ，コンビニはその存在価値を失うでしょう。近くにコンビニがないときに不安を感じる私たちの想像力，すなわち遍在化する情報ネットワークへの欲望そのものが，コンビニのある社会を支えているのです。

3 コンビニとグローバリゼーション

　ただし「コンビニ」は，日本独特のものでもあります。たとえば，ヨーロッパ各国では，宗教的慣習，環境への配慮，商業上の規制などの理由から深夜営業や多様なサービス提供に対する制約があり，日本ほどコンビニエンスストアは普及していません。また，コンビニエンスストア発祥の地であるアメリカも，日本の「コンビニ」ほど高度な流通システムをもっていませんでした。セブン－イレブンジャパンにより，親会社であるアメリカのサウスランド社の経営再建，買収が行なわれた1990年代以降，日本の流通システムがPOSシステムとともにアメリカへと逆輸入されたくらいです。さらに，セブン－イレブンと異なり日本生まれのコンビニであるファミリーマート社は，コンビニのアジア各国への輸出に力を入れています。つまり「コンビニの文化」は，アメリカとアジアのあいだという地政学的条件のなかで成立しているのです。

　たとえば，海外旅行にいったときについコンビニを探してしまうとすれば，それは，「コンビニの文化」を自明とする感覚を他文化のなかに持ちこんでしまう，きわめてナショナリスティックな振舞いといえるかもしれません。「コンビニの文化」は，アメリカを中心とした「文化帝国主義」でも，あるいはマクドナルドのような「徹底した合理化」の帰結でもなく，かといって日本の伝統だけに由来するものでもありません。むしろ，グローバル／ローカルのあいだで再生産される〈日本〉という圏域において成立し，さらにそれを再生産するような場＝ネットワークとして広がっているのです。

▷4　経済産業省の商業統計の定義では，食料品を扱う，セルフサービス，売り場面積が30〜250m²，営業時間14時間以上の業態である。また総務省の日本標準産業分類では，主として飲料食品を中心とした各種最寄り品をセルフサービス方式で小売する事業所で，店舗規模が小さく，終日又は長時間営業を行なう事業所と定義されている。

▷5　ネットワーク社会については，Castells, M. (1996) *The Rise of The Network Society: The Information Age: Economy, Society and Culture Volume1*, Blackwell を参照。

▷6　文化のグローバル化については，トムリンソン，J.／片岡信訳（1991=1993）『文化帝国主義』青土社。

▷7　リッツア，G.／正岡寛司訳（2007=2008）『マクドナルド化した社会〔二十一世紀新版〕果てしなき合理化のゆくえ』早稲田大学出版局；リッツア，G.・丸山哲央（2003）『マクドナルド化と日本』ミネルヴァ書房。

おすすめ文献

†三浦展（2004）『ファスト風土化する日本』洋泉社新書。

†リッツア，G.／正岡寛司訳（2007=2008）『マクドナルド化した社会〔二十一世紀新版〕果てしなき合理化のゆくえ』早稲田大学出版局。

†鷲巣力（2008）『公共空間としてのコンビニ』朝日選書。

1 消費社会の文化／A 都市の文化

4 ストリートの文化

木島由晶

1 道端から生まれる文化

　路上はしばしば，単なる交通の場以上の，交流の場としての意味を帯びます。もちろん交流には，犬の散歩で挨拶を交わしたり，「井戸端会議」でうわさ話をしたりすることも含まれます。しかしここでは，居住区域の近隣で交わされる，面識者どうしの交流よりも，繁華街や盛り場で交わされる，見知らぬ人をも巻きこんだ対面相互作用に注目してみましょう。なかでも，青年層を中心とした営みには，今日的な路上文化の特色がよく表れているように思われます。

2 路上文化の諸相

　路上の文化は，これまで相互に結びつく三つの観念で捉えられてきました。第一は〈不良〉(ドロップアウト)の文化で，これは地元社会や学校に適応できない青年たちが，路地裏ではぐくむ付き合いを指すと考えられがちです。しかしP. E. ウィリスは，「良い子」になれない「落ちこぼれ」がたむろせざるをえないのではなく，自ら進んで「ワルになりたい」美意識を学んでゆく側面があることを示しました。こうした集団「内部」からの分析は，W. F. ホワイトや佐藤郁哉など，シカゴ学派の流れをくむ都市エスノグラフィが得意としてきたものです。
　第二は〈草の根〉(アンダーグラウンド)の文化で，これはメディアの力で「上」から一方的に押しつけられるというより，人びとの交流によって「下」から自然に沸きあがるという含みがあります。日本でも，明治期の壮士演歌や，1960年代のフォーク・ゲリラ，2000年代のサウンド・デモと，風刺のユーモアを交えつつも，音楽で世のあり方に異議を申し立てる「まじめ」な運動が行われてきました。こうした「抵抗」の理解と実践には，英国カルチュラル・スタディーズの知見をふまえた，毛利嘉孝や上野俊哉の論考が頼りになります。
　第三は〈表現〉(パフォーマンス)の文化で，これは路上を一種の「劇場」に見立てるものといえます。たとえば1980年代には，原宿の歩行者天国で奇抜な格好をした青年たちが歌い，踊る「竹の子族」が流行しましたが，興味深いのは，以後の路上がおしゃれな「ストリート」に演出され，情報誌を片手に着飾って歩く通行人が台頭したことです。こうした側面からの考察としては，J. ボードリヤールの消費社会論やE. ゴフマンのドラマツルギー，それらを盛り場の分析に応用した吉見俊哉の論考があげられます。

▷1 対面相互作用：言葉や身振りで意識的にコミュニケーションを図るばかりでなく，互いに視認できる範囲に居あわせ，その存在を知覚している状態をも含んだ「やりとり」。

▷2 ウィリス，P. E.／熊沢誠・山田潤訳（1977=1996）『ハマータウンの野郎ども――学校への抵抗，労働への順応』ちくま学芸文庫。

▷3 シカゴ学派：アメリカで1930年代ごろを中心に活躍した社会学研究の一派。主に参与観察の手法を駆使して，人びとの意識や行動の動態を，みずみずしく活写した。

▷4 壮士演歌：もとは万人に等しく参政権を求める自由民権運動の一環として歌われた抗議運動だが，しだいに冗談めかして世相や街行く人びとを「斬る」，痛快な流行歌としても受け入れられていった。

▷5 フォーク・ゲリラ：1960年代末のいわゆる「政治の季節」に，新宿駅の西口広場を中心として，ベトナム戦争に反対するためギター一本で抗議した運動。

▷6 サウンド・デモ：「9.11」以降に日本でも盛りあがった動きで，主に「戦争反対」や「路上解放」の主題を掲げ，DJ機器でクラ

3 日常化の進展

　以上はそれぞれ，力点や方向性を異にしながらも，人びとが日常の生活習慣から何らかの意味で「離脱」する営みと整理できるでしょう。しかし日本ではおよそ1990年代の半ば頃から，そうみなせない傾向も目立ってきます。

　まず〈不良〉のスリルを感じとり難くなり，「やんちゃ」な暴走行為が一定の収束をみせるのと入れ替わるように，従来「一人で歩くのは危険」と目されてきた女性や子どもの姿が，夜の歓楽街でも散見されはじめました。そうして通行人がひっきりなしに往来し，コンビニの灯りがいつでも煌々とともる状況では，むしろ「見知らぬ人から見られている方が安心」といった感受性も確認されます。これは監視社会化の流れと照らしても興味ぶかい論点です。

　〈草の根〉のロマンはどうでしょうか。たとえば，路上「出身」のシンガーがヒット・チャートの常連となり，その活動を地域社会が積極的に支援している今日，路上はますます市場（マーケット）の意味あいを強めています。また活動の拠点も，駅前のターミナルから国道沿いのショッピング・モールへと拡がり，全国各地に同じような量販店が立ち並ぶ「ファスト風土」の風景は，「劇場都市」の典型とされた「シブヤ」をも侵食しています。つまり，そこにしかなかったはずの風景が，どこにでもある風景へと「脱・舞台化」して，わざわざ都心に出かける必要も，出かけたい欲求も薄れているようです。

　〈表現〉のパッションについても同様です。なるほど，近年では弾き語りに似顔絵描き，殴られ屋と，多彩な人びとが路上で活動しており，表現の裾野は拡がっているように思えます。が，活動している人たちには必ずしも表現者の気負いがみられません。むしろ目立っているのは，下手でも演奏・歌唱を楽しむ「シンガー」や，ショー・ウィンドウを鏡の代わりに練習する「ダンサー」の姿であり，その心性は，人目を憚らずどこにでも座りこんで雑談する「地べたリアン」とも通底しています。このとき路上の経験は，非日常的というより，しごく日常的なものです。

4 ストリートの「軽さ」

　かつて文筆家の寺山修司は，1970年代に「書を捨てよ，街へ出よう」という有名なアジテーションを残しました。寺山が一連のエッセイで強調したのは，人ごみに紛れることで退屈な日常から解放されるという主張です。しかし，路上がますます日常的な装いを強めているとすれば，もはや十全な解放感など味わえません。とすると，今日の私たちはどうやって「離脱」すればよいのでしょうか。いずれにせよ，路上が「ストリート」と呼び表されるようになった今日，私たちはその社会的意味づけを再考する必要がありそうです。

ブ・ミュージックを鳴らし行進すること。

▷7　カルチュラル・スタディーズ：主に社会的マイノリティに注目し，文化を支える社会的脈絡の政治性を問う。また，文化を受容する受け手の能動性にも主眼をおく。本書，182-183頁参照。

▷8　ドラマツルギー：何気ない人びとの対面相互作用を，演劇的ないし情報ゲームの側面からとらえる視座。

▷9　木島由晶（2007）「路上演奏者の公共感覚――心斎橋の弾き語りシンガーを事例として」『ポピュラー音楽研究』vol. 10, 16-39頁。

▷10　監視社会：本書，「監視の文化」134-135頁参照。

▷11　北田暁大（2002）『広告都市・東京――その誕生と死』廣済堂。

▷12　田中研之輔（2004）「新宿ストリート・スケートボーディング」吉見俊哉・若林幹夫編『東京スタディーズ』紀伊國屋書店，112-122頁。

▷13　寺山修司（1975＝2008）『書を捨てよ，街へ出よう』角川文庫。

おすすめ文献

†井上俊・伊藤公雄編（2008）『社会学ベーシックス4　都市的世界』世界思想社。

†五十嵐太郎編（2009）『ヤンキー文化論序説』河出書房新社。

†吉見俊哉・北田暁大編（2004）『路上のエスノグラフィ――ちんどん屋からグラフィティまで』せりか書房。

1 消費社会の文化／A 都市の文化

5 24時間の文化

加藤裕治

1 24時間の文化の特殊さ

　私たちの身の回りには深夜も休むことのない24時間型のサービスや情報が溢れています。たとえばコンビニエンスストア，カラオケボックス，レンタルビデオショップ，それにテレビ。またインターネットウェブでも24時間情報が更新され続け，ECショップでは時間に関係なく買い物することが可能です。こうした24時間無休型のサービスや情報提供は，社会全体に当たり前のように浸透しています。

　しかし，このように，昼夜に関係なくサービスや情報が提供され，深夜でも自由にショッピングができてしまう光景が都市や社会に現れたのは，ごく最近のことです。たとえばコンビニは1970年代に現れていますが，当初は24時間営業ではない店舗も多く，店舗数も限られていました（ちなみに2008年のコンビニの全店舗数は約4万8000件ですが，1万件を突破したのは1988年で，80年代も後半のことです）。▷1

　またコラムニストの堀井憲一郎は，ある著作のなかで1983年の東京ディズニーランド（TDL）の思い出を語っています。TDL開園のこの年，大晦日の年越しカウントダウンに参加した彼は，カウントダウンがあったにもかかわらずTDLが午前1時か2時に閉園してしまい，バスを待ち続けたその夜の寒さが今でも忘れられないと語っています。この記憶から彼は，その当時のディズニーランドには，まだ大晦日を一晩中営業して騒ぐという覚悟ができていなかったのだろうと推察しています。▷2

　この証言は24時間の文化を考えるにあたって貴重な示唆を与えてくれます。というのも，ここで明らかになるのは，1980年代前半，エンターテイメントの最先端にある場所でさえ，まだ夜間の営業は特別なものだ，という社会規範があったと推察されるからです。つまり人びとの時間意識のなかには，深夜という時間に（商業的な）活動をすることへのためらいがあったということです。都市生活のなかにも昼と夜の区分の感覚や，夜に対する特別な時間意識が，まだ存在していたのだということができます。

2 「夜の生活」の出現

　W. シヴェルブシュは「時代をさかのぼればさかのぼるほど，文化は夜の到

▷1　社団法人日本フランチャイズチェーン協会　統計調査データ〈http://jfa.jfa-fc.or.jp/tokei.html〉。また，鷲巣力（2008）『公共空間としてのコンビニ——進化するシステム24時間365日』朝日選書を参照。

▷2　堀井憲一郎（2006）『若者殺しの時代』講談社現代新書。

来に対して大きな恐怖をいだいている」と述べています。つまり，夜は危うい時間としての扱いを長らく受けてきたのです。たとえば中世ヨーロッパでは，夕暮れが近づくと扉に鍵をかけ，門をおろし，また都市の市門が閉じられ，原則，自由に夜出歩くことを禁じるような規定があったそうです。こうした夜に対する準備ともいうべき行為は，ドイツの大都市であるハンブルグでも18世紀末まで続いていたといいます。

ところが近代という時代の到来は，こうした「未知の地」である夜を人びとが自由に活動することのできる時間へと開拓していったと，シヴェルブシュは指摘します。「照明」というテクノロジーの進展にも後押しされ，18世紀以降のヨーロッパの都市では，「夜の生活」が生み出されます。つまり各種の商業施設やサービス，つまりカフェやレストラン，商店や劇場が，夜の営業を開始します。各種のイルミネーションやショーウィンドからの照明に彩られ，明るく照らし出される都市の夜は，人びとにとっての消費と娯楽の時間となっていくのです。

しかし，「夜の生活」というように，近代に入ってからも長らく夜は昼と区別される特別な時間帯でした。つまり夜は昼と異なる特別な祝祭的時間として現れつつ，一方では危うい時間でもあるという両義的な時間として人びとに意識されていたわけです。一方では人びとの愉しみの時間とされながら，他方ではたとえば（事実かどうかとは関係なく）夜は放蕩者の時間であり，犯罪に加担する者が暗躍する時間であり，女性や子どもがひとりで出歩くような時間ではない，とされる特殊な時間としても扱われていたのです。

3 24時間文化のゆくえ

しかし，こうした昼夜という時間帯を区別する意識や，それに基づく昼の生活／夜の生活という考え方は急速に失われつつあるようにみえます。たとえば1990年代の前半に，ある評論家は「眠らぬ都市」が到来したと指摘していました。人びとに夜の生活と昼の生活の逆転や混在がおこっただけでなく（夜労働し昼に就寝など），都市全体が夜の特殊性を失っていったということです。つまりこれは，夜を特別な時間帯であると規定する文化が失われ，夜は単なる24時間の一部であるという以上のものではなくなってしまうということです。冒頭で述べたような24時間型のサービスも，こうした時間意識が社会に共有されていることを前提に，そこに需要があることが見込まれているのです。

人によっては，グローバル化する社会構造の変化（ビジネスの24時間化）による不可避的な時間意識の変化だとクールに言い放つかもしれません。しかし，この24時間の文化の出現は近代以降に発生した，かなり特殊な時間意識であることも確かです。この文化の現在のあり方やゆくえを考えることは，文化の社会学にとって重要なテーマであるといえます。

▷3 シヴェルブシュ，W.／小川さくえ訳（1983＝1988）『闇をひらく光――19世紀における照明の歴史』法政大学出版局。

▷4 シュレーア，J.／平田達治・近藤直美・我田広之訳（1991＝2003）『大都会の夜――パリ，ロンドン，ベルリン』鳥影社ロゴス企画部。

▷5 芹沢俊介（1995）『眠らぬ都市の現象学』筑摩書房。

▷6 近代における時間意識の変遷に関しては以下の文献等を参照。真木悠介（1981→2003）『時間の比較社会学』岩波現代文庫；角山栄（1992→2003）『シンデレラの時計――マイペースのすすめ』平凡社ライブラリー；橋本毅彦・栗山茂久編著（2001）『遅刻の誕生――近代日本における時間意識の形成』三元社。

おすすめ文献

†シヴェルブシュ，W.／小川さくえ訳（1983＝1988）『闇をひらく光――19世紀における照明の歴史』法政大学出版局。

†藤原智美（2005）『ぼくが眠って考えたこと』エクスナレッジ。

†サマーズ＝ブレムナー，E.／関口篤訳（2008＝2008）『眠らない――不眠の文化』青土社。

1 消費社会の文化／A 都市の文化

6 オタクの文化

池田太臣

1 オタクの文化を語ることの難しさ

"オタクの文化とは何か"の説明は，なかなか一筋縄ではいきません。とりあえず，オタクの文化とは，「マンガ，アニメ，ゲームなどから構成される新興の表現領域」およびそれに関連する商品・サービス・二次的創作（物）などの総体と定義できます。

他方で，野村総合研究所は，オタク市場に，上記の「新興の表現領域」のみならず，クルマ，AV機器，旅行，ファッション，鉄道，カメラなどを含めています。これくらい範囲を広げてしまうと，何がオタクの文化なのかわからなくなってきます。

冒頭にあげた「新興の表現領域」を「狭い意味のオタクの文化」と呼ぶならば，2つ目にあげた例を「広い意味のオタクの文化」と呼ぶことができるでしょう。このように，2つのオタクの文化が語られてしまうのには，じつは理由があります。それは，私たちはオタクの文化を語る際に，オタクの文化の領域的な境界線（＝「狭い意味のオタクの文化」とは何か）だけではなく，その背後にある"オタク的な人物像"をも問題にしているからです。

上記の野村総合研究所も，オタクをどんな分野にも存在する「極端な消費行動に走る層」としています。このため，「極端な消費行動に走る層」がいる趣味の領域のすべてが，オタク市場にいれられてしまったというわけです。

私たちがオタクの文化を語る際には，"オタク的な趣味領域"と"オタク的な人物像"の両方に注意する必要があります。そして，その重なりとズレを自覚しておくことが大切です。ここでは，以後，狭い意味でのオタクの文化を"オタク文化"と表現し，人物像が問題になる場合には，"オタク"と表記することにします。

2 きっかけとしての「幼女連続誘拐殺人事件」

オタクという言葉は，ロリコン漫画誌『漫画ブリッコ』（1983年6月号）において，中森明夫によって使われたのが初めてとされています。彼によれば「おたく」（当時は，ひらがな表記でした）とは，マンガやアニメ，鉄道，SF，パソコン，アイドル，オーディオ機器などに熱中する若者の一群のことを指しています。中森は，「おたく」を，コミュニケーションが苦手で，社交性に欠ける

▷1　笠井潔（2006）『探偵小説と記号的人物』東京創元社。

▷2　野村総合研究所（2005）『オタク市場の研究』東洋経済新報社。

▷3　この中森の文章は，ネット上で読むことができる。
http://www.burikko.net/people/otaku.html 参照。

人物として描きました。

　中森の使ったオタクという言葉は、その後、一部のパソコン雑誌やアニメ雑誌では使われていたようですが、誰もが知っている言葉ではありませんでした。オタクという言葉が日本社会に広まったのは、1988年8月から1989年6月にかけて東京都と埼玉県で起きた「幼女連続誘拐殺人事件」がきっかけです。この事件は、幼女4人が誘拐され殺害されるという凄惨なものでしたが、大量のビデオテープや雑誌で埋め尽くされている自室の写真が広まることによって、犯人はアニメやホラービデオといった虚構の世界に没入する、典型的なオタクであるという印象が形成されました。

　この事件によって、いってみれば、問題人格としてオタクが発見されたといえるでしょう。この事件の初公判の記事には、「宮崎勤被告（27）が、ビデオやアニメなど自分だけの世界に没頭するいわゆる「おたく族」のひとりだったことに、大きな関心が集まった」と書かれています。

　以上説明してきたように、オタクという言葉は、オタク文化自体の価値の「低さ」（幼稚、役に立たないなど）とあいまって、とてもネガティブなイメージをもっていました。

3　オタク文化をめぐる状況の変化

　しかし、その後、状況は少しずつ変わってきます。とくに2000年代に入ると、国内外でオタク文化への注目が高まってきます。スタジオ・ジブリの作品『千と千尋の神隠し』（宮崎駿監督）が長編アニメーション部門でアカデミー賞を受賞しますし（2003年3月）、日本政府はアニメコンテンツの育成に力を注ぎはじめます。オタクグッズの市場の拡大が、「アキバ」という「趣都」を出現させました。オタク文化は、ひとつの産業として有望視されるようになり、オタク文化はその価値を認められるようになりました。

　また、2004年からの『電車男』ブームにより、オタク文化発の「萌え」という言葉や「メイドカフェ」などが注目されることになりました。オタク文化が、世間一般での知名度を獲得していくことで、それに対する抵抗も少なくなってきたように思われます。

　しかし他方で、コミックやアニメ、ゲームなどでの一部の表現が、「準児童ポルノ」として問題視されはじめてもいます。

　オタクの文化は、その領域（と評価）も、背後にある人格像も流動的です。ですから、"オタク"あるいは"オタク文化"を研究するには、そのときどきの言葉の使われ方を柔軟に捉えていくことが必要です。こうした研究の難しさは、もうすでに歴史になってしまった文化ではなく、現在進行形の文化の研究のすべてにあてはまるものといえるでしょう。

▷4　松谷創一郎（2008）「〈オタク問題〉の四半世紀――〈オタク〉はどのように〈問題視〉されているのか」羽渕一代編『どこか〈問題化〉される若者たち』恒星社厚生閣、119-126頁。
▷5　『朝日新聞』（1990年3月30日付、夕刊）。
▷6　森川嘉一郎（2003）『趣都の誕生――萌える都市アキハバラ』幻冬舎。
▷7　「準児童ポルノ」とは、2008年3月に、日本ユニセフ協会が中心となって行なったキャンペーンで提唱された概念である。「被写体が実在するか否かを問わず、児童の性的な姿態や虐待などを写実的に描写したもの」とされている。「子どもポルノ問題に関する緊急要望書」(http://www.unicef.or.jp/special/0705/pdf/kodomo_p_paper.pdf)。また、次の文献を参照。永山薫・昼間たかし編・著／コミックマーケット準備会・全国同人誌即売会連絡会協力（2009）『マンガ論争勃発2』MICRO MAGAZINE。

おすすめ文献

†野村総合研究所（2005）『オタク市場の研究』東洋経済新報社。
†松谷創一郎（2008）「〈オタク問題〉の四半世紀――〈オタク〉はどのように〈問題視〉されているのか」羽渕一代編『どこか〈問題化〉される若者たち』恒星社厚生閣。
†森川嘉一郎（2003）『趣都の誕生――萌える都市アキハバラ』幻冬舎。

第Ⅱ部　現代文化の諸相

1　消費社会の文化／B　メディアと情報の文化

1　マスメディアのゆくえ

周藤真也

1　「マスメディア」のゆらぎ

　1990年代以降，「マスメディア」の位置づけは大きくゆらいできています。20世紀の大衆文化を支えてきたマスメディアは，1990年代に入るとインターネットや携帯電話に代表されるようなパーソナルメディアが注目を集めるようになり，そうしたメディアに主役の座を取って代わられた感があります。マスメディアもそうした新たなメディア環境にあわせて，たとえば新聞社もインターネットや携帯電話向けにニュースを配信したり，テレビ局も動画を配信したりするようになりました。しかしながら，従来からのメディア環境ではどうでしょうか。ここでは，現代のマスメディアがもつゆらぎを，9割を越える受容者をもっている代表的なマスメディアである新聞とテレビで見ていくことにしましょう。

2　新聞の現在

　新聞は，長い間ジャーナリズムの中心にありました。しかしながら，新聞の発行部数は年々減り続け，2008年には1世帯あたり1部を切るようになりました（図1）。日本における新聞の販売方法で注目されるのは宅配制度です。日本で発行される新聞のおよそ95%[1]が，戸別配送によって消費されています。新聞の宅配制度は，安定的な定期購読者を抱える専売店網を構築するとともに，大新聞による市場の寡占を可能にし，高い新聞購読率を可能にしてきました。近年の新聞の発行部数の減少は，新聞の購読を取りやめる家庭や，新聞の購読をしない若者世帯が出現するなど，インターネットなどの新しいメディアとの競争のなかで，世界的な新聞離れが生じていることを意味するものです。こうしたなかで，現在の新聞は，広告収入の減少とも相まって，これまで通りの発行体制を維持していけるかどうか，注目されているところです。

▷1　2009年10月現在，94.73%（日本新聞協会経営業務部調べによる）。

図1　1世帯あたり新聞の発行部数

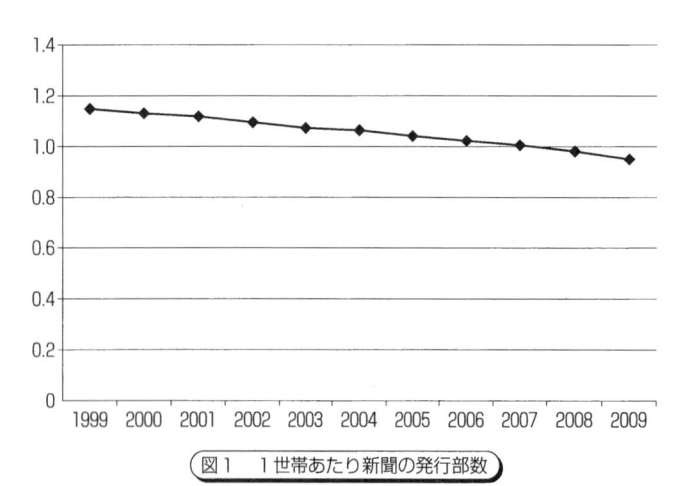

出所：日本新聞協会経営業務部「新聞の発行部数と世帯数推移」を基に作成。

3 テレビの現在

テレビは，20世紀後半にマスメディアの主役の位置に躍り出ました。しかしながらこんにち，テレビの視聴時間の減少，とくに若者のテレビ離れが進んでいることが指摘されています。

NHK放送文化研究所の全国個人視聴率調査によれば，日本全国の7歳以上の国民一人あたりのテレビ視聴時間は，1990年代以降週あたり平均3時間30〜50分あたりを横ばい状態で推移し，依然として高い水準を保っています。これに対し，2000年代に入ってから若者のテレビ離れが進んでいることが指摘されるようになりました。このことをはじめて本格的に指摘したのは，2005年の国民生活時間調査でした。この調査の結果では，平日において30〜40代の男性や，10〜30代の女性などに視聴時間の減少が見られ，テレビの長時間視聴の持続は70歳以上が支えていることが指摘されました。

テレビは，1980年代以降，ケーブルテレビや衛星放送の普及により多チャンネル化が進められました。多チャンネル化が進めば，個人は好きな番組を見ることができるようになりますが，それらの多くは有料放送であり，特定の人たちがお金を払って見るものとなり，マスメディアとしてのテレビの地位は依然として公共放送のNHKや無料放送の民放が担っています。しかしながら，若者のテレビ離れが進んでいくとすれば，将来的にはマスメディアとしてのテレビの地位は大きく揺らぐことになるかもしれません。

4 報道と娯楽のあいだ

テレビというメディアのもってきた特性として「ながら視聴」をあげることができます。食事をしながら，本や新聞を読みながら，インターネットを利用しながらなど，テレビは気楽に接触することができるメディアです。こうしたテレビのもつ境界のあいまいさは，番組の内容にも見ることができます。テレビは新聞と同様に報道機関でありますが，手軽な娯楽としても親しまれています。こうしたテレビの特性は，報道と娯楽の境界をあいまいにしてきました。ニュースショーと呼ばれる番組形式は，さまざまなニュースを，現場中継や関係者へのインタビュー，記者のリポートや解説などを織り交ぜながら，キャスターを中心にして一種のショーのように構成していくテレビの報道番組です。日本では1980年代半ばから各局が取り組むようになり，こんにちでは一般的に見られる番組形式となりました。この形式は，報道そのものを一種の娯楽として提供するものですが，こうした報道と娯楽との交錯を現代のマスメディアがもつゆらぎのひとつとして捉えることができるとともに，新しいメディア環境の進展のなかで，報道というものの位置づけをめぐって，どのように変移していくのかも注目されるところでしょう。

▷2 NHK放送文化研究所（2005）『2005年国民生活時間調査報告書』。この調査は5年毎に行なわれている。

おすすめ文献

† 歌川令三（2005）『新聞がなくなる日』草思社。
† 境真良（2008）『テレビ進化論』講談社現代新書。
† 佐々木俊尚（2009）『2011年 新聞・テレビ消滅』文春新書。

1　消費社会の文化／B　メディアと情報の文化

2　うわさの文化

加藤裕治

1　うわさはネガティブなものか

　うわさと聞くと，それに対してうさん臭さを感じたり，ネガティブな評価を下す人が多いのではないでしょうか。うわさとは根拠のない話であり，ありもしないデッチあげであり，人を貶めたりする，正確な事実や情報に反した内容をもつと考える人も多いでしょう。私たちの社会には，うわさは信用のならないものという価値観があり，それに基づいて判断を下してはならないという倫理観や常識が強くあります。たとえばうわさをデマとか流言と呼ぶのは，こうしたうわさのネガティブな側面を捉えた表現であるといえます。

　20世紀初頭の実験集団心理学的な研究のなかでも，うわさはそのようなものとして捉えられてきました。社会心理学の研究者であるオルポートとポストマンは「正確さを証明することのできる具体的なデータがないままに，口から耳へと伝えられて，つぎつぎに人々の間で言いふらされ信じられていく，できごとに関する命題」としてうわさを捉えていました。そこでは，うわさを不正確な情報としてできる限り排除し，合理的な情報判断をすべきである，という考え方が前提にあるといえます。

2　私たちの生活に浸透しているうわさ

　しかし，こうしてネガティブにうわさが捉えられる一方で，私たちの日々の生活は，うわさに溢れているといっても過言ではありません。学校の友人や近所の人とおしゃべりすれば，「そういえば○○から聞いた話だけど」といううわさの話題に事欠きません。職場では誰が次の人事で昇進しそうだとかが，まことしやかに語られ，政治や事件にかかわる真偽不明のゴシップや都市伝説は，メディアを通じて飛び交っているといってもよいでしょう。まさにうわさは，良くないものと否定されながら，実際は私たちの生活や社会のなかに（うわさと意識されているか否かは別として）深く浸透している現象ともいえます。

　カプフェレは，うわさを「もっとも古くからあるマスメディア」と呼び，それが「ニュースを運び，評判をつくり，打消し，暴動や戦争を急転させ」る，社会の人びとにとって身近で，かつ重要な情報手段であったと指摘しています。また日本の中世におけるうわさ研究をしている酒井紀美は，風聞／口遊／人口／雑説／巷説／沙汰／謳歌……といった中世のうわさ表現の多様さを取りあげ，

▷1　川上善郎（1997）『うわさが走る』サイエンス社。
▷2　ここでは「うわさ」の周辺にある隣接的な言葉（流言やゴシップなど）との差異を厳密に説明してはいないが，この違いについては早川洋行（2002）『流言の社会学——形式社会学からの接近』青弓社を参照。
▷3　オルポート，G. W.・ポストマン，L.／南博訳（1946=1952）『デマの心理学』岩波書店。

▷4　たとえば，ブルンヴァン，J. H.／大月隆寛・菅谷裕子・重信幸彦訳（1981=1988）『消えるヒッチハイカー』新宿書房を参照。ブルンヴァンは都市伝説とは近代的な都市における文化でありながら，実は都市文化にとって対極的な民俗的なもの（フォークロア）の表出であると論じている。
▷5　カプフェレ，J. N.／吉田幸男訳（1987=1988）『うわさ——もっとも古いメディア』法政大学出版局。

うわさが生み出す豊穣な世界の広がりがあったことを推察しています。中世の人びとは思いがけないほどのスピードと予想をはるかに超えた広範囲にうわさが広がっていくことを、まるで人間の力を超えた神や天狗や天狐の関与があったように考え、その力を認めてきたのではないかと指摘しています。

こうしたうわさのありようは、単に中世だけのものではありません。E. モランが『オルレアンのうわさ』で分析したのは、1960年代、フランス中西部の都市を舞台として頻繁に生じた女性誘拐のうわさでした。

重要なのは、モランがこうした現代のうわさ話を単なる嘘だとかネガティブなものだ、と捉えたのではなかったということです。モランはうわさとは、人が社会現象や出来事をもっともらしく語ろうとする欲望から現れてくるものではないかと指摘しています。人が何かを信じるとは、正しい情報だから信じるというのではない。むしろ信じたいものを、正しいものとして知的で合理的に説明しようとする際に、うわさが上手く滑り込むのではないか、そう考えたのです。モランの立場からすれば、私たちが知的で合理的であろうとする日常の会話のなかに、常に神話的な（＝根拠のない）うわさが入りこむ余地が産まれる、といってもよいかもしれません。

3 ウェブメディアとうわさ

現在、情報化社会とメディア技術が進展しているなかで、うわさはどのように現象しているのでしょうか。たとえばウェブは、ある意味でうわさの既存の価値観が逆転したメディアになっているといっても過言ではないでしょう。というのも、ウェブの世界では口コミ（みんなの意見やみんなの評価）が重要視されます。商品提供者である企業の広告よりも、口コミ（個人による商品の意見＝うわさを商品の販売行動につなげるアフィリエイトは、いまや有力なウェブビジネスのひとつとなっています）の方が信頼がおけるという評価が成立してもいます。この現象は、冒頭で述べたようなうわさをめぐる既存の常識（＝うわさとは信用できないものだ）とまったく逆の評価をうわさに与えるものといえます。

たしかに、各種のウェブ研究が指摘するように、ウェブをうわさのメディアとして一概に規定してしまうことには多くの留保が必要です。しかしノイバウアーが指摘するように、「みんないっているよ」「人の話ではね」といった（根拠の曖昧な）表現を、むしろ逆に堂々と表現し、根拠とすることでうわさが広まっていくものとすれば、まさにウェブの口コミは、うわさであることを自明なこととしながらその力を発揮しているともいえます。ノイバウアーは次のように指摘しています。「うわさのほうがしなやかにメディアの可能性に順応しているのだ」と。うわさの文化は、メディアの変化とともに新たな形を得るのだということができるのかもしれません。

▷6　酒井紀美（1997）『中世のうわさ——情報伝達のしくみ』吉川弘文館。

▷7　モラン、E.／杉山光信訳（1969=1973）『オルレアンのうわさ——女性誘拐のうわさとその神話作用』みすず書房。

▷8　たとえば、澁川修一（2007）「ネット文化」佐藤健二・吉見俊哉編『文化の社会学』有斐閣アルマ、191-215頁参照。そこでは「2ちゃんねる」といったネット文化が、単に非難されるだけではなく、情報空間性や公共圏といった多様な枠組みから検討される必要性が指摘されている。

▷9　ノイバウアー、H.-J.／西村正身訳（1998=2000）『噂の研究』青土社。

おすすめ文献

†佐藤健二（1995）『流言蜚語——うわさ話を読みとく作法』有信堂高文社。

†ノイバウアー、H.-J.／西村正身訳（1998=2000）『噂の研究』青土社。

†佐藤達哉編集（1999）『流言、うわさ、そして情報——うわさの研究集大成』（『現代のエスプリ』別冊）至文堂。

第Ⅱ部　現代文化の諸相

1　消費社会の文化／B　メディアと情報の文化

3　ファンの文化

辻　泉

1　ファン文化とは何か

　ファンとは何らかの対象を愛好したり，そのことを通じて集う人びとのことをいいます。ここではこうしたファンたちのコミュニケーションのありようを，総称してファン文化（fan culture）と呼んでおきましょう。図1のようなアイドルファン，鉄道ファンなどに限らずとも，今日の日本社会ではそうした様子をいたるところで見かけます。いわゆるオタクもファンの一種に含まれるといえるでしょう。

　しかし語源をたどってみると，ファンとはあまりいい意味の言葉ではありません。「fanatic」という英語の短縮形であり，狂信者や熱狂的愛好者を意味し，時にけなすために用いられてきた言葉でした。したがってその身近さとは対照的に，ファンという存在は社会学的に本格的な研究対象となることは多くありませんでした。しかし，近年ようやくその存在が注目されはじめました。

図1　男性アイドルのファンたち（左）と第8回国際鉄道模型コンベンションに集う鉄道ファンたち（右）

出所：筆者撮影。

2　ファン文化が注目されたきっかけ

　研究対象としてファン文化が注目されたのは，英米圏を中心に発展してきたカルチュラル・スタディーズがひとつのきっかけでした。とくに1980年代以降，メディアに対して能動的なオーディエンス（受け手）の存在が注目されるなかで，その典型例として取りあげられてきました。すなわちファンとは，メディアから送られてくる情報に対し受動的に享受するだけでなく，むしろ能動的な「読み方」をして新しい意味を付け加えたり，それを元に新たな情報を流通させたりする存在であるということが注目されてきました。

　たとえば，アメリカの女性歌手マドンナのファンである若い女性たちは，そのセクシャルなイメージを模倣することで表向きは媚びているように見せかけながら，むしろ男性たちをコントロールして楽しむような主体的な女性像に魅了されていた，といった研究や，あるいは『スタートレック』のようなSF作

▷1　ロス，K.・ナイチンゲール，V.／児島和人・高橋利枝・阿部潔訳（2003=2007）『メディアオーディエンスとは何か』新曜社。
▷2　フィスク，J.／山本雄二訳（1991=1998）『抵抗の快楽——ポピュラーカルチャーの記号論』世界思想社。
▷3　Bacon-Smith, C. (1992) *Enterprising Women —Television Fandom and the Creation of Popular Myth,* University of Pennsylvania Press.

品などについて，そのパロディを中心としたファンジン（fanzine）と呼ばれる同人誌の生産や流通にかんする研究がなされました。

カルチュラル・スタディーズの特徴は，こうしたファン文化を対抗文化（カウンターカルチャー）のひとつとして捉えるところにあり，そのスタンスは，相対的に人種が多様で，階層差の大きい英米圏の社会では重要な研究成果を上げ続けてきました。

3 これからのファン文化研究

次に重要なのは，こうした議論をわれわれがいかに考えていくべきかということです。当然，日本社会には異なった背景がありますので，これらの議論をそのままあてはめることはできません。日本社会は比較的成員が同質的であるといわれており，加えて物質的に豊かで価値観が多様化した今日においては，大衆文化（少数エリートに対抗する大衆の文化）や若者文化（大人に対抗する若者の文化）といった，かつてのような対抗文化はみられなくなりつつあります。むしろそれに取って代わりつつあるのが，何かを愛好しているもの同士という，共感に基づいた連帯としてのファン文化でしょう（表1）。

表1 戦後日本社会におけるポピュラー文化の変遷

年代	連帯感の変化	メディアの変化	消費行動の変化
1950年代〜60年代前半（第一期）	少数エリートに対する"大衆文化"	初期のマス・メディアの普及（映画・ラジオ・雑誌など）	均質化のための消費
1960年代後半〜80年代（第二期）	大人に対する"若者文化"	高度なマス・メディアの普及（カラーテレビなど）	差異化のための消費
	他の若者に対する"若者文化"		
1990年代〜2000年代（第三期）	細分化し並存する"ファン文化"	パーソナル・メディアの普及（携帯電話やインターネットなど）	「島宇宙化」「データベース消費」

出所：辻泉（2004）前掲書，表1-5を修正。

いわば何がマイナーであるかが判然としなくなった今日においては，何かのファンであることが，人びとが連帯するための数少ない前提になっているとすらいえます。この点でいえば，ファン文化はもはやメジャーな文化になりつつあるともいえるでしょう。

よってファン文化は，「fan culture（狂信者の文化）」ではなく「fun culture（楽しい文化）」として捉えた方がよいというのが筆者の主張です。もはやそれは狂信者たちのマイナーな文化などではなく，これからの社会をいかに楽しく過ごしていけるのかを考えるための重要な論点といえます。ファン文化の研究は，たとえばレジャー・余暇研究や「遊びの社会学」などの既存の社会学の蓄積も幅広く参照しながら，大いに発展していくことが望まれます。

Jenkins, H. (1992) *Textual Poachers — Television Fans and Participatory Culture*, Routledge.

▷4 宮台真司・石原英樹・大塚明子（2007）『増補 サブカルチャー神話解体——少女・音楽・マンガ・性の変容と現在』筑摩書房。

▷5 辻泉（2004）「ポピュラー文化の危機——ジャニーズ・ファンは"遊べているのか"」宮台真司・鈴木弘輝編『21世紀の現実（リアリティ）——社会学の挑戦』ミネルヴァ書房，2-52頁；南田勝也・辻泉編（2008）『文化社会学の視座——のめりこむメディア文化とそこにある日常の文化』ミネルヴァ書房。

▷6 宮台真司（1994）『制服少女たちの選択』講談社。

▷7 東浩紀（2001）『動物化するポストモダン——オタクから見た日本社会』講談社現代新書。

▷8 井上俊（1977）『遊びの社会学』世界思想社；井上俊・上野千鶴子・大澤真幸・見田宗介・吉見俊哉編（1995）『岩波講座現代社会学20 仕事と遊びの社会学』岩波書店。

おすすめ文献

†松井豊編（1994）『ファンとブームの社会心理』サイエンス社。

†ロス，K.・ナイチンゲール，V.／児島和人・高橋利枝・阿部潔訳（2003=2007）『メディアオーディエンスとは何か』新曜社。

†玉川博章・名藤多香子・小林義寛・岡井崇之・東園子・辻泉（2007）『それぞれのファン研究——I am a fan.』風塵社。

1 消費社会の文化／B メディアと情報の文化

4 電話文化の変貌

加藤晴明

① 電話に託された夢

　電話というメディアは，声を伝えるメディアから，私空間をつなぐメディアへ，そして自己を仮託するメディアへと変貌してきました。
　19世紀の半ばに，電気というテクノロジーと出会った人類は，目の前にある世界を，遠くの場所で再現したいという夢を実現する情報装置＝メディアを次々に発明しました。テーレ（遠く）とフォーネ（声）が組み合わさった装置への欲望は，声の通信メディアとしてのテレフォン（電話）を生み出し，視聴覚的なイメージを再現する装置としてテレヴィジョンを生み出したのです。こうした遠隔地通信を，テレコミュニケーションといいます。
　いつでも（リアルタイムに），どこでも（ユニバーサルに）情報を伝えたいというテレコミュニケーションの欲望は，まず電気的に符号を伝える電信を生み出し，そして生の声そのものを再現する装置として，電波＝無線を使うラジオと有線を使う電話を生み出しました。電話は，当初は有線による放送事業，つまりラジオ的な使われ方もしました。しかし音声のテレコミュニケーションは，一方では無線によるラジオ放送という形を生み出し，他方では交換機が発明されたことで，端末と端末を個別につなぐ電話という形になりました。電話は，交換機と結びつくことで個人と個人を結ぶ通信装置となったのです。

② 仕事メディア・おしゃべりメディア・出会いメディア

　電話の利用は，以下のような段階を経て大きく変わってきました。
(1) 電話は，最初は業務用の装置として位置づけられていました。
(2) 家庭に電話が本格的に普及するのは日本では1970年代です。
(3) 電話は，最初は家の玄関に置かれ，やがて居間に，そして個室に浸透しました。
(4) 電話の個室への浸透は家庭のなかにありながら，その構成員一人ひとりの私的世界を外部のネットワーク世界と接続させる個人のテレコミュニケーション経験を生み出しました。電話は，私空間をつなぐ装置となったのです。
(5) 2000年代に入り，一人ひとりが携帯電話を保有する時代が到来しました。とくに重要なことは，電話が単なる業務用の道具として用件を伝達するだけの装置から，個人個人が私的なおしゃべりを楽しむツールへと，つまり自己表

出のツールへと変化したことです。電話が，居間や個室という生活の場に置かれるようになると同時に，電話は用件伝達（インスツルメント）の装置として利用されるだけではなく，私的な長電話のように自己表出・自己充足（コンサマトリー）の装置の顔ももつようになってきたのです。

　日本では，1985年に，日本電信電話公社という公営事業から，NTTに代表される企業に民営化され，さまざまな競争的なサービスが開始されました。電話のサービスが多様化するなかで，電話は単に既知の個人と個人をつなぐ装置としてだけではなく，どこの誰ともわからない匿名の私的な個人同士を偶然的につなぐ出会いの装置ともなりました。匿名の個人が，偶発的に出会うサービスのなかでは犯罪も生まれますが，「命の電話」のようなカウンセリング的なコミュニケーション，さらには恋愛さえもが生まれたりします。電話は，どこの誰かがはっきりわかる自己（制度的な自己）から解放されることで，攻撃的欲望や詐術的な欲望を肥大化させる装置（抗議電話，いたずら電話，詐欺電話など）となったり，また別世界で自己を解放するという意味で，ある種のカウンセリング的なコミュニケーションの装置ともなったのです。

③ 自己を仮託する装置としてのケータイ

　2000年代に入り，電話の主役は携帯電話になり，さらに(1)常時接続化，(2)メールマシン化，(3)インターネットとの融合化が進みました。

　いつでも・誰とでもつながることによって，まず場所が無意味化すると同時に，目の前の公的な空間と通話相手との私的な空間とが同居し混在することでマナー問題が生じました。また通話やメールのデータが残ることで関係性が可視化し人間関係への拘束力が強まることになりました。

　携帯電話は，いまや通話によるコミュニケーションだけではなく，インターネット・サービスと融合することでさまざまな情報サービスや人間交流のプラットホームとなりつつあります。携帯電話は，(1)情報閲覧（インフォメーション），(2)物販ビジネス（トランザクション），(3)交流（コミュニケーション）を統合する生活に不可欠のメディアとなったのです。

　とりわけ日本の携帯電話は，北欧などに比べてメール利用が高いのが特徴です。日本では，携帯電話は単なる通話装置ではなく，メールマシンであり，アドレス・スケジュールといった，さまざまな私的情報が詰まった「ケータイ」という独自のメディアとなっています。ケータイを，人間関係を強化する装置と考えるよりも，自己の延長・自己の分身と感じる人の割合も高いのです。さらに，自己の都合にあわせて他者や情報世界とかかわれるケータイは，自己の分身以上のものに感じられつつあります。自己がケータイを通じて輪郭を獲得しているともいえ，いまやケータイは，単なる道具ではなく，自己そのものを仮託する装置化しつつあるといえます。

おすすめ文献
†吉見俊哉・若林幹夫・水越伸（1992）『メディアとしての電話』弘文堂。
†岡田朋之・松田美佐（2002）『ケータイ学入門』有斐閣。
†小林哲生・天野成昭・正高信男（2007）『モバイル社会の現状と行方』NTT出版。

1 消費社会の文化／B メディアと情報の文化

5 デジカメという文化

菊池哲彦

1 「デジカメの文化」をどう捉えるか

「デジカメの文化」をどのように捉えればよいのでしょうか。フィルムを使用する「銀塩カメラ」が「デジタルカメラ（以下，デジカメ）」の登場とともに「アナログカメラ」と呼ばれるようになりましたが，この流れを単純な技術発展として捉えたり，デジカメの登場を機に生じている現象の「新しさ」を論じるだけでは「文化社会学」としては不十分です。「デジカメの文化」を考えるためには，デジカメとその登場をめぐって生じている現象を「社会」や「文化」の問題として捉えることが重要です。

デジカメの登場と社会・文化との関係はさまざまな視点から論じることができますが，ここでは，デジカメの登場による「写真の撮影・公開可能性の開放」という側面から考えてみたいと思います。

2 「写真の撮影・公開可能性の開放」と「写真撮影の倫理」

デジカメは，機械部品よりも電子チップで構成される機構が多くを占めるため，銀塩カメラに比べ，大幅な小型化，操作の簡便化，そして低価格化を可能にしました。操作の簡便化と低価格化によってデジカメは急速に普及し，小型化は，デジカメそのものを小型化するだけでなく，ほかの電子機器にデジカメを搭載することも容易にしました。その代表がデジカメ付携帯電話です。

小型デジカメやデジカメ付携帯電話の普及は，いつでも，どこでも，誰でも，気軽に写真撮影することを加速していきます。銀塩のレンズ付フィルムも気軽な写真撮影を促進しましたが，デジカメのそれとのあいだには決定的な違いがあります。それは，画像をデジタルデータとして扱うデジカメは，フィルムや現像のコストを気にすることなく撮影することができるうえ，コンピュータやインターネットとの連携によって撮影した写真を即座に公開することが可能であるという点です。こんにちでは，デジカメやデジカメ付携帯電話で気軽に撮影された写真が，個人ブログで瞬時に公開されています。出来事の推移が，写真によって，リアルタイムで更新されながら公開される場合すらあるのです。

このような可能性をもったデジカメの普及は，銀塩カメラではそれなりの習熟を必要としていた写真撮影の障壁を急速に低下させ，さらにインターネットとの連携によって，写真の撮影 - 公開という一連のプロセスへの参入を多くの

▷1 内閣府の消費動向調査（http://www.esri.cao.go.jp/jp/stat/shouhi/menu_shouhi.html）では，2002年にデジカメ付携帯電話を含めて22.7％だったデジカメの普及率は，2009年にはデジカメ付携帯電話を含まずに69.2％と上昇している。現在ではほとんどがデジカメ機能を搭載している携帯電話の2009年における普及率が，同調査で90.2％である点を勘案すると，デジカメ付携帯電話を含めたデジタルカメラの普及率は相当高いと考えられる。

人に開いていきました。デジカメとインターネットを利用すれば，誰もが「写真の送り手」になりうるのです。こうした写真の撮影・公開可能性の開放が，写真撮影をめぐる倫理に根本的な変容をもたらします。

2008年6月に発生した秋葉原通り魔事件は，日曜日の午後，歩行者天国の時間帯に発生したこともあり，多くの一般の人が事件に居合わせました。そのなかに，デジカメやデジカメ付携帯電話で現場や被害者を撮影し，さらにインターネットで公開する者まであらわれたため，事件現場における写真撮影のモラルが大きな問題となりました。

しかし，事件の写真撮影にかかわる倫理の問題は，デジカメ時代に新たにあらわれたものではありません。たとえば，1955年5月に瀬戸内海で起きた紫雲丸沈没事故で，偶然事故現場に居合わせた報道カメラマンが助けを求める乗客を撮影し，その写真を新聞に掲載したことに多くの批判が寄せられましたし，1993年に，内戦と干ばつが続くスーダンで撮影された，餓死寸前の少女をハゲワシが狙っている写真を『ニューヨーク・タイムズ』が掲載したことで，「報道の使命と人命の尊重」をめぐる論争が起こっています。

これらデジカメ以前の「写真撮影の倫理」をめぐる議論は，報道写真家の「職業倫理」として議論されたものです。しかし，デジカメの登場によって，この倫理の意味が変化します。写真の撮影・公開を多くの人に開放するデジカメの普及によって，それまで写真家の「職業倫理」として求められていた「写真の倫理」は，開放された写真の撮影・公開に参入するあらゆる人びとに対して，「職業」を外した「倫理」として求められるようになります。デジカメによって，写真の撮影と公開の可能性があらゆる人びとに開放されるからこそ，表現にかかわる倫理の問題は，表現に専門的にかかわる者だけに限定されない「デジカメの文化」の問題としてあらわれているのです。

3 「デジカメの文化」の文化社会学に向けて

銀塩カメラの文化は，写真撮影に一定の習熟を要することから「写真の送り手」と「写真の受け手」のあいだに何らかの区別を設定し，そのうえに築きあげられた文化でした。それに対し，デジカメの文化は，写真の撮影・公開のプロセスへの参入可能性を拡大することによって，誰もが写真の送り手になりうる条件のもとで成り立つ文化です。「写真撮影の倫理」は，まさにこの条件のもとで，現在進行形で変化しています。こうした文化的様相は，デジカメの登場を技術発展として捉えたり表層的な現象に着目するだけではみえてきません。

「デジカメの文化」を文化社会学的に考察していくためには，写真術がデジタル技術と出会うことで，写真を「撮ること」と「みること」の関係，あるいは「写真が社会のなかにあること」の意味をいかに変化させたか／させているのかを問わなければなりません。

▷2　ジャーナリズムにおける「写真撮影の倫理」をめぐって展開する松本清張のミステリー小説『十万分の一の偶然』新装文庫版の解説で，作家の宮部みゆきは，この小説が突きつけた報道と人命の選択という問題は，だれもが報道的な自己表現が可能な現代において，ジャーナリストだけの問題ではなく，私たち誰もが直面しうる問題になったと指摘している（松本清張(1981→2009)『十万分の一の偶然』文春文庫，417-419頁）。本項目は，この指摘を「「デジカメ文化」の文化社会学」の文脈に位置づけようとするものである。

おすすめ文献

†飯沢耕太郎（2004）『デジグラフィ――デジタルは写真を殺すのか？』中央公論新社。
†ロビンス，K.／田畑暁生訳（1996=2003）『サイバー・メディア・スタディーズ――映像社会の〈事件〉を読む』フィルムアート社。
†青弓社編集部編（2008）『写真空間2特集　写真の最前線』青弓社。

1 消費社会の文化／B メディアと情報の文化

6 インターネットという文化

佐伯 勇

1 国際標準を押しのけて爆発的に普及したインターネット

インターネットは，TCP/IP という通信規格を用いて世界中のコンピュータ同士をつなぐネットワークです。国際電気通信連合（ITU）によれば，全世界のインターネット利用者数は，2009年時点で約18億3000万人に達しています。TCP/IP が誕生した80年代からわずか四半世紀のあいだに，インターネットは地球全体を包むコミュニケーション基盤としての地位を確立しました。

インターネット黎明期の80年代には，国際標準化機構（ISO）と国際電信電話諮問委員会（CCITT，現在は ITU）において開放型システム間相互接続（OSI）と呼ばれるコンピュータ・ネットワークの国際標準規格が策定されていました。従来の情報通信分野では，各国の代表で構成される国際機関の定めた国際標準に従い，それぞれの国が国家的な事業でサービスを行なうのが常識でした。しかし，実際に普及したのは OSI ではなく，公的には何の根拠もないインターネットだったのです。

2 従来の情報通信ネットワーク業界の常識

電話，FAX，データ通信など，従来の情報通信ネットワークの研究開発と発展は，国家が主体となり国際標準を尊重して進めるのが常識でした。そのため，大規模な研究費を獲得し，交換機や通信機器の研究・開発をほぼ独占してきた大学教授や大手メーカー研究所の権威的研究者たちが「有識者」として非公開の場で方針を決定していました。

国際標準の制定には，何年もかけて政治的な駆け引きや利害関係を調整しながら，技術内容に関する討論，一国一票による投票，テストする仕組みの構築，テスト，実用化という段階を経ます。近年の情報通信技術開発は日進月歩のため，何年もかけて標準化された技術は公開された頃には時代遅れのことも多く，また美しい体系や汎用性を重視するあまり不必要に複雑な技術となり，メーカーの製品化が困難になる場合もあります。中央集権的な情報通信の基盤整備が時代に合わなくなったのです。

3 インターネット設計の哲学

インターネット設計の特徴は，ベストエフォート，自律分散，オープン化，

▷1 伝送制御や経路制御を行なうための通信規格のひとつ。

▷2 古瀬幸広・廣瀬克哉（1996）『インターネットが変える世界』岩波新書。

▷3 村井純（1998）『インターネットⅡ』岩波新書。

支える技術者の層という点にあります。[4]

　コンピュータ間の通信は，両端のコンピュータと中間のネットワークにより実現されます。インターネットでは，基本的に「両端」だけで転送の制御をします。「中間」はデータの再送・混雑・順序制御を行なわない，ベストエフォートと呼ばれる単純なネットワークです。個々では「信頼性が低い」ネットワークでも，多数が複雑に絡み合って全体のネットワークを形成するときわめて強靭になります。また，「中間」が単純機能であるために，安価なネットワーク機器が市場に供給されたことや，「両端」で新しいアプリケーションを自由に試せたことで，インターネットの普及が加速しました。

　インターネットはまた，一つひとつが自立した自律分散的なネットワークの集合として定義されていて，ネットワークを集中的に管理・制御する仕組みがなくても動作します。このため，規模が急拡大しても対応可能であり，インターネットの「所有権」は存在せず，インターネットはみんなのものであるという概念で構成されています。

　インターネットのすべての規格は，提案者がいったん RFC（Request for Comments）文書として提出し，すべての人びとに情報をオープンにして民主的に意思決定することが求められます。[5] またそれを標準規格とすることで特定企業が利潤をあげられるものは，規格から排除されます。[6] インターネットでは，資本力で相手をねじふせることは不可能です。意志決定から規格の社会的な位置づけにいたるまで，「オープンであること」が重要視されているのです。

　さらにインターネットの技術規格を決めるときには，その技術を支えることができる技術者の数を常に重視します。つまり，「どんなよい技術でも，扱える技術者が少なければ普及して運用されることがない」と考えているのです。

❹ インターネットの可能性と課題

　このように自律分散的でオープンな設計哲学をもったインターネットという道具が普及すると，その特徴を活かした人間の行動様式が広まってきます。たとえばインターネットがなければ決して出会わなかった不特定多数の人びとがインターネット上で協力して成果物をつくるというオープンソースソフトウェアや，[7] これまで表現の機会がなかった不特定多数の人びとの知を集めた結果，全体として専門家の知に匹敵する評価を得た Wikipedia などの出現が，[8] 社会における新たな活動の可能性を示唆しています。

　一方，音楽，動画，出版物などの知的財産権の侵害，違法情報や有害情報の流通，個人情報の流出やプライバシーの侵害など，インターネットの悪用や誤用による問題も発生するようになりました。これらの課題に対して，技術的・制度的な解決方法を探りながら，人類が初めて経験するグローバルなコミュニケーション空間を発展させることが求められています。[9]

▷4　村井（1998），同上書；村井純（1995）『インターネット』岩波新書。

▷5　インターネットの技術仕様をインターネットで誰でも閲覧できるように公開する形式。
▷6　古瀬・廣瀬，前掲書。

▷7　プログラマが記述したソースコードと呼ばれるプログラムを無償で公開し，誰でも改変や再配布が行なえるようにしたソフトウェア。Linux が代表的。
▷8　誰もが自由に編集に参加できるオンライン百科事典。
▷9　村井純（2010）『インターネット新世代』岩波新書。

おすすめ文献
†古瀬幸広・廣瀬克哉（1996）『インターネットが変える世界』岩波新書。
†村井純（2010）『インターネット新世代』岩波新書。
†村井純（1995）『インターネット』岩波新書。
†吉田純（2000）『インターネット空間の社会学』世界思想社。

1 消費社会の文化／C アートの文化

1 芸術という文化

富永茂樹

1 芸術文化と文化芸術

　京都市は1996年6月に『京都市芸術文化振興計画』を，2006年3月には『京都文化芸術都市創生条例』を策定しました。ここで計画や条例の対象が「芸術文化」から「文化芸術」に変わっていることにご注意ください。私はどちらの策定にもかかわった者のひとりですが，これには私自身をふくめて委員のみんながとまどったことを記憶しています。変更の理由は単純なことでした。2001年に国で「文化芸術」振興法が成立して，これに各地方自治体が対応するのが，条例の策定の目的であったからです。それでも芸術文化と文化芸術とではどんなちがいがあるのか。また「芸術という文化」という，この項目で説明が求められている主題は，その違いにどう関係するのでしょうか。

2 芸術の独立

　芸術と文化の関係が曖昧で，一定した共通理解がえられないことは，この2つの言葉の意味がどちらも近代になって大きな変化を被ったことに起因しています。まず芸術ですが，現在私たちがその意味で理解しているアート（art）という言葉はラテン語のarsがその語源です。しかしそれはもともと人間の技芸一般を指すものでした。また中世のヨーロッパでは，いやルネサンスの時代になっても工房＝アトリエのなかで集団が担う技術でした。

　ところが，現代の日本で漫画が集団の手で製作されていながら，発表されるときには作者の名前だけが表に現われるように，近代になると作家が集団から独立するという事態が生じます。彼は自身の個性を強調し，彼にしかできない，他者よりはすぐれた作品を製作すると自負し，また作品に接する者もそのように扱います。アート，技芸から分離される「芸術」の誕生です。これは美術，音楽，文芸などあらゆる領域でみることができます。

　特別な才能をもった個人が芸術家として評価される一方で，技芸は取り残されます。技芸にかかわる人たちも美しいものを製作していたのですが，彼らは職人＝アルティザンと呼ばれて，芸術とは別のところへ移動することを余儀なくされます。この芸術と技芸の分離，それに伴う芸術家の主体化（具体的には，作品への彼の署名に象徴される）が進みます。この過程からは，芸術のみならず，近代社会で発達した個人主義と主体の秘密がわかります。

3 芸術と社会

　集団を離れた芸術家の多くは、自身の「すぐれた」作品の存在意義を、社会に向けてなんらかのメッセージを伝える点に求めてゆきます。18世紀末のフランスの画家ダヴィッドは、どうやらたいへん強い自我の持主であったようですが、彼は同時代のフランス革命の理念を、次いで登場した皇帝ナポレオンの威厳を広く伝えることを目的とした作品を発表します。ここに「プロパガンダとしての芸術」が成立します。デュルケムもいうように、美しいものは人の心に直接に訴えかけるので、その教育効果はけっして小さくありません。

　このような芸術はしかし、何らかの理念や思想を伝える「手段」となってしまうことで社会に従属し、したがって本来の自律を失います。これに対して社会からの独立と純粋な美の追求を実現する芸術も生まれます。芸術はそれ自体の外に目的をもたない。芸術のための芸術、いわゆる「芸術至上主義」の考えです。だがこうした理念が追求されると、芸術と社会の接点は希薄になり、両者はかぎりなく遠ざかります。

　他方で19世紀末から20世紀にかけて発達した文化人類学では、文化を人間の生活とほぼ同一視する考え方が支配的になりました。これはとりわけ、文化が教養でもあった学問の世界からの離脱を宣言するうえで、またプロパガンダとしての芸術と芸術のための芸術のどちらにも含まれる、ある種の傲慢に異議を唱えるうえでも、まったく意味のないことではありませんでした。ただ生活一般を文化としてしまうと、そこでは美しいものが占める場所が狭まります。

4 文化という芸術

　ここで私たちの生活そのものが文化であることを認めるとしても、その文化、したがって生活にはいつも美しいもの、快適なものが求められているのだ、文化とは美しい生活を実現する工夫にほかならないのだと考えてみてはどうでしょうか。そうすれば芸術と技芸の200年以来の分離の修復も可能になるでしょう。生活にのみかぎられていた文化の観念の変更もまた。私たちは日常の生活を営むなかで、美しいものなしにすますことはできないのです。芸術家個人と集団との和解、技芸と芸術との再融合、こうしたことを通して美しいものが暮らしのなかで再出現することでしょう。

　このとき初めて、本項のタイトルを逆転させることになりますが、芸術という文化ではなく文化という芸術、また文化芸術ではなくて芸術文化、つまり芸術が文化の特別な一部分であるどころか、芸術が文化、つまり社会生活のあらゆる領域に浸透しているとみるところから、芸術の存在意義を考えることができるはずです。

▷ 1　Leith, J. A. (1963) *The Idea of Art as Propaganda in France: 1750-1799*, Toronto University Press.
▷ 2　Durhkeim, E. (1963) *L'éducation morale*, nouvelle édition, P. U. F.
▷ 3　作田啓一 (1977)「芸術至上主義の論理と心理」河野健二編『フランス・ブルジョワ社会の成立』岩波書店、299-323頁。
▷ 4　クラックホーン, C. ／ケリー, W. H.「文化の概念」R. リントン編／池島重信訳（1945=1952）『世界危機における人間科学』実業之日本社。

おすすめ文献

† プレハーノフ／蔵原惟人・江川卓訳（1912=1965）『芸術と社会生活・他1編』岩波書店。
† 井上俊（1977）「芸術社会学の形成」河野健二編『フランス・ブルジョワ社会の成立』岩波書店、282-298頁。
† 亀山佳明・富永茂樹・清水学編（2002）『文化社会学への招待——「芸術」から「社会学」へ』世界思想社。

1 消費社会の文化／C アートの文化

2 近代文学と大衆小説

清水 学

1 純文学／大衆文学

　日本の近代文学といえば，たとえば明治期後半から昭和初期にかけての文豪たちの小説ということになるでしょうか。『舞姫』『こゝろ』など，その多くは教科書に紹介され，また各種文庫にも収録されて，多くの人に親しまれるところとなっています。

　もちろんこれらは，西欧近代文学の諸観念から大きな影響を受けたもので，「個人」「内面」「自律」「自由」「人間性」など諸々の近代的価値と無縁ではありません。こうして近代文学は「近代の文学」であると同時に，「近代性についての文学」でもあるということになります。

　しかし，いわゆる「教科書に載っている」ような数々の「名作」のたぐいに，正直これまで違和感を感じてきたという人も多いのではないでしょうか。これのいったいどこが「文学史上に残る傑作」なのか。こんな辛気くさい人間関係，姑息な自己保身に走るだけの小説が「純文学」なのか。感じやすい自分を哀れみながら美化し，ぐだぐだとなにか大層なことをいっている気になっているだけではないか。そう思ってすっかり「文学」から遠ざかってしまった人も少なくないことでしょう。

　近年の作品でも『ノルウェイの森』『失楽園』など，たしかに良質のポルノグラフィではありますが，これを「文学」といわれるとさすがに鼻白んでしまう部分もあります。その意味でいわゆる「純文学」の世界は，いわゆる「ケータイ小説」の世界と，どれほど異なっているのでしょうか。

2 妊娠小説

　たとえば森鷗外『舞姫』にしろ，島崎藤村『新生』にしろ，結局は「地位も名誉も教養もある年長の男が／なにも持たないうんと年下の女を／妊娠させて，病いにいたらしめて，捨てて／最後に安泰を得た」という，ただそれだけの話ではないかと，身も蓋もない指摘をするのが斎藤美奈子です。

　日本の近代文学とやら，そこに描かれる近代的自我とやらは，しょせんは身勝手なひとりよがりの「苦悩」でないか。それが傷ついた自己だの，悩める自我だの，不可知の内面だのといったレトリックをちりばめながら語られるものですから，いつのまにやら「立派な作品」に仕立てあげられてしまうわけです。

▷1　近代小説と近代社会はたがいに似ている，とするのが「近代小説」の誕生とその条件に関する議論であり，また古典的な文学社会学の立場でもある。
　たしかに小説というのは，かならずしも自明のジャンルではない。それ以前の伝統的な文学ジャンルが，特有のさまざまな「しばり」によって成立しているのに対し，近代小説を特徴づけるのはむしろそうした「しばり」からの自由であり，その意味でジャンルといえないジャンルなのかもしれない。このような近代小説を「成上りもの」と形容したのは M. ロベールであり，「私生児」とよんだのは蓮實重彦である。
　たとえば多くの論者が近代小説の端緒として認定するデフォーの『ロビンソン・クルーソー』。そこに自主独立の経済人，いわゆる「近代的主体」を見出すものも多いわけだが，ところが実際によく読んでみると，かならずしもロビンソンは自律しているわけでも，独立独歩の存在でもない。むしろ不安，妄想，不信，依存など，それを裏切るイメージにあふれている（このことを指摘しているのは岩尾龍太郎である）。

しかし一皮むけば，その欺瞞的「自意識」は醜悪なだけでしょう。
　なんてことを，思わず率直に口走った経験のある人は，「文学のわからないやつ」と烙印を押され，よい評価をもらえなかったにちがいありません。しかしそれは，どちらかといえば「健全」な感覚です。さまざまな苦難と苦悩を一身に引き受け，状況を解決しようと模索するいわゆる「近代的主体」こそ，「大いなるファンタジー」でないかと斎藤は看破しています。
　この意味で日本の近代文学は「妊娠小説」とともに産声をあげ，成長したとする斎藤の説も，あながち牽強付会ではありません。「ポピュラーな国民的ジャンル」といわれるとおり，その意味で日本の近代文学とは，大衆的ファンタジーに根ざす破天荒な冒険小説なのでした。

3 大衆の物語

　こういった，たとえば冒険の物語は，ひろく大衆的な基盤をもつといえます。ほかにも「純愛の物語」「犠牲の物語」など，さまざまあるでしょう。それぞれの文化，社会のなかで受け入れられやすい物語，受け入れられにくい物語，これまたいろいろあるかもしれません。
　考えてみれば，やがて「芥川賞」／「直木賞」という制度的区分へつながる，純（高級）文学／通俗（大衆）文学という区分じたい，近代文学が日本へ輸入されたとき同時に輸入されたものであるわけです。それは「芸術のための芸術」という思想を生んだ西欧19世紀の産物であり，その意味でかなり人為的な区分といえます。
　しかしそもそものはじめにおいて，近代小説はじゅうぶん「通俗的」なものでした。セルバンテス，ラブレー，デフォー，どこに起源を置くにせよ，どれも先立つ文学的遺産をそのうちに流用しながら，自由に，無際限に，広範な読者層に対して訴えかける読み物でした。
　『ロビンソン・クルーソー』の物語は，まさしく巷間に膾炙しました。子どもや青少年を含んで，その大衆向け改変にも事欠きません。『こゝろ』の「苦悩」も大衆的人気を集め，翻案され，ドラマやマンガにもなりました。『人間失格』もまたそうです。
　蓮實重彦の言い方にしたがえば，作家とは，社会に流通する物語を自らの口で語り直す存在でしかありません。ちまたに流通する物語を積極的に取りこみ，ときにはそれに荷担しながら，大衆の物語を媒介していくだけの存在です。
　他方でしかし，まさに大衆小説の領域においてこそ，そうした文学的定型を抜け出そうとする表現があらわれたりもします。大衆の物語についてのこうした自意識は，やがて「物語の物語」としてメタフィクション的増殖と自己言及を重ね，いわゆる「ポストモダン文学」を導いていくのです。

　その意味で『ロビンソン・クルーソー』は，まさに近代という時代を，その両義性とともに体現しているということができる。そしてこの両義性こそが一般にひろく受け入れられ，培養されて，多くの「ロビンソン物語」を生んでいったのだ。

▷2　斎藤美奈子（1997）『妊娠小説』ちくま文庫。

▷3　ここではこうした議論が，大もとの西欧近代小説にあてはまるかどうかはひとまず措いておこう。

▷4　『レ・ミゼラブル』と『パリの秘密』は，まさしく同時並行的な現象である。もちろん言論の自由，中産階級の勃興，印刷術の普及，ジャーナリズム・出版業の成立など，政治社会経済的条件，メディア史的背景も無視できない。

▷5　「ロビンソナーデ（ロビンソンもの）」という言葉さえあるくらいである（岩尾龍太郎（2000）『ロビンソン変形譚小史』みすず書房）。たしかに「ロビンソン物語」は，1719年英国の作家によって『ロビンソン・クルーソーの生涯と驚くべき冒険』が公刊されて以降，それによって刺激され広まったものであるが，しかしすでにそれ以前から，人びとのあいだに広く存在していた物語であったともいえるだろう。

おすすめ文献

†石原千秋（2008）『ケータイ小説は文学か』ちくまプリマー新書。
†斎藤美奈子（1997）『妊娠小説』ちくま文庫。
†蓮實重彦（1994）『小説から遠く離れて』河出文庫。

第Ⅱ部　現代文化の諸相

1　消費社会の文化／C　アートの文化

3　ハリウッド映画という文化

菊池哲彦

1　ハリウッド映画と〈アメリカ的なもの〉

　ハリウッド映画が，アメリカ文化の象徴のひとつであることに異議を唱える人はそう多くはないでしょう。スター俳優や風景を映し出す個々の作品(フィルム)，あるいはアメリカ映画界全体をも指し示す「ハリウッド映画」という記号は，〈アメリカ的なもの〉を感じさせずにはいません。しかし，ハリウッド映画とアメリカ文化の関係は，それほど自明なものなのでしょうか。

2　世界に拡がるハリウッド映画

　1910年前後からロサンゼルス市ハリウッドの地に集中しはじめた映画制作会社は，映画の道徳的悪影響を懸念する声に応えて，「映画制作倫理規定」(プロダクション・コード)という自主検閲制度の厳格な運用を1934年に開始しました。ハリウッドで制作されるいわゆる「ハリウッド映画」は，この制度によって，「猥雑な見世物」から「老若男女が一緒に楽しめる健全な娯楽」として観客層の拡大に成功しました。また，ハリウッド映画産業は，1930年代から40年代にかけて，制作・配給・興行という流れを垂直的に統合して映画の大量生産・供給を実現する「スタジオ・システム」を確立することで巨大産業化していきました。

　プロダクション・コードとスタジオ・システム，この両要素によって大量に制作されたハリウッド映画は，誰もが楽しめる健全な「文化商品」として世界中から歓迎され，瞬く間に拡がっていきました。また，第二次世界大戦後，アメリカによるヨーロッパ復興策のなかで，アメリカ民主主義をヨーロッパに普及させる対外政策の一環として，ハリウッド映画が積極的に利用されました。

　ハリウッド映画は，テレビやビデオの登場以降のメディアの多様化のなかで，一時はその圧倒的な力を失うかのようにみえました。しかし，80年代以降，スタジオ・システムを，コンテンツ供給というかたちでの各種メディアとの水平的連携へと再編し，現在では，映画制作に限定されない総合エンターテイメント産業へと変貌を遂げ，さらに強力な文化的影響力を発揮しています。

3　ハリウッド映画のなかの〈非アメリカ的なもの〉

　ハリウッド映画が強い文化的影響力をもっていることはたしかです。しかし，ハリウッド映画が〈アメリカ的〉であるかどうかはまた別の問題です。

▷1　代表的な作品としては，アーサー・ペン監督『俺たちに明日はない』(1967)，マイク・ニコルズ監督『卒業』(1967)，デニス・ホッパー監督『イージー・ライダー』(1969)，ジョージ・ロイ・ヒル監督『明日に向かって撃て！』(1969)などがある。
▷2　セルジオ・レオーネが監督した『荒野の用心棒』(1964)や『夕陽のガンマン』(1965)などが代表的である。
▷3　代表的な亡命映画作家には，フリッツ・ラング(『飾り窓の女』(1944)など)，エルンスト・ルビッチ(『天国は待ってくれる』

そもそも，プロダクション・コードのもとで描かれるのは「現実のアメリカ」というよりも「美化された虚構のアメリカ」です。1960年代末のプロダクション・コードの廃棄と年齢別鑑賞制限制度(レイティング・システム)の導入による「表現の自由」のもとで「リアルなアメリカ」を描く「アメリカン・ニューシネマ」のような流れもあらわれました。しかし，どのような映画も現実の記録であると同時に虚構でもあります。ハリウッド映画のなかで描かれるアメリカは，多かれ少なかれ現実とはズレた「夢の世界」なのです。「夢の世界としてのアメリカ」のイメージを次々と供給するからこそ，ハリウッドは「世界のハリウッド」なのです。

たとえば，ヨーロッパ映画産業の保護を目的として，ハリウッドのスタッフ，キャストによってヨーロッパで制作された西部劇映画が人気を博し，1960年代から70年代に量産されました。イタリア制作が多かったため日本では「マカロニ・ウエスタン」と呼ばれるこの種の西部劇は，最も〈アメリカ的〉な世界が非アメリカでつくられたことを示しています。

「ハリウッド映画」と〈アメリカ的なもの〉のズレは，ハリウッド映画産業の人材構成のなかにも見出すことができます。見世物興行的な起源と巨大産業化時代の資本提携を背景としてユダヤ人脈と深い関係にあったハリウッドは，第二次世界大戦前後にファシズムから逃れてきた（ユダヤ系を中心とする）ヨーロッパ映画人を多く受け入れ，かれらの活躍が1930年代から50年代のハリウッド全盛期を築いていきました。現在では，ヨーロッパ以外にルーツをもつ映画作家たちもハリウッドで活躍しています。

また，冷戦下で共産主義に対する恐怖が渦巻いたアメリカでは，1940年代末から50年代中頃にかけて，非米活動委員会がハリウッド映画産業を標的として共産主義者とそのシンパを排除していきました。この「赤狩り(レッド・パージ)」時代に，ハリウッド映画は国家から〈非アメリカ的〉という烙印を押されたのです。

❹ ハイブリッド文化としてのハリウッド映画

ハリウッド映画が〈非アメリカ的なもの〉を含んでいることとは逆に，非アメリカ映画文化が，ハリウッド映画の強い影響下にある側面もあります。1950年代末から60年代のフランス映画を象徴するヌーヴェル・ヴァーグは，フランスの若い映画批評家たちが，ハリウッド大作映画を裏から支えていた，低予算・早撮りで制作された「忘れられたハリウッド映画群」を積極的に評価し，その感性を引き受けて制作をはじめたことに発する動きです。ハリウッド映画の継承をめざす実践が，フランス映画的感性を生み出したのです。

このように，ハリウッド映画の文化は，さまざまな要素から成るハイブリッドな文化なのです。「このハイブリッド性こそ〈アメリカ的〉である」といってしまうことも可能でしょう。しかし，ハリウッド映画のハイブリッドな厚みを描き出す作業でこそ，文化社会学の可能性が発揮されるのではないでしょうか。

(1943)など），ジャン・ルノワール（『自由への闘い』(1943)など）などがいる。
▷4　近年では，台湾出身のアン・リー監督（『いつか晴れた日に』(1995)，『ブロークバック・マウンテン』(2005)など）や，中国で生まれ香港で映画作家としてスタートしたジョン・ウー監督（『フェイス／オフ』(1997)や『M:I-2』(2000)など）のように，アジア出身の映画作家のハリウッドでの活躍が目立つ。
▷5　代表的な作家としては，クロード・シャブロル（『いとこ同志』(1959)など），エリック・ロメール（『獅子座』(1959)など），ジャン＝リュック・ゴダール（『勝手にしやがれ』(1959)など），フランソワ・トリュフォー（『大人は判ってくれない』(1959)など）らがいる。
▷6　日本的映画作家の代表にあげられる小津安二郎が，エルンスト・ルビッチをはじめとするハリウッド映画作家の強い影響下にあったことはよく知られている。彼は，太平洋戦争中も，軍報道部映画班員として，接収した大量のハリウッド映画を観ていた。

おすすめ文献

†蓮實重彦 (1993)『ハリウッド映画史講義──翳りの歴史のために』筑摩書房．
†北野圭介 (2001)『ハリウッド100年史講義──夢の工場から夢の王国へ』平凡社新書．
†スクラー, R.／鈴木主税訳 (1975=1995)『アメリカ映画の文化史──映画がつくったアメリカ（上・下）』講談社学術文庫．

1　消費社会の文化／C　アートの文化

4 ポピュラー音楽の文化
―― 研究するための「はじめの一歩」

東谷　護

1　ポピュラー音楽を定義する

　ポピュラー音楽とは何かと問われたら，あなたはどのように答えるのでしょうか。ヒップ・ホップ，R&B などのジャンルを並べますか。それともアメリカのポップスや洋楽といい切りますか。あるいは，演歌はポピュラー音楽ではないと考えますか。これらは，どれもポピュラー音楽の一側面を述べただけにすぎません。上に記した回答の共通点は，ポピュラー音楽を狭義に捉えたものということです。

　狭義というならば，広義を連想されることでしょう。では，ポピュラー音楽を広義に捉えるとは，どういうことなのでしょうか。それは，鳴り響いているポピュラー音楽そのものとポピュラー音楽以外のもの，すなわちポピュラー音楽を取り囲む環境にも目を配るということなのです。

　ポピュラー音楽を学術的な研究対象とするときには広義で捉えることの方が有効なのです。といいますのも，狭義の捉え方ですと，議論を共有しようにも，立場が異なるとポピュラー音楽に対してもつ意味にズレが生じてしまうからです。学術研究をするときには，このようなズレが生じてはいけません。

　広義に捉えるとき，とくに，ポピュラー音楽がもつ文化の一形態や商品性などに着目してみると，次のような定義を導くことができます。

　「ポピュラー音楽とは主に20世紀以降，すなわち複製技術の発展によって大量配給が可能であり商品化された音楽である[1]」。

　この定義によれば，ポピュラー音楽は大量配給が可能だとあります。しかも商品化された音楽とも明記されています。ここにはジャンルを思い出させる単語はありません。

　商品という語は，売ると買うを連想させます。ポピュラー音楽では何を売るのかといえば，ポピュラー音楽を売るわけですが，音楽は流れては消えていくものです。しかし，CD や DVD，あるいはレコードといった媒体に録音すれば何回も聴いたり見たりすることができます。これらの媒体のおかげでポピュラー音楽は大量配給することが可能となったのです。また，ポピュラー音楽を録音，録画する媒体，すなわち複製技術やラジオ，テレビといったマスメディア，インターネットなどのマルチメディアもポピュラー音楽を多くの人びとのもとに届けるものとして，無視することはできない存在です。

▷1　東谷護 (2008)「はじめに――ポピュラー音楽から読みとれるもの」東谷護編著『拡散する音楽文化をどうとらえるか』勁草書房，i頁。

② 研究する際に意識する枠組み

では，どのように研究を進めたらよいのでしょうか。まず，何を研究するかというテーマや問いを設定するために意識しておいてほしい分析の枠組みがあります。ポピュラー音楽研究者の B. ロングハーストが「Production ─ Text ─ Audience」として分析枠組みを比較的簡単にまとめています。

Production（生産）には，作詞，作曲，編曲の他にプロデューサー，エンジニアといったつくり手以外に，音楽産業に分類されるさまざまな人やモノが入ります。Text（テクスト）とは，ポピュラー音楽研究の場合には鳴り響く音そのものとして捉えておきましょう。Audience（聴衆）は，音楽の受け手，すなわち聞き手ですが，彼らの聞くことにかんする行動，たとえば DVD 購入や楽曲のダウンロードや，野外フェスティバルを楽しむこと等も含まれます。

それぞれの関係性を考えてみましょう。Text は，Production と Audience の出会う場でもあります。つくり手の創意工夫がテクストを生み出すだけではなく，Audience にとって「ある曲が流れるとあの頃を思い出す」というようにテクストが思い出を記憶する装置になることさえあるのです。

このようにポピュラー音楽を研究する際には，何か1点だけに着目するのではなく，先述したようにポピュラー音楽そのものとポピュラー音楽を巡るさまざまな事物・状況にも注目するとよいでしょう。

▷2 Longhurst, B. (1995) *Popular Music and Society*, Polity Press.

③ どのような研究テーマがあるだろうか

勘のよい人は，先にあげた枠組みの Text の場所に，違う単語が入ってもよいと思ったのではないでしょうか。ここには Media（メディア）という語が入っても意味は通じます。というのもメディア（media）は，媒介，中間のという意味をもつからです。

そうであるならば，ポピュラー音楽の研究とは Media（メディア）について分析するといってもいいでしょう。日本のポピュラー音楽の先行研究では，テレビ等のマスメディアに着目するものが多かったのですが，近年ではポピュラー音楽研究が盛んな欧米と同様に，Production と Audience とをつなぐ「メディエーション」(mediations) へと視野を広げてきています。

研究テーマとして考えられるものを単語だけですが，アトランダムにあげておきましょう。「テクノロジー，パフォーマンス，言説，都市，シーン，イデオロギー，映像，イメージ，音楽テクスト，楽器，アレンジ，ことば，ジェンダー，ジャンル史，受容史，歴史，身体，ファン，ネットワーク，著作権」。

最後にポピュラー音楽の研究をするのに心がけてほしいこととして，音楽を対象としているので音楽に関する知識を増やすことと，二次文献だけでなく一次資料にも積極的にあたることをあげておきたいと思います。

▷3 代表的なものとして，以下をあげておく。佐藤忠男・小泉文夫・井上ひさしほか（1979）『音楽化社会──未来を先取りする視点』講談社；小川博司（1988）『音楽する社会』勁草書房。

【おすすめ文献】
†東谷護編著（2003）『ポピュラー音楽へのまなざし──売る・読む・楽しむ』勁草書房。
†東谷護編著（2008）『拡散する音楽文化をどうとらえるか』（双書・音楽文化の現在1）勁草書房。
†ニーガス，K. ／安田昌弘訳（1996＝2004）『ポピュラー音楽理論入門』水声社。

1 消費社会の文化／C アートの文化

5 デザインの文化

加島 卓

1 私たちとデザイン

みなさんは，これまでに携帯電話や衣服を何回買い換えましたか。また，その機能（通話や通信，身体の保護や体温調節）に大きな違いはなくても，その外見上の新しさに不思議と惹き付けられることはありませんか。いわゆる「デザイン」は，こうした経験と深くかかわっています。

2 応用美術と市場

そもそもデザインは，芸術という概念との区別で定着しはじめました。そこで区別されたのは，「芸術のための芸術」という18世紀末以降のロマン主義の芸術観です。これは，苦悩しつつ自己表現する才能に溢れた「作者」という概念を重視しましたが，それゆえに，「作者」的には捉える必要のない美のあり方も見えてくるようになりました。つまり純粋美術（Fine Art）が定義されたことで，それには含まれない「何か」が別にあると思われはじめたのです。

その「何か」に対応したのが，応用美術（Applied Art）でした。18世紀に技術革新した各産業は，芸術を応用して，市場における価値の差異を生み出そうとしたのです。なおこうした市場のあり方には，フランス革命以後の「近代的個人」という概念が効いています。この概念は自由意志による選択とその結果に対する自己責任を前提にしており，豊富な選択肢が流通した場所があってこそ，可能になってきます。各産業による芸術の応用は，この豊富な選択肢を市場に供給するために行なわれました。そして機能は同じであっても，異なる装飾が施されたものが，人びとに個性を与えるようになったのです。

このように応用美術は明確な定義を伴わないまま，具体的な事実として存在してきました。だからこそ，応用美術は純粋美術との差異によってしか捉えられない困難があります。たとえば，応用美術は美術館で鑑賞される「作品」である前に，市場で流通する「商品」です。またそれは世界にひとつの「オリジナル」ではなく，利益を上げるために「複製」が可能なものです。こうしてある作者でなければ創造ができない唯一の作品とは別に，作者が誰であれ，同じ機能と装飾のバリエーションをもつ商品の大量生産が重視されるようになり，それが次第に「デザイン」と呼ばれるようになったのです。

▷1 佐藤俊樹（1993）『近代・組織・資本主義』ミネルヴァ書房。

▷2 ベンヤミン，W.／浅井健二郎編訳／久保哲司訳（1935-36=1995）「複製技術時代の芸術作品」『ベンヤミン・コレクション(1)近代の意味』ちくま学芸文庫，583-640頁。

③ 大量生産とバリエーション

　こうした市場での大量生産は，デザインという言葉が普及するための初期条件でした。そしてこれを徹底したのが，20世紀初頭のアメリカ自動車産業です。たとえば1908年のT型フォードは，自動車を「標準化された互換性部品」の組み合わせと捉え，「秒単位」で合理的に生産する方式を生み出しました。こうして誰であれ，同じような商品が大量に生産できるようになったのです。

　しかしこうした大量生産は，人びとの欲望を満たすどころか，新しい欲望を生み出しました。みんなと同じ商品ではなく，ちょっと異なるものが欲しいというわけです。これに注目したGM（ゼネラル・モーターズ）は，社内の「美術と色彩の部門」を強化し，人びとの好みを取り入れました。その結果，GMは「モデル・チェンジ」の重要さを知り，「自動車は見かけで売れる」と考えるようになったのです。このように大量生産された自動車の機能ではなく，装飾による個別性を担保したのが，デザインというバリエーションの展開でした。

④ 未完の運動体

　それではデザインは，無秩序に展開される装飾のバリエーションかといえば，そんなに単純でもありません。たとえばアーツ・アンド・クラフツやアール・ヌーボー，バウハウスやロシア・アバンギャルドなどは，個別の機能とは別に展開される装飾が，一定の傾向をもった状態のことです。こうした傾向としての「スタイル」は，それぞれに新しい〈社会〉の実現を訴えたことから，装飾の単なる傾向というよりも，それ独自でひとつの機能を主張していたともいえます。デザインは，たしかに装飾のバリエーションなのですが，その集合が再び機能としてみえることもあるというわけです。

　しかし，そのどれもが未完でした。なぜなら，どのスタイルも旧来の傾向を問題にしながら，新しい傾向を主張するという形式だったからです。あるバリエーションの集合は，先行して流通する集合を否定することで，その新しさを主張できるのですが，そのこと自体は自分自身にも適用されてしまうのです。つまりバリエーションの集合としてのスタイルは，それが新機能であると振る舞うからこそ，さらにそこから新しいバリエーション展開が誘発されるのです。

　このように考えれば，デザインは「変わり続けていくこと」だといえます。携帯電話や衣服の新商品が気になるということは，私たち自身がこの運動体のなかを生きているということなのです。しかし，ここから逃れられないのが問題なのではありません。いや，むしろ私たちはその逃れがたさをよく知っているし，またそうだからこそ，こうした終わりなき可変性と遊び続けているともいえます。こうした意味で，デザインの文化社会学とは，個別のモノというよりも，未完の運動体として捉えてみることが重要ではないでしょうか。

▷3　橋本毅彦（2002）『〈標準〉の哲学』講談社選書メチエ。

▷4　内田隆三（1987）『消費社会と権力』岩波書店。

▷5　柏木博監修（2006）『近代デザイン史』武蔵野美術大学出版局；柏木博（1992）『デザインの20世紀』NHKブックス。

（おすすめ文献）
†ギーディオン, S.／GK研究所・榮久庵祥二訳（1948=1977）『機械化の文化史——ものいわぬものの歴史』鹿島出版会。
†フォーティ, A.／高島平吾訳（1986=1992）『欲望のオブジェ——デザインと社会1750-1980』鹿島出版会。
†原克（2008）『流線形シンドローム——速度と身体の大衆文化誌』紀伊國屋書店。

1 消費社会の文化／C アートの文化

6 アニメ・マンガの文化

菊池哲彦

1 アニメとマンガの結びつき

アニメとマンガは，同一のもののように結びつけて捉えられる傾向があります（この項目タイトルもそうです）。たとえば，初期のアニメは「マンガ映画」「テレビマンガ」と呼ばれていました。この結びつきは，マンガを原作として制作されるアニメが多いことに由来するようにも思われます。しかし，考えてみると，すべてのアニメがマンガを原作に持っているわけではありません。ここでは，アニメとマンガの結びつきを解きほぐし，私たちのアニメとマンガの経験を「文化」として考える視点を示してみたいと思います。

2 アニメとマンガの表現形式

アニメとマンガは，絵で描かれたキャラクターたちが登場する絵で描かれた世界の物語である，という共通点をもっています。この点でも，両者を結びつけるこができます。しかし，アニメとマンガは，この目に見える共通点以上に，その物語の経験の仕方という点で本質的に異なっています。それは，原作マンガをもつアニメにおいて，両者のあいだで物語の結末が違うというようなこととは別の，それぞれの「表現形式」にかかわる問題です。マンガは静的な絵（コマ）の断続的な連なりによって物語が進行していきますが，アニメは静的な絵（セル）を連続的に提示することによって動いて見える絵，すなわち動画によって物語が進行していきます。この表現形式の違いが両者の経験を異なるものにします。

アニメは絵の動きと物語の進行が同期しています。視聴者が「前の場面をもう一度見たい」「この場面をもう少し見ていたい」と思っても，前の場面に戻ったり，ある場面にとどまったりすることは基本的にできません。VTRなどを利用すれば可能ですが，それではアニメ本来の物語構造を乱してしまいます。アニメにおける物語の進行は動画をつくるつくり手側のコントロールのもとにあり，それを視聴者たちは「直線的な時間の流れ」として経験します。

それに対して，マンガにおける物語は，読者の視線がコマからコマへと移動することによって進行していきます。その時間経過は，つくり手側がコントロールすることもある程度は可能ですが，基本的に，読者の読み方にしたがいます。前のコマに戻ったり，あるコマに視線を留めておくなど，物語の進行はマ

▷1 アニメとマンガの定義は，それぞれについてさまざまな見解がある。ここでは，「アニメ」を，テレビ放映とともに発展してきた戦後日本のセル・アニメーション，「マンガ」を，戦後日本で急速に発展し現在でも大衆文化として圧倒的な存在感を放っているストーリー・マンガにそれぞれ限定している。

▷2 以下，アニメとマンガの表現形式の比較については，秋田孝弘（2005）『「コマ」から「フィルム」へ――マンガとマンガ映画』NTT出版，とくに第9章と第10章を参照。

▷3 こうした物語経験の違いがあるからこそ，同一の物語であっても，「アニメ版よりマンガ版の方が好き（あるいはその逆）」と

ンガの読者がコントロールできます。マンガにおける物語は時間の流れがさまざまな可能性に開かれているなかで進行し，マンガの読者はその時間の流れの開かれた可能性を含めて物語を経験しているのです。

この表現形式の違いがあるからこそ，アニメとマンガは，たとえまったく同一の物語であっても，それぞれ異なるものとして経験されるのです。▷3

3 アニメやマンガの受容とその多様性

表現形式の差異に加えて，両者を受容する際のメディア形態に着目すると，アニメやマンガの物語経験はさらに多様なかたちで現れます。

あるマンガを，雑誌連載時に読むのか，それとも単行本化されてから読むのかでも物語の経験は異なります。連載時では，一定のスケジュールの制約のもとで制作された作品が，同時に掲載される諸作品との関係のなかで読まれますが，単行本であれば独立した作品として読まれます。同じ作品であっても，単行本化する際にさまざまな事情で連載時原稿に手を入れる作家は多く，▷4 物語の経験を左右する重要な変更が加えられる場合もあります。▷5

アニメの受容については映画，テレビ放映，DVDのようなソフト，そして近年ではネット配信などさまざまな形態があります。同じ作品であっても，受容形態によってその物語経験は異なります。▷6 極端なのは，1980年代の家庭用ビデオ機器の登場によるアニメ経験の変化です。視聴者は，この機器の「一時停止」「巻き戻し」機能によって物語進行をコントロールするのが可能になり，ある作品を直線的な「物語」として経験するだけでなく，物語構造から離れて作画や演出など細部に注目して分析的にみることができるようになりました。こうした経験の登場は，作品を詳細に分析しその知識を蓄積していく「オタク文化」の顕在化とも関連しています。▷7

また，アニメやマンガを介して形成される受容者の関係性も物語の経験に影響を与えます。マンガであれば，読者投稿欄などでの読者どうしの交流が作品の読みに影響を与えます。コミックマーケットの開催やインターネットの登場で，受容共同体の多様化・大規模化が進行しているこんにちでは，アニメやマンガの物語の経験も多様化してきています。▷8

4 「アニメ・マンガの文化」をどう捉えるか

このように，アニメやマンガを「物語経験」という視点から捉えると，両者を「原作と派生作品」「絵による物語表現」のように結びつけて捉えたのではみえてこない様相が明らかになります。それが，それぞれの表現形式やメディア形態・受容による物語経験の多様性であり，このうえに「さまざまなアニメやマンガの文化」が形成されているのです。「アニメ・マンガの文化」は，この「文化としての多様性」においてこそ捉えられなければならないでしょう。

いうような評価の差が生まれるのだろう。

▷4 手塚治虫は自作を単行本化するたびに修正を加えていたことで知られている。手塚作品の連載版と単行本版の画を比較検討したものとして，野口文雄（2002）『手塚治虫の奇妙な資料』実業之日本社がある。

▷5 たとえば，まつもと泉の『きまぐれオレンジロード』（1984-87）の最終話は，単行本では，作画面での修正に留まらず，連載時には描かれなかったエピソードが加えられている。

▷6 たとえば，『機動戦士ガンダム』映画版3部作（1981-82）の物語は，基本的にはテレビ放映版（1979-80）のものを踏襲しているが，テレビ放映時にスポンサーとの関係で不本意ながら盛りこまざるをえなかった設定などに修正が加えられている。

▷7 家庭用ビデオの登場によるアニメの見方の変化とオタク文化の関係については，岡田斗司夫（1996→2008）『オタク学入門』新潮文庫，15-34頁を参照。

▷8 同人誌文化やコスプレ文化なども，多様化した物語経験に含まれる。物語世界の独自の解釈や登場人物の衣装に照準した物語経験に支えられている。

おすすめ文献

†秋田孝弘（2005）『「コマ」から「フィルム」へ――マンガとマンガ映画』NTT出版。
†竹内オサム（2005）『マンガ表現学入門』筑摩書房。
†津堅信之（2005）『アニメーション学入門』平凡社新書。

1 消費社会の文化／D 身体の文化

スポーツ文化

西山哲郎

1 近代固有の文化としてのスポーツ

　スポーツが文化であるという本項の前提は無条件で認められているわけではありません。J. ホイジンガや T. W. アドルノといった文化理論の大家は，勝敗にこだわりすぎることを理由に，スポーツは「生の豊かさ」としての文化から遠ざかったと断罪しています。そうした大家たちがスポーツを批判する際，同時に近代という時代を批判していることは注目に値します。彼らはスポーツが，個人の自由と勝利至上主義をセットでもたらす近代に特有の社会実践だからこそ批判するのです。

　勝敗にこだわる点において，スポーツは最近流行のフィットネスとは異なります。また，競争に際して「機会の平等」にこだわる点において，スポーツは原型となった民俗遊技とも区別されます。ここでいう「機会の平等」は，たとえば格闘種目における体重別のクラス分けや記録種目における競技環境の均質化を指します。スポーツは，試合の前から勝敗が見えてしまうことを極力避けることで，出自に関係なく個人の努力で成功を勝ち取れるという近代社会の理想を反映しています。とはいえ，スポーツとして世間に認められる種目の多くが筋力や瞬発力を競う種目に偏っているために，前期近代の産業社会に有用な人物像（つまり「健常な」男性）ばかりを評価する弊害をそれは伴ってきました。[1]

2 スポーツにおける文化帝国主義

　スポーツの発展と近代化を不可分に分析した最初の社会学者は N. エリアスです。彼は，スポーツの起源とされる古代ギリシャの競技実態が近代人の感性では耐えられないほど残酷なものであったことを指摘し，両者を別物として扱うべきだと主張しました。[2] 人類史は必ずしも一方向に進化するものではありませんが，長い目で見れば暴力的対立をより流血の少ない形に昇華してきたと彼は考え，その軌跡を「文明化の過程」と呼びます。エリアスにとって，スポーツは議会制民主主義とともに近代化を主導したイギリスがもたらした「文明化の過程」の産物でした。また，エリアスの後継者のひとり，J. マグワイアは，15世紀から18世紀にかけて，ヨーロッパ全域において国民意識，個人主義，人権意識，科学的世界観が広まったことが，近代文化としてのスポーツの誕生に貢献したと補足しています。[3]

[1] 西山哲郎（2006）「スポーツ文化における性差」『近代スポーツ文化とはなにか』世界思想社，95-126頁。

[2] エリアス，N. ／桑田禮彰訳（1976=1986）「スポーツと暴力」栗原彬・今防人・杉山光信・山本哲士編『叢書 社会と社会学3 身体の政治技術』新評論。

[3] Maguire, J. (1999), *Global Sport : Identities, Societies, Civilizations*, Polity Press.

しかし，エリアスたちもスポーツを手放しでは肯定していません。イギリスで粗野な民俗遊技の多くがスポーツに「昇華」された過程には，地主貴族や紳士階級（gentry）による里山の囲い込み（enclosure）が影響しています。羊の放牧のための囲い込みによって，イギリスは毛織物産業を発展させ，近代社会へ離陸（テイクオフ）するきっかけをつかみましたが，同時にそれは民衆から自由な遊び場を奪いました。小作人や自作農が工場労働者になり，地域共同体のつながりが希薄になっていくなかで，民俗遊技は廃れました。代わりに地主貴族や紳士階級の支援する「健全な」娯楽の普及がスポーツの発展につながります。同様の過程は，イギリス以外の先進国とその植民地の間でも踏襲され，近代資本主義のグローバル化を後押ししました。

③ スポーツがもつ多彩な社交の機能

昨今，スポーツはもっぱら健康のために推奨されます。しかし，実際は勝利至上主義からくるケガがつきものであって，スポーツは健康維持に最良の手段ではありません。それでもスポーツが企業戦士を養成するのに役立つと考えられてきたのは，それが社交性を高めるのに有効だからです。

近代スポーツが最初に育まれたイギリスのエリート校で，それはチームワークとリーダーシップを養うのに利用されました。勝敗に熱中しながらもルールを遵守する複雑な人格形成を要求することから，そこにまっとうに参加できることはエリートの証明にもなります。競技団体を組織し，ゲームをマネージメントできれば，近代的な社会原理を学ぶことができます。それゆえ被支配的な立場にある人も，自ら望んでそこに加わろうとしてきたのです。その結果，柔道やテコンドーのように，西洋以外の民族文化がスポーツとして受け入れられる例も出てきました。

さらにA.グットマンは，社会的に劣位に置かれた集団がスポーツに熱中する別の理由を匹敵戦略（emulation）に求めました。これを下世話にいえば，「やつらのゲームで，やつらを倒せ！」ということです。こうした戦略は，スポーツが大衆化するうえで役立ちましたし，インドのクリケットや韓国の野球のように文化の壁を越えた普及を後押ししました。

以上のように，スポーツは近代社会のあらゆる長所と短所を反映しますが，それでも実利の世界とは一線を画します。遊びの精神を尊重する規範があるおかげで，敗北に唇をかみしめながらも，勝者の美技に拍手を送ります。女性や障がい者の参加も増えてきた現在のスポーツ文化は，多元的な価値観を安易に妥協することなくまた過激な暴力に訴えることなく表現できるために，多種多様な人びとが出会える希少な機会となっています。

▷4 エリアス，N.・ダニング，E.／大平章訳（1986=1995）『スポーツと文明化——興奮の探求』法政大学出版局。

▷5 グットマン，A.／谷川稔ほか訳（1994=1997）『スポーツと帝国——近代スポーツと文化帝国主義』昭和堂。

おすすめ文献

†井上俊ほか編（1999）『スポーツ文化を学ぶ人のために』世界思想社。
†井上俊・菊幸一編著（2020）『よくわかるスポーツ文化論［改訂版］』ミネルヴァ書房。
†多木浩二（1995）『スポーツを考える——身体・資本・ナショナリズム』ちくま新書。

1 消費社会の文化／D 身体の文化

2 ファッション文化

百々 徹

1 着ることとファッション

　何かを着ることは，おそらく地球上のあらゆる地域の人間集団において不可欠な行為です。たとえ1本の紐を腰にまわすような単純なものであっても，それを身につける人とその人が所属する社会を結びつける大切な役割を果たしています。衣服を着るという行為が，いつどのようにはじまったかは定かではありませんが，世界各地に住む人びとは，それぞれ自分たちのおかれた多種多様な環境のなかで，多くの服飾文化を育んできたのです。

　そうやって有史以来の長きにわたって世界各地で育まれてきた服飾文化の一部には，民族固有のアイデンティティを表す「伝統的な民族衣装」へと形を整えられ，今もなお人びとの暮らしのなかに生き続けているものもあります。しかし，その一方で，デザイナーやアパレルメーカーによる流行服や高級ブランド品といった，西洋が創り出す価値基準に則った服飾品による生産・流通・消費のシステムが，さまざまな地域の土着の服飾文化に取って代わりつつある現実もあります。ファッションとは，衣服にまつわるそのような西洋的なシステムのひとつなのです。

2 ファッションというシステム

　ファッションというシステムの誕生と発展は，西洋の近代化と密接なつながりがあります。また国家の形成にかかわる，都市の発展や社会階層の再編，商業資本主義の勃興などとも深く関係しています。きらびやかな衣服や宝飾品で身を飾ることがヨーロッパの宮廷において不可欠なものになると，その生産と販売は国家の経済を大きく担うものとなりました。たとえば，ルイ14世の庇護の下で作られるようになった装飾レースは，ヨーロッパ中の宮廷へと広まり，フランスは莫大な外貨を稼ぎました。この時代のフランスではまた，自国で生産する贅沢な絹織物を用いた衣服を正式な宮廷衣装として，ヨーロッパ各地に発信していました。

　やがて貴族社会が揺らぎはじめ，ブルジョア階級が社会に台頭しはじめると，衣服は社会的地位を表す道具として新たな役割を与えられるようになりました。さらにロンドンやパリなどの大都市にたくさんの人びとが流れこんでくると，人の"外見"は見知らぬ他人を読み解き，また自らを表すのに大切な役目を果たすようになります。そんななかで既製服産業，百貨店などが登場し，また流行を

伝える雑誌メディアも発達しました。ファッションは貴族階級やブルジョア階級にとどまらず，より幅広い層の人たちを取りこみ，さらに拡大していきました。

3 拡張するファッション

　ファッションというシステムを考えるうえで，19世紀後半のパリで活躍したシャルル・フレデリック・ウォルトの存在は大きいでしょう。彼は，現在のフランスのオートクチュール（高級仕立服）を確立した立役者ですが，春夏と秋冬という年2回のコレクションを開催して，最新のモードを発表しては古いモードを次々と更新するという方法を取り始めました。これによってモードは目まぐるしく切り替えられ，常に需要と供給が過剰気味に生み出されるようになりました。そこで重要となるのは，新しさと変化です。膨大な時間をかけて超絶的な技巧の粋を集めることよりも，それまでにない新奇なアイデアを盛りこみデザインをすることのほうが，商品としての衣服を作るうえで重要視されるようになりました。「今までにないものをいち早く」という情報的な価値が，「手間暇をかけて作り上げる」という物質的な価値を凌駕するようになったのです。

　20世紀はファッション・デザインが急展開した時代です。道徳観や既成概念など，衣服のデザインにおいて枷となるようなものが一つひとつはずされていき，多種多様な試みが行なわれてきました。ファッションは，社会におけるタブーや常識の境界線を巧みにずらしながら，その領域を拡げてきたのです。20世紀の終わりごろには，衣服のみならず身体までもが，ファッショナブルにデザインされる対象とされるようになりました。

4 問題群としてのファッション

　ファッションというシステムは，自然というものに相反するものでもあります。たとえば，老いや体形の変化，においや発汗など，人体という自然が引き起こすさまざまな現象を，ファッションはマイナス要因として強調し，それらを排除しようとします。アンチエイジングやダイエット，フィットネス，デオドラントなどは，人という自然に抗おうとする企てです。それらは行き過ぎると，生命や健康を脅かすことにもなりかねません。

　また昨今では，ファッションが自然環境にもたらす影響にも注目が集まっています。ファッションが促す過剰な生産と消費は，大量の廃棄物を生む原因ともなりかねません。今後，世界でより多くの人びとが，ファッションを楽しむようになれば，環境への負荷はさらに深刻なものとなるでしょう。誰もがこの先ずっと着ることを楽しみ続けるためには，現行のシステムでは限界があるでしょう。

　光が強ければ，できる影も濃いものです。きらびやかなファッションをただ楽しむだけでなく，それがつくる影の部分についても，これから真剣に考えていく必要があるのではないでしょうか。

▷1　コルセットが不要になり，スカート丈は格段に短くなる。下着が表着となり，労働着が街着となる。民族衣装や歴史的衣装からも多くのアイデアが引用されるなど。

おすすめ文献

† フィンケルシュタイン，J.／成実弘至訳（1996＝1998）『ファッションの文化社会学』せりか書房。
† モネイロン，F.／北浦春香訳（2006＝2009）『ファッションの社会学――流行のメカニズムとイメージ』白水社文庫クセジュ。
† 北山晴一（1999）『衣服は肉体になにを与えたか――現代モードの社会学』朝日選書。
† 河原和枝（2005）『日常からの文化社会学――私らしさの神話』世界思想社。

1　消費社会の文化／D　身体の文化

3　美容・化粧の文化

米澤　泉

1　化粧という文化

　世界で一番早く化粧が大衆に普及した日本▷1は，いまや世界で一番熱心に化粧をする国となりました▷2。現在の日本では，若い女性はもちろん，モデルになりたい小学生からいくつになってもモテたい中高年男性まで，まさに老若男女が化粧に励んでいます。長きにわたり，大人の女性の身だしなみとして君臨していた化粧ですが，もはや成熟した女性のものではなくなりました。何しろ女子高生が電車のなかでマスカラを塗る時代なのです。

　このように化粧好きな日本人ですが，化粧の研究，それも文化的な研究はつい最近までそれほどさかんではありませんでした。1979年に研究誌『化粧文化』▷3が創刊され，化粧の歴史に留まらない，化粧の学際的な研究が行なわれるようになりましたが，化粧文化が脚光を浴びるようになったのは，90年代に入ってからです。身体への関心が高まり，外見至上主義の傾向が強くなって，やっと化粧と世の中の関係について真剣に考えられるようになったのです。

　現在では大学でも化粧の研究をする人が増え，さまざまな分野からなる化粧文化研究者のネットワークも立ちあげられています。しかし，化粧を社会学的に捉えることはあまり行なわれていないのが現状です。ここでは，90年代以降の若い女性を中心とした化粧を取りあげることで，文化としての化粧を考える一助としたいと思います。

2　コスメフリークというオタク

　90年代の半ば頃からコスメフリークと呼ばれる化粧に耽溺する女性たちが目立つようになりました。つまりその頃から，化粧は身だしなみではなくなってきたのです。もちろん，化粧に熱心な女性たちは以前から存在したでしょう。ですが，コスメフリークの熱意は度を超しています。何しろ彼女たちは24時間すべてを化粧に捧げているのですから。

　通常の化粧行為ならば，スキンケアとメイクアップで長くても1時間程度でしょう。しかし，コスメフリークの場合，化粧情報誌で次に買う新作化粧品を物色することからはじまり，実際にそれを手に入れて顔に乗せるだけでは飽き足らず，最後にその使用感をネットに書きこむまで続きます。つまり，化粧を読む（選ぶ），書く（スキンケア＆メイクアップ），語る（感想を述べる）が三位一▷4

▷1　石田かおり（2000）『化粧せずにはいられない人間の歴史』講談社，92頁。
▷2　とりわけ90年代以降は美白，茶髪，ガングロ，目力，といった化粧にまつわる新語が続々と登場し，美容師やメイクアップ・アーティストが人気者になり，化粧品の市場規模が2兆円に達するという「化粧大国」になった。
▷3　ポーラ文化研究所発行（1979-2005）。2008年からは研究誌ではなく，より広い読者層に向けた『化粧文化plus』という小冊子が発行されている。

▷4　単に「きれいになってモテたい」から化粧をするのではなく，たとえ最初はそのような動機からであっても次第に化粧をすることが目的となり，読み，書き，語るという化粧行為が

体となり，化粧行為そのものが自己目的化しているのです。

　化粧は寝食を忘れて没頭できる趣味だからこそ，コスメフリークは顔をつくるための何十工程という作業を毎日厭わずに行ない，新色の話題でオタク的に盛りあがれるのです。外見重視のコスメフリークは，一見オタクとは対極の存在のようですが，実はコスメフリークとオタクには意外と共通点があります。

　一つ目は現実よりも虚構の世界を重視すること。オタクがアニメやマンガの世界を現実よりも重視するように，コスメフリークも化粧をした虚構の顔の世界に生きています。素顔は本当の私の顔じゃない，というわけです。

　二つ目は，キャラクターの認識にかんする類似点です。オタクはキャラクターをキャラと呼び，年齢，性別から髪や目の色や形，性格までを単純なデータに還元し，その組み合わせのなかにキャラを見出します。対するコスメフリークも毎日の化粧行為において，自らの顔を眉，目，口などのパーツに還元し，再構成して「姫」「バービー」といったキャラをつくりあげているのです。

　さらに三つ目はそのキャラに萌える（溺愛する）ことです。オタクのキャラ萌えは有名ですが，コスメフリークとて負けていません。化粧で一生懸命つくりあげた「私」というキャラに萌えるのです。目標は浜崎あゆみや吉川ひなのを思わせる人形的な「私」。他者（男性）の評価よりも自らの美意識を優先させ，ひたすら「脳内美人」を目ざすコスメフリークは，自己の内面にしか存在しない「脳内彼女」を愛するオタクとやはり同じ穴の狢なのです。

③ 「私遊び」としての化粧

　このようにコスメフリークにとっての化粧は，身だしなみや義務感からではなく，趣味の一ジャンル，つまり楽しみとして行なわれています。日替わりでいろいろな顔をつくりあげ，さまざまな「私」になる。「私」を着替え，「私」を遊ぶ。化粧は私探しなどではなく，「私遊び」の行為なのです。

　顔はゲーム機器，化粧品はゲームソフト。新製品が次々と登場し，コスメフリークというオタクにとってはゲームがますます面白くなりますが，哀しいかな歳月とともに本体は老朽化してきます。アンチエイジングは早急に対応すべき重要課題ですが，高額化粧品や美容医療もスタンバイしており心配ご無用です。年を重ねても心ゆくまでゲームに興じればよいのです。

　ただしこのゲームにはただひとつ，破ってはならないルールがあります。それは美容整形です。あくまでも整形を禁じ手とし，コスメで変身するのがルールなのです。注射1本でお手軽なプチ整形なら許容範囲だけれど，メスを使う本格的な整形には距離を置くコスメフリーク。「整形大国」韓国とは対照的です。美白化粧品も，10万円のクリームも，電動マスカラも日本人女性の化粧品への強いこだわりから生まれました。ここに彼女たちが美容中毒（ビューティ・ジャンキー）ではなく，あくまでもコスメフリークと呼ばれる理由があるのではないでしょうか。

自己目的化しているのが特徴である。
▷5　米澤泉（2006）『電車の中で化粧する女たち──コスメフリークという「オタク」』KKベストセラーズ。
▷6　大塚英志（2004）『物語消滅論』角川新書，130頁。
▷7　東浩紀（2001）『動物化するポストモダン』講談社現代新書，66-67頁。
▷8　本田透（2005）『萌える男』ちくま新書。
▷9　ここでの化粧は，私らしさや個性を追求するというよりも，ゲームのようにキャラになりきり「私」を遊ぶための最適な手段として存在している。
▷10　美容と医療が手を結ぶことで「老い」は自然ではなく，ある程度克服できる「疾患」となった。美容整形はそのための効果的な治療法と考えられている。
▷11　有効成分を注射したり，レーザーを照射してシワやシミを軽減するなどのメスを使わない美容整形技術は，プチ整形と呼ばれることで敷居の低いものとなり，人びとの整形に対する抵抗感が弱まった。
▷12　クチンスキー，A.／草鹿佐恵子訳（2007＝2008）『ビューティ・ジャンキー』バジリコ。

（おすすめ文献）
†村澤博人（2007）『顔の文化誌』講談社学術文庫。
†谷本奈穂（2008）『美容整形と化粧の社会学──プラスティックな身体』新曜社。
†米澤泉（2008）『コスメの時代──「私遊び」の現代文化論』勁草書房。

1 消費社会の文化／D 身体の文化

4 フィットネスの文化

高井昌吏

1 フィットネスクラブの特徴とその歴史

　近代のスポーツは，その多くが「競争」を前提としている，いわゆる「競技スポーツ」がその中心を成しています。また，近代教育のなかに組みこまれている「体育」は，その強制力を特徴として捉えることができるでしょう。一方で，フィットネスクラブは，基本的には他人との競争や外部からの強制がほとんどありません。参加者たちは「美容」「健康」など，そのほかのスポーツとは違った目的意識をもっています。したがって，フィットネスクラブでの運動は，競技スポーツや体育とは違った，独自の文化をもっていると考えることができます。

　日本において，フィットネスクラブのオープン数は，1978年まで全国で毎年20件にも及びませんでしたが，1979年から急激に増えはじめました[41]。1982年からは従来のスイミングを中心とした経営だけではなく，スタジオでの体操やダンス，マシンルームでのトレーニングなど，さまざまな要素が統合されていきました。さらに，エアロビクスブームに乗る形で，フィットネスクラブへとクラブ形態が変化していったのです。バブル期にはファッション感覚で若い女性たちがフィットネスブームの中心を担いました。そのブームが去った後，フィットネスクラブは主として中高年層に支持され，今日にいたっています[42]。施設の設備にかんしても，お風呂やサウナなど，中高年のニーズを反映しており，「総合型スポーツクラブ」と呼ばれるものに変化していったわけです。

▷1　井谷惠子・田原淳子・來田享子編（2001）『目でみる女性スポーツ白書』大修館書店。

▷2　河原和枝（2005）「フィットネスの文化」『日常からの文化社会学――私らしさの神話』世界思想社，59-84頁。

図1　フィットネスクラブ事業所数の変化

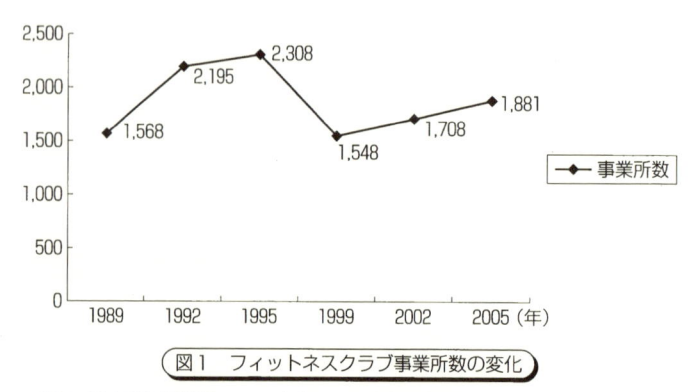

出所：『特定産業実態調査　フィットネスクラブ編』平成元年，4年，10年，14年，17年度版より，筆者が作成。

② 身体加工とアイデンティティ

　美しいプロポーションや強固な筋肉をつくり出そうとする欲望は，フィットネスクラブのなかでもあふれています。とくに産業化社会では，自分の身体をいくらでも変容させることのできるモノのようにみなす身体観があります。ですから，身体を改造することによってナルシシズムが得られるわけです。また，身体加工への強い意識がなくとも，健康ブームの流れに乗って，「健康な体」をつくりあげようとしている人びともたくさんいます。このように，多くの人びとが美しい身体や健康の実現を求めて，フィットネスクラブに通います。したがって，そこでは「個人のアイデンティティ」と「身体」が分かちがたく結びついているのです。

　しかしながら，一方でフィットネスという文化は，その存続を妨げるような特性を内包しています。たしかに，身体美や健康は人びとにとって魅力的なのですが，継続的にフィットネスクラブに通うには，参加者の相当な精神力・持続力が必要です。そこには，体育のような強制力がまったくはたらかないからです。ですが，フィットネスクラブは，ただ単にダンスやトレーニングをするだけの場ではありません。じつはそこには「社交場」という，もうひとつの注目すべき機能があるのです。

③ 社交場としてのフィットネスクラブ

　フィットネスクラブには，ある種のコミュニティを発見・維持するために通い続けている人びともいます。日本のフィットネスクラブは，ある意味でコミュニティセンター化し，とくに年配の人びとがそこでおしゃべりし，交友関係を深める場でもあるというわけです。「美容」や「健康」の実現もさることながら，そこではお客同士・インストラクターなども含めた，コミュニケーションが成立しているのです。

　このような現象は，アメリカ社会とは対照的だといえます。アメリカでは，フィットネスやジムなどは，かつてのボーリングのようなスポーツに比べて「社会関係資本」（social capital）が弱いとされています。「社会関係資本」とは，人間は社会のなかで個人間のつながり，そこから生じる互酬性，および信頼など，多くの有益なものを得ているという発想に立った概念です。「物的資本」や「人的資本」と同じように，人間関係のネットワークをひとつの「資本」とみなしているわけです。かつての町内会や婦人会，銭湯などがそれにあたるわけですが，フィットネスクラブは，現代社会においてその代替物としての機能も果たしているのです。1999年には，フィットネスクラブへ通う人びとの48％が40歳以上の女性となっています。したがって，フィットネスクラブは中高年女性のためのコミュニケーション空間ともいえるのかもしれません。

▷3　マクルーハン，M.／井坂学訳（1951＝1991）『機械の花嫁』竹内書店。

▷4　Ginsberg, L.（2000）"The Hard Work of Working Out: Defining Leisure, Health, and Beauty in a Japanese Fitness Club" *Journal of Sport & Social Issues*, Vol. 24, No. 3, 260-281.

▷5　パットナム，R.／柴内康文訳（2000＝2006）『孤独なボウリング──米国コミュニティの崩壊と再生』柏書房。

▷6　井谷ほか編，前掲書。

（おすすめ文献）

†河原和枝（2005）『日常からの文化社会学──私らしさの神話』世界思想社。
†Spielvogel, L.（2003），*Working Out in Japan: Shaping the Female Body in Tokyo Fitness Clubs*, Duke University Press.

第Ⅱ部　現代文化の諸相

1　消費社会の文化／D　身体の文化

5　健康をめぐる文化

野村佳絵子

図1　特定保健用食品（トクホ）マーク

出所：厚生労働省。

▷1　野村佳絵子・黒田浩一郎（2005）「戦後日本の健康至上主義――健康に関する書籍ベストセラーの分析を通して」『社会学評論』日本社会学会，55(4)，449-467頁。

▷2　上杉正幸（2000）『健康不安の社会学――健康社会のパラドックス』世界思想社。

▷3　WHO（世界保健機関）憲章前文には，「健康とは，完全な肉体的，精神的及び社会的福祉の状態であり，単に疾病又は病弱の存在しないことではない」とある。しかし，この定義を見直す動きもある。

▷4　佐藤純一（2000）「「生活習慣病」の作られ方――健康言説の構築過程」野村一夫編『ソキウス研究叢書1　健康論の誘惑』文化書房博文社，103-146頁。

▷5　日本国憲法第25条には，「すべて国民は，健康で文化的な最低限度の生活

1　「健康のために！」

2008年に「特定健診制度」がはじまり，メタボリックシンドロームの診断基準のひとつということから，腹囲85cmや90cmを気にせざるをえなくなりました。鏡の前で懸命にお腹をひっこめるサラリーマン，それを陰から同情兼勝ち誇ったまなざしで見つめる同僚が出演するCMを私たちは笑って見てばかりもいられません。CMを真に受け，体脂肪を気にして緑茶を飲んだり，血圧を下げようとカルピスを飲んだりしてお腹がゆるくなった，という経験をもつ人は少なくないからです。摂取上の注意として，「疾病が治癒したり，より健康が増進するものではありません」と書かれてはいるものの，トクホマーク（図1）がついた商品を見つけると，「健康のために！」と思わされ，ついつい購入してしまいます。

2008年の『国民生活に関する世論調査』によると，「悩みや不安を感じているのはどのようなことについてですか？」との問いに，「自分の健康について」と答えた人は，「老後の生活設計について」に次いで2位に入っています。

なぜ，私たちはこれほどまでに「健康」にとらわれているのでしょう。

2　健康至上主義（healthism）

今日，人びとの健康への関心は非常に高く，多くの人が健康を維持・増進するための行動にいそしんでいると考えられます。これらの現象は「健康ブーム」と呼ばれ，医療社会学では，このブームの背景に「健康至上主義」（healthism）の高まりが指摘されています。健康至上主義とは，健康が人生において追求すべき主要な価値となること，健康それ自体が目的とされ，健康の実現のために実行可能な行動を自らすすんで行なうことを意味します。

健康が何よりも価値あるものであるということは，健康についての悩みも尽きないことを意味します。健康食品や健康器具などの健康産業は，メディアなどを通じて，「この商品を購入すれば健康になれますよ」と囁きかけ，人びとを健康と名のつく商品の消費者へと組みこんでいきます。しかし，その商品を手に入れたところで「これ」という健康が獲得できるわけではなく，逆にどこまで追い求めればよいのかわからない「健康不安」をも生み出すことになります。

ではそもそも「健康」とは何でしょうか。「病気も健康も実体として存在す

るもの」という西洋の近代医学を疑う余地なく受け入れている人たちにとって，健康とはあえて定義する必要のないものと考えられています。しかし，近代医学を批判的に検討する立場からすれば，病気や健康は近代医療を構成している支配的集団によってつくり出されるもの，健康とは社会的に構成される「言説」にすぎないと考えられます。社会構築主義と呼ばれるこの視点に立つと，「健康言説」が構築されていく権力空間のからくりが見えてきます。権力空間とは，医師（専門家集団），医学（理論），医療制度であり，これらすべてに国家（厚生労働省）が関与し，それぞれが利害をめぐってかけひきをしながら健康言説を構築していることがわかります。健康にはある種の政治性が存在しているのです。

厚生労働省は，1996年に「成人病」を「生活習慣病」へと改名し，高脂血症・癌・糖尿病などの病気にならないように，喫煙，飲酒，運動，体重，睡眠時間，朝食，間食といった個人の日常の生活習慣に留意するよう呼びかけました。2000年からは国民健康づくり運動「健康日本21」政策がはじまり，2002年には「健康増進法」が制定されました。健康は国民の権利から，今や義務と化しました。国家は，健康を規範的道徳的概念へと仕立てあげ，医療を通して人びとをコントロールしていくのです。

③ 犠牲者非難イデオロギー (the victim-blaming ideology)

健康を「義務化」する社会は，タバコを吸う人，太った人，酒を飲む人，運動をしない人など「不健康な」人だけでなく，つきつめていくと，病気や障がいをもつ人を否定し排除することにもなります。

他者排除は自己排除をも意味します。たとえば，いきすぎたダイエットを警告するポスター（図2）が海外の地下鉄で車内吊りされたことがあります。それを見た多くの乗客から「見苦しい」「醜態をさらすな」といった非難の声があがり，ポスターが一斉に撤去されるといったことがありました。痛烈に非難した人こそ，自分のなかにある見たくないものを目の当たりにさせられたのでしょう。仮に自分が「段腹」だとしても，自己を否定しない人はポスターを見ても違和感を覚えないのではないでしょうか。健康に過剰な価値を付与し，病気の自己責任性をつきつめれば，「不良遺伝子の保持を排除し，優良な人間のみを残して繁栄させる」優生思想につながることも見落としてはなりません。

現代はストレス社会といわれています。ストレス発散のためにタバコを吸い，酒を飲み，ときには暴飲暴食をすることもあるでしょう。しかし「健康社会」はそれをも許しません。タバコも吸えず，酒も飲めなければ，生活習慣病になる前にストレスで胃に穴があくか，「こころの病気」になるかもしれません。I. イリイチは，「医療の介入が最低限しか行われない世界が，健康がもっともよい状態で広く行きわたっている世界である」と言っています。私たちは，この行き過ぎた健康至上主義を見直す時期にあるのかもしれません。

を営む権利を有する」と謳われている。

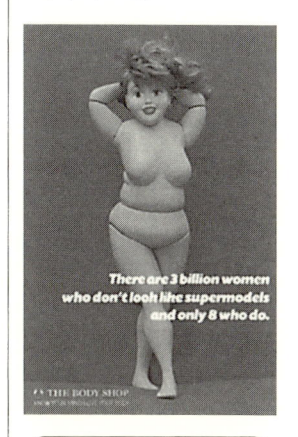

図2 ふくよかなバービー

出所：http://www.bestrejectedadvertising.com/ban/print/ruby_poster.jpg

▷6 健康増進法第2条には，「国民の責務」として，「国民は，健康な生活習慣の重要性に対する関心と理解を深め，生涯にわたって，自らの健康状態を自覚するとともに，健康の増進に努めなければならない」と謳われている。

▷7 八木晃介（2008）『健康幻想（ヘルシズム）の社会学——社会の医療化と生命権』批評社。

▷8 イリッチ，I.／金子嗣郎訳（1976=1979）『脱病院化社会——医療の限界』晶文社。

おすすめ文献

†イリッチ，I.／金子嗣郎訳（1976=1979）『脱病院化社会——医療の限界』晶文社。

†マッケロイ，A.・タウンゼント，P. K.／丸井英二訳（1989=1995）『医療人類学——世界の健康問題を解き明かす』大修館書店。

†ソンタグ，S.／富山太佳夫訳（1978=1982）『隠喩としての病い』みすず書房。

1 消費社会の文化／E 娯楽の文化

1 観光の文化

細辻恵子

1 観光旅行の変化

『博物誌』で有名なローマ時代の歴史家である大プリニウスが、人間の性質を「旅好きで新しいものに貪欲」だと描写していたといわれますが、便利な乗り物などの登場していないはるか昔から、人間は、旅への欲求をもっていたのです。「観光」の語源は、中国の経典『易経』のなかの「観国之光」にたどり着くとされますが、これは、他の国や土地の風景・政治・習俗をみるということを意味しています。

他の土地へ出かけることが、仕事などの目的を果たすためのものであっても、そのタテマエのもとで、人びとはさまざまなものに対する好奇心を満たす観光を楽しんできました。「巡礼」の旅が盛んになった西洋中世、表向きには贖罪のためとされていましたが、多くの人びとがエルサレムやローマに詣でて、賑わっていました。また、日本でも江戸時代には、おかげまいりと称して「伊勢参り」が流行し、移動の自由が禁じられていた農民もその目的を掲げて旅を楽しむことができたのです。

自分の今いるこの場所を抜け出て違うものをみてみたい、つまり、日常から非日常への移行の欲求が旅というものの根源にあるといえますが、観光旅行の形態に大きな変化が出現したのは19世紀のイギリスでした。トーマス・クックがパッケージ・ツアーを企画したのです。クックは、ちょうど鉄道が急速に普及した時代の産業発展の波に乗り、ゲームやダンスという娯楽を組みこんだ団体鉄道旅行を組織し、人びとの余暇活動の多くを観光に水路づけました。その1世紀ほど前、18世紀前半のイギリスからはじまった産業革命は、生活のあらゆる側面に大きな変化をもたらし、労働者に工場の規律を守らせる一方で、生産効率上昇のために、雇用者側は労働時間を短縮し、健全な余暇を与えることが重要だと認識するようになっていきました。この19世紀は「進歩の時代」と形容されていますが、1851年に開催されたロンドン万国博覧会に、クックは見学ツアーを組織して16万人もの人びとを会場に運び、世界中の「見慣れぬもの」へのあこがれをかきたてたのです。このようにして、観光旅行は近代国家の進歩や発展への信仰をさらに拡大することに貢献したのでした。

近代以降、産業のひとつとして成長していく観光は、20世紀後半になると、地球的な規模で多くの人が国境を越えて往来するようになり、いまや、世界最

▷1 江戸時代の庶民は、「伊勢参り」のような人生のハイライトとでもいうべき旅と並んで、比較的近い所の社寺や祭礼の催しを見物する日帰り旅行も盛んに行なっていたようである。

▷2 元々キリスト教会の伝道師として禁酒運動に熱心であったクックが、1841年に、禁酒大会の参加者に割安で乗車できるように、一列車をチャーターしたことがパッケージ・ツアーのきっかけだったといわれている。

▷3 アーリ、J.／加太宏邦訳（1990=1995）『観光のまなざし——現代社会におけるレジャーと旅行』法政大学出版局、6頁。

▷4 アルプスの山々はそれまで、畏怖の念を呼び起こすとともに交通の障害物でしかなかったが、ルソー

大の産業となっています。

2 アーリの「観光のまなざし」論

　学問領域として観光研究を飛躍的に発展させたのは J. アーリです。彼は，M. フーコーの「まなざし」論を観光・旅行・娯楽の領域に適用しようとしました。人びとは観光旅行に出かけて，どんな非日常を経験しようとするのでしょうか。ある意味では必然性のない財やサービスを消費するというのは，それが日常とは異なる遊興的な経験をつくり出してくれるからといえます。観光のまなざしは，日常体験から区分されるような風景や街並みの様相へ向けられますが，このまなざしは記号を通して構築されるので，観光は，いわば記号の集積ということになります。アーリの言を借りれば，「世界いたるところ，無名の記号論者としてのツーリストは，〈フランスらしさ〉とか〈典型的なイタリア人の言動〉とか……〈伝統的な英国のパブ〉の記号を求めて溢れかえっている」のです。雪を頂く急峻なスイス・アルプスの山々がロマン主義的な自然礼賛のひとつとしてルソーに讃えられてから，その美しさを見るために人びとが押し寄せるという変化などは，観光の対象が，すでに在るのではなくつくられていくものであることがよくわかる例です。そのようにして，観光のまなざしが人びとのめざす観光のあり方を時代によって変化させていくことが，クック以来，160年以上にわたって流行として続いています。

3 日本人は旅行好きか？

　東京オリンピックが開催された1964年の海外渡航自由化以降，40年余が経過した2006年の海外旅行者数は1753万人でした。それに対して，外国人旅行者受入数は，2007年度834万人で，世界で28位と低い傾向にあります。それを国際旅行収支からみると，支出は7位ですが収入は26位で，必然的に赤字です。この数字はある意味では経済力があることの証ですが，日本より上位の赤字の国はドイツとイギリスのみです。両国とも日本と同様，旅行者を迎え入れるよりも国外へ出かける人の数の方が多く，旅行好きであるといってよいでしょうが，規模において日本とは大きな差があります。人口比でみれば，両国とも，年に1人当たり1回以上外国に出かけていますが，日本は，0.13回と少ないのです。国内旅行でさえも，宿泊旅行回数1.55回，宿泊数2.44泊（2008年）であり，一見して旅行が盛んであるかのように思われているかもしれませんが，じつは，日本の旅行は，世界のなかでみると，それほど活況を呈しているとはいえません。そのような状況を打開するべく，2006年に「観光立国推進基本法」，2007年には「観光立国推進基本計画」と，「観光立国」の実現に向けて舵が切られ，2008年には「観光庁」を発足させて，国際観光交流の促進や滞在型の観光のための整備に力が注がれている途上です。

が『告白録』のなかで賞賛してから，人びとがスイスの山を見るために，あるいは登るために押し寄せるようになった。そのことについては，柄谷行人（1980）「風景の発見」『日本近代文学の起源』講談社を参照のこと。

▷5　従来のマス・ツーリズムに対して，最近は，グリーン・ツーリズム／アグリ・ツーリズム（主に農家民宿の形で，農業体験をしたり農村の人びととふれあう旅）やエコ・ツーリズム（観光による自然環境破壊に対する批判が高まるなか，環境に配慮して旅をすること）などのオールターナティヴを志向するものが流行しつつあると指摘されている。

▷6　ドイツとイギリスは，海外旅行者数国際ランキングの第1位と第2位（2006年）を占めるが，外国人旅行者の受入数の第1位はフランス，第2位はスペインである。そして，旅行収支の第1位はスペインであり，次いで，アメリカ，フランスと続く。「観光立国」としては，スイスを思い浮かべがちであるが，規模においては，スペイン，フランスがその呼称にふさわしい。

おすすめ文献

†アーリ，J./加太宏邦訳（1990=1995）『観光のまなざし――現代社会におけるレジャーと旅行』法政大学出版局。
†須藤廣・遠藤英樹（2005）『観光社会学――ツーリズム研究の冒険的試み』明石書店。
†山下晋司編（2006）『観光人類学』新曜社。

1 消費社会の文化／E 娯楽の文化

2 ショッピングの文化

加藤裕治

1 ショッピングの体験

　人気絵本作家である島田ゆかの『バムとケロのおかいもの』は、1カ月に1度のショッピングを楽しみにするケロちゃんを主人公とした話です。お買い物の当日、ケロちゃんは嬉しくて早起きしてしまいます。一刻も早く市場に行きたいために、自ら牛乳を取りに行き、コーヒーを沸かし、いつもは一緒に住むバムが当番の朝食まで自分で用意する始末。念願かなって到着した市場では、さまざまなお店や商品が、風変わりなディスプレイのもとで楽しげにケロちゃんの眼前に現れ、ケロちゃんは存分に市場の見世物を楽しむことになります。▷1

　この作品は、ショッピングにかかわるある種の幸福な体験を巧みに表現しています。長谷川一はこの『バムとケロのおかいもの』を評しながら、ショッピングの体験を「アトラクション」という概念で説明しています。▷2 つまりショッピングの文化とは、単に必要なものを必要な分だけ購買するといった行為に留まることではありません。商品溢れる世界がスペクタクル（見世物）として現れ、人びとはその世界へと埋没することで一種の非日常的な体験を楽しむ。そうした文化のあり様のことです。

2 近代文化としてのショッピング

　しかしこのような私達にとってあたりまえのショッピング文化は、近代になって出現したものであるといえます。

　近代以前（19世紀の初頭でさえ）、買い物はそれほど自由な行為ではありませんでした。商品の購入とは上流階級を除けば多くの人にとっては必需品のみを買うことであり、店に一旦入店したら、何かを購入せずに店を出ることはできませんでした。また商品に定価がなく、その場で売り手と買い手が交渉して値段を決めるため、価格をめぐっていざこざが絶えなかったのです。つまり近代以前、ものの購入とは必要なものを買うことであり、できれば避けたいものであり、娯楽や楽しみといったことからはほど遠いものであったのです。▷3

　しかし、19世紀に入り商品販売、購入のスタイルが大きく変化します。その変化を代表するものがデパートメントストア、百貨店の誕生といえます。1852年フランスで、ブシコーがボンマルシェの経営を開始。また同時代にイギリスではハロッズ、アメリカではメイシーやザ・フェアなどが登場し、日本でも1904

▷1 島田ゆか（1999）『バムとケロのおかいもの』文溪堂。

▷2 長谷川一（2009）『アトラクションの日常』河出書房新社。

▷3 ハリスン，M．／工藤政司訳（1975=1990）『買い物の社会史』法政大学出版局。

▷4 百貨店の誕生については下記の著作を参照のこと。鹿島茂（1990）『デパートを発明した夫婦』講談社現代新書。初田亨（1993→1999）『百貨店の誕生──都市文化の近代』ちくま学芸文庫。神野由紀（1994）『趣味の誕生──百貨店がつくったテイスト』勁草書房。

▷5 ボウルビー，R．／高山宏（1985=1989）『ちょっと見るだけ──世紀末消費

（明治37）年には三井呉服店が三越と名を変え，近代的な百貨店が誕生します。

「今日は帝劇，明日は三越」とは大正初期の三越の有名な広告コピーです。その時代，買い物は芝居を観に行くことと同等の行為となったのです。豪華な建築に明るい店内，贅沢な商品がショー・ウィンドーに美しくディスプレイされ，定価販売が当然になります。また百貨店には読書室や休憩室，絵画ギャラリー等がある場合もあり，音楽会，舞踏会が開かれ，食事をとることもできる場所になっていきます。

さらに重要なのは，R. ボウルビーが指摘するように「自由にお入りください」という原則の出現，つまり百貨店が選ばれた人の場所ではなく，（大衆と呼ばれる）人びとがふらりと出かけ，商品を自由に見てまわることができる場所になったということです。モノの溢れる商品世界＝日常から切り離された別世界が開かれ，憧れのライフスタイルを夢見るといったスペクタクル的な娯楽の体験を，大衆の誰もが享受できるようになったのです。

ただし，こうしたショッピング文化は，一方で資本主義の矛盾（過酷な労働など）を表舞台から消去することで成立する快楽であり，いわば「ファンタスマゴリー（幻影）」的なものという指摘も見逃すことはできません。こうした資本主義の商品世界や消費社会の構造を，多くの思想家が近代批判の対象としてきたことは考慮しておくべきです。

③ ショッピング文化はどこへ行くのか

しかしながら，20世紀を経て現在にいたるまで，時代のニーズに同調しながら，ショッピングは私たちの生活を彩る文化であり続けてきたことは間違いありません。日常の生活さえもスペクタクルの対象としてしまうスーパーマーケットの出現や，24時間のショッピングを可能にしたコンビニエンスストアやウェブのECサイト，郊外に商品世界のスペクタクルをもちこんだショッピングモール。各時代の人びとの「こういったライフスタイルをかなえたい」といった夢を背景にしながら，さまざまなショッピングの場が誕生してきました。

しかし一方で，こうした商品の溢れる世界は，私たちの「生活世界」に強力に浸透し，生活全体を包囲しつつあるようにもみえます。たとえば街の風景が全国どこでも似たようなものになり，地域固有の生活基盤が崩壊する「ファスト風土化」の現象などは，その一例でしょう。今や，ショッピングとは，「ショッピングせよ」という資本主義からの命令へと転じ，私たちに消費を露骨に迫る（非文化的な）ものになっているようにもみえます。こうした時代のなかで冒頭のケロちゃんのような，ショッピングがもたらす幸福感のある文化の体験はいかに可能なのでしょうか。たとえばフリマやオークションはそうしたショッピング体験なのでしょうか。私たちはショッピングの文化を注意深く観察する必要があります。

文化と文学テキスト』ありな書房。
▷6 こうした消費社会の影の側面を論じた代表的な一冊として，ボードリヤール，J. ／今村仁司・塚原史訳（1970＝1979）『消費社会の神話と構造』紀伊國屋書店を参照のこと。また「ファンタスマゴリー」とは物体に光を当てることでできる巨大な影を楽しむ幻灯装置のこと。K. マルクスは，人間の諸関係（生産）が物の関係（商品）として現れる商品世界を説明する際，この言葉を比喩として使っている。また W. ベンヤミンもこの用語を近代社会分析のキーとなる概念として使用している。
▷7 「生活世界」はさまざまな理論家によって利用される概念だが，ここでは J. ハーバーマスのシステムと生活世界という対比に基づき，資本主義的な商品世界システムと対置されるローカルな生活文化といった意味で使用している。
▷8 「ファスト風土化」についてくわしくは，三浦展（2004）『ファスト風土化する日本──郊外化とその病理』洋泉社新書 y を参照。

おすすめ文献

†鹿島茂（1990）『デパートを発明した夫婦』講談社現代新書。
†ベンヤミン，W. ／浅井健二郎編訳・久保哲司訳（1935＝1995）「パリ──十九世紀の首都」『ベンヤミン・コレクションⅠ 近代の意味』ちくま学芸文庫。
†長谷川一（2009）『アトラクションの日常』河出書房新社。

1 消費社会の文化／E 娯楽の文化

3 ゲームの文化

高野光平

1 「ゲーム有害論」をめぐって

　ゲームという概念の範囲は広いですが、ここではコンピューターゲームに絞って考えてみましょう。コンピューターゲームについてよく議論されるテーマに「ゲーム有害論」があります。ゲームばかりしていると子どもの肉体的・精神的発達に悪影響があるとか、暴力的なゲームをすると暴力的な人間やキレやすい人間になるとか、そうした議論が繰り返されてきました。脳神経科学者の森昭雄は、ゲーム中の脳波は認知症患者のものに似ているとして、これを「ゲーム脳」と名づけ批判しました。警察庁は「バーチャル社会のもたらす弊害から子どもを守る研究会」を立ちあげて、2006年に暴力的・性的な内容のゲームに批判的な報告書を発表しています。一方で、こうしたゲーム有害論には十分な科学的証明がなく、ゲームに対する偏見に基づくものだという反論も数多くあります。

　暴力的ゲームの有害性議論について、メディア心理学者の坂元章は3つの論点の存在を指摘しています。(1)暴力が高得点などに結びつくため、良いことだと学習する。(2)暴力で問題解決することに慣れると、現実でもそれを想起しやすくなる。(3)仮想現実的なゲームの世界が日常場面と酷似しているため、実際の暴力に結びつきやすくなる。このうち、仮想現実（バーチャル・リアリティ）はゲーム有害論の重要なポイントで、自由で楽しく、超人的で、何度でもリセット可能な仮想現実の世界にはまりこむと、現実世界のコミュニケーションに支障をきたすという主張がよくみられます。

2 ゲーム批判の歴史──社会的有害性の時代

　仮想現実の議論は、高精度のリアルなゲーム画面を制作できる技術を前提にしたものです。したがって、プレイステーションやセガサターンなど「32ビット機」と呼ばれる高性能家庭用ゲーム機が発売された1994年よりも後に出てきた議論だと推測できます。それ以前のコンピューターゲームにも有害論は存在しましたが、その論拠は仮想現実とは違うものでした。ゲーム批判の歴史をたどっていくと、有害の根拠が各時代の技術的・社会的条件と強く連動していることがみえてきます。

　本格的なゲーム批判が行なわれた最初は、1979年前半の「インベーダーブー

▷1　森昭雄（2002）『ゲーム脳の恐怖』日本放送出版協会生活人新書。
▷2　同研究会の報告書は警察庁Webサイト（http://www.npa.go.jp/）の「生活安全の確保」ページから閲覧できる。
▷3　坂元章（2004）『テレビゲームと子どもの心』メタモル出版。

ム」です。隊列をなして迫る敵をミサイルで撃ち落とすスペースインベーダーゲームは爆発的にヒットしましたが，同時にさまざまな問題も発生しました。当時の週刊誌には，ゲーム代欲しさにひったくりを繰り返した男子中学生（『女性自身』1979年6月14日），子どもによる変造5円玉の不正使用（『週刊明星』1979年6月3日）などの犯罪記事が載っています。また，無言で機械に反応する人間像に対して「孤独」と描写する記事もあります（『週刊朝日』1979年2月16日など）。こうした批判はゲーム自体の問題というよりは，ゲームをめぐって非行や友人不足など既存の社会問題が引き起こされることに向いています。

次に起こったゲーム批判の波は，1986年前半の「ファミコンブーム」です。任天堂から1983年に発売された家庭用ゲーム機「ファミリーコンピューター」は，1986年にブームのピークを迎えました。プレイ場所がゲームセンターから家庭に移ったことで新たな問題が起こります。子どもが勉強しなくなる，外で遊ばなくなるといった現在に通じる批判とともに，ゲーム機をもっていない子どもが仲間はずれになるという議論がみられます（『文藝春秋』1986年4月，『朝日新聞』1986年2月3日付夕刊など）。子ども同士のコミュニケーションに家庭格差がもちこまれる危惧は，インベーダー批判と同じくゲームの社会性に照準したものです。1988年，人気ソフト「ドラゴンクエストⅢ」の発売時に子どもによる強奪事件が起こり，この頃から本格的なゲーム有害論の書籍が出はじめましたが，仮想現実という発想が定着するのはもう少し後のことです。

3 歴史から学ぶ有害論の本質

プレイステーション，セガサターン，NINTENDO64などの発売を経た1997年，神戸で連続児童殺傷事件が起こります。犯人が中学生だったことで大きな衝撃を社会に与えたこの事件について，逮捕翌日の『朝日新聞』の見出しは「ゲーム世代 現実超え」というものでした（1997年6月29日付）。「さあ，ゲームの始まりです」という脅迫文が話題になり，この時期には仮想現実にのめりこむ人間の問題が意識されていたことがわかります。このように，ゲームの社会的意味は技術的条件と深いかかわりがあります。ゲームが家庭のテレビにつながったり，高精度のリアルな画面になったりすると，それに応じて問題の中心が移動していくのです。

しかし，「ゲームは教育上よろしくない」という枠組みだけは時代を超えて存在し続けていることに注意しましょう。なぜそこが普遍的なのかを突き止めるには，インベーダー時代，ファミコン時代，そして現在に共通する問題が何であるかを考える必要があります。ゲームに対する先入観や偏見は，暴力表現や仮想現実といった現在に固有の特徴だけでなく，もっと深いところに根を張っている可能性があります。コンピューターゲーム30年の歴史をつらぬく有害論の枠組みは，ゲームの文化社会学が解くべき今後の課題です。

▷ 4 たとえば，深谷昌志・深谷和子編（1989）『ファミコン・シンドローム』同朋舎出版など。

おすすめ文献

† カイヨワ, R.／多田道太郎・塚崎幹夫訳（1958=1990）『遊びと人間』講談社学術文庫。
† 桝山寛（2001）『テレビゲーム文化論』講談社現代新書。
† コンピュータエンターテインメントソフトウェア協会（年1回発行）『CESAゲーム白書』社団法人コンピュータエンターテインメント協会。

1 消費社会の文化／E 娯楽の文化

4 笑いの文化

太田省一

1 土着の文化としての笑い

よくいわれることですが，笑いほど他人に伝えることがむずかしいものも，なかなかないかもしれません。それは個人のレベルでもそうですが，社会のレベルでもそうです。社会が変われば，笑いの基準も変わります。いわゆるアメリカンジョークを聞いても面白さがわからないという日本人は，けっこういるような気がしますし，逆の場合もそうでしょう。

それは，笑いというものが基本的に土着的な文化だからです。つまり，その土地の風土や習慣や言語というものに大きく依存しているからです。

たとえば，今やすっかり定着した感のある年に一度のお笑いイベントに「M-1グランプリ」があります。そしてその「M」が「漫才」の頭文字からきているということを知っている人も多いでしょう。この漫才もまた，日本社会のなかで固有の発展を遂げた土着的な大衆芸能ということができます。▷1

しかし，現在の漫才の隆盛は，もう一方で，現代のメディア状況と切り離すことはできません。昨今のテレビのバラエティ番組の多さや，テレビ全般でのお笑い芸人の活躍ぶりは，直接の元をたどれば，テレビが主導した1980年代初頭の「MANZAIブーム」にあるでしょうし，▷2 さらにさかのぼれば，かつて昭和初期に漫才が人気を得るきっかけになったのも，ラジオの存在があったからでした。▷3 要するに，土着の文化である笑いは，マスメディアと結びつくことによって，国民的な広がりを獲得したのです。

2 消費される笑い

もう一方で，メディアは，外来文化としての笑いにふれる機会を増やします。戦後の日本の場合，その代表格は，欧米の喜劇映画やテレビコメディでした。それらはいわば，軽妙で洒脱な笑いのお手本になりました。

そしてそうしたものを通じて，私たちは，笑いについてのボキャブラリーも増やしました。そのひとつに「ギャグ」という言葉があります。それを聞くと現在の私たちは，芸人の代名詞的なキャッチフレーズを連想しますが，作家の小林信彦によれば，それは「誤用」です。元々，ギャグというのは，笑わせるための動作やセリフ全般を指しました。それが，日本社会に言葉として定着するあいだに，いつのまにか意味合いが変わってしまったわけです。さまざまな

▷1 鶴見俊輔（2000）『太夫才蔵伝──漫才をつらぬくもの』平凡社ライブラリー。

▷2 若手コンビを中心に漫才が爆発的な人気を得たブーム。これが後に『オレたちひょうきん族』（フジテレビ）という番組につながり，ビートたけし，明石家さんま，島田紳助などが台頭するきっかけにもなった。

▷3 澤田隆治（2002）『笑いをつくる──上方芸能笑いの放送史』NHKライブラリー，56-66頁。

笑いの基本パターンを意味したはずが，その時流行しているフレーズを指すようになったのです。

▷4 小林信彦 (1982)「〈ギャグ〉という語の誤用」『笑学百科』新潮社，10-11頁。

それは言い方を変えれば，笑いが消費物になったということでもあります。「一発ギャグ」という表現もあるように，笑いがその場かぎりの刹那的なものになります。そしてギャグの当の主であるお笑い芸人もまた，「一発屋」というレッテルを貼られ，消費されてしまう場合があるのは，ご存知の通りです。

3　遊びのコミュニケーションの自立

ただしそのような状況は，遊びのコミュニケーションの自立とみることもできます。コミュニケーションのもつ自己充足的な面，つまりコミュニケーションすること自体が目的になるという面が，便利さなどの実用的な面から独立して，それそのものとして楽しまれるようになっているのです。

たとえば，大喜利もまた，そのひとつです。多くの人は，テレビの『笑点』という長寿番組を通じて親しんでいるでしょう。そこにあるのは，まさに遊びのコミュニケーションの自立です。出演する落語家が，お題に対してただ面白い回答をするだけでなく，各自の役回りを引き受けながら，時には他の出演者への悪口やまたそれへの応酬を織り交ぜるといったように，「これは遊びである」という前提のもとに全体のコミュニケーションが進んでいきます。

▷5 1966年から日本テレビで放送開始。大喜利は，本来寄席での余興にすぎなかったが，初代司会者である立川談志がそれをテレビ的なスタイルにアレンジして，中心的な位置にすえたものである。

そして大喜利はいまや，もっと広く開かれたものとしても人気を呼んでいます。一般参加による投稿形式の大喜利がそれで，NHKの『着信御礼！ ケータイ大喜利』というテレビ番組には，10万本を超える視聴者からの投稿が寄せられることも珍しくありません。そこでは，携帯電話やインターネットというメディアの存在によって，テレビというメディアだけでは困難だった，送り手と受け手の区別のない遊びのコミュニケーションの空間が，実現されています。

4　笑いについて考えるということ

ここまで話を進めてくると，改めて土着とは何なのかと問いたくなります。

というのも，これまでふれてきた例をみても，メディアと無関係な純粋な土着の文化などあるのだろうかという疑問が浮かぶからです。その意味では，土着の文化とは実体のないバーチャルなものでしかないと結論づけたくなります。

しかし，笑いのコミュニケーションが成立するためには，冒頭でも述べたように，その土地に根ざした実感の共有が必要だということも確かです。その意味では，土着の文化はやはり実在するといってよいかもしれません。

おそらくそこに簡単な答えはありません。ただだからといって，その問いを考えずにすませていいわけではありません。その問いの難しさは，笑いの文化が，現代社会において土着の文化とは何か，ひいては私たちとは何者かという問いへの格好の入り口であることの証拠なのです。

おすすめ文献

†太田省一 (2002)『社会は笑う──ボケとツッコミの人間関係』青弓社ライブラリー。
†北田暁大 (2005)『嗤う日本の「ナショナリズム」』NHKブックス。
†鶴見俊輔 (1979→2000)『太夫才蔵伝──漫才をつらぬくもの』平凡社ライブラリー。

1 消費社会の文化／E 娯楽の文化

5 カラオケという文化

東谷　護

1 カラオケか？　KARAOKEか？

　賑やかな商店街や比較的大きな駅前で「カラオケ」の文字を目にしないことは少ないでしょう。人が集まるところにカラオケ屋さんあり，といい切っても問題ないでしょう。

　ここではカラオケの具体的な歴史やカラオケでよく歌われる楽曲に焦点をあてるのではなく，「カラオケに着目すると何がみえてくるのか」ということに力をいれてみたいと思います。

図1　ソウル市内のカラオケ店

店名の下にHighest Singing Entertainmentの文字がある。
出所：筆者撮影（2007年12月）。

　写真をみてください。2007年のクリスマスまで10日ほどのソウル市内にあるカラオケ屋の正面玄関をカメラに収めたものです。この建物をみたとき，私は同行していた韓国人研究者の友人に「立派なレストランだね。クリスマス前で高いのかな」というと，即座に「カラオケ屋さんだよ」と返答があり，私は記念にデジカメで1枚，撮ったのでした。

　このエピソードを広い視点でみてみますと，日本発祥といわれるカラオケは海を越え，KARAOKEとして韓国でも定着しているのではないかという問いを立てることができます。これまた個人的なエピソードを紹介しますと，1993年7月にサンフランシスコで私がみた光景に，カラオケで自分が歌った歌をカセット・テープに録音して売るという小さなカラオケ・スタジオがあります。観光地にあった出店でしたから，簡易的なものでしたが，日本でプリクラが流

行ったように，アイデアとしては面白いものだと思いました。

② 歌う「場」としてのカラオケ

これらをさらに発展させてみますと，カラオケ（KARAOKE）は，「歌うという「場」」であるといえましょう。歌うという行為は，世界各地で音楽文化のきわめて重要なものであるといえましょう。音楽の形態は違っても，人は歌うのであり，歌うという文化は日本だけのものではありません。歌うときに伴奏をしてくれる人がいなくても，カラオケがあれば歌えます。いや，歌うという「場」の存在そのものが，カラオケの源流とも発祥ともいえるのではないでしょうか。

そうであるならば，歌う「場」は，私たちに何をもたらしてくれるのでしょうか。カラオケをしよう！と言って仲間とワイワイと楽しんだ経験をしたことのある人も多いことでしょう。これは，カラオケを通して他者とのコミュニケーションをはかったといえるでしょう。すなわち，カラオケはコミュニケーションのツールでもあるのです。また，楽しむという側面に目をやれば，カラオケはレジャー，娯楽でもあるのです。

歴史的な視点を導入すれば，抵抗や団結の手段に歌が使われたこともテーマとして前面に出てくることでしょう。人種差別に対する抵抗，戦争反対を訴えるための反戦歌をはじめとして，何かと闘うために，結束を固めるために歌が使われてきたこともありました。これらは一見，カラオケとは無縁と思われてしまうかもしれませんが，歌のもつ「力」という点では，歌う「場」であるカラオケを考えるヒントをもたらしてくれることでしょう。

③ カラオケから何を見出すことができるか

ここまで，「歌う」という側面からカラオケについて考えてきましたが，もちろんそれらだけでカラオケに関する考察は事足りたとはいえません。ここでは，カラオケについて考えられる切り口を取り上げてみたいと思います。

カラオケを（音楽）産業という点から捉えると何がみえてくるのでしょうか。まず，カラオケには音楽を再生する装置が必要です。この機材の発展をみることによって，テクノロジーの進化がみてとれるでしょう。具体的にはテープの時代から今日にいたるまで，音楽の記録媒体の変化もみてとれます。さらに，カラオケはどのような形態で発展したのでしょうか。かつては，「飲み屋」とカラオケはセットでしたが，カラオケ・ボックスの登場，通信カラオケの登場とさまざまな産業と結びついていきます。楽曲の著作権も避けられないテーマです。これら送り手側の状況だけでなく，受け手，すなわちカラオケを楽しむ消費者の消費行動も興味深いテーマとなることでしょう。

▷1　全国カラオケ事業者協会ホームページ内のカラオケ歴史年表などを参照。http://www.japan-karaoke.com/03nenpyo/index.html （2009年7月1日現在）

おすすめ文献

†シュン，J.・タロッコ，F.／松田和也訳（2007＝2008）『カラオケ化する世界』青土社。

†烏賀陽弘道（2008）『カラオケ秘史──創意工夫の世界革命』新潮選書。

†Mitsui, T. and Hosokawa, S. eds. (1998) *Karaoke around the World: Global Technology, Local Singing*, Routledge.

1 消費社会の文化／E 娯楽の文化

6 ギャンブルの文化

古川岳志

1 偶然の遊び

　日本の刑法では，ギャンブルは原則禁止となっています。ですが，公営競技（競馬，競輪など）や，パチンコ店は，おおっぴらに営業しています。公営競技は，売上げの公的利用を目的に特例として合法化されています。パチンコは，あくまでも，景品当てゲームの扱い。プレゼントが当たる程度なら構わない，ということになっているのですが，実態はギャンブルです。このように，日本のギャンブル禁止には抜け道があります。しかし，年齢制限などの規制は設けられています。「大人だけに許された，ちょっと悪いこと」というあたりが，今日の日本社会で一般的なギャンブルイメージでしょうか。

　ギャンブルは，世界中で古くから楽しまれてきた遊びです。R. カイヨワは，「競争」「偶然」「模擬」「眩暈」の４つのキーワードで遊びを分類していますが，ギャンブルは「偶然」の遊びに入ると述べています。本人の努力ではいかんともしがたい力（運とか，ツキとか，あるいは「神の意志」などと呼ばれる）の審判が下されることを楽しむ遊び，というわけです。ギャンブルの歴史は，宗教儀礼やスポーツなど，幅広い文化史のなかで捉える必要があります。ここでは，ギャンブルが，原始的な遊びの形態のひとつである，ということだけ確認しておきます。

2 近代的なギャンブル

　以下では，近代的なギャンブルに焦点を絞ります。地域共同体の文化から自立し，独自の下位文化を形成して，ジャンル毎に大きなマーケットをもつ，そのようなギャンブルです。典型例は，競馬。M. ウェーバーによれば，近代化とは，社会のあらゆる領域における合理化の進展です。合理的につくられた競技組織による，公正なレースを利用したギャンブル。日本の競馬が実際にそのように運営されているかどうかは別として，それがめざされていることはたしかです。

　近代ギャンブルは，客観的なデータの役割が大きい，という特徴があります。データ自体が，ひとつの商品として流通しているくらいです。テレビや，スポーツ新聞などでは，競馬の予想情報が大量に流れています。一般のスポーツで，マスメディアが主に伝えるのは結果情報ですが，ギャンブルスポーツの場合は，

▷１　刑法185条「賭博をした者は，五十万円以下の罰金又は科料に処する。ただし，一時の娯楽に供する物を賭けたにとどまるときは，この限りでない。」

▷２　カイヨワ, R.／多田道太郎・塚崎幹夫訳(1958=1990)『遊びと人間』講談社学術文庫。

▷３　増川宏一(1980)『賭博』法政大学出版局など，参照。

▷４　ギャンブルとスポーツの歴史的つながりについては，エリアス, N.・ダニング, E.／大平章訳(1986=1995)『スポーツと文明化——興奮の探求』法政大学

逆です。これから起こること，にかんする情報が中心になるのです。そこで流れる「予知」情報の信頼性を高めるのは，何といっても「数字」です。競馬新聞を開いてみると，そこには，大量の数字が並べられています。これまでの成績，調教のタイム，勝率，オッズ（配当予想），などなど。それらの客観的データを，収集し，読み解き，分析し，予想する。ギャンブラーがやっている行為は，まるで「研究」のようです。

3 ポピュラーカルチャーとギャンブル

　近代的なギャンブルは，ジャンル毎に，独特の世界を形づくっており，それが人びとを引きつける様子は，大衆文学や，映画，マンガなどでくりかえし描かれています。小説家の阿佐田哲也や，マンガ家の福本伸行のように，ギャンブルが生み出す緊迫した状況下での人間の姿を描くことで，支持を集めてきた作家も，数多くいます。ギャンブルの文化を読み解くためには，これら，ポピュラーカルチャーの分析は欠かせません。

　また，ギャンブル自体が，大変興味深いポピュラーカルチャーであることも見逃せません。パチンコは，戦後日本社会のなかで技術革新が続けられ，世界で類をみない独自のゲームになっていきました。公営競技は，戦前は西洋から輸入した競馬だけだったのですが，戦後，競輪・競艇・オートレースという，日本独自の新しい競技を生み出していきました。マンガやアニメなどを重要な日本文化として研究する環境は，近年ようやく整ってきました。しかしながら，ニッポン・ギャンブルの研究は，まだまだこれからです。

4 ギャンブル文化を考えること

　最後に，ギャンブルに対する社会の「まなざし」の変化について，ふれておきます。かつて，人びとのギャンブルに対する目は，大変厳しいものでした。戦後の混乱期に，公営競技は爆発的に成長をとげ，日本の経済発展とともに売上げを伸ばし，地方自治体の財政を潤してきました。しかし，その一方で，暴動事件が起こったり，のめりこんでしまう人が続出しているとたびたび報道され，根強い反対論がありました。70年代頃まで，ギャンブルは「社会問題」だったのです。しかし，社会が安定化すると批判は弱くなっていきました。では，今日のギャンブルに何の問題もないのかというと，そうではありません。たとえば，90年代以降，新しい病気の名前として「ギャンブル依存症」が広く知られるようになりました。社会の問題ではなく，個人の問題へ，とギャンブル問題の語られ方が変わってきたのです。このことは，何を意味するのでしょうか。ギャンブルに対する「まなざし」の変化は，当然，社会の変化を示しています。このように，ギャンブルは，人びとの欲望が，そして，社会規範の変化が映し出される文化の場でもあるのです。

1-E-⑥　ギャンブルの文化

出版局参照。

▷5　阿佐田哲也（1929-1989）は，『麻雀放浪記』などで知られる小説家。色川武大名義での純文学作品も数多い。競輪の熱心なファンでもあった。

▷6　福本伸行（1958-）は，『アカギ』『賭博黙示録カイジ』などで知られるマンガ家。

▷7　谷岡一郎（1998）『現代パチンコ文化考』筑摩新書，など参照。

▷8　それぞれ，自転車・モーターボート・オートバイを使った，先着を競う競走であるが，ギャンブル専用のレースを実施していくなかで，特殊な発展を遂げていった。競輪は，ケイリンという名の自転車競技として，オリンピック種目にも採用されている。また，競輪と競艇は，競技の仕組みそのものが韓国に輸出され運営されている。

▷9　1967年，公営ギャンブル廃止を公約にかかげた美濃部亮吉が，東京都知事に当選し，都営ギャンブルの廃止に踏み切った。美濃部は，公営ギャンブルを「一種の公害だ」と主張して，支持を得た。

▷10　田辺等（2002）『ギャンブル依存症』NHK出版，など。

おすすめ文献

†井上俊（1977）『遊びの社会学』世界思想社。
†カイヨワ，R．／多田道太郎・塚崎幹夫訳（1958＝1990）『遊びと人間』講談社学術文庫。
†谷岡一郎（1996）『ギャンブルフィーヴァー――依存症と合法化論争』中公新書。

1 消費社会の文化／E 娯楽の文化

7 性風俗をめぐる文化

斎藤 光

1 公的な性事としての性風俗

狭い意味での性風俗はフーゾクを指します。買売春や買売春類似の事柄のことです。金銭と交換される「商品化された性」であり，このうち買売春は日本では売春防止法で禁止されました。しかし，現実には日々行なわれ，「フーゾク」については，倫理的な立場や価値観によって評価や見解の対立があります。また，時代や地域によって扱われ方や捉え方に大きな違いがみられます。

広い意味で性風俗を捉えると，「性事」一般の公的な側面を指すといえましょう。「性事」とは，本多勝一が「食事」と対照して造語し，梅棹忠夫も使用した概念です。梅棹は，性事を，比較的明確に，「性の現象の人間的側面，すなわち，精神的・文化的側面のいっさい」と定義しました。梅棹は事例を次のようにあげています。「酒・食事・性事・芸能がみごとにセットになった場所としての遊廓」，そして「風呂までがセットで販売されていた江戸時代の風呂屋」。現代では「性事の一種のセレモニーである結婚式」をあげました。

「性事」という概念を使うと，人びとが公の場で行なう「性」にかかわる文化的側面が性風俗ということになります。第三者から隔離されたところでの個的・対的な性行為は，除外され，私的な性事と位置づけられます。ただ，個的な入浴行為や排泄行為も，一定の文化的な枠内でなされるものですから，他者の視線を排除したところで行なわれる，個的・対的性行為も，単に生物的な行動へと還元できないことはいうまでもありません。

2 性風俗の3つの領域

公の場での「性事」には，3つの領域を区分することができます。第一は，商品として売買される性にまつわる性事です。つまり「フーゾク」のことで，「性産業」の文化社会的側面ということができるでしょう。ここでは，歴史的な経緯もあって，一般的にいうと性差別が強く構造化されています。また，その文化的側面よりも，社会問題面や，政治経済面，そして，倫理道徳面が注目を集め，議論されてきました。文化的側面に重点をおいた考察は，そのため倫理的立場性を問われる場合もありえるでしょう。

第二は，表現され表象される性にまつわる性事です。「性表現」の領域ということができるでしょう。たとえば，小説に書かれた性的な場面や，映像で表

▷1 フーゾク：永井良和(2005)「フーゾク／風俗」井上章一・関西性欲研究会編『性の用語集』講談社現代新書を参照のこと。

永井によれば「風俗」とは「人びとの暮らしぶり全般」を示すものだったが，近代以降，「飲む・打つ・買う」の成人男性の「遊び」に特化して用いられるようになった。1990年代からは，片カナの「フーゾク」で風俗営業の一部を言い表わし，「フーゾクに行く」とは男性が女性の性的サービスを金銭で買うことを示すと了解されるようになっている。

▷2 朝妝問題：1895年におきたヌード洋画をめぐる事件。「朝妝」裸体画問題（事件）と呼ばれたりもする。この年京都で開かれた第4回内国博覧会に，日本洋画界のパイオニア黒田清輝が，「朝妝」を出品した。フランス人女性が大きな鏡の前に裸で立ち，朝化粧をするという構図である。

現された性などです。19世紀に、西欧社会でしだいに盛んになる、絵画におけるヌード表現は、その典型的な事例といってよいでしょう。日本では、1895年に京都でおきた「朝妝(ちょうしょう)」問題が有名です。この領域では、ポルノグラフィと呼ばれる、性感覚を喚起する表現（猥褻）と芸術性へとつながる性や裸を使った表現との線引きが、長いあいだ問題となり、現在でも解決を見ていません。また、ポルノグラフィの場合、第一の「性産業」領域とも相互浸透的です。

第三が、街頭や公的場における「対現象」です。具体的には、街を歩くカップルから、結婚関連の諸事業までが含まれます。デートや婚活、見合いや合コン（コンパ）などの諸活動は、この領域のものと考えられます。身体的に接触して（手をつないだり腕を組んだりして）繁華街を歩くカップルは性事の重要な要素ですが、西欧的近代化が進行した現在の日本では、街頭の普通の光景にしかうつりません。ただ、漱石の『三四郎』などを見ると、100年前は、カップル自体が性的なものとして問題視されていたことが読み取れます。

③ 性別二元制と性別表示制

近代社会（あるいは国民国家）は、どこでも性別二元制を採用しています。社会の成員である個人は、必ず女性または男性に類別され、いずれかのジェンダーで法的国家的に登録されます。パスポートを見てください。必ず「SEX」の項目があり、女か男とされていますね。どちらでもない場合や両方である場合、その他である場合は、許されません。また、これと連動して、対的な性事は、女性と男性という異性間で執り行なわれると一般には観念されています。これを異性性欲制（ヘテロセクシズム）とよびます。

したがって、公的「対現象」では男女カップルが前面に出ます。同性の二人は、性的カップルとはほとんどみなされません。ただ1969年以来、異性性欲制への異議申し立て運動がひろがった結果、同性間の性事も少数者の性として徐々に認知されつつあります。現在大きな問題となっているのは、同性同士の結婚を制度的に認定するかどうかです。アメリカでは2013年に同性婚が権利として認められました。しかし、これはそれぞれの社会の文化的背景ともかかわり、性別二元制のような近代社会一般のルールは確立されていません。

性別二元制と深く関係する法的拘束性のない制度として性別表示制があります。これは、私たちの身体や身装や外見を両性にあった形でそれぞれの文化・社会のルールのもと公に示すという暗黙の制度です。近代社会では、性別の身体技法、性別の化粧、性別の服装（ファッション）として、個人が身につけます。性別二元制での登録が行政的受動的に進むとすれば、性別表示制の装着は消費的能動的に進みます。後者では、経済や産業が大きな役割を果たし、芸術や学問もそれを根源的に批判はしません。この解体が、多くの宗教思想が求める禁欲の徹底と同じく、人間社会の根本的崩壊へとつながるからでしょう。

鏡には女性裸体の正面が映り背面のヌードも全身描かれていた。この作品が、猥褻であるか芸術であるか、春画であるか美術であるかが、新聞や雑誌を舞台として全国規模の論争になった。当時まだ在野にいた新進作家黒田がヌードを導入するために意図的に仕掛けたものである（井上章一「文明と裸体——日本人はだかのつきあい」『月刊 Asahi』1992年1月〜1993年1月）。

▷3　1969年6月27日の深夜から早朝にかけてグリニッジビレッジにあったゲイクラブ「ストーンウォールイン」から暴動が発生した。数日にわたったこの暴動は、（第二次）同性愛者解放運動のきっかけとなり現在の性的マイノリティ差別反対運動へとつながった。

▷4　身体技法：マルセル・モースが提示した概念。人間がそれぞれの社会で伝統的な様態でその身体を用いる方法、とされる。身体技法は、性別と年齢別に区別され、また、変化する（モース, M.／有地亨・山口俊夫訳（1968=1976）『社会学と人類学Ⅱ』弘文堂）。

おすすめ文献

†フーコー, M.／渡辺守章訳（1976=1986）『性の歴史Ⅰ　知への意思』新潮社。

†井上俊ほか編（1996）『セクシュアリティの社会学』岩波書店。

†宮下規久朗（2008）『刺青とヌードの美術史』NHKブックス。

†井上章一ほか編（2010）『性的なことば』講談社現代新書。

†石田仁（2019）『はじめて学ぶLGBT』ナツメ社。

第Ⅱ部 現代文化の諸相

2 日常生活の文化／A 暮らしの文化

1 食生活の変容

大貫恵佳

1 社会的な営みとしての「食」

どんな食べ物を好むかとか，日々何を食べて暮らしているかなど，「食」をめぐる問題は，一見些細で，個人的な問題に思えるかもしれません。しかし，食について真面目に考えてみると，それは社会的なことと複雑に関係しているのです。たとえば，経済的に豊かな人は，肉などの栄養価の高いものを食べることができます。経済的な事情だけではありません。経済的な裕福さは同程度であっても，わかりやすく「お金持ちっぽい」食事を好む人がいたり，健康や体型を考えた自然食を好む人がいたりという違いがあります。こうした「好み」も，完全に個人的なものではなく，その人が属している社会・文化的な環境によっても形成されるものです。

2 専業主婦の普及と家庭料理の多様化

現代の日本社会に暮らす私たちの食生活もまた，社会とのかかわりのなかで形づくられてきました。こんにちの食生活を水路づけたのは，なによりもまず第二次世界大戦後の経済復興です。戦中と戦後間もなくの食糧難の時代を経て，1950年頃から経済が好転し，食料事情も改善されはじめ，55年には日本社会は高度経済成長を迎えます。

高度経済成長期には「一家団欒」の食卓というイメージが出現しました。私たちが現在，日本人の食卓の原風景として思い浮かべる典型的なイメージは，この頃に大衆化したのです。その食生活を支えるのは，食卓を切り盛りする「専業主婦」と「おいしい家庭料理」です。その両方が大衆レベルで実現したのが高度経済成長期でした。

男性の稼ぎだけで家計が維持できるほどに経済が復興し，女性たちは専業主婦として家事育児に専念するようになります。同時に，テレビや雑誌などのメディアが主婦たちに向かって，料理についての情報を提供しはじめます。NHKの『きょうの料理』がはじめて放送されたのは1957年です。食材や調味料の分量がはっきりと数値化され，調理の手順が明確に示された「レシピ」は家庭料理に新しい風を吹きこみました。これまで各家庭や地域で代々受け継がれてきた料理以外の，まったく新しい料理を家庭でつくることが可能となったのです。

▷1 P.ブルデューは，味覚や振る舞いといった一見個人的なことも，当人の社会的な位置とかかわりがあることを「ハビトゥス」という概念で説明している。ハビトゥスは，経済的な財産（経済資本）ではない文化的な財産（文化資本）として機能する場合がある。文化資本としてのハビトゥスは，学校や家庭を通して受け継がれながら，社会関係の再生産に寄与する。ブルデュー，P．／石井洋二郎訳（1979=1990）『ディスタンクシオン——社会的判断力批判』Ⅰ・Ⅱ，藤原書店を参照。

▷2 高度経済成長期の一家団欒については，矢野敬一（2009）「一家団欒の味と高度成長期」原田信男ほか『食文化から社会がわかる！』青弓社，183-217頁を参照。

▷3 すでに明治期には良妻賢母思想に支えられた専業主婦イデオロギーが存在し，学校教育のなかには新しい料理を学ぶ場もあったが，いずれもエリート層のものであった。近代化の幕開け当初の食と教育については，江原絢子（2009）「食物教育における学校・家庭・地域」原田信男ほか『食文化から社会がわかる！』青弓社，59-99頁が参考になる。

3 調理の簡便化と外食化の進展

　家庭料理のレパートリーが増える一方で，簡単で便利な「インスタント」商品も多く生み出されます。1958年には世界初のインスタントラーメンが日本で誕生し，家庭のなかにインスタント食品が浸透しはじめました。

　続く70年代からは外食産業が急成長しました。外食産業の市場規模は，76年には10兆円に，86年には20兆円にまで達します。80年代には「飽食の時代」「一億総グルメ」という言葉が流行となり，メディアもこぞって食を取りあげ，高級レストランや有名シェフを紹介するグルメ番組や記事が増えました。

　こうした動きのなかでも，特筆すべきは，外資系のハンバーガー店，ドーナツ店等のいわゆるファスト・フード店の進出です。ファスト・フードのシンボルともなったマクドナルドは1971年に銀座三越店内に1号店を出店しました。いつでも，どこでも，簡単に，素早く，おなじみの味を提供してくれるファスト・フード的な外食産業とその食習慣は，70年代以降，またたく間に日本全国に広がりました。コンビニエンス・ストアもまた，そうした食事を提供しています。ハンバーガーを最初に食べたときの感動と驚きは色褪せますが，「おなじみの」という安心感はいまでも決して変わりません。はじめて訪れた不慣れな土地で，ファスト・フード店やコンビニエンス・ストアの見慣れた看板をみつけたときの安心感は，現代人なら誰でも経験したことがあるでしょう。

4 反作用としてのスロー・フード

　しかしながら，ファスト・フードは，その画一的な商業主義と地域の軽視ゆえに，すぐに批判の対象ともなりました。1980年代からは，ヨーロッパで「スロー・フード」運動が盛んになります。それは，味の画一化に抗し，地域主義を掲げる運動でした。「スロー・フード」はその後，厳密な思想・運動の枠を超えて，キャッチフレーズとして先進諸国に広まりました。もちろん，その流行は日本においても例外ではありません。90年代以降の健康志向や，BSE問題などに端を発した食品の安全性への配慮といった国内の事情とも相まって，スロー・フード的な風潮は，ますます大きなものになっているように思えます。その背景には，「食べる」ことをめぐって「何か」が行き過ぎてしまったのではないか，という人びとのあいだに共有された危機意識がありました。

　「食べる」ことの周りには，その時代や社会状況が色濃く反映されています。私たちの食生活は，今後も変容を続けるでしょう。しかし上記のように，ひたすらに変化を続けてきた食生活を反省し，変化の速度を緩めたり，変化の向きを変えたりしてみようという動きが出てきていることもたしかです。その背後には，食の問題を超えて，「社会」についての人びとの視線や意識が垣間みられるのではないでしょうか。

▷4　外食産業総合調査研究センター（1993）『外食産業統計資料集1993年版』，48-49頁。

▷5　マクドナルド1号店開店に先立ち，1970年にはケンタッキーフライドチキンなどのファスト・フード店が日本で出店されている。

▷6　G. リッツアは，ファスト・フード的なサービスがグローバルに展開する社会を「マクドナルド化する社会」と呼び，その社会が提供するこうした安心感を「予測可能性」という言葉で記述している。くわしくは，リッツア，G.／正岡寛司監訳（1996=1999）『マクドナルド化する社会』早稲田大学出版部を参照。

▷7　人びとの危機意識は，日本においてはすぐさま行政的な思惑と結びつき，2005年には「食育基本法」が成立した。食育基本法は，地域主義（食料自給率の向上）や国民の健康増進，食を通した人間形成などを理念として掲げている。生活者の意識と国家的な政策が絡み合うこの法律をみても，食の問題を取り巻く複雑な力学に気づかされる。

【おすすめ文献】

†ブルデュー，P.／石井洋二郎訳（1979=1990）『ディスタンクシオン——社会的判断力批判』Ⅰ・Ⅱ，藤原書店。

†リッツア，G.／正岡寛司監訳（1996=1999）『マクドナルド化する社会』早稲田大学出版部。

†原田信男ほか（2009）『食文化から社会がわかる！』青弓社。

2 日常生活の文化／A 暮らしの文化

2 住まいの文化

祐成保志

1 住まいと住宅

「あなたの住まいは？」と聞かれれば、私たちはたいていの場合、「ワンルームマンションです」とか「○○駅から歩いて12分です」などと答えます。このとき「住まい」は、住宅のタイプや地理的な位置のことを指しています。分譲マンションの折り込み広告などには、よく「風格に充ちた邸宅に住まう歓び」といった宣伝コピーが踊っています。この場合は、プライベートな空間を独り占めする、という点を強調しているのでしょう。

一般的な用法をみるかぎり、住まい、あるいは住まうということばは、住宅と切り離せないもののようです。住まいを文化として捉えるためには、この通念を問い直すことからはじめなければなりません。

2 意味づけられた空間

「住宅」は、フォーマルな制度に裏づけられた明確な境界をもっています。それは、土地や建造物がさまざまな法的な規制を受けており、市場で流通する商品でもあるためです。一方、「住まい」には、そうした客観化された境界がありません。なぜなら、住まいとは空間への意味づけの様式だからです。

住まいには3つの側面があります。第一に、それは主観的なものです。同じ物理的空間が、いつも誰にとっても同じ意味を担うとは限りません。たとえば住宅の広さは、「敷地面積」や「専有面積」といった数字で表されますが、ある人にとって、住まいとしての意味をもつ場所は、そのなかのごく一部かもしれませんし、それよりずっと広い範囲なのかもしれません。あるいは、その住宅とはまったく別の場所にあるのかもしれません。

第二に、それは身体的なものです。住まいは私たちに、快適感や安心感、あるいは違和感や不快感をもたらしますが、それらはことばで表現しがたい要素を多く含んでいます。たとえば「狭さ」は、物理的な空間の容積の問題というよりも、住まいをめぐる人やモノとの関係のなかで生じてくる感覚です。「音」や「視線」についても、同様のことがいえるでしょう。

第三に、それは社会的あるいは歴史的なものです。意味づけの仕方は一定の範囲の人びとのあいだで共有されています。住まいの姿は地域ごとに異なっており、時間の経過とともに変化します。遠く離れた地域、あるいは過去の住宅

▷1 住まいを対象化する方法については、祐成保志（2008）『〈住宅〉の歴史社会学』新曜社でくわしく論じた。

▷2 住宅の数量や規模を把握するために、政府は建築着工統計調査や住宅統計調査のような制度を設けている。

▷3 また、地域による住まいのバリエーションについては、今和次郎（1922[1989]）『日本の民家』岩波文庫が、住まいへの感覚とその変化については、柳田國男（1931[1993]）『明治大正史 世相篇』講談社学術文庫が、それぞれ先駆的な考察を行なっている。

や集落の構成を観察すれば，現在の私たちとは異なる住まいへの感覚を読み取ることができます。そして，こうした意味づけの共有が崩れるとき，人びとの間には緊張や紛争が生じるでしょう。

③ ドメスティケーションの過程

「住まう」という営みは，ある空間を住まいとして構築し経験する，主観的・身体的・社会的な過程として理解することができます。人類学や農学の分野で用いられる「ドメスティケーション」（domestication）という概念は，住まいの形成について考えるための手がかりを与えてくれます。ドメスティケーションには，「栽培化」とか「家畜化」という意味があります。まさに人間は，野生の動植物を馴化し，栽培植物や家畜を開発したのと同じように，空間を飼いならすことで住まいをつくってきたといえるでしょう。

自然のなかに人間が制御できる領域を確保するうえで，建設・土木技術は欠かせないものですが，忘れてはならないのは情報通信技術（ICT）です。私たちは，さまざまなメディア機器を飼いならしています。たとえば，当初は街頭に置かれていたテレビを団らんの場に持ちこみ，電話をリビングから個室に移行させ，さらには携帯できるようにしてきました。

一方で，住まいはICTによって支えられています。引っ越しをしたばかりで，電気やインターネットが開通していない部屋で過ごす一夜の心細さは，住まいが住宅の床や壁だけでなく，情報によってつくられていることを物語っています。情報への依存がさらに進めば，電子メディア上の「バーチャル」な空間が真の住まいとなり，「リアル」な住宅は仮の住まいとして感じられるようになるかもしれません。

④ 住まいのリテラシー

住まうことが，さまざまな資源をつなぎ合わせ，空間を飼いならす過程であるとすれば，それは「住宅を所有すること」と同じではありません。住宅は，住まいをつくるためのひとつの道具（メディア）にすぎません（重要な道具であることは確かですが）。しかし，私たちは，住まいの質を問題にするとき，「住宅の性能」について論じることに終始してしまいがちです。性能のよい住宅がわるい住宅よりすぐれていることはいうまでもありません。しかし，「住まい＝住宅」「住まうこと＝住宅を所有すること」という常識は，住宅以外のよりどころを見失わせるという効果をもっているのです。

住宅の性能は年々向上していますが，私たちの住まいをつくる力（＝リテラシー）は，かえって貧弱になってきているのかもしれません。住まいのリテラシーの構造を解明し，それをより豊かなものにするにはどうすればよいのかを考えることも，重要な課題といえるでしょう。

▷4 空間を排他的に利用するというのは，住まいの条件のひとつである。このため，ある人にとって快適な住まいを実現しようとすると，他の人の住まいを脅かす可能性がある。

▷5 ドメスティケーションという概念の興味深いところは，飼いならす側からの働きかけだけでなく，飼いならされる側からの反作用が想定されている点である。その「交渉」の様相を明らかにすることは，住まいの文化社会学にとって中心的な課題である。

▷6 イギリスのメディア研究者シルバーストーンらは，情報通信機器が住まいのなかに定着する過程を，エスノグラフィの手法を用いて解明しようとした（Silverstone, R. and Hirsch, E. eds. (1992) *Consuming Technologies: Media and Information in Domestic Spaces*, Routledge）。

▷7 情報技術が可能にする「バーチャルな旅」が住まいをどのように変容させるかについては，アーリ，J.／吉原直樹監訳（2000＝2006）『社会を越える社会学』法政大学出版会を参照。

おすすめ文献

✝ チクセントミハイ，M.・ロックバーグ＝ハルトン，E.／市川孝一・川浦康至訳（1981＝2009）『モノの意味』誠信書房。

✝ フィッシュマン，R.／小池和子訳（1987＝1990）『ブルジョワ・ユートピア』勁草書房。

3 洋服／和服の文化

河原和枝

1 洋服と文明開化

「洋服／和服」という言葉は，明治政府の推進した近代化＝西洋化によって生まれたものです。西洋の衣服が移入されて「洋服」と呼ばれるようになったとき，それまでのきものが「和服」となりました。1870年（明治3），近代的軍隊として誕生した海軍，陸軍が軍服に洋装を採用，1872年（明治5）には文官の服装が洋装と定められ，また1883年（明治16）から数年間，上流階級の男女が洋服で夜会に興じた鹿鳴館時代も到来しました。近代化が要請された男性と，一部の上流階級の人びとが洋装したのであり，洋装は文明開化，つまり近代的な価値を具現するものと考えられたわけです。他方，和装は伝統的な価値や美徳を表すものとなり，それゆえ，大半のおとなの女性は第二次世界大戦前まで「日本の女性美」を表す和服を身にまとい続けました。

鹿鳴館の洋服が当時の西洋のファッションを取り入れたように，現代の私たちの洋服もやはりパリやミラノ，ニューヨークなどの大きなファッション動向に沿っています。それに引きかえ和服は，流動するファッション文化から取り残され，昔ながらの伝統に従っているだけのようにみえます。しかし，じつはそうではありません。和服もまた，日本社会の急速な近代化の波と連動しつつ，消費文化を華やかに彩りながら，今日の姿をとるにいたっているのです。

2 きものの消費革命と西洋文化

明治維新により，衣服に，江戸時代のような身分による厳しい統制はなくなります。けれども，洋服や絹のきものを着た上流階級や豊かな一部の人びとを除くと，大半の人びとは，麻や木綿，その他の材料でつくったきものか，短い上半衣と股引やもんぺ式の下半衣の労働着を着ていました。そして衣生活の世話，家族全員のきものや布団になる糸を紡ぎ，織り，反物にし，縫う役割を担っていたのが，一家の女性たちでした。そのような日本人の衣生活が変化しはじめるのが，明治20年代，つまり明治政府の近代化政策が功を奏し，製糸・紡績業による第一次産業革命が到来したときです。

綿と絹の産業革命は，外貨を獲得し，続く重工業の産業革命を準備するとともに，国内織物業にも大きく影響を与えました。木綿反物や絹織物が一般の人びとに大量に普及してゆくことになったのです。宮廷織物の歴史を誇る京都西

▷1 もんぺは，袴の形で裾が細く絞られたもの。
▷2 瀬川清子（1942）『きもの』六人社。
▷3 1940年（大正15）にドレスメーカースクールを開校した杉野芳子は，後に，「そのころの生徒は着るためではなく，たいせつにタンスにしまっておくために洋服を作った。毎日，洋裁を勉強しているのに，卒業まで一度も洋装で登校しなかった」「昭和4年，卒業制作を卒業式に着るようにいい渡したときの生徒たちの激しい驚き，泣き出さんばかりの困惑を私は一生忘れることができないだろう」「短いスカートで足を見せるのを死ぬほど恥ずかしがった時代だった」と回顧している（杉野芳子「洋

陣を筆頭に，国内各地の織物産業は洋織機や新染料を続々導入し，飛躍的に事業を拡大，そこからさまざまな素材や色彩のきものが誕生，流通し，こうして，きものの「消費革命」がはじまります。

　この時期，江戸時代から続く呉服商が，消費文化の殿堂である百貨店に変身し，成長を遂げてゆきます。都市のホワイトカラー層に向けて洋風の「文化生活」を展示し指南する百貨店の，主力商品は和服でした。たとえば1904年（明治37），日本で最初に「デパートメントストア宣言」をした三越百貨店は，その翌年，「元禄模様」のきもの柄の流行をしかけて大成功を収めています。

　明治末期以降，きものの絵柄には，華やかな洋花や油絵的な風景画などが現れ，アール・ヌーボーやアール・デコなど，当時の世界の潮流であるデザイン様式も積極的に取り入れられています。また，大正末期から昭和初期に名古屋帯や袋帯が考案され，簡便なきものの礼装法も生まれました。昭和初期には「モボ・モガ」と呼ばれた洋装の男女が都会を闊歩しますが，それは「はしたない」こととみなされがちでした。多くの女性たちは洋服よりも，モダンテイストを含む洋風の色や柄の，和服を着ることを選んだのです。

③　「伝統」と「ファッション」

　戦時中，贅沢を廃し機能性を優先するために，女性たちはきものの袖を切り，もんぺをはくことを余儀なくされました。そして戦後，アメリカ文化が一気に流入し，「新しい時代」の意識が高まるなか，衣服は動きやすく生地が少なくて済む洋服に移行してゆきます。和服については，上着とスカートのような二部式にしたり，デザインに洋風のアレンジを加えた「新しいきもの」が考案されます。しかし，それらは一般には定着せず，戦後の高度経済成長とともに逆に「伝統」的な和服がクローズアップされるようになり「キモノ・ブーム」が起こります。この頃，戦前の特権的な階層の「武家型家族」モデルがアメリカ中流階級の家族モデルとミックスされた形で日本中に一般化し，70年代には「一億総中流」意識が生まれます。ブームは，そうした家庭の若い女性や主婦たちが「礼装」としてきものを採用したことから生まれました。現在の和服の端正で窮屈なイメージは，それがフォーマル・ファッションであるためです。

　今日では，和服は，窮屈で着るのも面倒と敬遠されがちです。実際，B. ルドフスキーは「衣裳がもたらす最大の喜びといえば，私が衣服病（サルトリアシス）とよぶもの，つまり不便さを味わう喜びなのだ。キモノはこの必要性を完璧に満足させてくれる」と皮肉たっぷりに言っています。しかし，衣服もライフスタイルも自由に選択できる現在，ファッションの次元では，「衣服病」は，ときに魅力ともなります。また洋服と和服の境界も，過去の例にみるようにいくらも変化してゆく可能性があります。和洋を問わずファッションは，常に変化し続け，昨日の「非常識」を今日の「常識」へと簡単に覆す威力を持っているのです。

裁十帖』『毎日新聞』1965年2月4日付）。

▷4　洋風のきものをもっとも早く試みたのは服飾デザイナーの田中千代で，彼女は戦前から「新興和服」を考案していたが，戦後は「ニュー・キモノ」と名付けた二部式のきものを発表している。また，大塚末子も洋風感覚の「新しいきもの」を提唱し，彼女の「お末羽織」は大流行を引き起こした。

▷5　1960年代以降，日常から和服が消えてゆくにつれ，女性雑誌は，きものや帯，小物などの生地や柄の種類，格，季節の合わせ方などの「伝統」を読者にさかんに教育するようになる。近代の商品世界のなかで構成される「伝統」は，ホブズボウムのいう「伝統の発明」（ホブズボウム，E.・レンジャー，T.編／前川啓治・梶原景昭訳（1983=1992）『創られた伝統』紀伊國屋書店）の一種であるといえよう。

▷6　八木秀夫「家庭人の高度成長――国民生活白書に見る戦後」；中島昌弥「村人たちの高度経済成長――貧しさからの脱出」鈴木正仁・中道實編（1997）『高度成長の社会学』世界思想社。

▷7　ルドフスキー，B.／新庄哲夫訳（1965=1973）『キモノ・マインド』鹿島出版会。

おすすめ文献

†小泉和子（2006）『昭和のキモノ』河出書房新社。
†ルドフスキー，B.／新庄哲夫訳（1965=1973）『キモノ・マインド』鹿島出版会。

第Ⅱ部　現代文化の諸相

2　日常生活の文化／A　暮らしの文化

4 地域という文化

寺岡伸悟

1 地域への関心？　無関心？

　読者の皆さん，とくに10代・20代の方にとって，「地域」は生活の場として実感の薄い存在ではないでしょうか。しかし社会学の世界では，研究者の数ほど「地域」の定義があるといわれ，「コミュニティ」「地域社会」という言葉としばしば同じ文脈で盛んに用いられてきました。

　社会学者のG. A. ヒラリーは，数あるコミュニティの定義を調べ，その要素を3つにまとめています。それは，(1)「コミュニティを構成する成員間の相互作用の存在」，(2)「コミュニティごとの空間境界の存在」，(3)「成員の心理的絆を支える共属感覚や共通規範の存在」です。

　かつてのムラでは，この3つの要素がほぼ満たされていました。そこでは，伝統的なムラの祭りや年中行事が受け継がれ，家族が育まれ，人の誕生から死までの儀礼が続いてきました。民俗学の分野では，こうしたムラを生活文化の伝承母体とみなしてきたのです。

　しかしこの3つの要素に現代の私たちの生活を当てはめてみるとどうでしょう。マンション・アパートなどでの暮らしによって隣人と挨拶したこともない場合もあるぐらい，地元地域での人間関係は希薄になっています。また，通勤・通学など遠距離を移動して暮らす日常ですから，地域の空間的な範囲といったものは決めがたいでしょう。さらに，引越しなどの移動も激しい都市部や地域の祭などの行事も少ない郊外では，「同じ地域に暮らす私たち」といった共属感覚は育ちにくい状況です。にもかかわらず，社会学や一般社会での「地域」への関心や期待は，近年になって，むしろ高まるばかりです。

2 地域づくり

　農山村では，農産物の地域ブランド化のさきがけともいえる大分の一村一品運動が早くから注目を集めてきましたが，それ以後も，地域の芸能や伝統工芸・農産物と現代的なイベントを結びつけた「村おこし」イベントが各地で行なわれています。これらは，過疎化・高齢化，さらには限界集落化といった農山村の厳しい状況に抗した文化運動の側面をもっているといえます。農業体験やグリーンツーリズムなど都市住民との交流をはかる動きも盛んです。

　さらに，近年は都市に生まれながら田舎暮らしにあこがれて農山漁村に移住

▷1　Hillery, G. A. (1955) "Definition of Community," *Rural Sociology*, 20: pp. 111-123.

▷2　コミュニティ（community）という言葉は，「バーチャルコミュニティ」のように，必ずしも地理的範域概念を伴わない共同性，特定の価値観の共有などを指す。こうした言葉と，行政区域のような地理空間概念としての「地域」が，「地域社会」といった言葉として，同義的な文脈で用いられてきたことが，多くの地域概念を生んできたといえる。

▷3　森岡清志編（2008）『地域の社会学』有斐閣による。

▷4　一村一品運動：1979年に当時の大分県知事によって提唱された農村振興運動。自治体ごとに特産品を一品つくってアピールしていこうという運動で，全国，さらに海外にも紹介された。

▷5　限界集落：65歳以上の高齢者が自治体人口の50％以上を占める状況を指す限界自治体という言葉を集落レベルに用いた言葉。村を維持する機能が衰退し，消滅の危機に瀕した状態を指す。

するＩターン者が増加しており、こうした人びとが移住先の地域文化の活性化に一役かっている場合も少なくありません。

一方、都市部でも、経済の低成長期に入って以降、地域の歴史に光をあてようとする動きや嗜好が高まっています。東京での江戸文化の再評価や、レトロビル、産業遺産を保存し、地域の文化資源として活用しようとする動きなどです。たとえば東京の『谷根千』など、地域雑誌が地域文化の再評価に果たした役割も無視できません。

こうした動きは、近年「地元学」と呼ばれる地域の文化運動となって全国で展開されています。地元学の提唱者である吉本哲郎によれば、それは生活者が自ら行動して、地域の人や自然、文化、産業などに気づき、それを地域の活力として引き出していく実践です。また、こうして呈示された地域文化が、観光資源となる場合もみられます。ただし一方で観光パンフレットなどのマスメディアが外部で作りあげた地域イメージに、地元文化を都合よくあわせるかたちで消費されてしまう危険性もあります。つまり、現代における地域の文化とは、都市・農村の区別なく現代社会に浸透する、情報化や消費社会化を無視して考えることはできないのです。

❸ 現代社会における信頼のプラットフォームとしての地域

インターネットのように地理的障壁を越えてコミュニケーションできる手段が発達しています。情報社会の進展は、「地域」を重視する立場と一見正反対のようにみえます。しかし、「地域」へのラブコールは、情報メディアの分野からも起こっています。地域情報化の研究者である丸田一は、インターネットの普及により、人と人のやりとりがネット上のバーチャルな空間にどんどん移行した結果、そこに匿名性ゆえの問題、信頼関係の欠如が増していると指摘します。こうした、ネット社会の欠点を補い、情報メディアの力をむしろ引き出すものとして、丸田は「地域」を高く評価しています。すでに地域社会が備えている地理的隣接性、対面的コミュニケーションのとりやすさ、共通の歴史や文化から生み出される信頼関係が、ツールとしてのメディアの有用性を一層引き立てるというのです。たしかに、コミュニティ放送局や地域情報を発信するWEBサイト・SNSなど、地域社会を単位にしたローカル・メディアが、地域文化発信の新しい担い手として登場しています。

歴史のなかで、大きく姿を変えてきた「地域」。しかし、その姿や位置づけは変わっても、ひとつの文化生成の単位として「地域」は注目を浴び続けています。まさに古くて新しい文化の器といえるのではないでしょうか。

▷6 産業遺産：主として近代のある時期にその地域の地場産業であったり、時代を代表する産業の建物・構築物（橋梁・発電所など）やその跡地。矢作弘・末松誠（2005）『産業遺産とまちづくり』学芸出版社などを参照のこと。

▷7 『谷根千』：森まゆみらが1984年に創刊した地域情報誌。谷中・根津・千駄木地域の歴史文化に光をあて、全国の同種の雑誌のモデルとなった。2009年夏号をもって休刊。創刊当時の事情については、森まゆみ（2002）『谷根千の冒険』ちくま文庫にくわしい。

▷8 吉本哲郎（2008）『地元学をはじめよう』岩波ジュニア新書。

▷9 丸田一ほか（2006）『地域情報化　認識と設計』NTT出版。

（おすすめ文献）

✝吉本哲郎（2008）『地元学をはじめよう』岩波ジュニア新書。

✝丸田一（2007）『ウェブが創る新しい郷土――地域情報化のすすめ』講談社現代新書。

✝間場寿一編（1998）『地方文化の社会学』世界思想社。

2 日常生活の文化／A 暮らしの文化

5 出産と育児の文化

村田泰子

1 「母性」を基軸にした出産・育児文化

戦後日本の出産・育児の文化は，ひとことでいえば，「母性」を基軸にした出産・育児の文化であったということができます。

母性という概念は，しばしば，「父性」の対概念として使用されてきました。たとえば，戦後，産育についてもっとも権威ある言説を流通させてきた理論のひとつ，精神分析理論では，母性と父性は，単にその担い手の生物学的性差が異なるだけでなく，子どもの生育の過程で，それが必要とされる時期や度合い，機能も根本的に異なるものとされています。一方の父性が，時期としては子どもが言語を話すようになったのちに，社会的な「しつけ」や「教育」のために必要とされるのに対し，母性は出生直後，あるいは妊娠中の段階から，あたかも水や空気といった自然環境と同様に，常に子どもとともにあってしかるべきものとされてきました。母性の機能も，父性に比べ，より根源的な「人」としての土台づくりにかかわることとされます。

むろん，そうした理論が登場する以前にも，授乳などの都合上，母親が乳幼児の世話をすることはよくあったでしょう。ただし戦前の社会では，母親以外の多くの人が育児に関わっていたのに対し，戦後の社会では，母親がたった一人で，地域社会から切り離された「家族」という私的空間において，みずからの「母性」だけを手がかりに子育てするようになったのです。この歴史的に特異な産育文化のあり方を，ここでは「母性」を基軸にした産育文化と呼んでおきましょう。

2 国家を頂点とする「知―権力」の仕組みと子育て

この新しい産育文化の下で，個々の母親には，ただ子どもを育てるのではなく，医師ら専門家のいうことをよく聞いて育てることが求められました。換言すれば，個々の母親は，知識を媒介として，国家を頂点とする「知―権力」の仕組みのなかに強固に組みこまれていったのです。

「知―権力」という概念は，フランスの思想家ミシェル・フーコーが，性にかんする歴史研究のなかで用いたものです。フーコーによれば，前近代的な社会では，権力は，人民の身体を直接的に支配・拘束し，究極的にはその生命を「終わらせる」ことで行使されました。それに対し，近代社会では，人民の生

▷1 25歳から35歳既婚女性の専業主婦率は，1950年代から70年代にかけて増加し続け，その後減少傾向に転じている。

▷2 フーコー，M．／渡辺守章訳（1976=1986）『性の歴史Ⅰ 知への意志』新潮社。『性の歴史Ⅰ』では，男性のセクシュアリティが主題的に分析されているが，母性についても主題との関連で一部言及がなされている。

活・生命（life）についてできるだけ多くの知識や情報を収集し，必要に応じて諸個人の身体を社会内に適切に配備・活用することが国家にとって最重要の課題のひとつになります。そうした権力作用が社会のすみずみにまでゆきわたるには，母親の協力が不可欠でした。家ごとに，母親が責任をもって成員（とくに幼い子ども）の生活・生命の管理を引き受けることで，より効率的で確実な身体の管理が可能になったのです。

具体的に，戦後，出産の場所が自宅から病院へ移行したのに伴い，医学的知識をつうじた母親の主体化／隷属化が急速に進行しました。女性は，妊娠が発覚した時点から，医師や保健師による健診や「母親学級」「母子手帳」といった諸制度をつうじて，国家が要請する「正しい」子育てについて学んでいきました。「育児書」や「育児雑誌」，テレビの「育児番組」など，大衆メディアが果たした役割も大きかったでしょう。

▷3 いまや全出産の98％が，病院や診療所で行なわれている。
▷4 「主体化／隷属化」は，権力と主体の関係を分析する際のフーコーの主要な鍵概念のひとつである。

3 その問題点

知と権力の結びつきについてのフーコーの分析を手がかりにして，戦後日本の産育文化の問題点をつぎのように指摘することができるでしょう。

第一に，倫理的な問題として，国家が生まれくる生命の「価値」を一義的に決定することの問題点を指摘することができます。妊産婦や乳幼児の健診は，「健全な出生」を促進する場であると同時に，「不全な出生」を早期に発見し，介入するための場としても機能してきました。

第二に，ジェンダーにまつわる問題として，産育における専門家（多くの場合男性）の権威が増大し，母親（女性）が知識やサービスの一方的な受け手として客体化されてきたことの問題があげられます。ひとたび客体化された母親は，たとえば子どものアトピーの治療について専門家の意見が食い違うとき，大きな不安に陥ります。

加えて，児童虐待やネグレクトなど，「母性」を基軸とした産育の文化の下で生じている暴力の問題にも目を向ける必要があります。もはや「母性」などという不確かなものに任せきりにせず，これを社会的に支援していこうとする動きが広がっていることは歓迎すべきでしょう。

最後に，家族の〈外部〉に生きる者——戸籍や住居をもたず，基本的医療さえ受けられない者——にとって，この近代的な「生かす」権力の台頭が何を意味していたのかと問うてみる必要があります。子どもを含め，そうした者たちの身体や生命は，「生かす」権力から逃れたことの代償として，前近代的な「殺す」権力にさらされているのではないでしょうか。私たちはそうした面にも目を向けつつ，批判的分析を行なっていかねばならないのです。

【おすすめ文献】
†チョドロウ，N. J.／大塚光子ほか訳（1978=1981）『母親業の再生産——性差別の心理・社会的基盤』新曜社。
†フーコー，M.／渡辺守章訳（1976=1986）『性の歴史Ⅰ　知への意志』新潮社。
†井上輝子・上野千鶴子・江原由美子編（1995）『日本のフェミニズム5　母性』岩波書店。
†牟田和恵（2006）『ジェンダー家族を超えて——近現代の生／性の政治とフェミニズム』新曜社。

2 日常生活の文化／B つきあいと儀礼の文化

① 友だちの文化

小倉敏彦

1 友だちと学校文化

　私たちにとって，友だちの存在は，「学校」という制度を抜きに考えられないと思われます。もちろん，親戚や地域や職場のなかに仲の良い友人がいる人もいるでしょうが，私たちが「友だち」と気やすく呼べる人びとと最も多く出会う場所は，やはり学校をおいてないでしょう。町内会やサークルを通じて親しくなる友人もたいてい同じ学校に通う人間ですし，社会人になってからも付きあいの続く友人たちも，元は学校の同級生である場合が多いと思います。

　このことは，友人をめぐる私たちの思考や慣習が，学校という人工的な空間と深く結びついているということを示唆します。「友だち」を文化社会学的に考えるためには，まずこの事実に留意する必要があるでしょう。▷1

　たとえば私たちは通常，友人同士の関係は「対等」であり，形式的な義務や強制を伴わない「自発的」な関係だと考えています。▷2 さらに友だちを選ぶ基準として，趣味や意見の「類似」を重視する人も多いでしょう。こうした常識的な感覚はしかし，学校特有の環境や価値観の反映ともいえます。

　たとえば小中学校では周りの人間は全員同じ年齢ですし，大学では学力や家庭環境の似通った者がはじめから集まっています。また，学校のなかでは性別や肉体的な魅力や欠陥といった（実社会では重要な意味をもつ）個体差は捨象され，教室内の人間関係は平等であることが建前になっています。さらに1日の大半を集団で過ごすことを通じて，同質の考え方や行動様式が暗黙のうちに押しつけられもします。私たちが抱く「友だち」のイメージは，じつはこうした特殊な状況のもとで築かれた，均質な人間関係を原型としているのです。

　現代の若者が友人同士のコミュニケーションに神経をすり減らすようになっているのも，そうした奇妙に民主主義的な学校文化が背景にあると考えられます。たとえば土井隆義は，今どきの中高生が互いの個性を傷つけないよう細心の注意を払いながら，友人関係の均衡を必死で維持している様子を，「友だち地獄」と評しています。▷3 彼／彼女らにとって，「友だちは対等でなければならない」という学校的な理念はそれほど強い拘束力をもっているわけです。

　それどころか，会社の同僚に対する陰湿ないじめや，「ママ友」同士の煩瑣な近所づきあいなどをみるかぎり，学校の文化は大人たちの友人関係にさえ影を落としているといってもいいでしょう。▷4

▷1　近代的な学校制度の特殊性を批判した著書としては，イリイチ, I./小澤周三・東洋訳（1970=1977）『脱学校の社会』東京創元社が代表的である。

▷2　たとえば歌舞伎や相撲の世界では，幼なじみの友人を自分の付き人として雇うことがよくあるが，もし一般人が親友に対して着替えの手伝いを命じたり給料を払ったりしたら，おかしな感じがするだろう。

▷3　土井隆義（2008）『友だち地獄——「空気を読む」世代のサバイバル』ちくま新書。

▷4　ブレイン, R./木村洋二訳（1976=1983）『友人たち／恋人たち——友愛の比較人類学』みすず書房は，友情の文化を比較社会学的に論じた貴重な研究で

2 学校化以前の友人文化

では学校がなかった時代の人びとは、どのような友人関係を築いていたのでしょうか。人類学や歴史学の研究は、時代や社会によって、友人の定義も友情の表し方もじつに多様であることを教えてくれます。

たとえばアフリカの伝統的な部族ではいまでも、誕生日の近い者同士が親友として「指名」され、生涯その友人と親交を結ぶことが定められています。また中南米の村落では男女の婚約と同じように、仰々しい儀式に則って友人関係の契約が行なわれます。これらの風習は、個人的な相性によって友だちを選ぶ私たちの文化とは明らかに異なるでしょう。しかも面白いのは、こうした伝統的な社会では、友人が天下り的に決められる一方で、友人同士がしばしば恋人のように熱烈に愛しあうということです。私たちはふつう適度な距離を保つことが友人に対するマナーだと考えていますが、彼らにとっては、誰の目もはばからずに愛情を交わすことが本当の友情だと考えられているのです。

似たような例は江戸時代の日本にもみられます。それは若者組や娘組と呼ばれる組織です。たとえば若者組は15歳から30歳までの幅広い年齢の男子で構成され、彼らは結婚するまで村の若衆宿で共同生活をし、農作業を覚えたり祭を仕切ったりしました。組のなかには厳格な上下関係があり、年長者は年少者を厳しく指導する一方、年少者は彼らを肉親のように慕いました。また若者組は若者を一人前の男に鍛える場でもあるので、荒っぽい喧嘩や競争も日常的に行なわれていました。友人の間に不平等や衝突があることは常態だったのです。彼らはこうした雑多な集団のなかで、生涯の友をみつけたわけです。

こうした垂直的な友人関係は、近代的な学校制度（と徴兵制）が普及するようになると少なくなっていきますが、それでも戦前の回想録などには、歳の離れた友人たちのエピソードが数多くみられます。友だちのフラット化が進むのはむしろ戦後の高度成長期以降、原っぱや空き地などの多様な子どもたちが集まる場所が減り、学校が生活空間の中心になってからのことです。

3 友だちをめぐる制度と力学

こうした「学校化」以前の事例を知ることで、2つの示唆が引き出せます。一つは、どの時代においても、友だちは社会の制度と密接にかかわっていること。私たちは任意の集団のなかから気のあう友人を自由に選んでいるわけではないのです。もう一つは、学校文化が行き渡った現代では、友人関係の内部で働く「力」が不可視になっていること。つまり学校とは、私たちが友人に対して愛情や憎悪といった差別的な感情を抱く生き物であるという事実を、隠蔽する装置なのです。友だちの文化を分析するには、そうした友人関係の内外において働いている力を明らかにする必要があると思われます。

ある。なお伝統的な友情文化については、小倉敏彦（2009）「友愛というコミュニケーション」長谷正人・奥村隆編『コミュニケーションの社会学』有斐閣、187-207頁でもくわしく論じている。

▷5 瀬川清子（1972）『若者と娘をめぐる民俗』未來社。

▷6 また若者組は地方行政とも結びついていたので、そこで生まれた友人関係は公的な意味を強く帯びていた。たとえば友人の結婚式や葬式には主賓として参加し、経済的に困窮した友人には優先的に支援する義務もあった。

▷7 高橋英夫（2001）『友情の文学誌』岩波新書。戦争体験者の交友については、高橋三郎ほか（1983→2005）『共同研究・戦友会』インパクト出版会参照。

▷8 「原っぱ」で展開された自生的な社交文化とその消滅については、橋本治（1992）『ぼくたちの近代史』河出文庫参照。なお橋本のいう「原っぱの論理」を学校的な民主主義の理念と対比させて論じた、坪内祐三（1997）「あいまいな日本の『戦後民主主義』」『ストリートワイズ』晶文社、110-130頁も重要。

おすすめ文献

†土井隆義（2008）『友だち地獄――「空気」を読む世代のサバイバル』ちくま新書。

†高橋英夫（2001）『友情の文学誌』岩波書店。

†ブレイン, R./木村洋二訳（1976=1983）『友人たち／恋人たち――友愛の比較人類学』みすず書房。

2 日常生活の文化／B つきあいと儀礼の文化

恋愛の文化

小倉敏彦

1 不倫としての恋愛文化

　かつて日本のあるタレントが「不倫は文化だ」といい放って，世間の顰蹙を買ったことがありました。しかし，恋愛という観念がもともと結婚制度の外で生まれたことを考えると，彼の発言は（道徳的にはともかく）歴史的には適切だったといえます。つまり，恋愛の文化はある意味不倫としてはじまったのです。

　西欧における恋愛文化の源流は，中世の南仏地方で発達した「宮廷風恋愛」といわれます。それは，若い騎士が身分の高い既婚女性に対して情熱的な崇拝を捧げる求愛のスタイルであり，その情景を描いた詩や物語が，恋愛の手本として宮廷に広まったのです。当然，その願望を直接実現しては宮廷の秩序が危うくなるので，愛の表現は屈折に満ちたものになり，物語の展開は波乱やすれ違いの連続となりました。この「障害が情熱を高める」パターンこそ，私たちもよく知る恋愛ドラマの定石でしょう。それは，親同士の確執で恋人たちが死に追いやられる戯曲『ロミオとジュリエット』から，いつも不治の病がカップルの仲を引き裂く現代のケータイ小説にまで踏襲されています。

　つまり，互いに魅かれあった男女があえて性的な結合を先延ばしにするところから，文化としての恋愛は形成されたわけです。そして西欧社会では長いあいだ，恋愛の情熱と結婚生活は両立しえないものと考えられていました。

2 恋愛結婚という理想

　しかし近代の市民階級は，恋愛の観念を結婚制度の内部に取り込むことで，「恋愛結婚」という新しいルールをつくり出しました。ここでも文学が重要な役割を果たしました。ルソーの『新エロイーズ』やゲーテの『若きウェルテルの悩み』などにはじまる，18世紀後半のロマン主義文学がそれです。その内容は，人生を一変させる運命的な出会い，純潔を守ることの尊さ，恋愛の完成形としての結婚など，宮廷風恋愛とはかなり異なる思想を含んでいましたが，たちまちヨーロッパ中の人びとを魅了しました。その影響のもとで成立した恋愛の観念こそ，「ロマンティック・ラブ」と呼ばれるものです。

　これは，恋愛という非日常的な体験を，結婚という日常へと接合する試みだったといえます。その結果，「愛のない結婚は恥」とする意識が欧米を中心に広がり，明治期の日本にもこの観念が輸入されました。しかし当時，好きあっ

▷1　阿部謹也（1992）『西洋中世の愛と人格』朝日新聞社；ルージュモン，D.／鈴木健郎・川村克己訳（1939=1993）『愛について』（上・下）平凡社ライブラリー。

▷2　井上俊（1966→1973）「『恋愛結婚』の誕生──知識社会学的考察」『死にがいの喪失』筑摩書房，172-198頁；ノッター，D.（2007）『純潔の近代──近代家族と親密性の比較社会学』慶応義塾大学出版会。

▷3　ゲーテらの恋愛観については，竹田青嗣（1993）『恋愛論』作品社参照。

た男女が結婚することは「野合」と非難され，見合い結婚よりも低くみられていました。そのため日本では，若い世代が恋愛結婚自体を非日常的な理想として夢見る，という特殊な状況が長く続きました。実際に日本で恋愛結婚の割合が見合い結婚のそれを上回るようになったのは，1960年代末のことです。

もちろんいつの時代にも，男女が愛しあうという営みは存在しました。しかしいまの私たちが知っている恋愛は，明らかに文化的に築きあげられたものです。そもそも詩歌や演劇の題材にならなければ，上流階級のあいだだけで知られていた宮廷風恋愛が後の時代まで伝わることはなかったでしょう。ロマンティック・ラブはその名の通り，大衆的な恋愛小説（ロマンス）と密接に結びついた観念であり，「小説（物語）のような恋愛」とも訳すことができます。

そうした文化の力は，いまも私たちの恋愛観を深く捉えています。たとえばテレビドラマや恋愛映画を一度もみたことのない人が，どうやって好きな異性を口説いたり恋人の気持ちを推しはかったりすることができるでしょうか。むしろ多くの人びとは，他人のつくったドラマチックな物語に魅了されることで，デートの作法を学び，理想の恋人をあれこれ夢想し，恋愛への欲望を駆り立てられてきたはずです。とりわけ現代社会はメディアも企業もこぞって「恋愛していなければ人にあらず」という風潮を煽るようになっており，そうした風潮を「恋愛資本主義」と呼んで批判する論者もいるくらいです。

③ 恋愛という制度

社会学者はしばしば，恋愛も夫婦愛も，社会が要請する「制度」にすぎないということを強調してきました。たしかに恋愛結婚が普及したのは，小説の影響だけでなく，近代社会が，個人主義的な思潮とある程度両立しうる新しい家族の形態（ホーム）を必要としていたからです。しかしそれは見方を変えれば，恋愛という非日常的要素を導入することで平凡な結婚生活や人生を特別なものにしようとする，大胆な実験だったとも考えられます。じっさい近代の市民階級が「恋愛」を夫婦の間で実践しはじめた当初は，上流階級から嘲笑の的にもなりました。しかしロマン主義文学はそれを魅力的なものとして描き，人びとの価値観を変えてしまったわけです。こうした文化の力を分析するためには，現在自明のようにみえることを疑う歴史的な想像力と，表面的な合理性を超えた人間の欲望を読みとる繊細な感性が必要だと思われます。

ところで近年では，恋愛自体に強い関心をもたない人びとも多くなったようにみえます。その一例が「草食系男子」と呼ばれる若い男たちです。異性あるいは恋愛に対して消極的な人がなぜいま増えているのか，その理由はまだわかりません。ただ恋愛が本能ではなく文化的な欲望であるということを，これほど逆説的に示す現象はないでしょう。いつか恋愛を煽る文化の力が衰えたとき，私たちは恋愛になんの魅力も感じなくなっているかもしれません。

▷4 伊藤整（1958→1981）「近代日本における「愛」の虚偽」『近代日本人の発想の諸形式』岩波文庫，139-154頁。

▷5 本田透（2006）『萌える男』ちくま新書。同様の問題意識をもつ著書としては，小谷野敦（2000）『恋愛の超克』角川書店；赤坂真理（2007）『モテたい理由』講談社現代新書も参照。

▷6 井上俊「『恋愛結婚』の誕生」，前掲書，187-188頁。

▷7 たとえば近代小説と結婚制度の複雑な関係を考えるには，タナー，T.／高橋和久・御輿哲也訳（1979=1986）『姦通の文学――契約と侵犯』朝日出版社が参考になる。

▷8 深澤真紀（2007）『平成男子図鑑』日経BP社；牛窪恵（2009）『草食系男子の取扱説明書』ビジネス社など参照。

おすすめ文献

†ソレ，J.／西川長夫ほか訳（1976=1985）『性愛の社会史――近代西欧における愛』人文書院。

†ギデンズ，A.／松尾精文・松川昭子訳（1992=1995）『親密性の変容――近代社会におけるセクシュアリティ，愛情，エロティシズム』而立書房。

†谷本奈穂（2008）『恋愛の社会学――「遊び」とロマンティック・ラブの変容』青弓社。

2 日常生活の文化／B つきあいと儀礼の文化

3 贈り物の文化

野田さやか

1 贈り物と返礼

　美しい包装紙にリボン，あるいは膨らんだ風呂敷包みをみれば誰しもわくわくした気持ちになるでしょう。最近は，「自分へのプレゼント」と称して，普段はためらうような少し値の張る買い物をする人もいますが，本来は自分以外の誰かに贈るものです。相手に対価を要求することなくまた自発的に何かを譲渡するとき，われわれはこれを贈り物と呼びます。

　贈り物は一方的に与えるもののようにみえますが，M. モースによれば，贈与には提供，受容，返礼の3つの義務が含まれているといいます。結婚式に出席するにはお祝いをもっていかねばならず，当人や家族はこれを受け取らなくてはならず，受け取ったならば引き出物をお返ししなくてはならない，というように。当然，結婚する側もお祝いをもらう前提でお返しを用意しています。お盆に贈る中元の進物など，日頃お世話になったお礼に贈る場合でも，受け取った側はさらにお礼をしなくては，無調法者扱いされてしまいます。

　結婚祝いや中元・歳暮の進物といった家単位で贈られるものならばともかく，個人のあいだでやり取りされる贈り物，たとえばバレンタインデーにチョコレートを贈る場合はどうでしょう。これらは無償の贈り物といえるでしょうか。

2 日本のバレンタインデー

　日本のバレンタインデーは，チョコレートが主たる贈り物とされること，女性から男性へ贈られること，会社の上司や同僚にも贈られることなど西欧とは異なる特徴をもっています。小笠原祐子によれば，日本におけるバレンタインデー定着に一役買ったのがチョコレートメーカーであり，またバレンタインデーが愛の日であるため，チョコレートの既存の購買層である女性から男性にチョコレートを贈るというスタイルが日本型バレンタインデーとして定着したといいます。会社の上司や同僚に贈るチョコレートは一般に「義理チョコ」と呼ばれていますが，この他に最近では恋愛感情ではなく友情をこめた「友チョコ」など，贈る相手は多様化しつつあります。これらのバレンタインチョコレートのすべてが提供の義務を負っているとは想像しにくいですが，とくに若い世代は，恋人や夫からバレンタインに贈り物を期待されていると感じる人も多いでしょう。たとえば，なんらかの事情でバレンタインデーに渡せない場合は，

▷1　モース，M.／吉田禎吾・江川純一訳（1925=2009）『贈与論』ちくま学芸文庫。

▷2　小笠原祐子（1998）『OLたちの〈レジスタンス〉——サラリーマンとOLのパワーゲーム』中公新書，102-103頁。

「明日渡すからね」などと14日までに断りを入れるというように。

また日本のバレンタインデーには対となるホワイトデーが存在します。男女が贈り合う欧米のバレンタインデーとは異なり、日本ではバレンタインデーは女性から贈る日と捉えられているため、返礼の機会として利用されています。菓子を売りたいメーカー、返礼を期待する女性、その期待にスマートに応えたい男性、三者の利害が一致してホワイトデーは定着したといってよいでしょう。もしホワイトデーがなく、ホワイトデー向けの商品がなかったら、いつどんな形で返礼するのかに心煩わされることになるでしょう。

これらは円満なバレンタインデーの例ですが、市民団体が抗議を込めて国会議員にチョコレートを贈るという事件もありました。バレンタインチョコレートは少なくとも表層的には好意の象徴のため断れないことを逆手にとったのです。

3 贈り物と返礼のバランス

友人への個人的な誕生日の贈り物も、贈り主の次の誕生日に贈り物をするという形で返礼が期待されます。贈り物を選ぶときにあまり高額にならないように気をつかうのは、自分の懐具合だけでなく返礼の際の相手の懐具合も考慮するためです。私たちは互酬性の規範によって、贈られたものと等価のものを返そうとするからです。また、贈り物の値段を曖昧にしようともします。そのためどちらがより多く贈っているのかも曖昧になり、自分の方がより多くもらっているかもしれないと感じます。このようにお互いが負債を負い合っている状態が、さらなる返礼を促します。

贈り物には高価な贈り物よりも安価なものが好まれる場合もあります。たとえば、職場で小さな飴玉やチョコレートを配る人をたまにみかけることがあります。世間話のきっかけや挨拶のついでに渡すと、断る人はまずいません。またこれに品物で返礼しようとする人も稀です。なぜなら、あまりに安価なので、これに対してわざわざ品物で返礼すると「あなたに借りをつくりたくない」という意思表示と受け取られるからです。この「ほんの気持ばかり」の飴玉は品物で返礼するには小さすぎるがゆえに贈られた側に感謝や厚意といった気持での返礼を促します。つまり、提出書類の〆切を少し待つとか、期限に無理のある仕事を残業して終わらせるなどといった瑣末な優遇が返礼に充てられます。高価な贈り物になると、品物の返礼を受けたり、賄賂と受け止められて贈り物を受け取ってもらえない可能性があります。安価な贈り物は安価だからこそ、公的人間関係を人格的関係に変化させる契機になりえるのです。

このように、互酬性に支えられた贈答行為の習慣は持続的な関係を築き、関係の均衡を支える役割を果たしているといえます。

おすすめ文献

† ブラウ, P. M./間場寿一ほか訳 (1964=1974)『交換と権力——社会過程の弁証法社会学』新曜社。
† 加藤秀俊 (1978)『習俗の社会学』PHP 研究所。
† 井上俊ほか編 (1996)『岩波講座現代社会学 17 贈与と市場の社会学』岩波書店。

2 日常生活の文化／B つきあいと儀礼の文化

4 クリスマスの文化
——鈴と金

長谷川一

1 クリスマスの日本

11月ともなれば，あちこちから鈴の音が聞こえてきます。

百貨店で，専門店で，スーパーやコンビニで，商店街でさえ，毒にも薬にもならぬクリスマス・スタンダードのBGMを流しつつ，赤と緑を基調にした飾りつけとともに，多種多様な商品が自己をアピールしはじめます。イヴに向けて盛りあがることが予約されたテレビドラマの放映が開始され，J-Popとよばれる当世若者向けポピュラー音楽でもクリスマスを詠みこんだ新曲がリリースされます。書店にいけば，クリスマスを題材にした絵本や軽い読み物が平積みです。郊外の住宅地では，どの家も競うようにして，狭い庭のなけなしの植木にむやみと豆電球を巻きつけています。若者たちはイヴのデート計画立案に余念がなく，小さな子どもたちは，アドベント・カレンダーを横目に保育園で降誕劇の練習に取り組みはじめることでしょう。

2 鈴と金

クリスマスの日本的なあり方について，知識人とよばれる人たちはしたり顔で言います。あんなものはただ資本に踊らされている商業イベントにすぎず，西欧社会におけるそれが包蔵しているような宗教性の欠片もないのだと。

なるほど，12月25日を迎えて礼拝ミサに出かけ，約二千年前のこの日に生まれたとされるイエスという男に思いめぐらせたりするのは信者くらいのものかもしれません。シャンシャンシャンと鳴る橇の鈴音といえばクリスマスの象徴のひとつですが，現実に響きわたるのは直接間接に飛びかうカネの音です。そこには何の創造性もなく，ぼくたちの時間と身体と精神とが体よく搾取されてゆくだけ。それは消費社会のなかでも一頭地を抜く規模の巨大イベントです。

こうした類型的な批判は，それ自体とくに的はずれなわけではありません。しかしそこには決定的に欠けている視点があります。それは，そう鋭く指摘する当人だって，きっとクリスマスイヴの晩には，鳥の丸焼きやケーキを食べたり，夜中に子どもの枕元にそっとプレゼントを置いたり，あるいは恋人と夜景を見に出かけたりするだろうということです。

▷1 キリスト教系諸派の信者が日本社会のなかに占める割合はきわめて限られる。文部科学省文化庁文化部宗務課の宗教統計調査によれば，キリスト教系の信者総数は約303万人である（平成18年12月31日現在）。単純に計算すれば，日本の人口に対する割合は2.5％となる。ただし同調査では全宗教の信者数総計が約2億8845万人となっており，全体に実勢よりも過大な数字であると推測される。
http://www.mext.go.jp/component/b_menu/other/__icsFiles/afieldfile/2009/07/10/1245820_005.pdf

▷2 ちなみにわが家の場合，どれだけ長く子どもたちにサンタクロースの実在を信じこませていられるかという課題に挑戦している。

③ 愉しみの実践

　誰も彼もがそこに巻きこまれ，動員されてゆく。それが一大消費イベントとしての日本的クリスマスのひとつの特徴です。まったく興味がない人であっても，ことあるたびに持論を開陳せずにはいられない。そのような形で関係させられてしまうのです。

　日本的クリスマスは初めから消費社会の成立とのあいだで紐帯を結んでいました。大正時代，勃興する中産階級のあいだで，宗教行事というよりも「ハイカラ」な舶来趣味の一環としてひろまったといわれています。第二次世界大戦後には，20世紀に米国で形成されたクリスマス・イメージから濃厚な影響をうけながらも，より風俗としての側面を強調すべく改鋳されてゆきます。

　だから，1970年代からバブル期にかけて，クリスマスが「恋人たち」のイベントとして焦点化され，さまざまに表象され，実践されていくようになったのも，その延長線上で理解することができます。一方でそれは若年世代が大きな可処分所得と消費欲を潜在するマーケットとして開発される過程であり，他方では消費を通したアイデンティティ・ポリティクスがより一般化してゆく過程でもありました。そうした部分のみをクリスマスという行事において肥大化させた日本的な様相は，たとえば西欧キリスト教世界の目にはいかにもポストモダンな光景として映ることでしょう。

④ 雑種性と両義性

　それでもほかならぬぼくたち自身が，毎年なかば積極的に身を投じ，実践し，愉しみさえ感じているのがクリスマスです。すべてはその現実から出発せねばならない。

　1951年，ディジョンのカトリック教会は，サンタクロースの人形を火刑に処しました。その人形は赤い服を着てひげを伸ばした老人，つまり今日誰もが想像するサンタクロースの恰好をしていました。そのイメージは20世紀前半までに米国で生まれたもので，第二次世界大戦後に欧州へ浸透する米国式の消費主義的クリスマスの象徴でした。ところが，この事件を批判した人類学者 C. レヴィ＝ストロースは，伝統的とされるクリスマスの様式が比較的最近つくられたものであることを指摘しながら，消費主義的クリスマスもまた先行する種々の儀礼との連続性において認められる余地があると述べています。

　あらゆる文化と同様に，クリスマスもまた雑種的だ（ハイブリッド）。キリスト教の普及の過程で，それ以前から欧州で広く信じられていた土着の太陽神信仰，冬至のお祭りと習合する形でつくりあげられてきたものなのです。現代の日本的クリスマスもまた，必ずしも欲とカネと使い古されたステレオタイプだけで捏ねあげられているのではないのかもしれません。

▷3　江戸期から歌舞伎などで広く人気を集めてきた忠臣蔵の物語もまた，太陽神信仰と結びついたものだという議論がある（丸谷才一（1984）『忠臣蔵とは何か』講談社）。だとすれば，クリスマスと忠臣蔵とのあいだにもあるパターンが共有されているといえるかもしれない。

おすすめ文献

†Moeran, B. and Skov, L. (1993) "Cinderella Christmas: Kitsch, Consumerism, and Youth in Japan," in Miller D. ed. (1993) *Unwrapping Christmas*, Oxford University Press, pp. 105-133.

†葛野浩昭（1998）『サンタクロースの大旅行』岩波新書。

†レヴィ＝ストロース，クロード／中沢新一訳（1952＝1995）「火あぶりにされたサンタクロース」『サンタクロースの秘密』せりか書房。

2 日常生活の文化／B つきあいと儀礼の文化

5 職場づきあいの文化

森　雄繁

1 私たちにとって職場とは

職場は組織のなかの一部門（支店，部，課等）であり，組織と比較すると相対的に少ない人びとが日常的にいっしょに仕事をする場，働く者にとって最も身近な場です。

私たちは1年間のうち約200日，しかも日中の一番活動的な時間になぜ職場に行くのでしょうか。仕事をするためですが，それではなぜ仕事をするのでしょうか。それは，職場には仕事をすれば得られるもの（資源）があるからです。

2 職務能力・専門能力育成の場，欲求充足の場としての職場

それでは職場にある資源とは何でしょうか。私たちが自分の人生を充実したものにするにはまず職業生活を長期間充実させることが必要です。そのために重要なものは，現在の職場で仕事を続けていくにしても，将来転職をするにしても，仕事をする能力（職務能力）と，それに加えて自分の専門とする能力（専門能力），それらの能力を使った経験をして，「具体的にどの仕事ができる」といえる能力です。

職務能力（以下職能）は実際に仕事をすることによって身につけます。現在の日本における就職状況をみると自分の専門や専門としたい仕事によって就職を決めることは少なく，自分にはどんな能力があるかは就職して仕事をしながら見つけていきます。その仕事をしながらさらに自己啓発によって専門能力を深め，拡大していきます。つまり職場にある資源は職能・専門能力育成の仕事という資源です。この能力の育成には上司・同僚の支援が必要です。しかし職場には将来の専門能力育成に役立つような仕事（仕事という資源）は決して多くはありません。大半の仕事は定型的な仕事であり，その人の専門能力育成に役立つような仕事は少ないのです。

私たちは多くの欲求をもっています。その欲求はA. H. マズローによれば，生理的欲求[41]，安全欲求[42]，愛情欲求[43]，承認欲求[44]，自己実現の欲求[45]があって，これらが順に5段階になっています[46]。

職場には私たちのこれらの欲求を充足させる資源があります。しかし，皆が求める欲求に比べると職場にある資源は相対的に少ししかありません。

▷1　生きていくために必要なものに対する欲求。
▷2　社会生活上の安全に対する欲求。
▷3　人びとの間で心がかよいあいたいという欲求。
▷4　自分の重要性にかんする欲求，社会的に認められたいという欲求。
▷5　自分は何ができるかを確かめそれを実現したいという欲求。
▷6　この仮説は直接証明できないが，私たちの体験から納得のいくものである。

3 職場のなかの矛盾

　私たちは職場にある資源を職場にいる人たちと分かち合います。定型的な仕事と専門能力育成に役立つ仕事をそれぞれが分担します。専門的な仕事は定型的な仕事によって支えられています。誰かが定型的な仕事を適時・正確にこなすことによって，はじめて専門的な仕事ができます。他方各自の欲求についても次のことがいえます。低次欲求（生理，安全，愛情）は次の高次欲求（承認，自己実現）に比べて比較的満たせます。しかし高次欲求は，充たされれば充たされるほど肥大化していくので，欲求を充たす資源は職場に相対的に不足しており，各自が充たされる度合いは少なくなります。

　これらの仕事や欲求充足の資源の職場の人たちへの配分は，主にその人の評価（人事評価）によって決められます。その人事評価によって査定された上司・同僚との優劣によって相対的に少ない資源が配分されます。人事評価は人が人を評価するので常に公正であることは難しいのです。職場の人たちは必ずしも公正とはいいがたい人事評価のもとで職場の上司・同僚と競争しているのです。

　一方で職能を育成するには職場の上司・同僚の支援が不可欠であり，また欲求充足の資源は職場の上司・同僚が仕事で力を合わせて協調することによって増やすことができます。つまり職場は，両立が必要でありながら難しい競争と協調の場なのです。

4 職場づきあいについての考え方

　最近の若い人たちには個人主義が浸透しており，また働き方は，これまでのように同じ組織で長期間勤務するかどうかわからなくなっています。このために若い人たちは，職場というのは日中に仕事をする場所であって，職場を離れてまで仕事以外で職場の人たちとつきあうのは時間の無駄であると考えて，職場づきあいを敬遠する傾向があります。たしかにいつも職場の人たちと群れているのは問題です。しかし，上述したように私たちが職場に求める資源と，職場での矛盾のなかで，職場づきあいは次のような意味をもつと考えられます。

(1) 職場にあるが少ない資源（専門家となるための仕事，欲求充足資源）を獲得するため。
(2) 資源配分を決める人事評価の公正さを確保するため。
(3) 上司・同僚からの支援を得るため。
(4) 同僚との協調と競争のバランスをとるため。

　専門能力育成には上司・同僚の支援と高い人事評価が不可欠です。人事評価には人と人の関係が影響します。また職場で競争と協調を両立していくためにも上司・同僚に自分という人間，仕事振りを知ってもらうことが必要なのです。

おすすめ文献

†マズロー，A. H. ／小口忠彦訳（1954=1987）『人間性の心理学』産能大学出版部。
†森雄繁（2003）『組織のなかのキャリアづくり』東方出版。
†太田肇（2007）『承認欲求』東洋経済新報社。

2 日常生活の文化／B つきあいと儀礼の文化

6 結婚式の文化

大貫恵佳

1 神前結婚式の誕生――近代化による外部化と簡便化

　日本の「伝統的」な結婚式として多くの人が思い浮かべるのは，神前結婚式ではないでしょうか。しかし，神前式は日本古来のものではなく，20世紀に入ってから誕生した近代的なものなのです。日本ではじめての神前式は，1900年（明治33）の皇太子嘉仁（大正天皇）と九条節子の婚礼であるといわれています。

　近代化以前の日本の結婚儀礼は，血縁共同体と地縁共同体によって自宅で行なわれるものでした。宗教者は介在しません。婚姻儀礼と宴会が明確に区別されず，延々と3日間以上続くような，大変煩雑なものでした。こうした煩わしい日本の習俗を簡便化，外部化し，近代的で新しい結婚式をつくらなければならない，しかも，それは西洋からの借りものであってはならず，日本古来のものにみえなくてはならない，そうした近代化の要請のなかで「発明」されたのが神前結婚式だったのです。

　近代化と結婚にまつわる重要な出来事がもうひとつ，この頃に生じています。1898年の明治民法による家制度の法制化です。それまで地域共同体のなかの儀礼や慣習によって成立していた結婚が，このときはじめて法律的なことがらとなり，国家への届け出がその要件となりました。「婚姻届を提出して，結婚式を挙げる」といういわゆる「結婚」がここに生まれたのです。

2 結婚式の全国的な普及――高度経済成長と企業共同体

　もちろん，新しい結婚式はすぐに普及したわけではありません。明治末期には自宅で簡単に神前式を挙げられるように出張して結婚式の一切をとり行なう業者の出現など新しい風も吹きこみますが，神前結婚式を挙げる人はまだまだ少数でした。

　一般の人びとの結婚式が大きく変化するのは，第二次世界大戦からの復興を果たした1950年代後半，高度経済成長期のことでした。敗戦直後までは，依然として過半数を占めるのは自宅での結婚式でしたが，50年代以降には神前結婚式が台頭し，60年代後半には全挙式の8割以上が神前結婚式になったといいます。専門の式場やホテルなどが増え，結婚式と披露宴はパッケージ化された商品となり，全国どこでも同じような結婚式を挙げることができるようになりました。結婚式の大量生産時代の幕開けです。

▷1　近代化以前の婚姻儀礼については，江守五夫（1986）『日本の婚姻――その歴史と民俗』弘文堂を参照。
▷2　明治民法は「妻ハ婚姻ニ因リテ夫ノ家ニ入ル」（788条1項）と定めている。
▷3　1908年（明治41）にはこうしたサービスを請け負う「永島式婚礼会」が発足した。永島藤三郎（1918→1986）「結婚式概要」南博ほか編『近代庶民生活誌』9巻，三一書房，323-336頁；志田基与師（1991）『平成結婚式縁起』日本経済新聞社，143-144頁を参照。
▷4　戦後，1946年には新憲法が公布されている。そこでは，「婚姻は，両性の合意のみに基いて成立し，夫婦が同等の権利を有する」（24条）ことが定められている。またそれを受けて新民法（1947年改正）では，夫婦は，「夫又は妻の氏を称する」（750条）と規定されている。夫の家（戸籍）に妻が入る（入籍する）という3世代の戸籍も廃止され，婚姻によって新たに夫婦の戸籍が作成されることとなった。明治民法と新民法の比較については，布施晶子（1993）『結婚と家族』岩波書店，106-107頁にまとめられている。
▷5　斎藤美奈子（2006）『冠婚葬祭のひみつ』岩波新書，57頁。

この時期の結婚式の特徴的な点は，披露宴にあります。披露宴は結婚式とセットになっており，結婚式の後にそのまま同じ施設内もしくは式場から近い会場で行なわれます。披露宴の大切なゲストは勤務先の関係者です。上司は媒酌人や主賓をつとめることによって，同僚たちはそういう場面に居合わせることによって，新郎新婦の結婚を承認しました。「サラリーマン」が一般化し，企業の多くは終身雇用制と年功序列制を保っていましたから，結婚するカップルにとって会社関係者は非常に重要な人びとでした。かつての「家」や地域共同体の代わりに，この頃の結婚式では，企業共同体が大きな役割を果たしていたのです。

③ 多様化する結婚式

　70年代の半ばから90年代の半ばまで，結婚式・披露宴は規模を拡大し続け，さまざまな見せ場をプロの司会者が巧みにさばくショーと化しました。90年代の半ばには，キリスト教式の比率が神前式を上回りました[46]。さらに，レストラン・ウェディングやハウス・ウェディング，リゾート・ウェディングといった新しいタイプの結婚式が登場しました。晩婚化・非婚化も進み，結婚の形態が多様化したかたわらで，結婚式も多様化の時代に突入したのです。そして結婚式は，「お仕着せ」のものではなくなり，「自分らしさ」を表現する場へと変わりました[47]。

　また，披露宴における企業共同体の役割も変わりました。洋婚の隆盛とともに媒酌人が姿を消し，企業は結婚を承認する重要な共同体ではなくなりました。その背後にはおそらく，終身雇用制や年功序列制の崩壊があるのでしょう。代わりに現代の婚姻儀礼において重要な位置を占めるようになったのは「家族」──「家」ではなく，新郎新婦それぞれが育った（狭い範囲の）自分の家族──です。自分を育ててくれた親への感謝が，「自分らしさ」とならぶ現代結婚式のメインテーマとなりました[48]。

　婚姻儀礼は近代化によって大きく変容を遂げましたが，それでもなお，常に共同体における結婚の承認の場であり続けました。婚姻届の提出が国家への登録であるのだとしたら，婚姻儀礼は共同体への登録という機能をもっていたのです。現代の結婚式においては，その機能は薄れてきているように思えます。共同体そのものが解体してしまったといわれる現代ですから当然の成り行きかもしれません。しかし，結婚式や披露宴自体は消滅するどころか，多様化しながら続いています。昨今では，「するのが当たり前だから」挙式をするという人は少数派です[49]。当事者たちは，自分たちなりに自発的に結婚式に意味づけをし直しながら，それを連綿と続けているのです。現代社会の結婚式について考えることは，私たちに，社会における結婚や儀礼の意味そのものを考え直すヒントを与えてくれるかもしれません。

▷6　斎藤美奈子（2006）『冠婚葬祭のひみつ』岩波新書，81頁。なお，2009年の調査ではキリスト教式の比率は60.4％と報告されている（結婚情報誌『ゼクシィ』（リクルート発行）調べ）。また，坂井妙子によれば，白いウェディングドレスでの挙式がイギリスで定着したのは19世紀末である。ヴィクトリア女王の結婚式（1840年）が火付け役となり，ミドルクラスの女性たちに流行していった。その経緯は，日本における神前結婚式の普及と類似している（坂井妙子（1997）『ウェディングドレスはなぜ白いのか』勁草書房）。

▷7　『ゼクシィ』の2009年の調査では，「挙式，披露宴・披露パーティの演出を決定する際に心がけたこと」の上位は「アットホームなムードになること」（65.7％），「自分らしさを表現できること」（59.8％），「列席者を退屈させないこと」（57.8％）となっている。

▷8　7の調査による「披露宴・披露パーティをあげた理由」をみると，「親・親族に感謝の気持ちを伝えるため」と答えた人が69.3％に上っている。

▷9　▷8「披露宴・披露パーティをあげた理由」の回答として「するのが当たり前だから」と答えた人はわずか8.3％である。

おすすめ文献

†斎藤美奈子（2006）『冠婚葬祭のひみつ』岩波新書。
†坂井妙子（1997）『ウェディングドレスはなぜ白いのか』勁草書房。
†柳田國男（1990）『柳田國男全集』12，ちくま文庫。

2 日常生活の文化／B つきあいと儀礼の文化

7 祭りの文化

芦田徹郎

1 祭りとは何か

　日本の各地で祭りが盛んです。札幌のYOSAKOIソーラン，青森のねぶた，東京の三社祭，京都の祇園祭り，徳島の阿波踊り，福岡の博多山笠など，賑やかな掛け声や音曲などにあわせて多数の参加者が神輿やヤマ，それに踊りなどに没入します。またその何十倍から百倍以上もの見物人が押しかけ，祭りの興奮に酔い痴れます。多くの人びとを引きつける祭りとは，いったい何でしょう。

　かつて，人知や人力が及ばない自然条件に支配されて農業が営まれていた時代，人びとは，春や秋などの区切りの時季に神を招き，季節の順調な巡りと豊作を祈願し，またそれに感謝しました。これがもともとの祭りです。神への祈願や感謝にあたっては，一方で厳粛・厳格な儀式が執行されますが，他方では酒食や歌舞などが献納されて，人びともそのご相伴にあずかります。

　そこから，祭り執行のための制度や組織やしきたりが整えられるほか，神楽や歌や踊りなどの民俗芸能，祭り特有の衣装や飲食物などが工夫されてきます。また，祭日には神社の舞台や臨時の小屋で芝居などが演じられ，祭り独特の景観がつくり出されてきました。祭りといえば，これらの晴れやかで賑やかな非日常的光景が目に浮かびます。民俗学者の柳田國男（1875-1962）は，「ケ」と「ハレ」という伝統的な言葉づかいの対比に，日常と非日常とを区別する日本人の基本的な生活感覚を見出しました。今でも「晴れ着」などといいますね。

　他方，フランスの社会学者のE.デュルケムは，社会集団の生活リズムを，人びとの個別的で分散的な日常生活が営まれる「俗」なる時間と，集合して非日常的な共同礼拝が行なわれる「聖」なる時間の循環として捉えました。そして，この聖なる時空の祝祭状況において人びとは一体化し，社会集団（共同体）は定期的に再生されると考えたのです。農業に共同作業が不可欠であった時代には，日本の祭りにおいても，五穀豊穣といった表向きの目的とは別に，イエやムラなど社会集団の結束を強化するという，隠された働きは重要であったと思われます。したがって，今でも祭りといえば，氏神や鎮守のお宮を中心にした，地域社会の祭りが思い浮かぶのです。

2 祭りの変容

　しかし，時代が下って商業を主流とする都市が発達して祭りも大規模になり，

▷1 デュルケム，E.／古野清人訳（1912=1975）『宗教生活の原初形態』（上・下）岩波文庫（改訳）。

▷2 社会学では，意識され意図された目的ないし効果を「顕在的機能」，あらかじめ意識ないし意図されなかった効果もしくは結果を「潜在的機能」という。

▷3 柳田國男（1990）『柳田國男全集』13, ちくま文庫，248頁（初版：1942『日本の祭』弘文堂書房）。

華麗な神輿や山車や屋台や踊りなどの祭礼行列が繰り出し，それらを目当てに遠方からも多くの人びとが集まるようになると，祭りの性格は大きく変化します。さきの柳田國男は，「祭の参加者の中に，信仰を共にせざる人々，言わばただ審美的の立場から，この行事を観望する者の現われたこと」に注目し，こうした見物人の発生を「日本の祭の最も重要な一つの変わり目」だとして，「祭（り）」から「祭礼」への変化として定式化しました。▷3

しかし，日本の近代化とりわけ1960年代の高度経済成長とともに，町でも村でも，人びとの地域的なつながりは縮小し，共同催事としての祭りは，一部の例外を除き急速に衰退していきます。ところが，1970年代に入って高度成長に終止符が打たれるとともに都市を中心に祭りの復興現象が顕著になり，この賑わいは今日にまで続いているのです。とはいっても，都市の大規模な祭りへの「信仰を共にせざる人々」の参加は一層進んでおり，祭り見物だけでなく，神輿やヤマなどの祭礼行事でさえ，もともとはお宮とも地域社会とも関係のない，不特定多数の人びとによって担われているのが実情です。

現代の祭りは，もはや神や神社への信仰を必ずしも必要としていません。それどころか，多くの祭りが，いかなる神や神社とも関係がありません。それらの祭りは，「神を祭る」という発想とは無縁なのです。▷4 その代わり，参加者は踊りなどのパフォーマンスのレベルを互いに競い合い，それを評価・賞賛してくれる大勢の見物人が不可欠な存在になっています。

こうして，祭りに膨大な参加者や見物人が集まるようになると，その観光資源としての側面に熱い期待が寄せられるようになります。とくに有力な経済資源を持たない地方の地域社会では，官民を挙げて「客を呼べる祭り」の創出や育成にも力が注がれています。現代の祭りの成否は，見物人を喜ばせられるか否かがひとつの重要なポイントです。まさしく「お客さまは神さま」なのです。▷5

3 祭りの現在

現代の「神なき祭り」に参加する人たちは，ネットワークの組み換えやメンバーの入れ替えを繰り返していて，かつて祭りを支えた人びとのような，強固で永続的な結びつきを形成しません。今日の祭りは，デュルケムが考えたような共同体の再生の機会というよりは，日常生活において基本的に無縁な人びとが一瞬結びついてまた散っていく，一時的な結節点という性格が強いのです。

こうした「一瞬の共同性」とその熱狂は，インターネットの掲示板などでもしばしば発生します。不特定多数のネットユーザーたちがある特定の人物などを一斉に誹謗中傷してつるし上げ，いっとき仲間内で大いに盛り上がって，次の瞬間にはさっと退いていくというものです。当事者たち自身，こうした現象をいみじくも「祭り」と呼んでいます。もちろん，多数の「見物人」もいます。現代人は，「祭り」と一瞬の共同性に何を求めているのでしょうか。

▷4 よく知られた伝統的な祭りのなかにも青森のねぶたや徳島の阿波踊りなどの例があるが，行政，商工団体，市民グループなどの主催で比較的近年に始まった祭りの多くは，特定の神や神社とかかわりをもっていない。高知のよさこい祭りや札幌のYOSAKOIソーランなど，今日全国的な広がりが見られる「よさこい」系ないしは「YOSAKOI」系の祭りはその典型である。

▷5 社会事象を捉えるパースペクティブとして，R.カイヨワや井上俊は，デュルケム的な「聖─俗」図式に依拠しつつ，聖の義務からも俗の打算からも自由な領域＝「遊」に着目して「聖─俗─遊」図式を提唱している（R.カイヨワ／多田道太郎・塚崎幹夫訳（1958＝1990）『遊びと人間』講談社学術文庫；井上俊（1977）『遊びの社会学』世界思想社）。この図式に当てはめるなら，本来は聖なる営み（神への奉献）であった祭りは，やがてその内部に遊を育み（パフォーマンスと見物人の発生），さらにはもともとは相互排他的な関係にあった俗を取り込んで──あるいは取り込まれて（祭りの経済資源化），現在のような様相を呈しているといえる。

おすすめ文献

†芦田徹郎（2001）『祭りと宗教の現代社会学』世界思想社。
†日本生活学会（2000）『祝祭の一〇〇年』ドメス出版。
†松平誠（2008）『祭りのゆくえ』中央公論新社。

2 日常生活の文化／C ライフコースの文化

1 子どもの文化

細辻恵子

1 子ども文化と児童文化

　一見，同じ内容を指し示すと受け取られがちな「子ども文化」と「児童文化」の概念を対比させることによって，子どもに対する社会の側の大きな変化を浮かびあがらせることができます。1930年頃から使われはじめた児童文化とは，子どもの健やかな成長を願ってより良い文化環境を準備しようとする教育学者，芸術家，文学者などによって進められた運動が基盤にあります。とくに昭和初期のエログロ・ナンセンスの風潮の下で俗悪な児童文化財の排除を目的とした児童読物浄化運動の展開が，児童文化という用語を世の中に広めました。

　第二次世界大戦後になると，国策に協力した児童文化運動に対する反省のうえに立って，児童文化の理想を論じる流れが出てきます。しかしながら，子どもをとりまく環境が大きく変貌しつつあるにもかかわらず，「大人が子どものために与える文化」としての枠組みについては半世紀のあいだ，俎上に載せられることはありませんでした。

　焦点を「子どものつくる世界」に移したのは，「子どもたちが主体的につくり出し，彼らのあいだに分有され，伝達されている生活のし方」を「子ども文化」と呼び，子ども主体の研究のあり方を提唱した藤本浩之輔でした。子どもたちは学校や家庭で大人たちと接していますが，子どもたち自身によってつくり出され，伝達されていくものといえば，遊びの領域に最も多く見出されます。

2 遊びの変化

　藤本の調査によれば，1970年代の小学4年生は，公園や児童公園，家の前，空き地を遊び場所としているという姿が描き出されます。もちろん，性別や都市中心部と周辺部の子どもたちとの相違はあります。また，都市中心部よりも周辺部の子どもの方が道路や原っぱと答えている割合が多くなります。

　別の調査によれば，女子でさえ，戦前に子ども期を過ごした世代では，遊んだ場所の第1位が，近くの原っぱや土手，近くの道路や路地であり，その一世代下の1960年代に子ども期を過ごした人びとの遊び場所も，近くの道路や路地が多かったのです。これらのデータが語っているのは，宮本常一の指摘するように「子どもたちは街頭で遊んでいた」，あるいは，原っぱで遊んでいたということです。なわとび，鬼ごっこやかくれんぼなど，異年齢の子どもたちが集

▷1 「原っぱ」で子どもが遊び惚けるのは，安息の快感をもたらす地母神的な空間，深層意識的な故郷だからとして注目したのは，奥野健男である。『文学における原風景』（集英社，1972年）を参照のこと。

▷2 宮本常一（1973）「子どもの遊び方の行方」『民衆の文化』（宮本常一著作集13），未來社。

まって，日が暮れるまで遊び回る光景はどこででもみられるものでしたが，時代の変化とともに，原っぱや空き地はなくなり，子どもたちは道路から駆逐されていきます。群れて遊ぶ機会も減り，欧米のテレビ局が日本の子どもをテーマに取材に来たとき，「都会でも田舎でも子どもが遊んでいる姿を見かけなかった」ことに驚いたというエピソードが紹介されるほどです。

③ 現代の子ども文化

　群れて遊ぶ子どもたちは，どこへ行ったのでしょうか。1980年代から表れてきた子どもの生活環境の変化は，簡潔にいえば次の3点です。まず，道路は危険であるとして，外で遊べる空間が減少したこと。次に，遊びより習い事や塾が優先され，遊ぶ時間が減少したこと。そして，習い事や塾は友だちと遊ぶ機会を制約し，時間と空間があっても仲間がいないということになります。けれども，子どもたちは変化に柔軟に適応し，家のなかで短時間でも友だちと一緒でなくても，なんらかの遊びをみつけます。それは，ゲームやケータイという端末を操作する遊びに傾斜していきます。しかし，子ども期に，周りの子どもたちと思う存分遊び回ることを経験しないで，思春期・青年期へと移行していくことに問題はないのでしょうか。何かにぶつかって，失敗しながらも実体験から学ぶこと，それが仲間と遊ぶことから得られるものでしたが，いまや，代理経験，間接経験で済ませて，具体的な経験が少なくなってしまいました。

　放課後の子どもたちがどうなったのかについての最近の調査結果をみてみましょう。小学校5，6年生で学校に残って遊んだ子どもは25％ほどで，4人に3人はすぐに帰っています。帰宅後，「友だちと遊んだ」のは31.2％，「1人で遊んだ」のは，29.1％，残りの39.7％は「遊ばなかった」子どもです。また，友だちと遊ぶのは，毎日ではなく，「週に何度か」が41.6％，「たまに遊ぶ」が29.1％であり，遊ぶ頻度が大きく減っているのが窺えます。さらに，仲間でありながら，友だちに合わせるばかりで言いたいことも言えず，疲れてしまうことさえあるという仲間関係の皮相化，希薄化が指摘されている現状です。精神面において不満や不安で無気力に陥りがちな子どもたちは，実際に，一日の終わりに，「疲れた」と感じている度合が高く，そう思わない子どもは15.6％しかいないのです。外遊びが減った子どもたちは，運動不足になり，体力も低下し，疲れやすくなったということも考えられますが，それと同時に，テレビの長時間視聴から刺激を多く与えられ，疲労している側面もあるでしょう。

　市場経済のなかで小さな消費者としてターゲットにされている子どもは，塾や習い事に通い，次々と出現するおもしろくて楽しい道具を使いこなしていますが，サラリーマンの生活に似てきたといわれるほど，大人との境界線が曖昧になっています。そのようななかで，子どもの文化は，群れ遊びからメディアツール遊びに主役を譲る段階にきていると考えられます。

▷3　保坂展人（1991）『子どもが消える日』六興出版。

▷4　これは，「三間の不足」，あるいは，「三間の喪失」といわれている。この三間とは，空間，時間，仲間のことである。

▷5　日本子ども社会学会が，2004年の1～2月，9～11月に実施した小学生（5，6年生）6000名余の調査の結果を取りあげた，深谷昌志・深谷和子・高旗正人編（2006）『いま，子どもの放課後はどうなっているのか』北大路書房を参照のこと。

▷6　子どもたちの体力は，1980年頃をピークに低下し続けていると指摘されている。文部科学省（2005）『データからみる日本の教育』を参照のこと。

▷7　日本小児科学会では，子どもたちのメディアへの接触時間を「2時間まで」に制限した方がよいと提言している。テレビ漬けにかんして，警鐘を鳴らす論者は他にもいるが，さらに昨今は，ケータイの使用の制限が問題になりつつある。

おすすめ文献

†藤本浩之輔（1974）『子どもの遊び空間』NHKブックス。
†仙田満（1992）『子どもと遊び――環境建築家の眼』岩波新書。
†斎藤次郎（1975）『子どもたちの現在――子ども文化の構造と論理』風媒社。

2 日常生活の文化／C ライフコースの文化

2 少年・少女の文化

東　園子

1 少女と少年の非対称性

「少女」とは誰のことでしょうか。それは女の子どものことだとすぐにわかります。では、「少年」とは誰でしょうか。それは男の子どもだと思うかもしれません。それでは、「少年犯罪」の「少年」はどうでしょうか。この場合の「少年」は、男の子と女の子の両方を意味します。このように「少女」と「少年」のあいだには非対称的な関係があります。言葉のうえでは、「少年」、すなわち成人していない人を代表するのは男の子であり、女の子は子どもの半分を占めるにもかかわらず、そのなかで特殊な存在とみなされているのです。

このことは日本における「少女」の誕生過程からも見出すことができます。日本の中学校は、明治時代に基本的には男子のための学校としてつくられましたが、女子も通学可能でした。ところが1879年に中学校に通えるのは男子だけになり、女子用の中等教育機関として高等女学校が法律のなかに位置づけられたのは1891年でした。この女学校は女の子の新しいあり方を成立させます。前近代社会では、第二次性徴を迎えた女の子には結婚して子どもを産むことが期待されていました。それが女学校の生徒に対しては、妻や母になることへの期待が一時的に中断されます。本田和子は、女の子が女学校に囲いこまれることで、単なる女の子どもでも大人の女性でもない、「少女」という存在が生まれたと述べています。仮に、戦前の教育制度で中学校に通う子どもを「少年」、女学校に通う子どもを「少女」とすると、日本の「少年」は最初は男女両方を含んだ存在として誕生したのが、やがて男の子だけが「少年」となり、遅れて「少女」という存在が規定されたことになります。少年・少女の文化とは、近代化以降の社会でジェンダーによって異なる位置づけをされた、大人になる手前の子どもたちの文化だといえます。以下では、「少年」であって「少年」でないという独特の地位をもつ、少女の文化に注目します。

2 少女文化の機能

中学生や高校生の頃、周囲の女の子たちがどのような文房具をもっていたか思い出してみてください。かわいいイラストの描かれたノート、さまざまな柄のペンケース、ノックする部分がキャラクター型のシャープペンシル……。少女たちに向けてつくられる商品は、文字を書くといった道具本来の目的には必

▷1　現在の日本の教育制度では、中学校と高校がこれにあたる。

▷2　本田和子（1982）「「少女」の誕生——一九二〇年、花開く少女」『異文化としての子ども』紀伊國屋書店、171-202頁。

要のない飾りがついたものばかりです。しかし，これらの飾りは少女たちにとっては何の役にも立たないものではありません。「それ，かわいいね」という一言から会話がはじまることもあるでしょうし，共にかわいい物をもつことで連帯感が生まれることもあるでしょう。少女文化はしばしば少女たちのあいだのネットワークと結びついています。そのため，少女たちはこの「かわいい」を基にしたコミュニケーションの輪に入ろうとして，自分の趣味とあわなくてもかわいい物をもつこともあります。

「少女」という存在を生み出した女学校では，よき妻，よき母になるための教育が行なわれていました。現代でも女性に結婚や出産をするよう迫る圧力は根強く残っています。そして，結婚するには男性が望ましいと思う女性になることが必要だとされ，結婚したら夫を支え，子どもを産んだら子どもに尽くすのが美徳だとされています。少女期を過ぎた女性には，男性や子どもという他人にあわせることが求められるのです。身の周りを自分好みのかわいい物で埋め尽くし，それによって維持される女の子同士の関係を最優先できるのは，女性にとって，男性や子どもの存在を重視しなくて済む少女期の特権だと考えることもできます。

近年，およそ少女と呼ばれないような20～30代の女性たちが，自分たちに対して「女子」という言葉を使う現象があります。なかでも興味深いのが，「婦女子」をもじった「腐女子」という言葉です。ここでは，妻であることを表す「婦」という字が，「腐」という字に置き換えられることで否定されています。大人になっても「女子」であろうとする女性たちは，女性に妻や母であることを求める風潮に抗い，自分自身のために存在できる少女時代を延長しようとする意志を秘めているのかもしれません。

③ グローバル化する「かわいい」文化

現在，マンガ，アニメ，ゲームといった日本の少年・少女向けの文化が世界各地で愛好されています。コミック文化はさまざまな国で発展していますが，日本ほど少女向けのコミック市場が確立している国はありません。そのため，日本の少女マンガは，それまであまり存在していなかった10代の女の子に寄り添った物語として，国境を越えて少女たちに支持されています。この他，「ハローキティ」などのキャラクターやゴスロリなどのファッションのような，諸外国に伝播している日本の少女文化に共通する感性が，「かわいい」でしょう。この「kawaii」という言葉自体も他国で使われています。ただ，各国の少女たちが「かわいい」少女文化を好む理由は，日本と同じだとはかぎりません。そこにはそれぞれの社会で少女たちが置かれている状況が反映されていると考えられます。

▷3 女性向けに男同士の恋愛的な関係を描いた，「ボーイズラブ（BL）」などと呼ばれるマンガや小説を好む女性を指す用語。この言葉は，そのような趣味をもつ女性たち自身が自分たちに対して使うことで広まった。

▷4 「ゴシック・ロリィタ」と呼ばれるファッションスタイルの略称。昔のヨーロッパの貴族的なイメージを元にした服装で，黒を基調に退廃的な雰囲気をもつ「ゴシック」と，少女趣味的な甘さを強調した「ロリィタ」の二つの要素をあわせもつ。

おすすめ文献

† 川村邦光（1993）『オトメの祈り──近代女性イメージの誕生』紀伊國屋書店。
† 斎藤美奈子（2001）『紅一点論──アニメ・特撮・伝記のヒロイン像』ちくま文庫。
† 四方田犬彦（2006）『「かわいい」論』ちくま新書。

2 日常生活の文化／C ライフコースの文化

3 若者文化

土井隆義

1 対抗文化としての若者文化

　大人の文化とは異なった地平に，若者に独自の文化が成立するのは，社会が近代を迎えてからのことです。それまでの社会にも若者は存在し，彼らによって担われた文化もありましたが，それらは大人社会の下位システムとして存在していました。大人社会からの公認の下に，大人社会へと若者たちを導くための入口として，社会統制の機能を果たすべく存在していたのです。

　しかし，近代に入ると，若者たちが一人前の大人になるための条件が飛躍的に増大します。その条件を満たすために必要な素養を身につける期間も延びていきます。その結果，少年期を脱した後も，かなりの長期にわたって，若者たちは大人社会に対して従属的な地位に置かれることになりました。

　このような状況のなかで，若者たちは大人社会に対して反感を覚えるようになります。とりわけ近代の前期においては，まだ社会が推奨するお定まりのライフコースがあって，画一的な道徳規範を若い世代に押しつけようとする抑圧力も強大でしたから，その圧力に対抗しようとして，若者たちも独自の文化で武装する必要に迫られました。このような背景の下に，大人の文化から切り離された独自の若者文化が成立することになります。

　したがって，大人の文化と若者の文化では，その価値基準が反転していきます。大人社会に抵抗を示すことが，若者文化の成立基盤だからです。大人の文化の下で高く評価される行為は，若者文化の下では蔑みの対象とされ，逆に，大人の文化の下では評価されない行為が，若者文化の下では高い価値を与えられるのです。若者たちは，その独自の文化を共有することで，大人社会に抵抗しつつ，互いの強いつながり意識を保っていました。

2 若者文化の成立基盤の崩壊

　ところが，近代も後期に入ると，社会成員のあいだで価値観の多元化が急激に進みます。人びとの生き方についても，さまざまなライフコースのあり方が受容されるようになり，若者たちに対して特定の道徳規範が押しつけられることも少なくなりました。また，価値項目のあいだの序列性が薄まったために，大人も若者も対等な存在とみなされ，大人社会に対して若者が従属的な地位に置かれることも，かつてよりは少なくなりました。その結果，若者たちの側も，

大人社会に対して，かつてのような抑圧性を感じなくなり，仲間で一致団結して立ち向かうべき共通の敵とはみなさなくなっています。

近代前期の若者たちは，自分たちの前に立ちはだかる大人の壁を打ち壊そうと世代闘争を繰り広げ，その闘争のなかで，対抗文化としての若者文化を育んでいきました。それに対して，近代後期の若者たちは，むしろ多様性が積極的に賞揚されるようになった新しい文化のなかを生きています。かつて大人たちの権威を否定し，世代闘争を繰り広げた世代が，今日の大人たちだからです。かくして，世代闘争は終わりを迎えるにいたりました。

このような状況のなかで，大人社会に反旗を翻すことで成立してきた若者文化は，その基盤を失っています。反旗を翻すべき敵のないところに，対抗文化は成立しえないからです。今日では，大人の文化がすでに「若者文化」と化しているために，当の若者たちの文化から対抗性と自律性が失われたのです。

また，共通の敵の喪失は，共通の問題設定や目標の喪失を意味しますから，単一の文化が大勢の人びとに一様に受け入れられることも難しくなります。むしろ，価値観の多元化が進んだ結果，人びとの関心対象はどんどん分散し，若者一般に広く共有された大規模なサブカルチャーも成立しづらくなりました。

③ 人間関係への関心の高まり

試行錯誤が繰り返される青年期には，他者から受ける評価が，自己にとって大きな意味をもちます。大人でもなく，子どもでもなく，社会のなかでマージナルな立場に置かれがちな青年たちは，もともと既成秩序から一定の距離を保ちやすく，絶対的な信念を抱きづらい存在です。そのため，他者からの反応が自らの行動の指針となり，価値判断の基準となりやすいのです。

しかし他方では，若者たちを結びつける共通の問題関心が，今日の社会には存在しづらくなっています。したがって，今日の若者たちは，かつてほどにはコミュニケーションされるべき切実な話題が見当たらないにもかかわらず，他者からの承認を受けるために，コミュニケーションの場を常に確保し続けなければならない状態に置かれています。

コミュニケーションされるべき必然の話題があれば，その技法が多少は下手であっても，目前の切実な必要に迫られてなんとか意志疎通をはかろうとしますから，その能力の有無は二の次の関心事となります。しかし，必然の話題がないにもかかわらず，コミュニケーションの場を維持し続けなければならないという状況は，その形式や能力に対する関心を極端に高めていきます。

今日の若者たちは，共通の文化を失って赤裸々になった互いの関係そのものを常に自覚せざるをえない状態に置かれています。つながりあうことそれ自体が互いの関心の焦点とされるようになっているため，コミュニケーションに対する感受性がかつて以上に高まっているのです。

おすすめ文献

† 浅野智彦編（2006）『検証・若者の変貌——失われた10年の後に』勁草書房。
† 井上俊（1977）「青年の文化」『遊びの社会学』世界思想社，156-183頁。
† 高橋勇悦・藤村正之編（1990）『青年文化の聖・俗・遊——生きられる意味空間の変容』恒星社厚生閣。

2 日常生活の文化／C ライフコースの文化

4 オジサン・オバサンの文化

原田隆司

1 若者と老人のあいだで

「オジサン」「オバサン」は，中年の男女を指して用いられます。中年とは，もう子どもでも若者でもなく，すでに一人前の大人であるが，まだ老人や高齢者ではない人たちのことです。

中年は，すでに学校での勉強を終えて，自分が育った家族からは独立し，さまざまな成功と失敗の体験を重ね，冠婚葬祭も何度か経験しています。こうして中年は社会経験を重ねて，大人としての常識やルールを身につけているはずの年齢であり，その社会の規範や文化にしたがい，年相応の言動をとることが求められています。さらに中年は，身につけた自分の社会の規範や文化を次の世代に伝えるという社会化の役割を担っています。現代の社会では，この社会化は主として家族と学校で行なわれます。親から子へ，教師から生徒へ，子育てや教育を通して規範や文化が伝えられるのです。

2 オジサン・オバサンという存在

中年と若者や子どもとは，家族や学校だけではなく，たとえば職場やアルバイト先でも，上司と部下，アルバイトと客などとして関係をもっています。こうした関係はいずれも，それぞれの役割や肩書きを通して築かれています。親と子ども，教師と生徒，上司と部下，アルバイトと客という立場を通した人間関係なのです。

そして，そうした関係がない場合に，中年は若者から「オジサン」「オバサン」と呼ばれるのです。街中ですれ違う中年，あるいはメディアに登場する中年は，たぶん誰かの親であり，どこかの学校の教師であるとしても，そうした関係のない若者や子どもからみれば，単にオジサン・オバサンと呼ぶような存在なのです。つまりオジサン・オバサンとは，若者や子どもからみて，名前も知らない自分とは直接関係のない中年の人のことを指しているのです。

親や教師，上司としての中年は，時には子どもや生徒，部下から尊敬され，自分もそういう大人になりたいとモデルにされることもあるでしょう。しかし，若者が中年をオジサン・オバサンと呼ぶ場合には，多少の親しみは込められているかもしれませんが，尊敬しているのでもなく，自分にはかかわりはなく，できるだけかかわりたくはない存在なのでしょう。

▷1 社会の近代化により，年齢に応じた規範が確立され，また個人を年齢によって判断する傾向が強くなってきた。アメリカでの変化については，チュダコフ，H. P.／工藤政司・藤田永祐訳（1989=1994）『年齢規範の社会学』法政大学出版局を参照。

▷2 若いうちは，中年の人たちをみても年齢はわからないし，深く理解しようとも思わないだろう（向田邦子（1983）「おばさん」『無名仮名人名簿』文春文庫）。

▷3 1992年，森高千里という当時23歳の女性歌手が「私がオバさんになっても」という歌を出した。「私がオバさんになっても／泳ぎに連れてくの？／派手な水着はとてもムリよ／若い子には負けるわ」「私がオバさんになったら／あなたはオジさんよ／かっこいいことばかりいっても／おなかがでてくるのよ」（JASRAC 出1011464-001）という自作の歌詞は，若者とオジサン・オバサンの関係を巧みに表現しているが，若い女性歌手の歌としては型破りの作品であった。

③ まだまだ若い

現在の日本では，平均寿命が伸び，中年が老人，高齢者，オジイサン・オバアサンと呼ばれるまでの期間は長くなり，多くのオジサン・オバサンが「まだまだ若い」と考えるようになりました。そして，人間の身体のすみずみまで研究され，絶対年齢に応じた身体の各部分についての標準値が設定され，それを基準として，年齢相応なのか，年齢よりも「若い」のか「老けている」のかが判定できるようになっています。性別と年齢だけにより生物として身体が測定され，数値化され，「若さ」が判定されているのです。この基準をもとに，どういう運動や栄養分の摂取によって「若さ」が維持できるか，回復できるかということが，さまざまなメディアを通して伝えられています。

アンチ・エイジングという言葉も使われていますが，現代ほど，中年が「若さ」を意識する，あるいは意識させられる時代はなかったのかもしれません。そのため，若者や子どもから「オジサン」「オバサン」と呼ばれないことが，「まだまだ若い」証であると考えるのかもしれません。

オジサンとオバサンのあいだには，もちろん違いがあります。作家の田辺聖子は，オジサンは「すべきことはしつくし」，人生という戦線を「じりじり後退して，最後のトリデを縮小し，そこへたてこもろう」というのに対して，オバサンは，「今まで亭主子供に捧げてきた人生をこれからはわがために蕩尽(とうじん)しよう」と戦線を拡大し，今までしなかったこと，できなかったことに挑戦しようとする，と指摘しています。オジサンのゴルフ，オバサンの韓流ブームなども，そうした男女の違いとして読み取ることもできるでしょう。

④ オニイサン・オネエサンとオジサン・オバサン

若者たちは，公共空間でのオジサン・オバサンの元気な姿や言動を，年相応とは受け止めずに，「いい歳をして」「大人げない」あるいは「あつかましい」と判断します。オジサン・オバサンのほうも，「近頃の若者は」と指摘しますが，これは過去の（多くの場合，美化した）自分自身の経験を基準にした辛口の評価です。新しい道具や現象について，自分が使えない，理解できないために，そのマイナス面だけを判断するのです。そうしたものを使いこなしたり理解を示す中年は，「ナイスミドル」などと肯定的に評価されることもあります。

オジサン・オバサンにも若者だった頃があり，若者たちも，いずれはオジサン・オバサンになるのですが，年少の人たちからオニイサン・オネエサンと呼ばれている，あるいはそう呼ばせている若者たちには，そんなことは思いもよらないのでしょう。

▷4 大阪の新地でクラブを経営していた女性は，新しく定食屋を開業した際に，客から「オバサン」と呼ばれないように，「社長」の名札を付けたそうだ（前垣和義（2005）『どや！大阪のおばちゃん学』草思社）。

▷5 田辺聖子（1987）「オジサンとオバサンの違い」『女のとおせんぼ』文藝春秋。なお『田辺聖子全集 第9巻』（2005年，集英社）にも所収されている。田辺は，小説やエッセイで「オジサン」「オバサン」の生態を描いている。田辺によれば「おっさん」「おばはん」という場合には，大阪弁としては，より年齢の高いニュアンスがあり，精神性もこめられている（田辺聖子（2003）「おっさんとおばはん」『人生は，だまし だまし』角川文庫）。したがって「男のおばはん」「女のおっさん」などということもできる。

▷6 中年の男女の違いについては，家庭や職場など，いろいろな観点から考えることができるが，たとえば，テレビ視聴の違いなどにも表れている（NHK放送文化研究所編（2006）『日本人の生活時間・2005』日本放送出版協会）。

おすすめ文献

†向田邦子（1983）「おばさん」『無名仮名人名簿』文春文庫。
†田辺聖子（2003）「おっさんとおばはん」『人生は，だまし だまし』角川文庫。
†モーム，W.S.／土屋政雄訳（1919=2008）『月と六ペンス』光文社古典新訳文庫。※若者が語る二人のオジサンの物語。

2 日常生活の文化／C ライフコースの文化

5 老年の文化

藤村正之

1 老年期という段階

　人の一生の最終段階として「老年期」があります。少年・青年・中年という年齢段階を順番に経て，人は老年期にいたります。青年期の輝きをしめす言葉として，皆さんが知っている「青春」という言葉は，実はその後に「朱夏・白秋・玄冬」と続く，年齢段階を4つの色と季節でしめす中国の言い方です。人生の最終段階としての老年期は玄冬として，渋くくすんだ色合いの印象がもたれているといえるでしょう。

　社会制度により多少異なりますが，一般に高齢期は65歳以上とされ，国連の定義では1国の65歳以上人口が7％を超えたときから，その国が「高齢化社会」（aging society）の段階に入ったとされます。また，老年研究においては65歳から75歳を「前期高齢者」（young old），75歳以上を「後期高齢者」（old old）と位置づけ，前期高齢者では仕事や子育て後の社会活動や趣味の営みの活発化が，後期高齢者では心身の維持や介護の問題が多く課題となると考えられています。老年期にある人びとの行動や意識の社会性を捉える「社会老年学」（social gerontology）という学問分野も長年の蓄積があり，老年期を社会関係の不可避の減少過程と捉える「離脱理論」，むしろさまざまな活動が継続されており，それがもたらす充実感に着目する「活動理論」などの観点から研究がなされています。

2 老年観の変遷

　老年期にある人びとは社会からどのように見られてきたのでしょうか。TV番組で人気を誇る『水戸黄門』や落語の大家さんに象徴される「ご隠居さん」は，従来経験を積み道理をわきまえた長老として智慧を有する存在と考えられてきました。そのような老人の特徴は「枯淡」「枯れる」「シブい」など植物の比喩によって多く形容されてきました。

　他方で，若さに価値がおかれがちな現代では，老年期は心身の衰えが目立つ時期と評価され，衰退の文化と捉えられることが多くなっています。しかし，それを逆手に，ものが見えにくい力，記憶が薄れる力など「老人力がついた」と評し，獲得の文化として読み替えようとする見方もあったりします。心理学者のE. エリクソンの発達段階論においても，老年期を「成熟」の段階と位置

▷1　見田宗介（1979）『青春・朱夏・白秋・玄冬』人文書院。

▷2　直井道子・中野いく子・和気純子編（2008）『高齢者福祉の世界』有斐閣。

▷3　赤瀬川原平（2001）『老人力』ちくま文庫。

づけ，死に向けた人生の完成を課題と捉える理解もあります。

若年層が受け入れやすい老年観として「かわいいお年寄り」像があるでしょう。おばあちゃんはこの像に似つかわしいものの，おじいちゃんはその威厳が邪魔する場合もあるでしょう。マンガ家・長谷川町子の作品である『いじわるばあさん』はそのような「かわいいお年寄り」像への抵抗とも考えられます。

3 老年の文化と APC 効果

そのような老年期にある人びとが享受し表現するものとして，老年の文化があります。一般に年齢が経過すると，「老人じみた」「年寄りくさい」文化を志向するようになるという考え方があります。社会学や心理学において進展してきたライフコース研究には，人びとの行動や意識を規定する要因としてAging（加齢），Period（時代），Cohort（コーホート）に着目する「APC効果」という議論があります。それを老年の文化にあてはめれば，加齢効果としては老年期の人びとの趣味が散歩や園芸など自然に向かう傾向が，時代効果としてはデジタル・デバイドといわれながらも，老年期の人びとも携帯電話やパソコンの使用に勤む例があげられます。

最後の，コーホートとは同じ時期に類似経験をもった人たちがその後も類似の行動・意識をしめす傾向があることを捉える概念であり，その代表例は出生コーホートです。老年期のスポーツの象徴とされるゲートボールも実はある時期のコーホートの人たちが楽しんだスポーツであり，次のコーホートの人たちは青年期から慣れ親しんだ他の活動を楽しむ例が多くなってきています。

4 「老い」への新たな見方

ある年齢集団に対する否定的・肯定的な偏見や差別は「エイジズム」と呼ばれます。アンチ・エイジズムとして定年に代表される年齢制限のある社会制度が改められる動きもあり，年齢差別禁止法なる法律をもつ国もあります。

老年期を迎えた人びとの変化は何も老年期にのみ起こる専売特許というわけではありません。人は生まれた時から死ぬ時まで根源的に老いゆく存在であるとして提起される「ラディカル・エイジング」という観点があります。老人が持つ自我の核心部分もむしろ少年・青年期と変わらないとされ，年齢のない自我，「エイジレス・セルフ」として理解されたりします。

現代社会においてシングルとして一生を過ごす人が増加してきていますが，結婚しても離婚したり，配偶者のどちらかが先に死ぬ以上，今後は老年期を単身者として生きる人が多くなります。近年，ひとりで来店したお客様の呼称である「おひとりさま」がシングルをしめす言葉として使われており，老年期は今後「おひとりさま」の重要な中核を占める存在となっていくでしょう。

▷4 小倉康嗣（2006）『高齢化社会と日本人の生き方』慶應義塾大学出版会。
▷5 カウフマン, S. R./幾島幸子訳（1986=1988）『エイジレス・セルフ』筑摩書房。

(おすすめ文献)
†副田義也編（1984）『日本文化と老年世代』中央法規出版。
†天野正子（2006）『老いへのまなざし』平凡社ライブラリー。
†上野千鶴子（2007）『おひとりさまの老後』法研。

2 日常生活の文化／C ライフコースの文化

6 死の文化

大村英昭

1 「死の文化」の担い手は？

　かりに「若者文化」は若者が，「老年の文化」は高齢者が，おのおの担っていると言えたとしても，その延長線上に，だから「死の文化」は死者が担っているものです，などと言ってみても，ほとんど意味をなさないことはわかっていただけましょう。ただし，「死の文化」は老年も終わるところ，つまりは死の間際を体験しつつある人たちが担っているものだと考えることは不可能ではありません。現に「臨死体験」をめぐって洋の東西に多くの語り（ナラティブ）が記録されていますし，あるいはガンのような不治の病のために，あとわずかの余命と診断された折，人が何を想い，何をしようとするか，などのことについても内外に多数の記録を読むことができます。

　これらの記録から，人が自分の死をどのように「受容」し，もしくは死との「和解」がどのようにはかられるのか，といった辺りを推量し，これをもって「死の文化」論だといえるなら，さらに極限的なケースとして，刑死者が最期に書き残した遺書の研究などもまた，同系列に属する重要な業績であるといってよいでしょう。しかし，それらが「死の文化」論として一般に想定されるものかどうかという段になれば話は別です。ですから，ここからはこの系列の研究業績に目配りしながらも，重点を移動させて，むしろ誰もが体験する身近な人の死に際して，人が何を考え，どう行動してきたのかといった辺りへと話を広げていきましょう。

2 二人称の死

　人は誰しも自分自身の死（「一人称の死」）を体験することはできませんから，私にとって死ぬのは常に他者であるといって間違いはありません。しかし，この同じ「他者」であっても，一方に文字通り"誰かの死"にすぎない無名で抽象的な死，だからただの数量に還元されてしまうような死があれば，他方には，それが私自身の死とほとんど見紛うばかりに私の胸を引き裂くほどのものがあるでしょう。前者「三人称の死」に対して，後者の「二人称の死」こそ，われわれが語の正しい意味で体験できる唯一の死なのです。

　いまや「死の文化」論の古典と呼んでよい著作のなかで，V. ジャンケレヴィッチはそう言ったのですが，たしかに「二人称の死」は他人の死と自分自身

▷1　作田啓一 (1972)「戦犯受刑者の死生観」『価値の社会学』岩波書店，363-394頁。この論稿は太平洋戦争の敗戦後，A級およびBC級戦犯として処刑された701名の遺文を収録した『世紀の遺書』を主な資料にして，そこに表われた死の意味づけの諸類型を解明した名論文である。

▷2　ジャンケレヴィッチ，V. ／仲沢紀雄訳 (1966=1978)『死』みすず書房。引用はこちらのほうだが，同じ著者による次も参照。ジャンケレヴィッチ，V. ／原章二訳 (1995=1995)『死とはなにか』青弓社。

の死との中間，つまりは三人称の無名性と一人称の悲劇の主体性との中間にある特権的な死のかたちであって，とりわけそれは両親や兄弟姉妹のような近親者の死において体験されましょう。ジャンケレヴィッチはこう言っています。「この死は，私の死ではないにもかかわらず私の死にもっともよく似ています。……それでも死ぬのは私以外の別の人であって私は生き延びるのです。ですから私はそのひとが死ぬのを見ることができるのです」と。

　もっとも，この「二人称の死」を肉親のレベルだけで考えるならジャンケレヴィッチの意図したところを裏切ることになるでしょう。なぜなら，血縁関係などまったくなかったにせよ，たとえば同じ戦火のもと，死に逝くものと，かりに難を免れた私とが「即時の感得によって運命の兄弟関係を実感し」，たがいを「われわれ」として意識するなら，私にとって彼の死は紛れもなく「二人称の死」に違いないからです。ですから，罪なき人の無念の死は，たとえ縁なき他人の死であっても，これを「三人称の死」として放置しないこと，死後の心魂の往く末も含めて，これを我がことのように想い遣ることこそ「死の文化」論がもつ，もっとも重要な意義なのです。

3　老親との別れとペットとの別れ

　いま，60歳過ぎの団塊の世代のあいだでは，（いささか長命が過ぎた感のある90歳前後の）老親の死は，まるで「三人称の死」のごとく軽くあしらわれる一方で，ペットとの死別のほうが「二人称の死」のごとく，かえって重く受けとめられるという一種の倒錯現象が生じているようにみえます。現に，東京方面の葬儀業者によれば，人間さまの親を送るに際しては，業界で"直葬"と呼ぶらしいのですが，火葬場まで，なんの宗教儀式もしないケースが増えつつあるのに，一方のペット霊園では，人様の葬儀かと見紛うばかりの丁重な葬送儀礼が行なわれているというのです。

　しかも，上辺の儀礼的ふるまいだけの問題ではないのです。某ペット霊園にアンケート調査に行った我がゼミ生いわく「ここのほうが人間さまの葬儀場より，よほど純な涙がありますねェ」と。実際，ここには葬儀費用をめぐる兄弟姉妹間の争いもなければ，もとより遺産相続や「形見分け」をにらんでの疑心暗鬼などあろうはずもありません。考えてみれば，昔の親たちは大抵，頑是無い我が子に先立たれるという"逆縁"の悲しみを一度ならず味わっていたのです。この不幸を体験せずに済んできた今の中・高年にとっては，ですから，ペットとの死別のほうが"逆縁"の，いわば代理体験の意味あいをもっているのでしょう。でも「伴侶動物」とはいえ所詮は"お畜生さま"のこと，残念ながら「二人称の死」が帯びる深い意味の経験とはなりえないでしょう。ならば，老親との別れに際してこそ，私たちは自分自身の魂の往く末も含めて，死ぬとはどういうことか，じっくり考えるべきでありましょう。

▷3　大村英昭（2009）「少子高齢化社会のなかのペット」『ヒトと動物の関係学3　ペットと社会』岩波書店，131-154頁。人間さまの死より，ペットとの死別のほうが身近に看とるという体験も含めて，今の家族事情などがよく透けて見える。ここを衝いて書かれた興味深い論稿である。

【おすすめ文献】

†井上俊・上野千鶴子ほか編（1996）『岩波講座現代社会学9　ライフコースの社会学』岩波書店。

†中村生雄編著（2006）『シリーズ思想の身体　死の巻』春秋社。

3 グローカル社会の文化／A 国民国家の文化

1 国民国家という文化

周藤真也

1 国民国家とは

　国民国家（nation state）とは，国民（民族）的なまとまりをもつ地域社会に根差して成立する国家であり，近代における国家の典型です。

　国民国家の起源のひとつは，西ヨーロッパに求められます。諸侯・貴族・教会などの権力が乱立していた中世に対して，16世紀から17世紀にかけて成立した絶対主義国家は，国王を中心とした国家主権と中央集権制を確立していくなかで，領民を国民として規定していくようになります。しかしながら，そうした国民が国家の構成員かつ基礎集団になり，主体的な立場で国家の形成にたずさわるようになるのは，市民革命以降のことです。

　市民革命以降，近代国家は，社会制度を通して国民を再生産していくようになりました。19世紀後半に制度化された義務教育は，国民を市民として公的に育てるものですが，それは同時に中央集権制において，領土のあらゆる地域において均質的な教育を施すものとなり，共通の体験と共通の文化基盤を形成し，国民国家としてのまとまりをさらに強固なものにしていきます。「国語」の教育は，文化体験の基盤としての言語的共通性を構成し，「国家の歴史（国史）」の教育は，国民としての共通の記憶を創造します。徴兵制に代表される「国民の義務」は，身体が個人のものではなく，国家に帰属するものであることを意識する体験となり，国家と国民の結びつきを強くします。このように近代の社会制度は，国民意識を形成するうえで重要な役割を果たします。

　市民革命は限られた地域において国民国家の形成を促しましたが，商品経済の急速な広がりは，それ以外の地域における近代国家への移行を迫っていくことになります。とくに外圧により近代国家への移行を迫られた諸国（たとえばドイツや日本）においては，上からの国民形成がなされ，国民教育がなされていくことになります。

2 言語とナショナリズム

　国民というものの発見において，重要な役割を果たしたものとして言語をあげることができます。

　15世紀に発明された印刷技術は，ヨーロッパの文明に一大変革をもたらしました。それまで書物は，一部の知識人たちのものであり，ラテン語で書かれて

▷1　マクルーハン，M．／森常治訳（1962=1986）『グーテンベルクの銀河系』みすず書房。

124

いました。印刷技術の発明は，限定的ですぐに飽和状態になる知識人たちの市場に対して，一般民衆の読者たちの広大な市場を開拓していく必要に迫られることになり，書物は一般民衆の日常語に近い言葉で書かれる必要が生じます。出版資本主義の発達は，方言などの多様性と曖昧さを伴った口語俗語を，少数の出版語に統一していく過程になるのです。つまり，印刷技術は，ヨーロッパ世界を少数の出版語に分割するものであり，それが後に，国家の領域の基盤とも重なりあっていくことになります。

　B.アンダーソンによれば，国民国家は歴史的にはまず南北アメリカにおいて成立したといいます。絶対主義国家における役人の場合，さまざまな官職を経験しながら昇進していく途上において，同僚の役人たちとの交流を通して，共同性の意識が芽生えます。しかしながら，クレオールの役人については，それぞれの植民地の領域に限定された形で，そうした共同性の意識を形成していきます。たとえばスペイン領アメリカのクレオールの役人がスペイン本国において重要な役職に就くといったことはまずありえないことであり，そこで形成されるのは，「メキシコ人」「チリ人」といった意識です。植民地における独立共和国の成立は，この意識が国民的なものと想像されることによって達成されました。そして，こうした国民国家の考え方が，ヨーロッパに導入されたとき，国民的出版語が政治的にも理念的にも，地域的なまとまりを想像するうえでの重要な位置を占めるようになっていったのです。

　ナショナリズムは，こうした国家を国民（民族）単位で統一する運動です。ナショナリズムは，国家の統一，独立，発展を希求する思想，イデオロギーであり，人びとの感情と結びつき，国民（民族）としての一体性，自立性を前提として，国民国家を組織的に統合させていきます。そして，国民国家における社会制度とナショナリズムの運動は，それぞれの国民国家を文化の単位としていきます。

3　国民国家と文化

　国民国家のなかには，国民的統合を達成するためのさまざまな文化装置があります。伝統的な習俗や祭り，行事などは，その民族を象徴するものとして，その国民国家の伝統的文化として位置づけられるようになります。あるいは，国民国家の統合の象徴として，国家の歴史（国史）や国歌，国旗などが活用されます。さらに，国民国家は，政治，経済，法，規範，慣習，伝統，言語など社会のなかのさまざまなシステムの領域と一致することになり，大衆文化を形成することを通して，より深く広くナショナリズムと関係していきます。

　このように国民国家は，ひとつの文化圏を規定するものとなっていきますが，重要なことは，このように国民国家の単位で文化を形成していくこと自体が，近代社会におけるグローバルなひとつの文化であることです。

▷2　アンダーソン，B.／白石隆・白石さや訳（1983=1987）『想像の共同体』リブロポート。

▷3　クレオール：ここでは植民地生まれを指す。たとえばスペイン本国から植民地に移民し，現地で生まれた子どもはクレオールとなる。

▷4　ホブズボウム，E.・レンジャー，T.編／前川啓治・梶原景昭訳（1983=1992）『創られた伝統』紀伊國屋書店。

おすすめ文献

†塩川伸明（2008）『民族とネイション』岩波新書。
†鈴木貞美（2005）『日本の文化ナショナリズム』平凡社新書。
†吉野耕作（1997）『文化ナショナリズムの社会学』名古屋大学出版会。

3 グローカル社会の文化／A 国民国家の文化

2 学校と工場の文化

田邊　浩

1 国民をつくり出すということ

　国民国家は，文字通り国民を成員として構成された国家です。ところで，国民とはどのような人びとなのでしょうか。まずは，ある明確化された領域をもつ単一国家のもとで，自ら国民であるという意識をもっている人びとのことだ，としておきましょう。こうした意識は自然に生じるわけではありません。たとえば，江戸時代の人びとには日本人というような意識はありませんでした。

　国民国家はまた，産業主義と資本主義を両輪として作動するものです。そこでは，工業生産と資本主義経済の担い手が必要となります。それらの担い手には，それらを担うに足る能力や技術，そして心性をもつことが要求されます。要するに，国民国家は「国民」をつくり出さなければならないのです。そして，そのための強力な装置がまさに「学校」であり，「工場」であるのです。

2 学校で身につけること

　私たちは学校に通って，「国語」を習います。いまだに各地方の方言は残っていて，方言を使われると理解できないこともあります。しかし，国内のどこにある学校でも同じ国語が教えられているので，標準語を用いればコミュニケーションに不自由することはありません。同じ言葉を使うことで，人びとのあいだに国民としての一体感が生まれます。それだけではありません。近代社会では読み書きができることは生活を営んでいくうえで必要なことでしょう。話すことだけではなく，読むことや書くことが誰でもできるのは，まさに学校で国語を勉強するからです。学校ではさらに，計算能力も身につけさせられます。近代社会では，よりよい仕事に就くために，そして社会的成功を収めるためには，計算することその他の能力が必須のものとなるからです。

　むろん学校は，こうした読み書き計算の能力など，授業内容を学ぶだけではありません。国民国家に適合的な態度を身体化するために，規律訓練や集団生活の訓練もなされます。たとえば，学校では時間割によって生徒の行動は制御されています。始業ベルが鳴れば一斉に席につき，授業がはじまるのを大人しく待ちます。遅刻は厳しく注意されなかったでしょうか。時間だけではありません。教室という閉ざされた空間のなかで，生徒は特定の席へと配置が決められます。その時々で適切な姿勢をとることが望まれ，勝手に動くことは許され

▷1　イギリスの社会学者A. ギデンズは，近代社会の制度特性として，産業主義，資本主義，監視，暴力手段の管理という4つの次元を指摘している。監視と暴力手段の管理はいうまでもなく国民国家の一元化された統治を可能にするものである（ギデンズ，A.／松尾精文・小幡正敏訳(1990=1993)『近代とはいかなる時代か？』而立書房）。

▷2　近代初期において，学校や工場以上に国民をつくるための装置として機能したのが軍隊であることはいうまでもない。

▷3　ゲルナー，E.／加藤節監訳(1983=2000)『民族とナショナリズム』岩波書店。

▷4　アメリカの経済学者S. ボウルズとH. ギンタスが提起した「対応理論」は，学校教育と資本主義経済システムの密接な関連を指摘して，大きな影響力をもった（ボウルズ，S.・H. ギンタス／宇沢弘文訳(1976=1986-1987)『アメリカ資本主義と学校教育1・2』岩波書店）。

▷5　学校が，生徒に対して既存の社会秩序を疑いもなく受け入れるように社会化することを，I. イリイチは「学校化」と呼び，P. W. ジャクソンのいう，意

ません。身体の細々とした挙動も管理されることになります。そして，生徒は「試験」によって，学校という場における位置づけを定められます。よい成績をとるために，社会的成功を勝ち取るために，「勤勉であること」といったイデオロギーが注入されます。

③ 工場で働くこと

こうしてつくり出された国民は，国家を駆動する「産業」の担い手として，工業品を生産する場である「工場」で働くことになります。工場で働くということは，田畑で農作業をするといったこととはまったく異なった経験となることでしょう。農業は，天気や季節などに左右されます。いわば，自然とともにある仕事，自然のリズムに同調してなされる仕事です。工場は違います。工場では，ある一定の空間のもと，時計時間と時間割によって，あらゆる行動が規制されます。そこで働く人びとは，生徒が学校でそうであったのと同様に，一定の空間に整然と配置されます。

そして，工場での労働はしばしば単調であるかもしれません。ですが，そうした単調な仕事にも長時間従事しなければなりません。国民はまた，こうした長時間労働にも耐えることができる存在としてつくられなければならないのです。実際，近代の初期段階では，多くの人びとが工場での労働に対して拒絶反応を示したことが知られています。しかし，工場で働くことができる態度は学校教育を通して身につけられています。工場ではそれがさらに強化されます。こうして人びとは，自己を律して，仕事に励むことになるのです。

④ 規律から管理へ

ここまで述べてきたことをもっとも鮮やかに描き出したのは M. フーコーです。彼は，身体を管理し，訓練する技術として，規律という概念を提示しました。パノプティコンという監視システムのもとで，規律が人びとを自ら従属する主体としてつくりあげるのです。そしてまた，主体化＝従属化の装置という意味では，学校や工場もまた監獄なのだ，と暴きだしたのです。

もちろん，状況は変わってきています。現在の学校や工場を規律訓練という見方だけで捉えることはできません。そうした点において，フランスの哲学者 G. ドゥルーズによる示唆を聞くべきでしょう。彼は規律から管理への変化について論じています。要するに，規律訓練型の権力はすでに20世紀初頭に頂点に達し，もはやそれは衰退しており，現在は管理社会の時代なのだ，というわけです。ドゥルーズは，「管理社会は監禁によって機能するのではなく，不断の管理と瞬時に成り立つコミュニケーションによって動かされている」と述べています。こうした変化によって，学校や工場という文化装置もまた変わっていくのでしょうか。注意深く見定める必要があるでしょう。

図せず教えられる「隠れたカリキュラム」が，そうした学校制度を支えていると指摘した（イリイチ, I./東洋・小沢周三訳 (1971=1977)『脱学校の社会』東京創元社）。類似した見方を L. アルチュセールも提示し，学校は国民を自発的に服従させるイデオロギー装置であると主張した（アルチュセール, L./西川長夫訳 (1970=1975)『国家とイデオロギー』福村出版）。さらに，P. ブルデューは学校を文化の「押しつけ」がなされる場とみなした。彼はそれを「象徴的暴力」と呼ぶ（ブルデュー, P.・パスロン, J. C./宮島喬訳 (1970=1991)『再生産』藤原書店）。

▷6 パノプティコン（一望監視装置）とはベンサムによって構想されたものである。中央の監視塔から収容施設を管理する仕組みであるが，管理する者にはすべてが見渡せても，管理される者は管理する者を視ることができない。たとえ管理者がいなくても，管理者がいるのかいないのかわからないので，自ら管理に服従せざるをえなくなるシステムである（フーコー, M./田村俶訳 (1975=1977)『監獄の誕生』新潮社）。

▷7 ドゥルーズ, G./宮林寛訳 (1990=1992)『記号と事件』河出文庫。

（おすすめ文献）

†今村仁司 (1998)『近代の労働観』岩波新書。

†成沢光 (1997)『現代日本の社会秩序』岩波書店。

†桜井哲夫 (1984)『「近代」の意味』NHKブックス。

3 近代家族という文化

赤枝香奈子

1 近代家族とは

「家族」というのは、実は説明の難しい言葉のひとつです。

というと、疑問に思う人が多いのではないでしょうか？「だって、お父さんがいてお母さんがいてきょうだいがいて、みんなで和気あいあい、っていうのが家族じゃないの？ うちもそうだし、○○ちゃんのうちもそうだし……」。

こんなふうに、わたしたちの多くが思い浮かべる家族の形、より具体的にいえば、父親と母親と未婚の子どもから成り、情愛によって結ばれる家族は、社会学では「近代家族」と呼ばれています。近代とつくからには、歴史的に普遍的な家族の形ではありません。近代という時代に特徴的にみられる家族です。日本で近代家族の具体例としてよくあげられるのは、『サザエさん』や『ちびまる子ちゃん』に出てくる主人公たちの家族です。両親がいて子どもは2, 3人。祖父母が同居していることの他にもうひとつ、共通点があるのに気がつくでしょうか？ まる子ちゃんのお母さんもサザエさんのお母さんも、そしてサザエさん自身もみな専業主婦ということです。

家族社会学者の落合恵美子は、近代家族の特徴として以下の8点を指摘しています。「①家内領域と公共領域との分離 ②家族構成員相互の強い情緒的関係 ③子ども中心主義 ④男は公共領域・女は家内領域という性別分業 ⑤家族の集団性の強化 ⑥社交の衰退とプライバシーの成立 ⑦非親族の排除（⑧核家族）」。近代に入って市場が発達すると、仕事（生産）の領域と、生活や生殖（再生産）の領域が分離し、前者の担い手は男性、後者の担い手は女性と、性別によって異なる役割を果たすようになります。また、公共領域から切り離された家内領域は、私的な場として位置づけられ、家族員相互のつながりは密になる反面、家族以外の人間が介入しづらい空間にもなっていきます。日本でこのような近代家族が大衆化したのは第二次世界大戦後、1955～75年頃です。落合はそれを「家族の戦後体制」という言葉で表現し、その内容を「女性の主婦化」「再生産平等主義」「人口学的移行期世代が担い手」という3点にまとめています。

女性は昔から主婦だったわけではありません。夫一人で家族全員を養えるという経済的条件が整い、女性の主たる仕事は家庭における家事・育児であるという規範が一般化することによって、女性たちは主婦になります。また「昔の

▷1 落合恵美子（[1994] 2004）『21世紀家族へ（第3版）』有斐閣、103頁。日本の場合、祖父母と同居していても、近代家族的な性格をもつ場合があるので⑧は括弧に入っている。

▷2 落合、同上書、101頁。

▷3 日本では戦後のベビーブームを経て、1949年か

人は子だくさん」と言われたりするように，かつてはたしかに一生の間に子どもを4人以上産む女性がたくさんいました。しかしその一方で，まったく産まない女性もそれなりの数で存在していました。それが戦後になり，ほとんどの女性が等しく2，3人の子どもを産む時代がやってきます。この点については，戦前から高度経済成長期にかけての日本の人口政策，家族計画を考察した田間泰子の研究が参考になりますが，戦後近代家族の子どもとは単に少数であるだけでなく，正式に結婚した夫婦の子どもであるというのは重要な指摘です。

では，「人口学的移行期世代」とは何でしょうか？ かつては子どもをたくさん産んでも衛生・栄養状態が悪いために，亡くなる子どもも多くいました。それが，社会の衛生・栄養状態が改善され，死亡する子どもの数が減るようになると，人びとはあまり子どもを産まなくなります。そのように多産多死から少産少死になる人口転換の時期に，一時的に多産少死の時代がやってきます。その時代に生まれた人びとを「移行期世代」と呼びます。この世代の人びとの人口は非常に多く，彼らが同じような家族をつくることで，近代家族が日本に広まりました。そして妻は専業主婦，夫は猛烈に働くサラリーマンという性別役割分業が，日本の高度経済成長を支えたというわけです。

② 近代家族の次へ

「近代家族」はもちろん，日本の専売特許ではありません。落合がアリエスやショーター，デグラーらの社会史の研究に依拠し，近代家族の特徴を取りだしてきたように，まずは欧米の「マンタリテ（心性）」や「感情」に注目した研究によって，近代的な家族の特徴が論じられました。

フランスの歴史家フィリップ・アリエスは，子どもを大人とは異なる，愛らしく無垢な，特別な配慮をもって育てるべき存在とする見方が広まったのは17世紀以降であると述べています。その無垢な存在である子どもを，愛情をもって育てるのが，女性に課された新たな役目になりました。さらには，それこそが女性の本能との考えが広まり，多くの女性を専業主婦へと向かわせました。

現在では近代家族とは異なる家族も多くみられ，それに合わせて社会や法律も変わってきました。たとえば，正式に結婚することなく，子どもを産み育てるカップルも増加しています。あるいは，同性同士のカップルが家族となり，子どもをもつようなケースもみられます。その結果，同性同士の結婚を男女のカップルの結婚と同じように認めているオランダのような国もあります。

日本でも今では，母親が外で働くことや両親が離婚すること，片方あるいは両方の親が再婚であることなどが，それほど珍しい現象ではなくなっています。近代家族はまだ，わたしたちの抱く家族のイメージを規定し続けていますが，実態としても規範としてもそれが広まっていた時代は次第に過去のものになりつつあるといえるでしょう。

ら1958年までの10年間に，合計特殊出生率（一人の女性が一生の間に産む子どもの数）が4.32から2.11に下がるという，急激かつ大幅な減少を記録した（田間泰子（2006）『「近代家族」とボディ・ポリティクス』世界思想社，8頁）。

▷4　田間，同上書。

▷5　戦前の日本では，子どもを養子に出したり，逆に養子をもらったりすることが一般的に行なわれており，また婚外子も多かった。

▷6　落合，前掲書，87頁。

▷7　アリエス，P.／杉山光信・杉山恵美子訳（1960=1980）『〈子供〉の誕生』みすず書房；ショーター，E.／田中俊宏ほか訳（1975=1987）『近代家族の形成』昭和堂；Degler, Carl N. (1980) *At Odds: Women and the Family in America from the Revolution to the Present*, Oxford University Press.

▷8　落合恵美子（1989）『近代家族とフェミニズム』勁草書房，18頁。

▷9　あるいは，「結婚」とは異なるが，正式に登録した同性同士のカップルに，結婚している夫婦に近い社会保障の権利などを与える「シビル・ユニオン」「ドメスティック・パートナーシップ」などと呼ばれる制度もある。

おすすめ文献

†落合恵美子（[1994]2004）『21世紀家族へ（第3版）』有斐閣。
†田間泰子（2006）『「近代家族」とボディ・ポリティクス』世界思想社。
†山田昌弘（1994）『近代家族のゆくえ』新曜社。

3　グローカル社会の文化／A　国民国家の文化

4 逸脱と統制の文化

土井隆義

1　文化活動の所産としての逸脱現象

　逸脱という社会現象の本質は、逸脱者の属性やその行為にあるのではなく、それらを逸脱とみなす統制側の人びとの認識活動のなかに潜んでいます。たとえば、禁酒法が定められていなければ、アルコールの製造販売は犯罪とならないように、あるいは、堕胎罪の規定がなければ、胎児の中絶手術は犯罪とならないように、そもそも、逸脱の行為類型が存在しなければ、逸脱という社会現象もありえないからです。

　私たちは、ある社会現象の意味を解釈する際に、その社会に固有の文化の影響を大きく受けます。統制活動も同じです。かつてのアメリカ合衆国に禁酒法が存在したのは、プロテスタント的な宗教文化の影響によるものですし、堕胎を罪とみなすか否かも、伝統的なキリスト教文化と、女性の権利保護を優先する世俗文化との、政治的な攻めぎあいのなかで定まってくるものです。

　このように、逸脱と統制は、社会現象の意味をめぐる文化活動の一部です。具体的には、それは次のような過程として理解することができます。すなわち、(1)社会成員がある行為を逸脱的であると定義し、(2)そのように振る舞う人びとを逸脱者であると解釈し、(3)そのような逸脱者にふさわしい待遇を彼に与えるという一連の過程です。ここには、単に規則違反行為だけでなく、不道徳や不健全とみなされる行為も含まれます。

　文化社会学の視点から逸脱という社会現象を眺めるなら、逸脱に対する統制活動は、一般に考えられているように逸脱を防止するものではなく、むしろそれを生み出すものといえます。すなわち、逸脱に対する統制活動それ自体が、逸脱という社会現象にとって本質的な構成要件を成しているのです。

2　社会秩序の維持のための文化装置

　日常生活において、私たちの行為は一般に了解可能なものです。ここでいう了解可能性には、その行為を理解・把握できるという認知次元のものと、その行為を了承・許容できるという規範次元のものとがあります。そして、両方の了解が得られているとき、私たちの社会生活はスムーズに流れていると感じられます。しかし、そのような状況が常に続くとはかぎりません。私たちの経験的な世界では、ときに了解を得られない行為が発生することもあります。

▷1　逸脱とは、平均的な範疇から外れた諸現象を指し示す言葉である。したがって本来は、価値中立的な概念であり、マイナス方向への逸脱とともにプラス方向への逸脱もありうる。そもそも両者は相対的なものであり、ある集団内でスティグマ属性となるものが、別の集団内ではカリスマ属性となることもある。しかし一般には、社会や集団の規範に反するマイナス方向の現象を指し示すことが多い。

行為の了解可能性が失われた状態は、社会秩序の問題状況であるといえます。認知レベルにおいて理解できない事態にせよ、規範レベルにおいて了承できない事態にせよ、そのままでは、私たちのスムーズな日常生活を保証してくれる秩序の維持が危うくなるからです。したがって、私たちは、このような問題に直面したとき、あらゆる手段を用いてその事態を打開しようと努めます。

その基本的な作業は、問題をはらんだ部分を、没問題的な部分に統合することで行なわれます。具体的には、問題をはらんだ行為を、受け入れ可能な既成の行為類型と照らし合わせ、そのなかに当てはめることで、行為の意味の日常化が行なわれます。いったん断ち切られた日常性のルーティンは、この作業を通じて修復され、その了解可能性を回復させることになるのです。

ところが、この作業のなかで、認知的には受け入れ可能であっても、規範的には受け入れ不能という事態が生じることがあります。既成の文化の下で、その価値観に抵触する行為が発生したときです。このとき、私たちは、その行為を逸脱という既成の行為類型に当てはめることで、自らの文化の正当性を確保し、社会秩序の維持をはかろうとします。逸脱とは、このような作業のなかで使用される行為類型のことだといえます。

③ 文化の再生産と変動を支える逸脱

逸脱という行為類型は、単に行為を解釈し、評価を下すための文化装置に留まるものではありません。それは、文化的な規定の一部として、私たちの現実の振る舞いを拘束していくことにもなります。私たちは、文化的な規定を行為指針として自らの内面に取り入れ、それに従って行動していくからです。こうして、すでに発生してしまった反文化的な行為が否定されるだけでなく、そのような行為の発生それ自体も文化的に抑制されていくことになります。

しかし、社会のすべての人びとが支配的な文化の規定に正当性を認めているわけではありません。その規定からは逸脱的とみなされる現象の方にこそ正当性があると考える人びともいます。彼らにとってみれば、それを逸脱とみなす文化の規定こそが逸脱的なのです。ここに、文化の主導権をめぐって政治的な闘争が生まれることになります。たとえば、堕胎を犯罪とみなす規定に対して、女性の権利保護を訴える人びとが行なう異議申し立て活動や、同性愛者にも異性愛者と同等の権利を主張するゲイ解放運動などはその一例といえます。

このように、逸脱の具体的な規定は、人びとに内面化されることを通じて再生産されていくと同時に、その規定の正当性に反旗を翻す人びとの活動によって塗り変えられてもいきます。私たちの社会は、逸脱という行為類型の運用を通じて、文化的に許容される行為の境界線を明示化するとともに、その書き換えを行なってもいるのです。この意味において、逸脱と統制は、文化の境界をめぐるシンボル操作のひとつといえるでしょう。

▷2 たとえば、2008年に秋葉原で起きた無差別連続殺傷事件について考えてみよう。事件発生の一報に最初に接したとき、私たちはまずその行為の「わけのわからなさ」に怯えた。それが認知レベルにおいて了解可能性が失われた状態である。やがて犯人の青年には「派遣切り」の不安があったとか、またネットの世界で孤立していたとか、さまざまな事情が明らかになっていった。その過程で完全ではないにせよ、彼の行為の意味が理解できたような気になったとすれば、少なくとも認知的にはその行為が受け入れ可能になったといえる。しかし、だからといって私たちはその行為を許せるわけではない。それは私たちの価値意識に抵触する振る舞いであり、規範的には受け入れ不能であると考える。それがすなわち、既成の逸脱類型へと当てはめられていくことを意味しているのである。

おすすめ文献

† ベッカー, H. S.／村上直之訳（1963=1978）『アウトサイダーズ——ラベリング論とはなにか』新泉社。
† 井上俊（1977）「日常生活における解釈の問題」『遊びの社会学』世界思想社、199-221頁。
† スペクター, M.・キツセ, J. I.／村上直之・中河伸俊・鮎川潤・森俊太訳（1977=1990）『社会問題の構築——ラベリング論をこえて』マルジュ社。

第Ⅱ部　現代文化の諸相

3　グローカル社会の文化／A　国民国家の文化

5　社会運動をめぐる文化

帯谷博明

1　社会運動とは

　普段の生活のなかで,「社会運動」(social movement)の存在を意識することはあるでしょうか。あるとすれば, どのような種類の運動でしょうか。

　2008年の年末から翌年の年始にかけて話題になった, 非正規雇用者の失業・貧困問題を訴える「派遣村」の動きや, HIVや肝炎など薬害患者による薬害訴訟, 国境を越えたグローバルなレベルで平和や開発問題に取り組む民間団体の活動, 等々。これらは一例にすぎませんが, すべて「社会運動」と考えてよいものです。もちろん, 時代や場所によって社会運動の種類はさまざまです。社会運動の定義も研究者によって多様ですが, ここでは,「社会のある側面を変革することをめざして, 複数の人びとが集合的に, 敵対者を含めた多様な主体と相互作用を展開する, 組織的活動」と捉えておきます。

2　社会運動の展開と文化

　戦前および戦後間もない時期, 社会運動といえば一般には「農民運動」と「労働運動」でした。いずれも地主や経営者（資本家）に対する, 農民や労働者による階級運動であり,「富の分配をめぐる闘争」という性格をもっていました。その後, 日本が高度経済成長期に入り, 産業化・都市化が進むなかで注目を集めたのが「住民運動」です。「住民運動の時代」と呼ばれた1960年代後半から70年代, 大気汚染や水質汚濁, 騒音といった各種公害が頻発し, 被害を受けた地域の住民が, 各地で生活環境の破壊に対する抗議運動を展開したのです。

　ほぼ同じ頃, 西欧をはじめとする産業先進社会において, 学生運動や平和運動, 女性解放運動, 環境運動といった「新しい社会運動」が登場します。労働運動など従来の階級運動と異なり, 国家・市場システムによる「生活世界の植民地化」(J. ハーバマス) という事態に対して, 若者や女性, マイノリティなど, 意思決定の領域から疎外された人びとが中心となって運動を展開した点や, 構成員の自己決定やアイデンティティの追求, 水平的なネットワークやオルターナティブへの志向性など, 社会運動の質的な変化（新しさ）が顕著でした。

　社会運動には一般に, (1)問題の所在を明らかにする（＝指示・定義機能）, (2)問題の予防や解決を促す（＝予防・解決機能）, (3)新たな制度や規範・意識, 文化をつくる（＝形成機能）などの機能があります。とくに(3)の文化と新しい社

▷1　「住民運動」が見出し語に含まれる『朝日新聞』（東京本社版・縮刷版）の記事数をみると, 1960年代は8件であったが, 1970年代には205件に急増する。

▷2　くわしくは, 片桐新自 (1995)『社会運動の中範囲理論』東京大学出版会；長谷川公一 (2003)『環境運動と新しい公共圏』有斐閣を参照のこと。

図1 「森は海の恋人」植林運動
出所：筆者撮影。

図2 「ダムは私たちの土地に破滅をもたらす！」
出所：筆者撮影。

会運動との関係についてみると，支配文化に対する「対抗文化」の形成があります。既成の体制や制度に対する反発・反抗心から生まれた「ロック音楽」はその代表例でしょう。また，安全な農産物を求める都市部の消費者と，農薬漬けの近代農業からの脱却をめざす農業者が提携した「有機農業運動」や，琵琶湖の赤潮（水質汚濁）問題に対して滋賀県内の主婦たちが展開した「石けん運動」，沿岸で養殖を営む漁業者たちが上流の山に木を植える「森は海の恋人」運動（図1）なども，とくに初期の段階では，大量生産・大量消費型の近代的なライフスタイルの反省や問い直し，さらには担い手（女性や農漁民）のアイデンティティの構築という特徴をもった運動でした。

③ 経済・情報・社会運動のグローバル化

　企業の経済活動が地球規模で拡大し，経済のグローバル化が加速する一方で，とくに1990年代以降，多国籍企業のブランド支配への抗議運動やアンチグローバル化運動，ダムなど発展途上国の大規模な開発問題に対するNGOの活動など，既存の国家の領域（国境）を越えて活動を展開するトランスナショナル（tansnational）な社会運動が活発化しています。図2は，フィリピン・ルソン島中部に計画されたサンロケダムの建設に抗議する運動（デモ行進）の一場面です。日本の企業や政府系金融機関の援助による開発事業に対して，先住民族をはじめとする地元の住民組織やフィリピン国内のNGOと日本のNGOが連携して，移転世帯の生活調査など問題の把握や情報交換，開発主体や日本政府への抗議や申し入れなど，問題解決に向けて活発な運動を展開しました。

　このように，企業の経済活動だけでなく，市民が主体となった社会運動の分野においても，インターネットや電子メールなど，新しいコミュニケーション手段（メディア）の普及・発展によって，時間や空間を超えて，多様な組織や主体がさまざまなレベルでネットワーク（グローカルネットワーク）を形成し，より効果的な活動を展開できるようになりました。依然として強い影響力をもつ国家（政府）と市場（企業）という近代の枠組みに対して，市民（運動）がいかなるスタイルでどのような役割を果たすことができるのか，今世紀の重要なテーマといえるでしょう。

▷3　山形県高畠町や千葉県三芳村（当時）など，1970年代に各地であいついで誕生した。
▷4　脇田健一（1997）「変身する主婦」宮原浩二郎・荻野昌弘編『変身の社会学』世界思想社，57-86頁。
▷5　宮城県気仙沼湾の漁業者による植林運動。大漁旗を掲げた運動スタイルと「森は海の恋人」というキャッチフレーズは，マスメディアの注目を集め，同様の運動が全国に広がった。帯谷博明（2004）『ダム建設をめぐる環境運動と地域再生』昭和堂を参照。
▷6　Non-governmental Organization（非政府組織）のこと。NPO（非営利組織）とほぼ同義で使われ，社会運動の性格をもつものが多い。
▷7　栗田英幸（2008）「資源開発と合意形成」佐藤仁編『人々の資源論』明石書店，220-246頁。

（おすすめ文献）
✝クライン，N.／松島聖子訳（2001）『ブランドなんか，いらない──搾取で巨大化する大企業の非情』はまの出版。
✝大畑裕嗣・成元哲・道場親信・樋口直人編（2004）『社会運動の社会学』有斐閣。
✝西城戸誠（2008）『抗いの条件──社会運動の文化的アプローチ』人文書院。

3　グローカル社会の文化／A　国民国家の文化

6 監視の文化

柏原全孝

1　見る／見られる／見せる

　監視カメラは，いつのまにかありふれた装置になりました。「監視カメラ作動中」という表示もよく見かけます。防犯カメラという別称が示すように，それらは泥棒封じの呪具や護符のようなものかもしれませんが，監視カメラの設置場所でも犯罪は起きており，その神通力は期待されているほどではないようです。それでも，われわれは監視カメラが見守ってくれることに期待を寄せ，設置台数を増やし続けています。

　このような監視カメラへの期待とは裏腹に，盗撮カメラへの不安がわれわれの社会に満ちています。携帯電話のカメラが耳障りな電子音を鳴らさずには撮影できない仕様なのも，そうした不安の表われといえます。監視には見守る視線と見張る視線の2種類がありますが，見られることへの期待（見守られる）と不安（見張られる）という二重性が，監視への期待と盗撮への不安という形に外部化されたと考えられるでしょう。実のところ，盗撮に対する規制や罰則の強化は監視への期待の裏返しなのです。

　インターネットやテレビなどのメディア上では，この期待と不安は少し違った形で表われます。ウェブカメラなどを使って私生活を見せようとする人びとや，ドキュメンタリー風の素人参加型バラエティ番組に出演したがる人びと。彼らはいわば盗撮的な視線に自分を晒す人びとです。また，そうした人びとによって提供された私生活的場面を映し出すモニターを覗き穴のように見て楽しむ人びとはそれ以上に多くいます。このように少数の人びとを多数の人びとが見る状態は，パノプティコンからの造語でシノプティコンと呼ばれます。映画『トゥルーマン・ショー』（1998）はその典型例としてよく紹介されますが，日本でも，たとえば『あいのり』（フジテレビ系）などはシノプティコン的な番組のひとつだったといえるでしょう。

2　情報社会と超パノプティコン

　ある社会を監視社会という名で呼ぶとき，その基礎には情報インフラの整備，いわゆるITメディアの普及と浸透があります。つまり，監視社会は，まずもって情報社会であるはずなのです。だから，監視カメラの多さが監視社会とイコールでつながるのではありません。監視社会において，カメラは映像記録装

▷1　シノプティコンはT. マシーセンが1997年に書いた「視聴者社会」という論文（"The Viewer Society: Michel Foucault's "Panopticon" Revisited" *Theoretical Criminology*, 1(2)）で登場した概念。パノプティコンと対照的な状況を指すため，まるで裏表の相補的な関係にあるように思われるかもしれないが，必ずしもそう理解する必要はない。シノプティコン概念には，インターネットやテレビなどで生まれた監視の現代的な側面を適切に説明できるという以上の含みはいまのところない。

置よりむしろ，データ収集装置なのです。収集データは即座にカメラが接続されたネットワーク上のデータベースへと送られます。その結果，個人認証されたり通行可否の判断がくだされたりします。携帯電話のカメラを例に考えてみましょう。それには普通の写真撮影機能に加えてQRコードリーダーの機能も備わっています。QRコードリーダーとしてのカメラの目は，われわれには意味不明な黒白の小さい四角の組み合わせを映像としてではなく，データとして見る力をもっています。監視社会で監視カメラが向ける目は，QRコードを見る時の目なのです。

したがって，監視社会で生きるわれわれはQRコードのような存在であるといえるかもしれません。いくらわれわれが個人としての自分を見てほしいと願っても，監視社会の目はわれわれをデータの塊りとしか見ないのです。このような状況を表現するべく，英語には監視を意味するsurveillanceをもじったdataveillance（データ監視）や，データで表わされたもう一人の自分を意味するdata-double(s)（データ分身）という言葉が生まれています。情報社会と監視社会の接着剤となるのがデータベースです。そのデータベースが現代のパノプティコンの不可欠な要素となっています。これを重視して，M.ポスターは，従来の「規律訓練」と結びついたパノプティコンと区別すべく超パノプティコンと呼びました。

3 管理社会

M.フーコーが『監獄の誕生』で描き出した規律訓練の時代を過ぎようとする現代社会の行き先をG.ドゥルーズは「管理社会」と考えました。規律訓練には学校や工場，病院など強制的な監禁施設が必要でした。それらはいまも規律訓練の場であり続けていますが，変質しています。労働者は集団や組織の歯車になるように訓練されるよりも，能力給等で個別に人事評価されるようになりつつあります。また，学校の役割は相対的に低下し，「キャリア教育」という生涯教育が重視されています。その中身は多様で，諸々の資格取得や検定を受けるための教育もあれば，曖昧すぎて「人間力」なる漠然とした言葉で表現するしかないような教育も含まれます。そこでは，具体性を欠いたまま，ただ「自分を高める」ことが奨励されるのです。

管理社会では，やらされるのではなく，自ら進んでやるよう巧妙に動機づけられます。してもしなくてもいいけれども結果の代償を得るのも払うのもあなた自身，というメッセージに溢れた社会なのです。ですから，名称からは意外に思えるかもしれませんが，管理社会は自発的かつ能動的な動機をもった人びとから構成されます。そうした人びとが残していく日々のデータが，彼らのデータ分身たちを育て，その分身に基づいて「平常点」の評価が下される，それが現代の監視社会＝管理社会です。

▷2 ポスター，M.／室井尚・吉岡洋訳(1991=2001)『情報様式論』岩波書店。

▷3 厚生労働省「若者の人間力を高めるための国民会議」(2005〜)は人間力という語を使用した公的なものの著名な例である。また，大学を含めた多くの学校で教育理念や教育目標に人間力という語を使用する例が多く見られるようになっている。この語の意味するところは定まっていないが，若者，自立，雇用などという語と結びつけられることが多い。

おすすめ文献

✝ライアン，D.／河村一郎訳（2001=2002）『監視社会』青土社。
✝フーコー，M.／田村俶訳（1975=1977）『監獄の誕生』新潮社。
✝ドゥルーズ，G.／宮林寛訳（1992=2007）『記号と事件』河出文庫。

3 グローカル社会の文化／A 国民国家の文化

7 マイノリティの文化

周藤真也

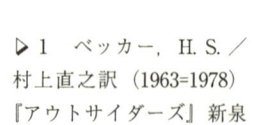

1 マイノリティと文化

あらゆる社会集団は，それぞれ規則をつくり，状況に応じてその規則を執行しようとしますが，社会のなかでマイノリティ（少数者）とされる人びとにおいても例外ではありません。ラベリング論が逸脱行為と逸脱集団において捉えたのと同様に，マイノリティというレッテルを貼られ，人びとからマイノリティとして処遇されることを通して，マイノリティの人びとは，マイノリティとしてのアイデンティティとライフスタイルを形成していきます。こうして形成されるマイノリティの文化は，マジョリティ（多数者）によって形成されるその社会に支配的な文化（メインカルチャー）に対して，下位文化（サブカルチャー）として位置づくとともに，支配的な文化に対して，対抗文化（カウンターカルチャー）となり，衝突や軋轢を引き起こしたりします。

2 エスニックの文化

エスニックの文化は，代表的なマイノリティの文化のひとつです。国民国家という社会集団の内部には，民族的マイノリティも存在します。経済的理由，政治的理由など，さまざまな理由で人びとは国境を越えて移動しますし，戦争や民族紛争，政治体制の変化によっては国境そのものが変更になります。そうしたなかで，ある国民国家の内部において，支配的な民族文化とは異なった民族的出自をもつ人びとが独自の文化規範を維持し，独自の領域とそれらへの帰属意識（エスニシティ）を形成することがあります。たとえば，日本においては，在日コリアンの文化，華僑の文化などがあげられますし，ブラジル系の文化が今後定着するかも注目されるでしょう。また，かつて日本から移民をした人びとが現地で日系人社会をつくったといった現象もあげられます。

こうしたエスニックの文化は，かつては時間が経過すれば同化が進み，いずれは支配的な文化に包摂されるという考え方もありました。しかしながら，国民国家の枠組みのなかでは，すでにある程度，同化していた人びとが，逆にエスニックの文化を再発見し，エスニック・アイデンティティを身につけることも生じます。また，沖縄文化やアイヌ文化に見られるように，国民国家の周辺において包摂された人びとの文化の再発見は，観光資源として活用されることを通して，より深く支配的な文化との関係性の網の目のなかに組みこまれると

▷1 ベッカー，H. S.／村上直之訳（1963=1978）『アウトサイダーズ』新泉社。

いった事態も生じます。

③ ろう文化

　マイノリティの文化のなかで，近年，注目を集めているもののひとつが，障害（者）の文化です。障害者は，同じ障害をもった人々が自助的な活動（セルフヘルプ活動）を行なうことを通して，独自の文化を形成していきます。

　そのなかでも，ろう（聾）文化は，聴力に障害を抱えた人びとを中心に構成される文化です。ろう者は，コミュニケーションにおいて，視覚や触覚に依存せざるをえず，ろう者同士のコミュニケーションには手話を使用します。しかしながら，聴者のコミュニケーションにおいて支配的なのは口話であり，ろう学校で行なわれる教育では，正確な発音ができるように発話の訓練をすることや，聴者の話を理解できるよう読唇術を学ぶことなど，聴者のコミュニケーションに適応することが強く求められてきました。その一方，ろう学校は，ろう者同士が接する場であり，手話言語の伝達やろう者のコミュニティへの参加など，ろう者の文化や社会に接するうえでも重要な機能を果たしています。「ろう者とは日本手話という日本語とは異なる言語を話す言語的少数者である」という「ろう文化宣言」は，ろう文化の独自性とその存在を知らしめるとともに，口話中心のろう教育や，健常者に障害者が合わせるべきであるとする考え方に疑問を投げかけるものとなりました。

④ 性的マイノリティの文化

　また，近年，性的マイノリティの文化についても研究が進んできています。レズビアン，ゲイ，バイセクシュアル，トランスセクシュアル，トランスジェンダー，トランスヴェスタイト，インターセックス（半陰陽）など非異性愛者としてカテゴライズされるセクシュアリティをもつ人びとは，それぞれにおいて独自の文化を形成しており，ライフストーリー（生活誌）法などの方法により研究が進められています。

　性的マイノリティは，性志向と性自認の組み合わせによってさらに細分化されるため，差別や偏見への戦いにおいて連帯が必要となってきます。「奇妙な」という意味の英単語で，男性同性愛者を示す隠語であったクィア（queer）という語は，そうした細分化されたカテゴリーを集約する便利な言葉として，1990年代に入ってから当事者たちによって積極的，肯定的に使用されるようになりました。クィアという語によって目論まれているのは，規範が押しつけてくるカテゴリー化や男／女や同性愛／異性愛といった二元論を解体し，セクシュアリティの多様性を認めるということです。マイノリティの文化は，このように文化の多様性を社会的に認めさせる運動と密接に関わってきました。

▷2　木村晴美・市田泰弘（1995）「ろう文化宣言」『現代思想』青土社，23(3)，354-362頁（1996，『現代思想』24(5)，8-17頁，および，現代思想編集部編，2000，『ろう文化』青土社，8-17頁に再録）。

▷3　バイセクシュアル：両性愛者。

▷4　トランスセクシュアル：性同一障害者のなかで，身体的な性と性自認との不一致を強く感じており，一致させるため形成外科的手術や法的性別変更を強く望む人。

▷5　トランスジェンダー：身体的な性とは異なる性自認をもった状態のこと。性同一性障害のなかで，トランスセクシュアルのように手術療法で一致させようとする志向のない人びとや，一致させる前の状態のことを指す場合がある。

▷6　トランスヴェスタイト：異性装者。クロスドレッサーともいう。

▷7　河口和也（2003）『クイア・スタディーズ』岩波書店。

おすすめ文献

†杉野昭博（2007）『障害学――理論形成と射程』東京大学出版会。

†佐々木てる（2006）『日本の国籍制度とコリア系日本人』明石書店。

†飯野由里子（2008）『レズビアンである〈わたしたち〉のストーリー』生活書院。

第Ⅱ部　現代文化の諸相

3　グローカル社会の文化／B　グローバル化する文化

1　万国博とオリンピック

小澤考人

1　万国博とは──帝国主義と資本主義の祭典

　万国博が最も盛大に開催されたのは，19世紀半ばから20世紀半ばにかけての約一世紀間です。1851年の最初のロンドン万博以降，この時期には広く欧米各国の大都市で，国際規模の博覧会が次々と開催されたのです。

　万国博は英語で Great Exhibition といいますが，いったい何が展示（exhibit）されたのでしょうか。それは，(1)先進各国が生産した工業製品と，(2)植民地から集めた大量の品々，いわば世界中のありとあらゆるモノ＝商品でした。まだテレビやインターネット等のメディアも存在しないこの時代，万国博は事実上，唯一にして最大のモノ＝商品の見本市であり，ディスプレイ装置だったのです。このうち(2)植民地のモノには植民地の文化そのもの，つまり現地から連れてこられた原住民＝人間も含まれました。会場に再現された植民地集落は，動物園のように白人の見物客の人気を博し，文明／未開という社会進化の序列を自己呈示するイデオロギー装置でもありました。この悪名高い植民地展示は，まさしく帝国主義の祭典という，万国博のひとつの側面を鋭く照射しています。

　他方，(1)先進各国のモノに注目すると，万博会場には当時の最先端の発明品が無数に展示されました。1851年ロンドン万博の会場「水晶宮」の鉄とガラス，1878年パリ万博のエレベーターなど，万博会場自体が発明品であったほか，時計・写真・輪転機・ミシン・蓄音機などの機械製品から，電話・モーター・電車など電気テクノロジーにいたるまで，産業革命を経由した先進各国による最先端の工業製品が展示されたのです。このような資本主義的生産に伴うまばゆいばかりの商品世界を前に，どれほど見物客の大衆が魅了され陶酔したかということは，群衆の革命性の記憶がいまだ新しい当時，万博会場での懸念された騒乱がなかったことに示されています。ベンヤミンの鋭い考察が示すとおり，万国博はいわば消費空間のモデルとして，近代社会それ自体が帯びる新しい商品世界の環境／知覚を体現していたのです。実際，パリ万博やシカゴ万博から百貨店が，ニューヨーク万博からテーマパークが誕生したように，私たちのよく知る消費空間は万国博から生まれました。以上の事実は，資本主義の祭典という，万国博のもうひとつの本質的側面を提示しています。

　万国博はさらに，オスマン計画のように首都＝都市空間の形成，トマス・クックの団体旅行のようにツーリズムの産業化，エッフェル塔の建築と眺望のよ

▷1　国際規模の博覧会：パリで6回，シカゴやニューヨークなど北米の大都市で6回開催されたのを頂点とする。なお万国博は公式には，国際博覧会条約（1928年）により設立された国際博覧会事務局（BIE）の承認を得たものをいい，一般博と特別博がある。それ以前には規定がなく，大小さまざまな国内・国際博覧会が開催されている。

▷2　群衆の革命性：フランス革命にはじまる19世紀前半は，イギリス全土のチャーチスト運動や労働運動，1848年のヨーロッパの二月革命や三月革命など，群衆による革命の嵐が吹き荒れていた。

▷3　W.ベンヤミン（1892-1940）：ドイツのユダヤ人思想家。芸術から社会学におよぶ深遠な歴史哲学的考察を展開した。遺稿『パサージュ論』ではパリ万博からパリのパサージュを跡づけながら，商品世界としての近代資本主義社会の実相を照射している。

▷4　クーベルタン男爵（1863-1937）：近代オリンピックの父。その創設に際

うに建築と視覚のモダニティなど，重要な文化的意義と結びついています。

② オリンピックとは
——近代スポーツと身体，また資本とメディアの祭典

　オリンピックは，万国博と入れかわるように影響力を増した国際スポーツの祭典です。1896年の第1回アテネ大会以降，4年ごとに開催され，今では世界的関心が集まっています。当初（第2〜4回）は万国博に付属の運動会のように行なわれました。実はクーベルタン男爵によるオリンピック創設の構想自体，パリ万博に着想を得たもので万国博をモデルとしていますから，近代国民国家（ネーション・ステート）の間で象徴的に覇権を競うという両者の同型性には根拠があるのです。ではオリンピックの固有性とは何でしょうか。それは近代スポーツの祭典です。つまり万国博のモノとは異なり，ルールに基づく身体競技を通して，身体（能力）が展示されているのです。ここからオリンピックに固有の特徴が導かれます。

　第一に，オリンピックで求められる身体能力と，近代社会との結びつきです。クーベルタンの念頭には，英国のパブリック・スクールのスポーツ教育がありましたが，それは国民に富国強兵を促す思想でもありました。この身体能力を広く捉えると，近代国民国家において国民が要請される労働の能力に連なるものとして，初期のレクリエーション運動との連携も理解可能になります。

　第二に，オリンピックに選出されるのは，高度な身体能力の水準をもつ代表選手ですが，この「代表」とは近代国民国家を枠組みとした代表です。そこでオリンピックは常に，インターナショナルな大会であると同時に，ナショナリズムの発揚や競合の場となるのです。オリンピック招致や開催の局面で，国際政治のパワー・ポリティクスや国旗・国歌の問題が生じるのはこのためです。

　第三に，代表選手の参加資格をめぐる問題です。そもそもクーベルタンが理想とした身体能力は，成年男性に偏向したジェンダー観によることから，女性選手の公式参加は1928年まで遅れました。またオリンピックでは長い間，英国の近代スポーツと同様，アマチュアリズムが公式の参加資格とされました。それは，スポーツ競技の対価として金銭を得るプロ選手・労働者を排除するものでしたが，ようやく1974年の改正でプロ選手の公式参加が容認されたのです。

　以上はいずれも，オリンピックと出自の近代社会との不可分性を示すものですが，興味深いことに，プロ選手の容認はオリンピック自体の変容と連動していました。オリンピックは現在，スポーツ一般の動向と同様に，アスリートを取りまく膨大な観衆の欲望に応える，巨大な資本とメディアの祭典と化しています。テレビやネット環境の全域化など広告化／メディア化の深まりのなかで，広告効果を失う万国博とは対照的にオリンピックは一層注目を集めていますが，21世紀の中国の事例のように，役割を再定義しながら行なわれる両者の軌跡は，今後とも読み解くべき重要な文化的意義をはらんでいるといえます。

し，パリ万博の中心人物ル・プレの思想と1889年パリ万博の実経験に影響を受けた。1890年には論説「運動博覧会」を公表している（マカルーン，J. J.（1981＝1988）『オリンピックと近代』平凡社）。

▷5　レクリエーション運動との連携：1932年ロサンゼルス大会と1936年ベルリン大会では，世界レクリエーション大会と協調して同時開催された。また1910〜20年代のIOCとYMCAとの協力関係も実証されている。

▷6　ナショナリズムの発揚や競合：オリンピックの伝統（聖火リレー・表彰式・巨大スタジアム・開会式）自体，映画『民族の祭典』で有名な1936年ベルリン大会でのナチスによる国威発揚の政治的演出から生まれた。また冷戦下の1980年モスクワ大会での西側諸国のボイコットは有名な事件である。

▷7　近年の中国の事例：2008年北京五輪と2010年上海万博。この開催は，日本の1964年東京五輪と1970年大阪万博を想起させる。日本の博覧会史については，吉見俊哉の著作の参考文献と古川隆久（1998）『皇紀・万博・オリンピック』中公新書を参照。

おすすめ文献

†吉見俊哉（1992）『博覧会の政治学』中公新書。

†吉見俊哉（2005）『万博幻想』ちくま新書。

†池井優（1992）『オリンピックの政治学』丸善ライブラリー。

†多木浩二（1995）『スポーツを考える』ちくま新書。

第Ⅱ部　現代文化の諸相

3　グローカル社会の文化／B　グローバル化する文化

② 文化のアメリカニゼーション

渡辺　潤

❶ 屈辱と羨望

　アメリカがヨーロッパの列強に並ぶ強国になったのは20世紀になってからですが，その文化的影響が世界中に波及したのは，第二次世界大戦が終わった後のことでした。大戦の影響を受けず，また軍需景気の力を戦後にさらに拡大させたアメリカは，50年代に未曾有の経済成長を遂げました。高速道路が全米を結び，大都市の郊外には大規模な新興住宅地がつくられ，スーパーマーケットやコンビニエンスストア，そしてファストフード店が急成長しました。移動のための自動車，生活のためのテレビ，大型冷蔵庫，ステレオといった家電製品が必需品になりました。映画やテレビ番組，そして音楽といった文化産業が勢力を拡大させ，アメリカ国内はもちろん，世界に向けて輸出されるようになりました。▷1

　日本はそのアメリカに大戦で負け，都市の多くは焦土と化しました。アメリカ軍が進駐し，平和憲法が制定され，アメリカの占領下で民主主義国家として再出発がはかられました。多くの日本人はそのアメリカに対して，敵国の占領下に置かれたという反感と同時に，その圧倒的な物質的豊かさに驚き，強い憧れをいだきました。屈辱感と羨望という意識が，反米と親米という相反する感情と混ざり合い，アメリカに常に最大の関心を向けさせることになったのです。戦後の経済復興は奇跡的だといわれましたが，その原動力として，多くの日本人のなかに，朝鮮戦争による軍需景気のほかに，アメリカ人のように生活したいという欲望があったことは指摘しておく必要があるでしょう。▷2

❷ 低俗と商業主義

　大戦で疲弊したのはヨーロッパも同様でした。復興がまず何より優先されたのですが，新しい文化として，アメリカの映画や音楽，あるいは衣食住に関連した商品が流入しはじめました。それは何より，新しい豊かな生活を感じさせるものとして多くの人の欲望の対象となりましたが，同時に，それまで慣れ親しんできたさまざまな文化をないがしろにし，衰退させるものとしても感じられました。

　たとえば文化人類学者のC.レヴィ＝ストロースは1951年にフランスで実際に行なわれた「サンタクロースの処刑」という出来事を題材にして，アメリカ文化に対する当時のフランス人の態度を分析しています。つまり，多くのフラ

▷1　ハルバースタム，D．／金子宣子訳（1993＝2002）『ザ・フィフティーズ――1950年代アメリカの光と影』新潮社。

▷2　吉見俊哉（2007）『親米と反米』岩波新書。

ンス人が，宗教行事であったクリスマスが，サンタのプレゼントとして親が子どもに贈り物をし，家族や親しい者同士でパーティを開くというアメリカ生まれの行事に乗っ取られることに文化的な危機感をもったのでした。

同様の危惧とアメリカ文化批判は他の国からも湧きおこりました。イギリス人のR.ホガートは，そのことをミルクホールのジュークボックスにたむろして，アメリカのポピュラー音楽に夢中になる少年少女たちにみて，庶民の暮らしの変容を嘆きましたし，あるいはG.オーウェルは日曜新聞に載る殺人事件の変容に注目して「イギリス風」の衰退を感じとりました。アメリカ文化が生活の仕方を変えただけではなく，人びとの意識という内面にも影響を及ぼしはじめたことを読みとったのでした。

③ アメリカニゼーションとグローバリゼーション

アメリカの文化的影響は，その後もまず先進国，そして開発途上国へと広がりました。L.マンフォードはそれを可能にしたアメリカの政治と経済の体制を5つのPによって支えられる「権力のペンタゴン」として分析しています。つまり，石油や石炭，そして原子力といった「動力」(power)に基づく強大な「生産力」(productivity)が，効果的な「宣伝活動」(publicity)によって大きな「利益」(profit)を生み出し「財産」(property)を蓄積して，政治権力を支える強固な基盤になったというわけです。

1960年代に発生した「対抗文化」はアメリカの若い世代が起こしたこのような体制に対する政治的で文化的な反乱ですが，この政治的，経済的な体制は，そんな批判でさえ取りこんで，新しくて魅力的なアメリカの文化的商品として売り出していきました。ロック音楽とジーンズはその代表ですが，衣食住に対する新しさや美しさ，あるいは楽しさといった感覚の追求が，多様な商品を開発させ，消費させる仕組み，つまり消費社会を実現させることになりました。

アメリカはその開拓時から「ユートピア」として発達したという特徴をもっています。だからこそ，希望の地，約束された土地として，多く人が移り住んできたところです。フランス人のJ.ボードリヤールはそんなアメリカを，ヨーロッパが理想として何度も実現させようと試みて達成できなかったものが簡単に実現する国だといいました。「現実を概念化するのではなく，概念を現実化」し，「思想を物質化する視点」をもった国だというわけです。

ボードリヤールはこのような特徴を，何より映画やテレビにみましたが，もっとわかりやすいのは，パソコンやネットの発想とその現実化でしょう。デジタル化されたヴァーチャルな世界をつくり，それを世界中にネットワークする。その意味で，文化のアメリカニゼーションは単にその内容だけでなく，それを行きわたらせるコミュニケーション手段とあわせて考える必要があります。アメリカニゼーションが同時にグローバリゼーションであるといわれる所以です。

▷3　レヴィ＝ストロース，C.／中沢新一訳（1952＝1995）『サンタクロースの秘密』せりか書房。

▷4　ホガート，R.／香内三郎訳（1957＝1986）『読み書き能力の効用　新装版』晶文社；オーウェル，G.／川端康雄編集（1946＝1995）「イギリス風殺人の衰退」『ライオンと一角獣――社会主義とイギリス精神』平凡社ライブラリー。

▷5　マンフォード，L.／生田勉・木原武一訳（1970＝1973）『権力のペンタゴン――機械の神話第二部』河出書房新社。

▷6　ボードリヤール，J.／田中正人訳（1986＝1988）『アメリカ――砂漠よ永遠に』法政大学出版局。

(おすすめ文献)
†ホイジンガ，J.／橋本富郎訳（1950＝1989）『アメリカ文化論』世界思想社。
†ギトリン，T.／正田三良・向井俊二訳（1995＝2001）『アメリカの文化戦争』彩流社。
†リッツァ，G.／正岡寛司監訳（2000＝2008）『マクドナルド化した社会』早稲田大学出版部。

3 グローカル社会の文化／B　グローバル化する文化

③ 越境するメディア文化

土佐昌樹

① 「越境」とは何か

　新聞，書籍，テレビなどのメディアと大衆社会との結びつきから生まれるメディア文化は，インターネット，DVD，衛星放送などのメディア技術が急速に発達することで，越境の度合いを深めているようにみえます。ここでいう「越境」とは，音楽，小説，漫画，テレビ番組，映画，ゲームといったメディア文化が国家の境界を越えて広がっていく現象を指します。そうした現象は，なにも近年になって生まれたものではありません。そもそも文化とは，政治的境界によって区切られるものでないということは，食文化から宗教やイデオロギーにいたるあらゆる分野で歴史的に確認されてきた事実です。

　越境がことさら注目されるようになったのは，いくつかの歴史的要因があります。ひとつは，政治的帰属と文化的アイデンティティを一致させる圧力，すなわちナショナリズムが近代になってひときわ強力になったという経緯です。今でも，情報やイメージの流れに国家が介入している地域は，世界に少なくありません。露骨な検閲や統制でなくとも，さまざまな形の規制まで考えに入れるなら，文化の流れに国家が介入していない例は皆無だといえるでしょう。

　2番目に，問題になっているメディア文化はもっぱら商品としての文化であり，越境は自然な流れというより，ハリウッドに代表される巨大な資本と世界戦略をそなえた文化産業によってもたらされているという特徴があります。さらに，1990年代あたりから加速化したグローバルなメディア技術の発展，外国語習得者の増大や，観光，留学，移民などの人の移動の増大といった要因もあります。こうした時代的背景が組み合わさって顕在化している文化の越境は，たしかに近年の新たな現象だといえるでしょう。

② アメリカ化／グローバル化と越境

　商品としてのメディア文化を対象としたとき，20世紀以降のアメリカが話題の中心となることは避けられません。映画，音楽，テレビドラマなどの分野では，アメリカの文化産業が世界中で大きな影響力をふるい続けてきました。それらはエリートに向けた古典文化や高級文化でなく，一般大衆に向けたポピュラー文化であり，またお金で買うことのできる商品です。それは本性上，あらゆる民族的差異や階級的格差を乗り越えて受け入れられるものです。

いまでも，とくにラテンアメリカではアメリカの文化的影響は非常に大きなもので，地上波のテレビにもアメリカ製の番組が登場することが少なくありません。ディズニー，コカ・コーラ，ジーンズといったアメリカの文化的イコンで世界中を「洗脳」し，アメリカの政治的・経済的・軍事的ヘゲモニーの確立を図ることに対する「文化帝国主義」のテーゼがラテンアメリカで唱えられたのもうなずけます。

しかし，このプロセスは決してアメリカからの一方的な「支配」で終わることがないという点に注意する必要があります。日本のテレビでも，『名犬ラッシー』『コンバット』『奥様は魔女』といったドラマやディズニーのアニメが圧倒的な存在感を誇っていた時期がありましたが，いまでは地上波でアメリカの番組がそのまま放映されることはほとんどありません。

逆に，日本のアニメがディズニーに負けない世界的影響力を発揮していることなど，以前には想像もできなかった現象も目立つようになりました。マンガ，アニメ，ゲームから寿司バーにいたる日本の現代文化が「クール・ジャパン」ともてはやされるようになるまでの過程は，アメリカのポピュラー文化を膨大に受容・消費してきた歴史を抜きに考えられません。

国境を越えてくる文化はただ受動的に消費されるだけでなく，受容に能動的で創造的な側面が備わっていることはよく指摘されるとおりです。文化産業の中心が多極化していく傾向がどのような未来をもたらすかは，まだこれからの問題です。アジアでは，日本以外にもすでにインド映画，香港映画の越境という目立った例がありましたし，また1990年代後半から韓流ブームと呼ばれる現象が広い地域でみられました。

3 文化の越境がもたらす未来

『クイズ$ミリオネア』はイギリスのクイズ番組が原型ですが，ソニーピクチャーズがライセンスを所有して今や100カ国以上の国々でさまざまなバージョンが楽しまれています。これからもビジネスとしてのメディア文化は，国境をまたぎ，複雑な権利関係を伴いながら成長を続けていくでしょう。

ここには，単純な支配・被支配関係に還元できない複雑な相互作用が見られるのは確かですが，文化産業の中心が多極化しながらも資本と技術の格差が拡大していくことも見逃せません。誰もが「フリーで」アクセスできる公共的な文化は，商業主義のなかで生き残ることが可能でしょうか。そもそもそうした「戦線」に参加していない貧困社会や，統制主義的な文化政策を掲げる国家では，海賊行為が猖獗を極めるしかありません。グローバル化の進行によって文化は均質化するどころか，格差や周縁を必然的に生み出しながら，ますます錯綜した様相を呈するのではないでしょうか。

おすすめ文献

†中村とうよう(1999)『ポピュラー音楽の世紀』岩波新書。
†土佐昌樹・青柳寛編(2005)『越境するポピュラー文化と〈想像のアジア〉』めこん。
†藤田結子(2008)『文化移民――越境する日本の若者とメディア』新曜社。

3 グローカル社会の文化／B グローバル化する文化

4 世界遺産という文化

小川伸彦

1 国際条約としての世界遺産

いまや世界中に約1000件以上を数える「世界遺産」▷1。その存在のもともとの根拠は，ユネスコ（国際連合教育科学文化機関）の憲章前文▷2や，世界人権宣言の27条に明記された文化的権利の概念にあるといえるでしょう▷3。文化遺産保護の問題に限定すれば，ユネスコはその憲章第一条第二項（C）の精神▷4を実現すべく一連の条約や勧告を採択してきました▷5。そして，エジプトのアスワン・ハイ・ダム建設で水没の危機にさらされたアブ・シンベル神殿群などの遺跡救済キャンペーン（1960年〜）や，自然遺産を保護する国際ルールづくりの主導権を握ろうとしていたアメリカの動きが合流する形で，1972年にユネスコ総会で採択されたのが「世界の文化遺産及び自然遺産の保護に関する条約」▷6（略称：世界遺産条約）です。日本は1992年に批准しました▷7。

この条約に基づいてある物件が世界遺産に「なる」とは，ユネスコの世界遺産一覧表（World Heritage List）に記載されることを指します。しかし，このリスト作成は条約の目的遂行への入り口にすぎません。各遺産の自国での適切かつ継続的な保護を促すこと，自力で遺産を保護できない国に国際的な支援・補助をすること，危機状態にある遺産を抽出し特別の保護体制をとることなどが条約の本来の存在意義です。

2 価値評価の装置としての世界遺産

世界遺産の候補案件（不動産に限られ，単体の芸術品などは対象外）は，まず各国の暫定リストに記載されユネスコにも届けられます（2013年現在，日本のリストには「富岡製糸場と絹産業遺産群」「長崎の教会群とキリスト教関連遺産」「九州・山口の近代化産業遺産群」などが記載）。その後各国は優先順位の高い案件を選んで「推薦書」を作成・提出し審査を受けます。審査は，文化遺産であれば国際記念物遺跡会議（ICOMOS），自然遺産ならば国際自然保護連合（IUCN）という専門的な機関が担当します。これを受けてユネスコ世界遺産委員会が審議し，認められれば世界遺産一覧表に記載されることになります。

各案件の審査にあたって参照される基本理念は，OUV というキーワードで表現されます。これは，「顕著な普遍的価値」（Outstanding Universal Value）の略語です。「条約履行のための作業指針」（2005年改正）のなかでは，「顕著な普

▷1 世界遺産の登録数は，文化遺産759件，自然遺産193件，複合遺産29件，計981件（2013年現在）。世界遺産にかんする公式情報はユネスコ世界遺産センターのホームページ（http://whc.unesco.org）を参照。

▷2 「文化の広い普及と正義・自由・平和のための人類の教育とは，人間の尊厳に欠くことのできないもの」

▷3 「すべて人は，自由に社会の文化生活に参加し，芸術を鑑賞し，及び科学の進歩とその恩恵とにあずかる権利を有する」

▷4 「世界の遺産である図書，芸術作品並びに歴史及び科学の記念物の保存及び保護を確保し，且つ，関係諸国民に対して必要な国際条約を勧告すること」

▷5 ハーグ条約（＝武力紛争の際の文化財の保護のための条約，1954年採択），考古学的発掘に関する勧告（1956年採択），ヴェネツィア憲章（歴史的記念建造物及び遺跡の保存及び修復のための国際憲章，1964年採択），輸出入の規制にかんする条約（1970年採択）など。くわしくは，河野靖（1995）『文化遺産の保存と国際協力』風響社など参照。

▷6 条文の解釈は，Francioni, F. et al. (eds.) (2008)

遍的価値とは，国の境界を超越し，人類全体の現在と未来の世代にわたる共通の重要性を有するほどに傑出した，文化的かつ／もしくは自然的意義のことである」と説明されています。この抽象的な規定を具現化すべく，「人類の創造的才能を表す傑作である」など10種の評価基準が用意されており，このいずれか（ひとつもしくは複数）において OUV を証明できることが，一覧表記載への条件です。しかし実際に「証明」できているか否かを見極めるのはなかなか困難で，遺産の価値の解釈をめぐる攻防と登録可否をめぐるドラマが，毎年繰り広げられています。

OUV 以外の審査のポイントとしては，真正性（authenticity）の証明，完全性（integrity）の確保，保護措置と計画の妥当性などが重要です。

③ グローバル戦略へ

1992年前後を境に，ユネスコの世界遺産条約体制は，第二段階に入ったとされます。この時期以降数次にわたり，諸課題への対処が「グローバル戦略」の名のもとに試みられてきました。遺産種別の多様化，遺産の真正性解釈の弾力化，文化遺産偏重・地域的不均衡の是正が主な取り組みです。

とくに種別の多様化にかんしては，教会建築や古代の遺跡といったものへの偏重を避け，文化的景観・産業遺産・20世紀の都市建築・交流の道などが新たに注目されるようになってきました。たとえば文化的景観とは，イギリスの湖水地帯のように自然環境と人間の生活の営みが融合してつくりあげた人工的景観をも適切に保護するため，1992年の世界遺産委員会で「顕著な文化的景観」として選定基準に追加されたものです。また何が本物であるかにかかわる真正性解釈については，西欧的な基準を一元的に適用せず，遺産のある地域の文化に固有の真正性観念を尊重する方向が確認されています。

④ 分析対象としての世界遺産

「世界遺産」を社会学的に捉える場合興味深いのは，(1)法規範化された文化の事例であること，(2)単一の価値基準を世界全体に適用しようとする壮大な実験であること，(3)遺産づくり現象の筆頭として「世界遺産」という新しい文化ジャンルが成立し，観光資源化が遺産を損なうケースもあること，(4)「人類」という抽象的価値を具現化する試みであること，などの点でしょう。

最後の点にかんして，世界遺産条約前文には，「全人類のための世界の遺産」という文言があります。一般に，「人類」があるから世界遺産があると考えられています。しかし，「人類」そのものは目に見えない抽象的な存在です。むしろ「人類」づくりの有力なツールとして，20世紀後半になって発明されたのが世界遺産という制度なのかもしれません。目に見える世界遺産があるから「人類」という人工的な観念もリアルになっていくのです。

The 1972 World Heritage Convention: A Commentary, Oxford University Press を参照。

▷7　文化庁が情報提供する〈文化遺産オンライン〉内のページ（http://bunka.nii.ac.jp/jp/world/h_index.html）で日本国内の資産名や新規登録への取り組み状況が確認できる。『月刊文化財』の世界遺産関係特集各号（361号，377号，431号，474号，496号，497号，523号，529号，541号など）も参考になる。

▷8　河上夏織（2008）「世界遺産条約のグローバル戦略を巡る議論とそれに伴う顕著な普遍的価値の解釈の質的変容」『外務省調査月報』1，1-24頁，など参照。

▷9　世界遺産以外に，ユネスコが推進する制度としては，人類の無形文化遺産（Intangible Cultural Heritage of Humanity）や世界の記憶（Memory of the World）がある。佐藤禎一（2008）『文化と国際法──世界遺産条約・無形遺産条約と文化多様性条約』玉川大学出版部など参照。

【おすすめ文献】
†松浦晃一郎（2008）『世界遺産──ユネスコ事務局長は訴える』講談社。
†宗田好史（2006）「世界遺産条約のめざすもの──ICOMOS（国際記念物遺産会議）の議論から」『環境社会学研究』12, 5-22頁。
†オドルリ，D. ほか／水嶋英治訳（1998=2005）『世界遺産』白水社文庫クセジュ。
†佐滝剛弘（2009）『「世界遺産」の真実──過剰な期待，大いなる誤解』祥伝社新書。

3 グローカル社会の文化／B グローバル化する文化

5 エスニシティという文化

寺岡伸悟

1 エスニシティ（Ethnicity）って何？

　多くの皆さんには、「エスニシティ」より、「民族」という言葉のほうがなじみがあるのではないでしょうか。なぜ「民族」でなく「エスニシティ」という言葉を使うのでしょう。一般の世界では、ある人がどの民族であるかは、言葉や服装、儀礼などの文化的特徴ではっきり説明できる、と考える人がいぜん少なくありません。なかには肌の色など身体的特徴まで含められるのでは、と思う人もいます。しかし、それはまったく実情にあっていません。

　人類の歴史のなかでは、人びとが世界規模での移動を繰り返し、さまざまな文化や政治的状況と出会い、ときに結婚し、新しい文化をつくり出してきました。したがって、文化的特徴をあたかも客観的な指標として民族を区別する考え方では、グローバルな世界でさまざまな関係を切り結ぶ人びとの現実を捉えることはできないのです。むしろ、そうしたさまざまな社会関係——移民した先での不平等な待遇や、国のなかで少数者として多数派の国民と区別されるような関係も含まれます——によって、自分や自分たちの集団を他から区別する意識が生じたとき、その差異を特徴づける文化的な要素とされたものこそが、現代の「民族的」なものであり、従来の考え方との違いを明確にする意味で、「エスニシティ」という言葉を積極的に用いるようになったのです。エスニシティの研究者でもある社会学者 M. マルティニエッロは、こうしたことをふまえ、エスニシティを「常時最小限の相互行為が行われている他の諸集団の成員と文化的に異なっているとみずから見なし、他者からもそのように見なされている、社会的諸行為者のあいだの社会関係の一側面である（傍点強調は引用者）」と定義しています。

2 社会のさまざまな次元に登場するエスニシティ

　グローバル化した現代社会では、さまざまな次元でエスニシティは無視できない存在です。まず個人のレベルでは、「自分は○○人だ」というアイデンティティの問題として登場します。この場合も、エスニシティは他者との関係や状況によって多様に変化するものと捉えることが必要ですし、アイデンティティが常にひとつだとも限りません。またマクロなレベルでは、国家を超えて「同じ民族」と当事者たちがみなす人びとの存在、ひとつの国のなかでのエス

▷1 相互行為：社会的相互作用（social interaction）として使うことも多い。一般的なやりとりをイメージしてよいが、その際、相手の反応を意識して対応を変化させたり、状況（場）の意味をつくり出してやりとりする、といった面を意識して用いる。
▷2 マルティニエッロ、マルコ／宮島喬訳（1995=2002）『エスニシティの社会学』白水社文庫クセジュ。
▷3 象徴的エスニシティ（symbolic ethnicity）：都市社会学者のハーバート・J・ガンスが用いた概念。ヨーロッパ系アメリカ人のなかで社会的に高い地位の人たちが、エスニックなネットワークに属することなく、主として余暇生活の場面で自分のエスニシティを表現する行為のこと。Gans, H. J. (1979) "Symbolic Ethnicity: The Fu-

ニシティと社会階層のかかわりという問題も重要なテーマです。

こうした現象を考えるなかで，エスニシティ論は，象徴的エスニシティや選択的エスニシティという考え方を生み出してきました。

③ エスニシティと現代文化

文化も，エスニシティを決定する要素ではなく，エスニシティをめぐる社会現象のなかのひとつの帰結といえます。

グローバル化とともに注目度が高まるエスニック文化をつくり出しているものは何でしょう。エスニシティ現象の背後には社会関係があることを先に述べましたが，人びとが国境を越えた移動を行なうなかで，彼らの地縁・血縁・宗教ネットワークなどの存在がまずあげられます。

さらに近年では，メディアとの関係も見逃せません。移民たちが母語で発刊する新聞などエスニック・メディアの歴史は長いのですが，ラジオ・テレビなどマスメディアの発達・グローバル化，さらにインターネットによって，エスニック文化の伝達・表現手段は多様化しています。そのなかでは，たとえば民族音楽やファッション，エスニックフードなど，エスニックな文化が消費の対象として商品価値を帯びてくる様子も窺えます。また，かつて移民の集住地であった場所が観光対象として注目され，エスニック・タウンとして再創造される場合もあります。こうした場合，民族の歴史や文化として新たな要素が付加され，いわば伝統の発明が行なわれる場合もあります。まさに，エスニックな文化は社会的構築物なのです。

④ 日本のエスニック社会

現在日本には200万人を超える定住外国人がいます。それは日本の総人口の約1.6％を占めます。日本にも多様なエスニック文化が存在するのです。そのなかでもとくに在日コリアンは，日本社会に多文化共生の意味と価値を教えてくれた重要な存在といえます。その文化表現の一例として，マダン（広場）と呼ばれる民族文化の祭典が各地で行なわれています。中国人，日系ブラジル人などの存在やその文化も，現代の日本社会にとって不可欠な「隣人の文化」です。しかし一方で，彼らが市民として生活するための仕組みづくりが，国や自治体，地域社会などいろいろなレベルで遅れをとってきました。ますます外国人との交流が盛んになり，エスニック文化が活況を呈するだろうと予想されるわが国において，大きな課題です。エスニック文化の商品化を楽しむだけではなく，社会に暮らす多様な人びとへの理解を深めるための入り口としてエスニシティを捉えたいものです。

ture of Ethnic Groups and Cultures in America," *Ethnic and Racial Studies*, 17-2: 577-592.

▷ 4　選択的エスニシティ：メアリー・ウォーターズが，ガンスの考え方を踏まえて提出した概念。人は状況に応じて象徴的エスニシティを選択的に呈示することができるという見方。こうしたエスニシティのダイナミズムが，現代社会（とくに先進国と呼ばれる地域）においてエスニシティを存続させるメカニズムとなっている，という。Waters M. C. (1990) *Ethnic Options. Choosing Identities in America*, University of California Press.

▷ 5　伝統の発明：歴史学者 E. ホブズボウムらが提出した概念。古来から変わらぬ伝統と考えられていたことが，じつは近代の所産であることが少なくないということ。（とくに民族の）文化を普遍と捉える見方を批判した（ホブズボウム，E.・レンジャー，T. 編／前川啓治・梶原景昭訳（1983=1992）『創られた伝統』紀伊國屋書店）。

【おすすめ文献】

† センブリーニ，A. ／三浦信孝・長谷川秀樹訳（1997=2003）『多文化主義とは何か』白水社文庫クセジュ。

† 塩川伸明（2008）『民族とネイション──ナショナリズムという難問』岩波新書。

† 「外国につながる子どもたちの物語」編集委員会編（2009）『まんがクラスメイトは外国人──多文化共生20の物語』明石書店。

3 グローカル社会の文化／B グローバル化する文化

6 グローバル・リスクをめぐる文化

藤村正之

1 「リスク社会」という考え方

　チェルノブイリ原発事故の起こった1986年、ドイツの社会学者U.ベックが「リスク社会」という観点を提起しました。ベックはリスク社会を富の生産や分配に着目する「階級社会」との対比で、生命や生活にかかわるリスクが身分差・階級差の明瞭な反映ではなく、人びとに一様に起こりうる可能性を有する社会と考えました。代表的には、原発がしめす科学技術リスクや、地球環境にかかわるリスクなどがあげられます。それは、これまでの産業化社会から脱工業化社会へ、さらに高度消費社会に移行するという社会の大きな変動をポジティブに捉える観点に対し、危険を回避することにリアリティのある低成長期の認識にふさわしいものでもありました。「貧困は階級的で、スモッグは民主的である」という彼の象徴的な言葉は、リスク社会の問題は異なる確率ではあるものの、すべての人びとに起こりうる問題であることを「民主的」と揶揄する形で示しています。

▷1 ベック, U.／東廉・伊藤美登里訳（1986=1998）『危険社会』法政大学出版局。

2 グローバル・リスク

　20世紀後半以降、社会現象の影響が一国内でとどまることはなくなり、問題が世界規模で拡散していくことが多くなってきました。それはグローバル化と称される状況であり、リスクも同様の事態の下にあります。私たちはそのようなグローバル化したリスクとして、テロや核兵器など政治・軍事の問題、世界金融など経済の問題、地球温暖化や気候変動など環境の問題、新型インフルエンザや食品汚染などの身体にかかわる問題を思い浮かべることができるでしょう。そのようななか、2001年9月11日のアメリカ同時多発テロは、グローバルな政治的リスクを象徴するものとして記憶に残るものです。

　それらリスクのグローバル化は、政治経済活動の密接化、人びとの移動の活発化によって引き起こされ、情報化の進展でいち早く世界に事象が伝えられ、一瞬の電子的行為によって経済活動が打撃を受けることもあります。ベックは、とりわけエコロジカルな危機、世界的な金融危機、テロ・ネットワークの危険性に着目して、「世界リスク社会」という考え方を提起しました。リスク社会のグローバル化といえるでしょう。そこでは、ナショナルな政府同士によって話し合いや解決の試みがなされる前に、ローカルとグローバルのレベルが一気

▷2 ベック, U.／島村賢一訳（1998=2003）『世界リスク社会論』平凡社。

148

に相互接続し，リスクが深刻化するような状況にあるともいえます。

3 不安のグローバル化

　リスク社会は，人びとがリスクに対して敏感，言い方を強くすれば過敏になった「リスク・コンシャスな社会」でもあるといえます。切迫した脅威が目前にあるというよりも，日常の些細な出来事のなかにリスクを発見したり，世界のかなたで生じたリスクを先取りして，いずれ自分たちにも降りかかると急いで恐れる心性といってもよいかもしれません。そのような現象は，不安の文化もグローバル化している状態と捉えることもできます。

　そのように不安が世界に蔓延することは，逆に人びとを新たな共同活動に結びつけていく紐帯となる可能性を有しています。ベックはグローバルなリスクが世界を救おうとするプロジェクトを引き出し，グローバルな共通性に関心をもったグローバルな共同体をつくり出す可能性を述べています。そのようなプロジェクトのキーワードのひとつが「持続可能性」(sustainability)です。次の世代に向けて私たちは何を残そうとするのか，何を残していけるのか。人びとの生活や制度，ひいては社会の存立を維持していく手立てを，多くの人びとや組織（政府・企業・NGO），国際機関によって成し遂げていこうとする動きは，「グローバル・ガバナンス」の可能性を私たちに垣間見させてくれます。

4 コスモポリタン・シティズンシップの提唱

　しかし，そのようなグローバルなリスクを回避しようとする議論においても，さまざまな方向性がありえます。社会学を含む社会科学は1国内の社会に強い関心をもって分析することが多かったがゆえに，そこには「方法論的なナショナリズム」が存在したといえるでしょう。ナショナルな統計に基づき，ナショナルな不平等を中心に分析してきた社会科学は，グローバルな不平等を充分には視野に入れてこなかったと考えられます。国内的な小さな不平等に着目するあまり，グローバルな大きな不平等への配慮が結果的に足りなかったと位置づけることもできましょう。

　地球規模の環境問題は，将来の世代も含めた運命共同体としての「地球市民」という自己認識を促進すると考えられます。シティズンシップは一般的にはナショナルな枠組を前提とせざるをえず，超国家的な問題をかかえた場合，シティズンシップを認定されない者に対し排除的な様相を呈する可能性があります。現在，グローバルな問題の解決には国際的な法基盤，信頼できる対話の政治，複数国家間の協力構造が求められていますが，その議論の前提として，世界市民，地球市民たる「コスモポリタン・シティズンシップ」の確立こそが求められるという考え方が提唱されています。

▷3　亀山俊朗 (2007)「シティズンシップと社会的排除」福原宏幸編『社会的排除／包摂と社会政策』法律文化社。

【おすすめ文献】
†ベック，U./東廉・伊藤美登里訳 (1986=1998)『危険社会』法政大学出版局。
†コーエン，R.・ケネディ，P./山之内靖・伊藤茂訳 (2000=2003)『グローバル・ソシオロジーⅠ・Ⅱ』平凡社。
†デランティ，G./佐藤康行訳 (2000=2004)『グローバル時代のシティズンシップ』日本経済評論社。

3　グローカル社会の文化／B　グローバル化する文化

7　グローバル化と公正価値

藤村正之

1　宇宙船地球号

　第二次世界大戦を経た20世紀後半以降，世界はひとつという認識が普及してきたといえるでしょう。政治的には国際連合の成立，その一方で軍事上の核兵器の恐怖が，経済的には資本の移動や多国籍企業の活動がそれに該当し，また，社会的には移民・難民・観光などでの人びとの移動やNGOの活動，文化的には情報ネットワークの進展が世界を近づけてきたといえます。環境問題を通じて，地球の資源や生態系の有限性への気づきもあいまって，K. E. ボールディングの「宇宙船地球号」という言い方も人口に膾炙しました。物質をめぐる生産―消費―廃棄という一方向図式から，生産―消費―資源回収―再利用という循環図式が提起されるようになっていきました。

　数十年間かけて世界はひとつという認識が形成されてきたなか，1990年代以降のグローバル化はそれを一気に加速させました。それは資本主義的市場経済の世界的展開により，国家の自律性が低下し，世界の相互依存関係が強まっていった現象といえます。グローバル化の功罪には諸側面があるものの，経済現象としてのグローバル化の進行は，世界のなかにある貧困や不平等をときにはさらに深刻化させ，人びとをその問題により注目させることになったといえます。

2　産業化論・従属論・世界システム論

　貧困と不平等は先進国と途上国にある大いなる格差を私たちに気づかせます。しかし，その格差は経済の進展が各国で行なわれていけば次第に解消していき，途上国もやがて先進国の水準に追いついてキャッチ・アップできると考える「産業化論」という見方があります。これに対して「従属論」といわれる考え方もあり，途上国の開発は途上国が享受すべき利益を先進国がすいあげる形で，事が行なわれるのであり（たとえば，開発業者が先進国側の企業であるなど），格差はむしろ拡大し，第三世界では先進国への経済従属のあらわれである「低開発の開発」がなされていると捉えられたりもします。

　このような従属論の考え方を先に進めて，大航海時代の16世紀から世界はひとつであったと捉えるI. ウォーラスティンの「世界システム論」の考え方も登場してきました。そこでは，中核国―半周辺国―周辺国の3層構造をなす世界システムにおいて，スペイン，オランダ，英国，米国など，世界有数の経済

▷1　ウォーラスティン, I. ／川北稔訳（1974=1981）『近代世界システム1・2』岩波書店。

力・軍事力を有する覇権国家が順次中核国として登場し，国家間の階層構造のなかでその役を入れ替わり立ち替わり担ってきたと捉えられています。歴史的に大きなスパンで見れば，数百年続いてきた世界システムの動きが，20世紀末のグローバル化によって新たな姿を見せつつあるといえましょう。

3　公正をめぐる価値

各国間の大きな差異が明瞭になり，それが人びとの生存にかかわる問題をかかえていると認識されて，次第に「公正」にかかわる議論が活発化してきています。原理的には，社会的意思決定や判断基準が透明で公平な，狭い意味での「公正」，各人の前提条件を考慮しながら財・資源や機会の適正な配分を行なう「衡平」，社会制度の運営が継続的・安定的になされる「持続可能性」，属性の如何にかかわらず生命・人格の保持を最優先価値におく「人権」などが，公正を構成する要素として議論されています。それらの論点の下で公正の問題は，地域間・階層間・世代間・文化間などの具体的な処遇や対応のあり方の問題として検討されています。グローバル化は，貧困や紛争から人びとを保護し能力強化を果たそうとする「人間の安全保障」，人びとの国際移動の活発化による多文化共生の側面で公正への関心を高めてきています。

他方で，公正の観点は，社会政策の視点からばかりでなく，「競争の公正」を重視する市場中心主義の視点からも論じられるものです。公正は社会政策の内部での制度設計や効果に関する判断基準として議論されるばかりでなく，経済市場の公正と社会政策の公正のどちらを優先するのかという生活を保障する方法論の問題にもかかわってくるのです。

4　公正の実現に向けた社会政策

社会問題の原因・結果がグローバル化するなか，それを制御する社会政策も一国内にとどまることは難しくなりつつあります。グローバルな経済の進展は，政府にとって各国経済を支える重要資本が海外に逃避（キャピタル・フライト）する恐怖に満ちたものに感じられ，その結果，資本の移動を一定程度許容しつつ，自国経済に適合的な社会政策採用への圧力がかかることになります。世界はグローバル化しても，グローバルな政府というものが成立しているわけではなく，国際機関の態度や政策が各国社会の行方を占う重要な要素でもあります。国家を超える動きの第一として，IMF，世界銀行，WTOなどグローバリズムを推進する国際機関による政策があり，他方，同様な第二として，国際連合やILOなど人権や労働条件，社会保障を推進する国際機関による政策があります。それらの国際活動において，競争条件の均等化，グローバル・ミニマムの確保，各国の実情に応じたミニマムへの積上げ部分がどうなるかが，地球規模での公正価値を実現する橋頭堡となっていくことでしょう。

▷2　宮島喬（2009）「グローバリゼーションの社会的インパクト」『学術の動向』14(1)，日本学術会議。

▷3　高橋哲哉・山影進（2008）『人間の安全保障』東京大学出版会。

▷4　武川正吾（2007）『連帯と承認』東京大学出版会。

おすすめ文献

†斎藤友里子（1998）「ジャスティスの社会学」『講座社会学1　理論と方法』東京大学出版会。
†高橋哲哉・山影進（2008）『人間の安全保障』東京大学出版会。
†武川正吾（2007）『連帯と承認』東京大学出版会。

第Ⅲ部 文化社会学の道具箱

1 社会学の伝統

1 宗教社会学

芦田徹郎

1 宗教と社会

　宗教社会学とは，宗教と社会とが相互に関連しあっているという基本認識に立って，そのかかわりを研究する学問分野です。ただし，宗教と社会とのかかわりというとき，それは，いくつかの次元で考えることができます。

　第一に，しばしば「教団」が形成されるように，多くの場合，宗教生活は，ひとつの社会生活として営まれます。そこから，「宗教という社会」の研究領域が開かれます。第二に，宗教は，政治，経済，地域，家族など他の個別社会領域とかかわりあいながら，社会全体の一部を構成しています。そこから，「社会のなかの宗教」が研究テーマになります。第三に，これは少しわかりにくいかもしれませんが，宗教は単なる社会の一領域というよりその中心であって，社会とはそもそも宗教的なものだと考え得る余地があります。そうすると，「宗教としての社会」という研究テーマが浮かび上がります。

　宗教社会学は，およそこれら三つの次元で，しかしそれらを相互に関連させながら，展開されています。以下でもう少しくわしくみてみましょう。

2 宗教という社会

　しばしば宗教は，ある程度整った教義や儀礼を備え，ある程度固定的な指導者（聖職者ないし職業的宗教者）と一般信者からなる，社会集団（教団）を構成します。そうすると，次のような研究課題を設定することができます。教祖や宗教指導者には，どのような資質や能力や経験（体験）が必要なのか。一般信者の入信動機は何か。布教はどのように行なわれるのか。教祖と信者，信者どうしの結びつきや関係はどのようなものか。信仰は世代間でどのように継承されるのか（されないのか）。ひとつの宗教（教団）の成立，伝播（布教），確立，さらに低迷や衰退は，どのようなプロセス（ライフ・サイクル）をたどるのか。

　こうした研究から，「カリスマ」論という宗教指導者論，「剝奪」論という入信動機論，「チャーチ」や「セクト」といった宗教集団類型などの成果が蓄積されてきました。カリスマとは，予言や病気直しなどができる超常的な資質のことで，しばしば教祖などの宗教指導者に備わっていると信じられています。剝奪論とは，人びとは「病・貧・争」などの苦しみ（剝奪状況）からの救済を求めて，宗教宗派の扉を叩くとするものです。また，チャーチとはかつてのカ

トリック教会のような社会全体に君臨する大教団のことです。セクトは，そうした教団のあり方に異を唱え，本来の宗教性を強く主張する小さな教派のことを指します。

③ 社会のなかの宗教

先の①で述べたように，宗教は社会全体の一部を構成しています。したがって，宗教は他の社会的領域や全体社会からの影響を逃れることができません。こうした観点に立つと，宗教を社会によって説明しようとする姿勢が強くなってきます。

社会生活において宗教が占める位置は，近代になって小さくなってきたとされています。この傾向は，「世俗化」として議論されてきました。世俗化の進行は，一般に経済活動の肥大化，政治や教育からの宗教の排除，イエやムラなどの共同体の解体など，宗教以外の他の社会的要因によって説明されがちです。

また，第二次世界大戦後の日本には多くの新しい宗教が名乗りをあげ，「神々のラッシュアワー」と呼ばれるような状況が出現しましたが，これは，敗戦による経済的・社会的混乱と戦前・戦中イデオロギーの崩壊とを補完する「社会運動」として説明できます。さらに，1970年代の中頃からは，ふたたび新しい宗教グループの動きが活発になり，また，精神世界，神秘体験，超能力といった「宗教的なもの」への関心の高まりもみられましたが，これらの動きも，高度経済成長の終焉に対応する「社会現象」として捉えることが可能です。

④ 宗教としての社会

ところが面白いことに，社会学の定礎者であり宗教社会学の先駆者でもあったE.デュルケム（1858-1917）やM.ウェーバー（1864-1920）は，宗教が他の社会的領域から相対的に自立しているだけでなく，むしろそれらよりも優位に立ち，ひいては社会全体の存続と変革にとって決定的に重要な位置を占めているとさえ考えていたところがあります。

たとえばウェーバーは，あるキリスト教派の信仰こそが近代ヨーロッパにおける資本主義の成立を可能にしたと論じました。つまり，ひとつの宗教が近代的な経済システムの形成にとって不可欠な役割を果たしたというわけです。他方デュルケムは，宗教が政治，道徳，科学，芸術などの個別社会的領域の母胎であるだけでなく，宗教（的なもの）こそが社会（集団）の存立と変革の源泉だと考えていました。そして，近代社会も「人間（人格）崇拝」という教義を共有する独特の宗教共同体である（べき）ことを説いています。

今日でも，近代的な国家や家族のありよう，さらには会社経営さえ，一種の「宗教生活」として捉えることは可能です。宗教が社会的であるという以上に，社会は宗教的である——この視点こそ，宗教社会学の本領なのかもしれません。

▷1 しかし，セクトもやがて既成化し，当初の宗教的先鋭性を失ってくると，こんどはデノミネーションと呼ばれるようになる。他方，近年の傾向として，小規模で閉鎖的，かつ反社会的とみなされる宗教集団を「カルト」または「カルト教団」と呼ぶ例が多くなった。ただし，カルトの本来の意味は崇拝，礼拝，祭祀などのことであって，もともとは負性を帯びた言葉ではない。

▷2 あの「オウム真理教」の成長も，この当時の宗教（的なもの）への関心の高まりのなかに位置づけることができる。

▷3 ウェーバー，M./大塚久雄訳（1904-1905=1989）『プロテスタンティズムの倫理と資本主義の精神』岩波文庫（改訳）。ただし，この書物は，ウェーバーの膨大な比較宗教社会学研究の一部にすぎない。

▷4 デュルケム，E./古野清人訳（1912=1975）『宗教生活の原初形態』（上・下）岩波文庫（改訳）。デュルケムの宗教社会学の主著はこの著作だが，本文で紹介した彼の宗教観は他の社会学的業績のなかにも分散して述べられている。

おすすめ文献

†岩井洋（2003）『目からウロコの宗教』PHP研究所。
†ヴィレーム，J.-P./林伸一郎訳（1995=2007）『宗教社会学入門』白水社文庫クセジュ。
†櫻井義秀・三木英編（2007）『よくわかる宗教社会学』ミネルヴァ書房。

1 社会学の伝統

2 芸術社会学

井上　俊

1 芸術社会学の視点

　たとえば遠くの山に向かって道が伸びており，その道の横に大きな木が立っているという絵を描く場合，私たちは普通，遠くの山よりも近くの樹木を大きく描き，また道は手前ほど幅広く，山に向かうにつれて狭まっていくように描くでしょう。こういう描き方は，しかし，15世紀以降の西洋ルネサンス絵画の発展のなかで「遠近法」が確立されるまでは，決して普通の描き方ではありませんでした。中世の宗教画などでは，遠近に関係なく，神の目から見て重要なもの，価値の高いものが大きく描かれています。

　その意味で，遠近法は，神ではなく人間の目から見た世界を表現する技法であり，「世界という舞台の主役」の交代を示しているといえます。また，遠近法の発達には，3次元の対象を2次元の平面に投影する幾何学的知識の発展が欠かせません。つまり，人間中心主義と科学の発展が遠近法を生み出した社会的母胎なのです。その後，この技法は正統的な芸術教育に組みこまれて広く一般社会に普及し，人びとの空間認識，空間経験を変容させていきます。日本では，18世紀後半頃から，しかし本格的にはやはり明治以降，輸入され普及しました。

　以上は，芸術社会学の見方を示す一例です。簡単にいえば，芸術社会学とは芸術と社会との相互関係（つまり，ある芸術作品・ジャンル・技法・流派などがどのような社会的要因と関連して形成され，またそれらがどのような社会的影響・機能をもつのかということ）を研究する分野なのです。なお，ここでいう「芸術」は，美術にかぎらず文学・音楽・演劇・映画などを広く含みます。

2 芸術社会学の発展

　かつて芸術は，才能に恵まれた個人が独創的なインスピレーションによって社会とは関係なく生み出すものと考えられていました。こうした考え方を否定したのが，フランスの哲学者・歴史家，H. テーヌ（1828-93）です。彼は，『イギリス文学史』（1864-69）や『芸術哲学』（1882）という著作のなかで，芸術を社会現象として捉え，ちょうど自然環境が植物の分布を決定するように，それぞれの時代や社会においてどのような芸術が出現し発展するかを決定するのは社会環境であると主張しました。彼自身は自分の研究を「社会学」とは考えま

▷1　他方，美術の世界では，正統的技法として陳腐化した遠近法への反逆も生じ，遠近法を無視した新しい表現が模索されることになる。

▷2　遠近法については，フランカステル，P.／大島清次訳（1951=1968）『絵画と社会』岩崎美術社；パノフスキー，E.／木田元監訳（1924-25=1993）『〈象徴形式〉としての遠近法』哲学書房；黒田正巳（1992）『空間を描く遠近法』彰国社，など。

▷3　プレハーノフ，G. V.／蔵原唯人・江川卓訳（1912-13=1965）『芸術と社会生活』岩波文庫；フリーチェ，V. M.／昇曙夢訳（1926=1930）『芸術社会学』新潮社。

▷4　たとえば，ルカーチ，G.／原田義人・佐々木基一訳（1920=1994）『小説の理論』ちくま学芸文庫；ベンヤミン，W.／久保哲司訳／浅井健二郎編訳（1936=1995）「複製技術時代の芸

せんでしたが，彼の主張は次の世代の社会学者や芸術批評家に大きな影響を与え，「芸術社会学」の出発点となりました。

初期の芸術社会学は定型的なマルクス主義の影響が強く，芸術社会学の任務は「一定の社会形態（とくに階級支配の形態）と一定の芸術の型との間の法則的な連関」を究明することであるといった考え方が優勢でしたが，しだいにより柔軟な視点に立つ研究や非マルクス主義的な研究も盛んになり，芸術社会学という分野の基礎がつくられました。

その後，構造主義や記号論，情報科学やメディア研究，カルチュラル・スタディーズの発展などとも関連しながら，芸術社会学は，その対象においても方法においても多様化し，いささかまとまりを欠く現状のようにも見えます。しかし同時に，芸術作品の生産・流通そして消費（享受）の過程，「芸術」という社会的カテゴリーの歴史的形成，芸術家の経歴や職業活動，享受者の階層分布，「文化資本」としての芸術，芸術をめぐる批評と市場，芸術教育・芸術保護などの文化政策，芸術の政治的・イデオロギー的作用，芸術とジェンダーなど，広範なテーマに関する研究や調査の発展が見られることも事実です。

③ 芸術から学ぶ

芸術社会学は，芸術のあり方を社会的要因によって説明するという方向を基本としてきましたが，一方ではそれに対する反省もあり，むしろ芸術が社会を形成していく側面に注目する方向も発展しつつあります。遠近法とそれに基づくルネサンス美術が新しい空間認識・空間経験をもたらしたことはその一例ですが，文学や映画なども，新しい価値観や新しい恋愛形式などを社会のなかに普及・定着させていく重要な要因となります。芸術的所産は私たちの経験や感性や行為，そして社会生活のなかにさまざまな形で織りこまれ，私たちはいわば「芸術的に」生きることになるからです。この観点は，単純な影響・機能論をこえて，社会を一種の芸術的現象と見ることで芸術の「社会形成力」を考える立場につながります。P. フランカステルが「人は社会によって芸術を説明しようとするが，実は社会の真の原動力を部分的にもせよ説明するものはむしろ芸術なのである」と述べたゆえんです。

このこととも関連して，芸術社会学はその研究対象である芸術からいろいろ学ぶことができるという点も重要です。芸術の内容や形式のなかには，これまで社会学が見落としてきた（あるいは軽視してきた）人間や社会の姿が示されていることがあります。つまり，芸術社会学は，芸術とのコミュニケーションを通して新しい視点や問題を社会学に導き入れ，社会学そのものを豊かにしていく可能性をもった領域でもあるのです。

術作品」『ベンヤミン・コレクション1　近代の意味』ちくま学芸文庫；クラカウアー，S./丸尾定訳（1947=1970）『カリガリからヒトラーへ』みすず書房；平井正訳（1971）『カリガリからヒトラーまで』せりか書房；エスカルピ，R./大塚幸雄訳（1958=1959）『文学の社会学』白水社文庫クセジュ；アドルノ，T. W./高辻知義・渡辺健訳（1962=1999）『音楽社会学序説』平凡社ライブラリーなど。

▷5　井上俊（2008）「社会学と文学」『社会学評論』59（1）。

▷6　フランカステル，前掲書，71頁。

▷7　この点については，作田啓一（1981）『個人主義の運命——近代小説と社会学』岩波新書；作田啓一・富永茂樹編（1984）『自尊と懐疑——文芸社会学をめざして』筑摩書房；富永茂樹（1996）『都市の憂鬱——感情の社会学のために』新曜社；清水学（1999）『思想としての孤独——視線のパラドクス』講談社；亀山佳明・富永茂樹・清水学編（2002）『文化社会学への招待——〈芸術〉から〈社会学〉へ』世界思想社，など。

おすすめ文献

†ウルフ，J./笹川隆司訳（1983=2003）『芸術社会学』玉川大学出版部。

†ブルデュー，P./石井洋二郎訳（1992=1995-96）『芸術の規則』2分冊，藤原書店。

†井上俊（2000）『スポーツと芸術の社会学』世界思想社。

1 社会学の伝統

3 教育社会学

稲垣恭子

1 教育は測れるか

　教育によって得られたものは何かという問いに対しては，さまざまな答えがあるでしょう。新しい知識や技術とか資格や学歴などは，その成果が目に見えやすく，どれだけ身についたかについての評価や判断もしやすいものです。しかし教育について論じられる際には，計測可能な目に見える教育の成果だけではなく，人格の涵養とか個性の伸長，教育愛などのように，客観的に測りにくくまた実用的・功利的な目的に還元できないようなところにその独自性と価値が強調されることも少なくありません。とくに教育の拡大期においては，こうした規範的な語りや思考法が，教育研究においても社会通念においても広く共有されていました。学校問題や教育問題の顕在化する1970年代後半あたりからは，教育への無限定の期待や信頼は徐々に崩れていきますが，それでも「理想と現実の乖離」といったレトリックによって規範的な前提自体は維持されていたといえるでしょう。

2 チャレンジとしての教育社会学

　「教育社会学」の新鮮さは，じつはこうした規範的な教育観や社会的背景のなかにあって，それとは逆に教育の経済的・社会的効用といった現実的かつ手段的な側面に焦点をあてたところにありました。たとえば，教育の成果（機能）を収入や社会的地位といった計測可能な指標によって捉えようとする学歴研究は，従来の教育研究から見ればあまりにも「即物的」で「功利的」に見える一方，だからこそそれが教育研究の規範的な前提を解体する知的・社会的インパクトをもっていたともいえます。現実には教育が道具的・手段的な側面を軸に拡大してきたことは暗黙の社会的了解ではありましたが，直接的にそれを研究の対象とすることによって，規範的な言説のフィルターを通した「教育学的」説明の不透明さを払しょくし，社会学的な角度から捉えなおすことが可能になったからです。その意味では，教育への社会学的なアプローチの魅力は，教育現象を見るときの独特の規範的思考法を相対化する柔軟さと自由さにあったということができるでしょう。

　しかし現在では，教育に効率と計測可能な成果を求める社会的な関心やニーズは広く一般化し，それが教育実践や教育改革を支える根拠にもなりつつあり

▷1　学校暴力や不登校などの学校問題の頻出に伴って，学校や教育への懐疑が強まっていったが，現実の学校批判の向こう側に理想の教育を対置することによって教育の理念や理想を維持しようとするメンタリティは維持されていた。稲垣恭子（2000）「クラスルームの臨床社会学」大村英昭・野口裕二編『臨床社会学のすすめ』有斐閣，参照。
▷2　竹内洋（1995）『日本のメリトクラシー』東京大学出版会。

ます。ビジネスモデルを導入した近年の教育改革が，そうした前提をますます強化しつつあることは改めていうまでもないでしょう。教育の道具的側面や計測可能なアウトプットへの着目が，かつては教育の規範的思考に対するチャレンジ性をもっていたのに対して，現在ではむしろそれ自体が支配的な捉えかたとして自明化しています。このような社会的文脈の転換は，教育社会学のポジションも変えることになりました。教育と職業との連続，教育格差の問題など現代の教育課題に対しても客観的，現実的に応えうるアプローチとして期待されるようになりますが，その一方で教育の前提そのものを問い直すような知的インパクトはむしろ弱まっているように思われるのです。

③ 文化＝教育現象を捉えなおす

このように，教育をその道具的側面から捉える志向が全面化していくなかで，そうした尺度では捉えられない教育の過程そのものへの関心が再び生じつつあります。計算や効率を超えた全人格的な関係や「信頼」「かけがえのなさ」といった文化的価値に対する関心が改めて浮上しはじめています。

たとえば，「師弟関係」もそのひとつの例です。「師弟関係」などというと，現在では前近代的で抑圧的な上下関係というイメージも強く，教育の平等や公平性を重視する近代的な教育観や教育実践とは相入れないものとして忌避されることも少なくありません。実際，教師と生徒（学生）の全人格的・情緒的な絆を伴う「師弟関係」は後退し，それに代わって互いのニーズや利益を媒介とした「ツール」的な関係が顕在化しつつあります。しかし，フォーマルな教育関係が「ツール」化していくのとは逆に，著作物やインターネット，ブログなどを通して私的に師事するような新たな形態の「私淑」が一方では広がりつつあります。もちろん伝統的な「師弟関係」と，直接的な関係を経由しないヴァーチャルな「私淑」とでは，その性質はかなり異なっていることはいうまでもありません。しかし，「ツール」化と「私淑」を共存させた新しい教師－生徒関係の出現と広がりは，現代における教育の意味を文化社会学的に再考するうえでも興味深い現象だと思います。

近年，教育関係だけでなく社会関係一般が道具化しつつあることが意識化されていくのに伴って，それへのリアクションとして教育の文化的価値や理想を志向する現象が新たにさまざまな形で出現しています。これらの文化＝教育現象に対して，リフレクションを欠いた従来の規範的な教育ものがたりとはちがった角度から，改めて社会学的な光を当て直すところに，教育社会学の新しい魅力と可能性が開かれているのではないでしょうか。

▷3 互いの利益を媒介とした関係は，市場原理のなかで顧客サービスの傾向を帯びるようになる。商品としての知識や技術のサービスだけでなく，感情の交流や受容も「感情労働」化しつつあることが指摘されるようになっている。ホックシールド，A. R. ／石川准・室伏亜希訳（1983=2000）『管理される心』世界思想社，参照。

おすすめ文献

†稲垣恭子編（2006）『子ども・学校・社会——教育と文化の社会学』世界思想社。

†広田照幸（2001）『教育言説の歴史社会学』名古屋大学出版会。

1 社会学の伝統

④ 知識社会学

井上　俊

1 レディの万引き

　19世紀後半から20世紀初頭にかけて欧米諸国でクレプトマニア（窃盗症）という病気が流行したそうです。この病気にかかるのは中流階級以上の「立派なレディ」たちで，その症状はデパートでの万引きです。この病気が流行る前は，万引きは犯罪でした。しかし，華やかな消費文化の殿堂としてデパートが発展し，その魅惑的な雰囲気のなかで万引きが多発するようになると，これを犯罪として厳しく取り締まることは困難になります。デパートにとって，万引き犯のレディたちは上客ですし，彼女たちの夫や父親の社会的地位・財産などを考えても，ことを荒立てるのは得策ではありません。当時の新聞などもレディたちの味方でした。労働者階級に属するデパートの警備員や店員が「立派なレディを泥棒よばわりする」ことに批判的な記事も少なくなかったそうです。

　こうして，レディたちのデパートでの万引きは病気として扱われることになり，クレプトマニアが流行することになりました。また，当時の精神医学によって，この病的な盗みは女性の生理的・心理的特性と関係が深いとされました。しかし，たとえば労働者階級の貧しい女性が市場などで万引きをすれば，それは犯罪として警察に突き出されたのです。

　以上は，E. S. エイベルソンによる詳細な歴史的研究の要点です。彼女はアメリカ史の専門家で，自分の研究を「知識社会学」とは考えていません。しかし，社会学の立場からみれば，クレプトマニアをめぐる精神医学的知識の普及が「階級」や「ジェンダー」という社会学的要因と密接に関連していることを示した彼女の研究には，明らかに知識社会学的成果が含まれているといえます。

2 知識の「存在拘束性」

　知識社会学は，人間の認識活動やそれが生み出す知識を対象とする分野です。この分野の確立者といわれるK. マンハイムは，知識の「存在拘束性」ということを強調しました。つまり，あらゆる知識は，それを生み出し支える担い手の社会的・歴史的な位置やあり方，またそれに基づく利害関心などによって制約されているというのです。この考え方には，「人間の社会的存在がその意識を規定する」というK. マルクスの主張の影響があります。マルクス主義は，意識（ひいては知識や思想）を，経済的下部構造（とくに階級関係）によって規定

▷1　エイベルソン，E. S. ／椎名美智・吉田俊実訳（1990=1992）『淑女が盗みにはしるとき——ヴィクトリア朝期アメリカのデパートと中流階級の万引き犯』国文社。

▷2　マンハイム，K. ／高橋徹・徳永恂訳（1929=2006）『イデオロギーとユートピア』中公クラシックス。

▷3　この点にかんしてマンハイムは，階級所属などによる制約の比較的少ない「自由に浮動する知識人層」の認識活動，とりわけそれ

される上部構造として捉え，その観点からブルジョワ階級を担い手とする知識や思想のイデオロギー性を批判しました。

しかしマルクス主義は，ブルジョワ・イデオロギーを批判する自分自身の存在拘束性を問うことはしませんでした。それではいけないというのがマンハイムの主張であり，彼のいう知識社会学の立場なのです。ですから知識社会学は，マルクス主義はもとより，知識社会学そのものの存在拘束性をも問い，みずからの制約や限界に自覚的であろうとします。しかし，そのような立場をとることによって知識社会学は，社会学という知識の妥当性をどこに求めるかという難問（いわゆる認識論的問題）をも抱えこむことになりました。

③ 「知識」概念の拡張

知識というと，たとえば科学的知識のように，体系化された専門的な知識をイメージする人が多いかもしれません。しかし現代の知識社会学では，もっと広く，ある社会で人びとが「知っていること」あるいは「知っていると思っていること」すべてを「知識」と捉えています。

かつては知識社会学も，主に体系化された知識や思想を扱っていたのですが，1960年代の後半に P. L. バーガーと T. ルックマンが上記のような広い捉え方を提唱しました。こうして知識社会学は，ごくありふれた常識的な知識や日常生活上の情報などをも含む広大な領域を対象とすることになったのです。

私たちの普段の行為や活動は，この種の常識や日常知に基づいて行なわれています。たとえば，急に熱が出て頭痛がするようなとき，市販の風邪薬で済ますか病院へ行くかを決めるのは，専門的な医学知識によってというより，むしろ常識的判断によってでしょう。あるいは，常識的判断によって，病院ではなくまじない師（呪医）のところへ行くという社会もあるでしょう。

このように知識の概念が拡張されるにつれて，知識が社会的に構築される側面（知識の存在拘束性）だけでなく，知識が行為の基礎となり私たちの日常的な社会的現実そのものを構築していく側面が注目されるようになりました。

反面，知識社会学の対象が広がったことによって，知識社会学という分野の輪郭がはっきりしなくなるという状況も生じてきます。しかし，たとえば最初にふれたエイベルソンの研究もそうですが，知識社会学を名乗ることはなくても，近年の文化史や科学史の研究，M. フーコーや E. サイードらの言説分析，いわゆるカルチュラル・スタディーズやジェンダー研究などには，実質的に知識社会学的な考察が含まれていることが少なくありません。つまり，一見中立的な知識や常識を疑い，その社会的背景と働きを問い直す「不信のまなざし」，またそのまなざしを自身の立ち位置や偏りにも向ける自己省察（reflexivity）など，知識社会学が培ってきた基本的視点が社会学の枠をこえて広く一般化したともいえるのです。

ぞれに「存在拘束」された多様な認識を相互に関連させながら評価する「相関主義」によって相対的に妥当な認識に到達できると考えた。

▷4 バーガー，P. L.・ルックマン，T.／山口節郎訳（1966=2003）『現実の社会的構成──知識社会学論考』新曜社。彼ら以前にも，たとえば R. K. マートンは，マス・コミュニケーション研究を「知識社会学のアメリカ版」と見て，知識社会学のフロントの拡張を図った。なお，マートンは「科学の社会学」の開拓者としても知られている（マートン，R. K.／森東吾ほか訳（1957=1961）『社会理論と社会構造』みすず書房）。

バーガーとルックマンはまた，マンハイムらを悩ませた「認識論的問題」について，「知識社会学に社会学的知識の妥当性に関する認識論的問題を含ませる」のは適切ではないと主張した。それは「自分の乗っているバスを後押ししようとする」ようなものだというのである。

▷5 「知識」のかわりに「知」という表記がよく使われるようになったのも，この知識概念の拡張と無関係ではない。

（おすすめ文献）

†バーガー，P. L.・ルックマン，T.／山口節郎訳（1966=2003）『現実の社会的構成──知識社会学論考』新曜社。
†河原和枝（1998）『子ども観の近代』中公新書。
†竹内洋（2003）『教養主義の没落』中公新書。

1 社会学の伝統

5 歴史社会学

近森高明

1 社会学が《歴史》を呼び出すとき

　なぜそもそも《歴史》なのでしょうか。社会学のなかで《歴史》が呼び出される際の動機として，3つほど指摘することができます。第一に，私たちの生の基底的環境である近代社会とはどのような社会なのか，その歴史的な成立条件を問うため。第二に，個別具体的な事例の参照によって社会学が陥りがちな図式性を修正すると同時に，より柔軟かつ豊かな社会学的認識を可能にするため。第三に，ある概念やカテゴリーについて，その自由な改変可能性を示唆するべく歴史的な構築性を暴露するため。歴史社会学の展開過程はこれら3つの動機という観点から（もちろん大雑把ではありますが）整理できます。

2 歴史社会学の展開プロセス

　コントやデュルケム，テンニースなど初期の社会学者が注目したのは，何よりも近代社会とはどのような社会かという問題です。つまり社会学とは近代社会の自己認識の営みとして出発したわけですが，その場合に，自身の由来と成り立ちを時間軸を遡って解明しようとするのは，ごく自然な発想ともいえるでしょう。ただし多くの社会学者はそれを進化論的なモデルで説明しようとしており，そこでは《歴史》という意識は薄かったように思われます。一方，M.ウェーバーやトクヴィルなどは，社会変動をもたらす多元的な因果関連を解きほぐすというスタイルをとっており，彼らの立場を歴史社会学の原型とみなすことができます。

　1970年代以降のアメリカでは，近代化論批判という文脈で，比較歴史社会学という潮流が出現してきました。英語圏で歴史社会学といえば，まずはこの潮流が思い浮かぶようです。ある社会の近代化の達成レベルを，お決まりの二項対立的な物差しで測ろうとするのが近代化論の発想ですが，それに対して，各々の社会に特有の文脈に寄りそいつつ，マクロな社会変動の多様なパターンをじっくり考えるべきだとするのが比較歴史社会学の立場です。ここでは実証科学としての社会学の精度や説明力を高めるために，個別具体的な《歴史》が参照されているのだといえます。一方，日本では1980年代に個別領域での歴史社会学的研究が登場しはじめ，とくに学校教育による移動・選抜研究などの分野ですぐれた業績が出されました。

▷1　ウェーバー，M．／大塚久雄訳（1904-1905=1988）『プロテスタンティズムの倫理と資本主義の精神』岩波文庫。

▷2　スコチポル，T.編／小田中直樹訳（1984=1995）『歴史社会学の構想と戦略』木鐸社。

1990年代の日本では，構築主義の発想をもつ歴史社会学が流行しました。思想的背景としては，M. フーコーによる狂気や監獄，セクシュアリティなど，近代の地平をつくる諸形象の歴史的分析や，言説分析という方法論からの影響，さらにまた，民衆の心性や日常生活に注目するアナール学派など「新しい歴史学」からの影響が指摘できます。構築主義の眼目は，ある事象やカテゴリーを所与の本質とは考えず，むしろ社会的・歴史的構築の産物と捉える点にあります。たとえば，純粋無垢な存在としての《子ども》や女性の本能としての《母性》，遙かな過去から存続しているとされる《ネーション》，等々。これらが近代化の過程で構築された産物にすぎないことが，数々の研究で明らかにされてきました。構築性の暴露という戦略の意義は，固定的・拘束的なものの改変可能性，つまりは自由や解放の示唆にあるといえるでしょう。変わらぬ本質として自明視されていたことがらが，じつは歴史的に構築されたものであることを暴露する作業は，いわば「常識崩し」として社会学の営みと相性がいいものです。そうした相性のよさを基盤に，さまざまな個別的主題——国民国家，都市，家族，教育，メディア，身体，セクシュアリティ，スポーツ，等々——を扱った歴史社会学的な研究が隆盛を迎えたわけです。

▷3 アリエス, P.／杉山光信・杉山恵美子訳（1960=1980）『〈子供〉の誕生——アンシァン・レジーム期の子供と家族生活』みすず書房。
▷4 バダンテール, E.／鈴木晶訳（1980=1991）『母性という神話』筑摩書房。
▷5 アンダーソン, B.／白石隆・白石さや訳（1983=2007）『定本 想像の共同体——ナショナリズムの起源と流行』書籍工房早山。

3 歴史社会学の再出発

しかしやがて構築主義の急速な退潮と同時に，こうした研究の流行も収束を迎えるようになりました。収束というだけではありません。あらゆるものを歴史的に《つくられたもの》として暴露して回る営みを続けた結果，そこにはある種の行き詰まり感や，息苦しささえ漂うようになったのです。構築性の暴露という戦略には，自由や解放の示唆が含まれていたことを考えると，これはたいへんな逆説です。どうしてこのようなことが生じたのでしょうか。この地点からどのような再出発が可能でしょうか。

ここで冒頭でみた，なぜ《歴史》なのか，という動機づけの三類型にしたがって歴史社会学そのものの歴史を振り返ってみましょう。すると，それは《歴史》へと向かわざるをえない必然性が頽落してくるプロセスとして把握できます。「近代の自己認識」という切実な当初の問題意識が，やがて「個別具体性の提示」や「構築性の暴露」という，テクニカルかつルーティン的な問題意識へと下降してゆくわけです。いや，むしろそれらの問題設定のなかにも元来は切実な何かがあったのが，しだいに忘却されたというほうが適切でしょう。構築性の暴露という戦略が閉塞感を生み出したという逆説は，この忘却と関係があるはずです。このように考えると，私たちは歴史社会学という手法を選ぶにあたり，なぜ《歴史》なのかをあらためて考え直す必要がありそうです。その初発の点を想起しながら歴史社会学を新たに構想してゆくことが，今後の可能性へと結びつくでしょう。

おすすめ文献
†ウェーバー, M.／大塚久雄訳（1904-1905=1988）『プロテスタンティズムの倫理と資本主義の精神』岩波文庫。
†北田暁大（2008）『広告の誕生——近代メディア文化の歴史社会学』岩波現代文庫。
†佐藤健二（2001）『歴史社会学の作法』岩波書店。

第III部　文化社会学の道具箱

1　社会学の伝統

6　余暇・遊びの社会学

小澤考人

1　なぜ「余暇」「遊び」が問題となるのか

　私たちが生きる日常の輪郭は，資本主義をベースとする近代社会にありますから，生産を担う労働（とそれを準備する学校教育）が重要な位置を占めています。しかし，そうであればこそ「余暇」と「遊び」もまた問題となってくるのです。実際，「余暇」と「遊び」の社会学は，近代産業社会の労働と合理性がピークに達した時期，20世紀の両世界大戦をはさむ前後に誕生しました。それはまさに，労働という中心＝現実を補完し超越する問いとして出現したのです。

2　余暇社会学は何を問うのか

　余暇社会学が固有に誕生したのは，第二次世界大戦後の1950年代後半からであり，リースマンらのマス・レジャー研究をはじめ，1960〜1970年代にはJ. デュマズディエらがその成立に寄与しました。当初は，所得の増大と自由時間の増加など「豊かな社会」を背景に，上流階級が独占してきた余暇を大衆＝万人が獲得したことが，「余暇社会」という人類史上の新局面として語られました。その後の研究動向は，この点の問い直しから活性化されていきます。
　では，「余暇」とは何でしょうか。基本的には「労働と余暇」というように，労働の対概念として，労働から解放された時間です。また労働時間と生活必要時間（睡眠・食事・入浴等）を除いた自由時間ともみなされます。このように「余暇」という概念の特徴は，人が働いた後に遊んだり好きなことを楽しむ，という日常生活の全体像を示す点にあります。そこで余暇社会学が問うてきたのは，余暇の「使い方／使われ方」であり，焦点のあて方には大きく，(1)行為者の余暇活動，(2)提供者の側，という二系統があります。前者(1)は，生活構造やライフスタイルを問う立場で，余暇時間の長さや余暇活動の種類，その意味（経験・機能）など，余暇の〈時間／活動／意味〉の側面が考察されます。古典的には労働の拘束性に対して「自由」の意味が問われました。後者(2)は，提供者＝環境の側に焦点化するもので，ここで重要な要素は，〈商業／公共／ボランタリー〉セクター，つまり〈レジャー産業／政府・自治体の公共サービス／NPO等の市民組織〉です。たとえば観光・スポーツ・消費的娯楽などの各領域で，現在の余暇がいかなる条件＝場のもとで成立しているのか，社会権の観点から市民に公平に提供されているか，などが問われます。

▷1　J. デュマズディエ（1915-2002）：フランスの社会学者。『余暇文明へ向かって』（1962）では，具体的な調査を背景に大衆の余暇と日常生活の関係を考察しながら，現代社会における余暇の高まる意義を考察し，余暇社会学の先駆となった（▷3も参照）。

▷2　その後の研究動向：異なる他者（階級・ジェンダー・人種等）の間で「万人が等しく余暇をもてない」という問題提起が，新たな問いの出発点となった。英国のレジャー・スタディーズ協会（1975年設立）はその一拠点として，さらにメディア・スポーツ・ツーリズムを含む広い文化研究への視点を開いた。

▷3　労働の対概念：労働の残余カテゴリーとして非労働時間のこと。ただしこれは最広義であり，余暇の定義としてはデュマズディエの定式化――余暇とは，仕事や家庭などの義務から解放された後に，休息・気晴らし・自由な活動等のために個人が自発的に行なう活動の総体である――が最も有名である。

▷4　「自由」の意味：労働に伴う他律性・目的合理性などの拘束性に対して，自発性・自己決定性・選択可能性など「自由」の諸側面が指摘された。ちなみに

3 遊びの社会学は何を問うのか

遊びの社会学は，第二次世界大戦の前後に誕生しました。今なお古典の位置を占める J. ホイジンガと R. カイヨワの遊び論は，いずれもこの時期に公刊されました。それはナチズムに象徴される，近代的な合理性の極限における「遊び」の喪失が，総力戦と大量殺戮という文明的倒錯の悲劇を招いたことに対する，批判的な考察であったといえます。遊びの社会学は，余暇・レジャーの増大が先進国でいわれた1960〜1970年代にひとつの最盛期を迎えました。

では，ここでいわれる「遊び」とは何でしょうか。要点を取り出すと，遊びとはひとつの小世界であり，その意味するところは，固有のルール・約束ごとをもつ活動として，ある限定された時空のなかで行なわれ，日常の現実世界から遊離した虚構性をもち，実益や生産に結びつかない点にあります。また遊びは結果の不確定性を特徴とし，それゆえに参加者の創意や工夫を伴うわけですが，人が遊びに感じる楽しみやスリリングな解放感は，こうした現実世界からの遊離＝距離や結果の不確定性にかかわるといえます。そのうえで遊びが遊びとして成立するのは，人が当のルール・約束ごとを自発的に受け入れ自由に参加するかぎりにおいてである，ということが重要です。ホイジンガの考察を継承し発展させたカイヨワは，遊びの原理的な分類として，(1)競争，(2)運・偶然，(3)模擬，(4)めまいという4つカテゴリーをあげ，とくに近代社会においては，競争と運からなるゲームが重要な位置を占めることを指摘しました。近代スポーツやギャンブルにおいて，競争と運という両極の間で人は平等な条件のもとでゲームに参加するのです。人が一定のルールに自発的に従い，平等な条件のもとで実力と運をかけて競争するというゲームの形式は，現実世界のレベルに転位してみると，実は人間の文明一般の，とりわけビジネス・教育・職場など近代社会における社会的制度のモデルとしてもみることができるでしょう。

4 余暇と遊びの社会学の課題

以上のように余暇と遊びの社会学は，余暇と遊びの研究であるという以上に，「方法としての余暇／遊び」という巨大な射程をもつ理論的視点を提示しているのです。とりわけ現代社会では，高度化する資本主義と多層化・全域化するメディア環境の中で，モノや情報の消費を介した大衆文化（ポピュラーカルチャー）のように，私たちの日常生活それ自体を文化として捉える視点が重要になっています。私たちが日々享受するメディア視聴・消費・スポーツ・観光などの局面において，(1)労働との関係も含めて日常生活の全体像を視野に入れる余暇，(2)遊びの領域を越えて多くの出来事に遂行されるゲームの形式という視点は，日常生活としての文化を（批判的に）読み解くうえで新たに重要な意味をもつといえます。

余暇（leisure）にあたるフランス語の loisir には「自由」の含意が強い。

▷5 J. ホイジンガ(1872-1945)と R. カイヨワ(1919-1978)：ホイジンガはオランダの歴史学者。『ホモ・ルーデンス』(1938)では，人間の文化が遊びという形式のなかで生まれ発展してきたことを論じた。カイヨワはフランスの思想家。『遊びと人間』(1956)は，遊びの社会学に思想的基盤を与えた。

▷6 ひとつの最盛期：日本でも，井上俊 (1977)『遊びの社会学』世界思想社，多田道太郎 (1974)『遊びと日本人』筑摩書房など，重要な研究が出現した。ちなみに遊び play というテーマ自体は，余暇 leisure と同様，すでに1900〜1930年代の北米を中心に一定の議論がある（新津晃一 (1977)「余暇論の系譜」松原治郎編『余暇社会学』垣内出版，233-288頁）。

おすすめ文献

†井上俊ほか編 (1995)『岩波講座現代社会学 20 仕事と遊びの社会学』岩波書店。

†桝潟俊子 (1995)『企業社会と余暇——働き方の社会学』学陽書房。

†カイヨワ，R./多田道太郎ほか訳 (1958=1990)『遊びと人間』講談社学術文庫。

1 社会学の伝統

7 スポーツ社会学

菊 幸一

1 体育・スポーツ現象とスポーツ社会学

スポーツが文化として本格的な社会学的研究の対象となったのは、そんなに古い話ではありません。わが国では戦前に遡って「スポーツ社会学」というタイトルがついた本がなかったわけではありませんが[▷1]、どちらからといえば戦後を含めて主流は「体育社会学」[▷2]という学問領域でした。それは、スポーツという現象がわが国ではもっぱら学校体育の授業や課外活動の運動部活動として展開され、学校以外の地域や社会のなかで行なわれるスポーツ活動も「社会体育」や「体育大会」といった名称で呼ばれていたことから理解できるでしょう。

一方で、今日の社会におけるスポーツの隆盛は誰の目からみても明らかであり、誰もがスポーツの話題を取りあげるほどに広がっています。しかし、誰もが社会のなかのスポーツの重要性を語ったからといってスポーツ社会学が自動的に発展していくわけではありません。社会のなかのスポーツ現象（たとえば、勝敗の結果や過程）を「知る」ことは、そのこと自体に満足することによって、かえって「問い」を発して「考える」ことや「批判する」ことを停止させてしまうことにもつながるからです。

2 スポーツ社会学からの「問い」——スポーツの社会的特性とは？

それでは、スポーツ社会学からの「問い」とは、たとえばどのようなものでしょうか。一般に私たちは、人びとがスポーツにこれだけ関心を寄せるのはスポーツの面白さや楽しさによると考えますが、それだけでしょうか。

スポーツにはスポーツの場でしか通用しない厳格なルールがあり、プレーヤーはそれを守らなければスポーツをプレーすることはできません。このルールには、(1)目標達成の条件（たとえば、サッカーでは手・腕を使ってはいけないという条件）を規定する目にみえる内容と、(2)目標達成に対する望ましい行動規範（たとえば、スポーツマンシップやフェアプレーなど）が期待される内容、とがあります。ルールとは本来、人びとの自由を「拘束」する機能をもちますから、一般社会では自らを不自由にするルールはあまり好まれません。しかし、スポーツでは、いずれのルールも人びとが自ら好んで自発的にこれを受け入れ、参加することで成立しますから、ルールの遵守を前提とする一般社会の成立にとっても重要なモデルを提供していることになります。しかも近代以降の社会の成

▷1 1934年に林要が『スポーツ・宗教・社会』のなかで「スポーツ社会学」という用語を最初に用いたとされている。

▷2 たとえば、竹之下休蔵・菅原禮編（1972）『体育社会学』大修館書店；菅原禮編（1975）『体育社会学入門』大修館書店、などがある。

立は，共同体によって機能していた直接的な相互監視を逃れた「個人」によって担われていますから，まず個人が安全に暮らせること（見知らぬ人から暴力をふるわれることがないという根拠のない信頼）を実現するために，誰がみていなくてもルールを守るという社会的態度が強く要求されます。

19世紀に近代英国のパブリックスクールで発祥したといわれるラグビーやサッカーは，その担い手である中産階級（ブルジョアジー，産業資本家）によって形成されましたが，彼らのプレーの理想は審判のいないセルフ・ジャッジによる進行であったといわれています。この自己によるルールの内面化と遵守，いわば自己規律化の精神が近代以降の社会における彼らの自由な産業活動を保障し，社会を発展させていく秩序を形成していったと考えられるのです。ですから，近代スポーツは，そもそもその成立から近代社会を成り立たせる教育的機能を期待されていたことになります。このことは，近代後進国であった日本が明治期以降の高等教育（大学）における課外活動で，なぜスポーツをこれほどまでに熱心に取り入れようとしたのか，の答えにもなっています。

3 文化としてのスポーツと社会との諸関係

現在，スポーツは一方でますます高度化（高度競技スポーツ化）し，他方でますます大衆化（生涯スポーツ化）しています。また，そのかかわり方は従来の「する」ことだけにとどまらず，「みる」「ささえる」「よむ」など多様化しています。そして，このようなかかわり方の広がりをもたらしているのは，スポーツと人びとを結び関係づけるメディアの力によると考えられます。

人びとは，メディアが伝えるスポーツのイメージやメッセージに影響を受け，伝えるメディアも人びとのスポーツに対する欲望や要求に応えるよう，発信内容を加工しようとします。この演出が過剰であっても，過小であっても人びとから嫌われるはずですが，その妥当性の基準は曖昧なままです。また，スポーツによって高められる人びとの関心は，普段あまり関心が示されない傾向にある政治的なメッセージやパワーを伝える巧妙な道具や装置として活用されます。世界選手権やオリンピック大会などの国際スポーツイベントは，さまざまな儀式（セレモニー）を必要とし競技者の勝利を上回る権威（秩序）の存在を暗示しますが，この暗示こそがスポーツが有する「非政治的な政治性」という性格を示すものでしょう。さらに，スポーツの産業化や経済化は，スポーツメッセージがもつ社会的徳性を商業的に利用しようとしますが，その過剰性は往々にしてスポーツのコマーシャリズムを生み出し，かえってスポーツの文化性を損なう結果につながります。

このようにスポーツ社会学は，文化としてのスポーツそれ自体の性格を歴史的変化や社会現象との関係において捉え，その関係から「問い」を発見し解明していくためのツールなのです。

▷3 M. フーコーによれば，自己規律化とは自分のなかに他者が監視する視線（抑圧）を内面化し，これに自ら自発的に従い主体化していくことだが，スポーツ参加の場合のそれはもっぱら楽しさを享受しようとする欲求に基づく。

▷4 スポーツが政治とは無関係であるという政治的中立の考え方は，近代スポーツを成立させた中産階級の利害に基づく思想であり，それ自体が政治的な言説と考えられる。

▷5 スポーツは，一般的に健康・活力・明朗・責任・清廉・公正・友愛・親善など，現代社会に望まれる徳性を象徴的に帯びている。

▷6 スポーツの商業主義とは，スポーツの経済的価値が文化的価値を超えて尊重され，主に短期的な消費によってスポーツの文化的価値が損なわれてもかまわないとする考え方のこと。スポーツ文化の自立的専門性や職業的価値を尊重するプロフェッショナリズム（professionalism）とは区別される。

おすすめ文献

† 菊幸一・清水諭ほか編（2006）『現代スポーツのパースペクティブ』大修館書店。
† 池井望・菊幸一（2008）『「からだ」の社会学』世界思想社。
† 井上俊・菊幸一編著（2020）『よくわかるスポーツ文化論［改訂版］』ミネルヴァ書房。

1 社会学の伝統

8 日本文化論・比較文化論

橋本　満

1 比較と「他者」

「他者」と出会わないかぎり、自分を意識できません。「異文化」と接触してはじめて、自分の属する「自文化」を確認するのです。しかもこの「他者」、ほんとうに「異」なのか、はっきりしません。

異文化との接触経験の記録を残したのは、旅行者や、商人、宣教師が最初でした。ローマ時代ではタキトゥスの『ゲルマーニア』、13世紀にはマルコ・ポーロの『東方見聞録』があります。

スペインの植民地政策で中南米やアジアに行った宣教師の報告書は現地の記録です。日本にも、16世紀にフランシスコ・ザビエルたちイエズス会宣教師が来て、報告書を残しました。宣教のために来たので、キリスト教が許さない異文化、たとえば同性愛にはきびしい態度をとりました（彼らの文化にも同性愛はあったのですが）。彼らの基準であるキリスト教からみて、日本の文化がどれほど「偏っているか」を考えたのです。とはいっても、他のアジアの地域に比べると、日本の評価は高かったのです。ジョアン・ロドリゲスの『日本教会史』は、日本の風俗習慣をよい印象で書き残しています。むろん「異教徒」にしては……、ですが。

2 比較の基準

比較には基準が必要です。宣教師の場合はキリスト教が基準です。他文化は、改宗させねばならないのです。

社会科学では19世紀から比較が流行しました。言語と宗教の比較からはじまり、サンスクリットの研究から、インド・ヨーロッパ言語という言語グループが想定され、それが現在の英語やドイツ語、フランス語へ発展したという進化論が唱えられました。

マックス・ミューラーは、宗教の比較で人気が出ました。イスラム教、ヒンズー教、儒教、仏教を中心に世界の宗教を比較して、近代キリスト教（プロテスタント）を基準に普遍宗教を求めたのです。

社会学は、基準を倫理に求めました。マックス・ウェーバーの『プロテスタンティズムの倫理と資本主義の精神』は、近代的な倫理（エトス）が近代資本主義の基礎になっている、このエトスが存在するかどうかで社会の比較ができ

▷1　タキトゥス／泉井久之助訳（1979）『ゲルマーニア』岩波文庫；マルコ・ポーロ／愛宕松男訳注（1970）『東方見聞録』（1-2）平凡社東洋文庫。

▷2　ロドリゲス, J.／伊東俊太郎ほか訳（1967）『日本教会史』（上・下）岩波書店。

る，という議論を展開しました。エミール・デュルケムは，『自殺論』で，プロテスタントとカソリックでは自殺率が異なることから，アノミー（無規範状態）に陥りやすい社会と陥りにくい社会がある，という比較をしました。

③ 日本文化論

日本文化論では，ルース・ベネディクトの『菊と刀』(1946)が有名です。日本人は，平和な時は菊を愛して穏やかなのに，刀をもつと残虐になる，極端から極端へ走る民族だというのです。キリスト教に基づく欧米は「罪の文化」であるのに対し，日本はまわりの様子をうかがう「恥の文化」だと論じました。日本人は内面に確固たる基準がない，という文化論です。欧米に比べると，主体性が確立していない，という議論です。この議論の流れでは，日本はいわば遅れてきた先進国で，まだまだ封建的な制度や人間関係が残存しており，近代化が不十分だということになります。もちろん，欧米の文化にも「遅れた」部分はあるのですが，それは無視されました。

逆に，エズラ・ヴォーゲルの『ジャパン・アズ・ナンバー・ワン』(1979)では，日本は優れている，という議論が行なわれました。日本の成功を参考にして落日のアメリカを救おうという意図で書かれたのですが，日本では日本の優秀さの証明と受け取られ，広く読まれました。これが転機となって，日本文化は優れているという日本論が盛んになりました。日本的経営とか，日本の伝統といった日本評価論が次々と現れ，江戸時代の再評価といった議論も行なわれました。

④ 自文化の確認

『ジャパン・アズ・ナンバー・ワン』以前の，日本文化論の集大成は，中根千枝の『タテ社会の人間関係』(1967)です。「タテ」という関係のパターンで，時代に左右されない日本社会の構造を探るのです。比較対象は，「ヨコ」パターンのインド社会です。「恥の文化」を「タテ」パターンで解析したのですが，実は，戦前からの日本文化論に基づく議論なのです。

日本的特質をテーマとする文化論には長い蓄積があり，和辻哲郎によるモンスーン地帯と乾燥地帯あるいは牧草地帯という比較論，丸山真男の「ささら型」と「たこつぼ型」という議論などはよく知られています。

文化論というのは，自文化の確認です。アメリカでも，アレクシス・ド・トクヴィルの『アメリカのデモクラシー』がアメリカ民主主義の教科書とされましたし，『菊と刀』も，戦後日本の民主化のお手本とされました。多くの日本文化論は，その時代，社会状況に応じて，自文化として何がいいのかを問うものであり，日本文化とは何であるかについて客観的に認識するものとはいえないのです。

▷3 ウェーバー，M./大塚久雄訳(1904-05=1989)『プロテスタンティズムの倫理と資本主義の精神』岩波文庫。
▷4 デュルケム，E./宮島喬訳(1897=1985)『自殺論』中公文庫。

▷5 和辻哲郎(1935)『風土』岩波書店；(1979)岩波文庫。
▷6 丸山真男(1961)『日本の思想』岩波新書。
▷7 ド・トクヴィル，A./松本礼二訳(1935-40=2005-08)『アメリカのデモクラシー』(全4冊)岩波文庫。

おすすめ文献
†中根千枝(1967)『タテ社会の人間関係——単一社会の理論』講談社現代新書。
†ヴォーゲル，E. F./広中和歌子・木本彰子訳(1979=1979)『ジャパン・アズ・ナンバーワン——アメリカへの教訓』；(2004)阪急コミュニケーションズ。
†ベネディクト，R./長谷川松治訳(1946=1948)『菊と刀——日本文化の型』社会思想社；(2005)講談社学術文庫；角田安正訳(2008)光文社古典新訳文庫

2 隣接・関連領域から

1 文化人類学

阿南　透

1 文化人類学とは

　文化人類学は、人類の文化的・社会的側面を研究する学問です。自文化とは異なる文化を研究対象としますが、異文化理解を通じて、人類の文化に普遍的な共通性を見出すことを目的とします。

　異文化といっても、文化人類学は「未開社会」を研究対象とする学として出発し、発展してきました。現在の研究方法は、19世紀初頭にブロニスラフ・マリノフスキーが、パプアニューギニアのトロブリアンド諸島に長期滞在して行なった調査から大きな影響を受けています。これ以降、文化人類学は、現地に長期滞在したフィールドワークを特徴としてきました。

　文化人類学のフィールドワークは、長期間の「参与観察」という方法を取ります。これは、現地語を修得したうえで、比較的小規模な集団に入りこみ、現地の人びとと長い間日常生活を共にしながら信頼関係を築き、多分野にわたる資料を収集するというものです。

　また、対象を政治・経済・宗教などの個別分野に分けずに、社会や文化の総体を理解しようと努める、全体論的（holistic）アプローチも文化人類学の特徴です。そして、研究成果を「エスノグラフィー」（民族誌）の形で公開します。

　異文化を理解した文化人類学者は、こんどは自文化を異文化のまなざしで見るようになります。かつて当然視した自文化のさまざまな慣習を相対化し、そこからさらなる文化理解を推し進めるというのが文化人類学の仕事です。

2 文化人類学は「文化」をどのように捉えるか

　「文化」というと、日本の日常語では「文化人」「文化勲章」のように、「洗練された教養」を指す用法もあります。しかし、文化人類学では文化にもっと広い意味をもたせています。

　文化人類学による文化の定義では、エドワード・タイラーによる「社会の成員としての人間によって獲得された知識、信仰、芸術、道徳、法、慣習や、他の能力や習性（habits）を含む複雑な総体」という古典的な定義がよく知られています。要するに文化は集団の生活様式全般を指し、文化を研究する文化人類学は、生活様式としての文化を実証的に研究するということになります。ただ、この定義はあまりに包括的なので、記号論的な文化概念を提唱するクリフォー

▷1　1922年に出版された『西太平洋の遠洋航海者』（増田義郎訳、2010年、講談社学術文庫）が成果としてよく知られている。

▷2　タイラー、E. B. ／比屋根安定訳（1871=1962）『原始文化――神話・哲学・宗教・言語・芸能・風習に関する研究』誠信書房。

ド・キアーツは、「人間は自分自身がはりめぐらした意味の網の中にかかっている動物」であり、文化をこの「意味の網」として、意味を探求する解釈学としての文化人類学を提唱しました。この定義もよく用いられています。

なお、近年よく指摘されるように、文化と社会の境界は必ずしも一致しません。文化は集団内の人びとが均等に保持しているのでもありません。こうした点について、ミクロな視点を取る文化人類学は早くから気づいており、たとえば半世紀以上も前に、エドマンド・リーチの『高地ビルマの政治体系』は、文化と社会の錯綜した関係と流動性を描き出しています。

❸ 研究対象の変容

近代化の進行とともに、西欧文明の影響が及ばない「未開社会」などもはや存在しなくなりました。もっとも、かつて人類学者が思い描いた「未開社会」自体が、列強による植民地化や異文化接触の影響下にあったのですから、それ自体が幻想あるいは理念的な存在であったといえるでしょう。また、かつて人類学者が活躍したフィールドは、グローバル化の影響で生じたさまざまな問題を研究する（社会学、政治学、経済学、観光学などの）研究者や、開発・援助の実務家と競合するフィールドになっています。そのなかで文化人類学は、欧米の常識を押しつけたり、統計や短期間の観察から処方箋を素早く示したりするのではなく、参与観察によって得られた文化の深い理解を通じて、文化が政治や経済に与える影響を常に配慮することで特徴を示しています。

しかし、かつては一方的に研究対象とされた「現地」の人びとのなかからも高等教育を受けた研究者が出て、自文化を自ら記述し出版するようになってきました。文化が「資源化」して商品化され、あるいは政治的に利用される機会も増えました。ここでは、誰が、何のために文化を語るかという問題が不可避のものになり、文化人類学者にも避けられない難問になっています。

❹ 新たな領域

こうした傾向を受けて、文化人類学にも新たな動きが出てきています。小集団への参与観察という研究方法は変えないまま、研究対象を、「未開社会」から農民社会、都市社会へ、そして科学技術社会へと拡大していきました。近代文明のただ中にある欧米も調査対象になってきたほか、文化人類学者の所属する社会を研究対象とする「自文化の人類学」も登場しています。

また、医療、福祉、実験室、学校など、専門家集団を対象とした研究が出てきています。ミクロな人間関係や日常生活の実践を徹底的に観察・記述する文化人類学の研究方法が、計量的な方法では抜け落ちてしまう対象の複雑さを捉えるには適しているからです。こうしたことから、社会学と競合する領域で、両者の理論・方法などの相乗効果が期待されます。

▷3 ギアーツ、C.／吉田禎吾・中牧弘允・柳川啓一・板橋作美訳（1973=1987）『文化の解釈学』全2巻、岩波書店。

▷4 リーチ、E.／関本照夫訳（1954=1987）『高地ビルマの政治体系』弘文堂。

▷5 山下晋司・福島真人編（2005）『現代人類学のプラクシス——科学技術時代をみる視座』有斐閣が、日本における研究動向を知りうる入手しやすい文献である。

（おすすめ文献）
†山下晋司編（2005）『文化人類学入門——古典と現代をつなぐ20のモデル』弘文堂。
†ラトゥール、B.／川崎勝・高田紀代志訳（1987=1999）『科学が作られているとき——人類学的考察』産業図書。
†渡辺靖（2004）『アフター・アメリカ——ボストニアンの軌跡と〈文化の政治学〉』慶應義塾大学出版会。

2 隣接・関連領域から

2 構造主義

田邊 浩

1 構造主義とは

構造主義はその名が示す通り「構造」がキー概念であり、構造主義を知るためにはこの概念を理解することが肝要です。では、構造主義における構造概念はどのような意味をもつのでしょうか。言語を例として考えてみましょう。私たちが言葉を発するとき、発言内容に注意はしても、文法はほとんど意識することはありません。ですが、私たちが発した言葉が、文法に従っていることは確かなはずです。そうでなければ、他者とのコミュニケーションが成り立たないでしょうから。つまり、私たちの発話の背後に文法を見出せるのだ、と考えられないでしょうか。たとえば、近年の日本語の乱れとしてよく槍玉にあげられる、若者に特徴的な「ら抜き言葉」があります。ですが、これも合理的な言葉の変化として定着していく可能性もあります。つまり、私たちが発話することによって、文法が変わっていくこともありえるのです。

まずはこのように、構造とは文法などの言語の「規則」のようなものだ、と考えることができます。すなわち、表層的な現象の背後に、人びとの思考や行動を規定している深層の構造を見出すことができる、というのが構造主義の基本的な考え方です。

2 構造主義の方法

構造概念を説明するためにいま用いた言語の例はF.ソシュールによるものです。構造主義の源流にはソシュールの言語学があるのですが、構造主義を確立したのはC.レヴィ=ストロースであるといってよいでしょう。

レヴィ=ストロースは「文化は言語に似ている」として、言語学のアイデアを文化現象に適用します。彼は神話や儀礼、親族、料理などさまざまな文化システムについて分析し、深層の構造を見出そうと試みました。その際に、レヴィ=ストロースは、構造分析をより精緻なものにしていきます。その方法は言語学における音韻論や数学の群論を応用して練り上げられた、きわめて厳密なものでした。彼は、全体は相互に関連した諸要素からなり、そうした諸要素間の関係がシステムをなしているとします。要素はシステムという全体との関係においてのみ意味をもちます。つまり、ある要素が変化すれば、全体としてのシステムも変化することになります。それに対して、構造もまた諸要素間の関

▷1 ただし構造主義は、本質としての構造が現象を生じさせているというように、構造と現象の関係を考えているわけではないことに注意しなければならない。

▷2 F.ソシュール：スイスの言語学者であり、構造言語学を創始した。社会制度としてのラングと個人による実践としてのパロールの区別、ラングをシステムとして考えること、共時態と通時態の区別、記号表現と記号内容の恣意的な結びつきなど、構造主義を準備するアイデアを提起した。

▷3 C.レヴィ=ストロース：フランスの文化人類学者。ソシュールやヤコブソンの言語学、数学の群論、さらにデュルケム学派の社会学などを源泉として、構造主義という科学認識の方法を編み出し、広範囲に知的影響を与える。

▷4 M.フーコー：フランスの哲学者であるが、フーコーの仕事は社会学にも多大な影響を及ぼした。フーコーの方法は、さまざまな痕跡からみえないものを見出そうとするがゆえに構造主義的であると考えられた。

▷5 R.バルト：フランスの批評家で、記号論の新しい分野を切り開いた。ソシュールがすでに記号論を

係からなるものですが，かりに要素間の関係が変換されたとしても，なおその同一性を保つようなものなのです。つまり，構造とは，ある種の変換を通じてのみ，見出すことができるようなもののことです。たとえば，彼はさまざまな社会の親族組織と婚姻規則について研究しました。そして，そうした多数の異なった形式から，どのような親族組織にも存在する基本構造を明らかにしたのです。

3 思想としての構造主義

　レヴィ＝ストロースの構造主義はあくまでも科学認識のための方法でした。しかしながら，構造主義はそれにとどまらず，ひとつの思想に成長していきます。ついには20世紀半ば以後の最大の思想となった，といって間違いではありません。なにゆえ，構造主義はそれほど大きな影響力をもつにいたったのでしょうか。それは，レヴィ＝ストロース以外にも，さまざまな領域で同じような特徴をもつ仕事が現れたからです。哲学のM.フーコー，批評のR.バルト，精神分析のJ.ラカン，マルクス主義のL.アルチュセールらが構造主義者とみなされます。彼らには用いる方法や概念に大きな違いがみられます。それでも，彼らを構造主義者とひとくくりにできるような，共通の特徴がみられます。それこそ構造主義の思想的核心であるはずです。

　一つには，主体主義批判（主体の脱中心化）があります。構造主義登場以前に支配的な思想は，サルトルに代表されるような，個人の主体性を重視する実存主義でした。レヴィ＝ストロースは『野生の思考』において，サルトルを徹底的に批判します。一見したところ自由に行動しているようにみえても，私たちの行動そして思考は構造によって制約を受けているのです。そうした主体主義批判は歴史観の見直しも迫ります。もはや歴史は人間が思うがままにつくるものとみることはできません。それは「主体なき目的なき過程」であるからです。

　もう一つは，ヨーロッパ中心主義，あるいはエスノセントリズム（自民族中心主義）からの脱却です。そもそもレヴィ＝ストロースが構造主義をつくりあげていったのも，ヨーロッパ以外のさまざまな文化を理解するためでした。ヨーロッパ的思考からすればきわめて非合理的にみえるものも，本当に野蛮なものであるのか。未開とされる文化も，その文化の論理においては合理的なのではないか。レヴィ＝ストロースは文化の深層構造に同型性を見出すことによって，ヨーロッパ中心主義，エスノセントリズムから脱却しようとしたのです。

　こうして構造主義は文化現象の分析に大きな力を発揮しました。その後に登場したポスト構造主義も，構造主義を乗り越えたというよりは，その延長線上にあるものと考えられます。また，文化の研究における一大勢力となったカルチュラル・スタディーズにも，構造主義の影響は色濃く表れています。今後もなお学ぶに値する方法だということができるでしょう。

予見していたように，構造主義は記号論と密接な関係にある。バルトは，文化や慣習，モードなど，さまざまな日常生活の現象をテキストとして，記号論的に読み解いた。
▷6　J.ラカン：フランスの精神分析家である。彼は独特なやり方でフロイトを読解し，フロイトが発見した「無意識」の世界にも構造があることを主張した。
▷7　L.アルチュセール：マルクス主義哲学者。新しい視点によるマルクスの読解によって，歴史を「主体なき目的なき過程」として捉える構造主義的マルクス主義を打ち立て，主体を重んじたマルクス主義ヒューマニズムに対峙した。
▷8　これらの人びとはみなフランス人であり，相互に知的交流もあったようだが，ひとつの学派のように明確な形で構造主義者のグループを形成していたわけではない。むしろ彼らは一様に，自身が構造主義者とみられることを嫌っていた。
▷9　カルチュラル・スタディーズは，イギリスの新左翼知識人（ニューレフト）の活動から生み出されており，その際にアルチュセールの構造主義的マルクス主義の影響が大きかった。

【おすすめ文献】

†レヴィ＝ストロース，C.／川田順造訳（1955＝2001）『悲しき熱帯』中公クラシックス。
†橋爪大三郎（1988）『はじめての構造主義』講談社現代新書。
†内田樹（2002）『寝ながら学べる構造主義』文春新書。

2 隣接・関連領域から

3 文化記号論

清水　学

1 文化と約束事

人間の「文化」というのは，さまざまな「約束事」によって支えられています。目に見えるもの，見えないもの，いろいろありますが，その多くは無自覚の「あたりまえ」のものとして，私たちの日常を形づくっています。

たとえば「赤信号は止まれ」「ゴキブリは気持悪い」「青春は甘酸っぱい」「目上の人には敬語」。これらはすべて，それぞれの文化によって定められた「約束事(コンベンション)」となります。法や宗教，政治，家族などの社会制度としてかなり堅固なものとなっている場合も，日常的な行動習慣のなかにまぎれている場合もあるでしょうが，多かれ少なかれそれは人間の世界を拘束しています。

近年では，TVのバラエティ番組の影響もあって，日常的には「お約束」の世界として知られているかもしれません。マンガの世界がわかりやすいでしょうか。たとえば古典的なギャグマンガの登場人物は，殴られたら目から火花を出します。「記号」と「意味」のお約束がそこにはあります[▷1]。そもそも「枠線」と「フキダシ」によって構成された「コマ」の継起によるその世界の成り立ちじたいが，まさにひとつの「約束事」のもとにあるわけです。日常的にけっして問いかけてならないのは，この枠線じたい，フキダシじたいの存在です[▷2]。

2 分節化と恣意性

こうした諸々の日常的な「お約束」を可能にしている，いわば根源的な約束事として，言語（記号）の世界を発見したのがF.ソシュールです[▷3]。彼に由来する構造主義言語学によれば，記号と指示対象（リンゴが「リンゴ」と呼ばれること）はもとより，記号表現と記号内容（「リンゴ」が「リンゴ」であること）のあいだに，必然的な関係はないということになります。

この観点は「意味」についての新たな見方をもたらしました。人間が生きているさまざまな「意味（シンボル）」の世界，これを生み出すのが「記号」のシステムにほかなりません。意味とは何か実体的な根拠でなく，記号間の「差異」すなわち相互の関係性によって生まれるものなのです。こうした区分けのシステムを「分節化」といいます。

たとえば「中年」とは「青年」でも「老年」でもないもののことであり，これらは相互に根拠づけられているだけで，外に根拠をもちえません。その意味

▷1　夏目房之介（1997）『マンガはなぜ面白いのか』NHKライブラリー。

▷2　もちろん「約束破り」によって成り立つ「笑い」は，ある種の顕在的逸脱によりこうした世界の根拠（限界）そのものに目を向けさせることで成り立つものだが，それについては別の機会に。

▷3　文化記号論は，ひろく多様な専門分野にまたがる「学際的」な研究であり，またそれを売りにしている（この学問が生まれた時代の刻印でもある）。とくに社会学の領域において重要なのは，これがソシュールとデュルケムのあいだをつなぐミッシング・リンクの存在を示唆するものであるということだろう。デュルケムのいう「集合表象」の世界こそ，ソシュールの解明しようとした「記号の社会的生」なのである。

で，何が「中年」かはとうぜん文化や社会によって異なってきます。こうした事態は「恣意性」と呼ばれます。単一で連続の「自然」という世界を，どのように「分節化」し自分たちの世界とするか，これが「恣意的分節化の体系」としての文化の問題になるのです。

「虹は何色か」というよく知られた議論があります。何がどのように見えるかということすら，それぞれの文化・社会によってしばられた分類の体系がそれを決定しているというのです。「自然」で「あたりまえ」の存在は，この意味で文化によって定められた「不自然」で「蓋然的」なものなのです。

③ 自然と文化──文化と約束破り

こうしてかなり根源的なレベルまで，私たちの現実は「約束事」によって，無自覚のうちに支配されているといえます。というと，すこし受動的でネガティヴなものをイメージしてしまうかもしれません。じつはこれら「不自由」な約束事は，自然のなかに根拠をもたない以上，ある程度「自由」なものでもあります。実際，それぞれの社会・文化ごとで変わっているわけです。

文化記号論の考え方によれば，人間という存在は，本能のプログラムが壊れており「自然のまま」に生きることができません。この，もはや自然でいられないという不自由は，しかし，その代替物としての自由と開放性をもたらしました。そこに各々の文化が生まれ，それが「第二の自然」となりました。

こうしてみると，人間とはなんと「不自然」な存在なのでしょう。このとき「自然」すらも「文化」の観点から解釈されます。すなわち，文化の体系のなかに入ってしまえば「素の裸」はありえません。「ヌード」という文化的産物になってしまわざるをえないのです。逆に，「覆う」ことによって，生身のもの以上の「なまめかしさ」が生まれる場合もあります。その意味で「全（身）タイ（ツ）クラブ」はきわめて文化的な「趣味」といえますし，これを芸術の域にまで昇華したのがクリストのラッピング・アートになるでしょう。

まさに文化とはこうした「覆い」であり「衣服」です。この「第二の自然」は，すすんで自分たちで設けたしばりです。「約束」なしに人間の文化は成立しませんが，しかし同時にそれは「約束破り」によってたえず変化し動いていくものでもあります。「着衣」があるからこそ，また「脱衣」も可能なのです。

それは当初の約束が，本来「恣意的」なものだったからにほかなりません。そもそも約束とは，それを守り続けるという実践のなかに維持されるほかないものです。「惰性態」としての文化は，私たちをいわば「快い不自由」のなかに拘束します。しかし文化とはまた，それに対する違反や逸脱をも含みながら，約束破りの快楽も同時に与えてくれるものなのです。こうしたさまざまな「約束事の世界（フィクション）」の内実に分け入ろうとする（そしてときには「変革」しようとする）試みが，文化記号論の営みといえるでしょう。

▷4 丸山圭三郎（1984）『文化のフェティシズム』勁草書房，など。

▷5 これが「サピア＝ウォーフのテーゼ」と呼ばれるもので，文化記号論がよりどころにしている考え方のひとつでもある（ウォーフ，B. L.／池上嘉彦訳（1956=1993）『言語・思考・現実』講談社学術文庫）。

▷6 「ヌーディズム」がまさに「イズム（主義）」であり，いかに「不自然」なものであるかを考えれば，このことはよく理解されるだろう。

おすすめ文献

†池上嘉彦・山中桂一・唐須教光（1994）『文化記号論』講談社学術文庫。
†竹内芳郎（1981）『文化の理論のために』岩波書店。
†山口昌男・前田愛編（1984）『別冊國文學・知の最前線 文化記号論 A─Z』學燈社。

2 隣接・関連領域から

4 言説分析

清水　学

1　言説分析と言説

「言説」というのは、聞き慣れない言葉かもしれません。要するになんらかまとまった物言いのことであり、そして「言説分析」とは、なんらか人が言ったり書いたりしたこと（「発話」）と制度とのかかわりに着目する視点ということになります。ともすれば言葉にされたものは抽象的に捉えられがちですが、これは具体的な物的存在としての発話を手がかりに、その社会のなかでの蓄積や流通や編成を探っていくという立場です。

そしてこのような焦点はしばしば、反省の対象でなかったものを意識化することにより、言説をつくりあげている秩序を解体ないし無効化することにつながります。つまりそれは、既成の制度を意気阻喪させるものなのです。

2　言説の秩序

たとえば、いまここに提示されている文章は、その語尾に「です」「ます」をもっています。ですから、いわゆる「です・ます調」の言説空間に属していることになるでしょう。これと異なる秩序を構成しているのが、「だ・である調」の言説です。どちらも、ある種の社会制度であって、それぞれの文は自分がいずれの秩序に属するかを、その語尾によって示しているわけです。もちろんこうした空間それじたいが、特定の社会において、特定の歴史的事情のもとに成立しているものであることはいうまでもありません。

さて、ためしに語尾を変えてみましょうか。これによって表現の内容がいかなる影響を蒙るか、あるいは蒙らないか。それが示されるはずである。こうしてわれわれは、この言説空間なるものがいかなる特性を帯び、いかにその編成の効果を発揮しているか、その一端を如実に垣間見ることができるだろう。

ほら、まったく「調子」が変わってきました。なんか、書いている人の「人格」まで変わってきたような気がします。こんなふうに「言説の形式的諸特徴」は、なんらかの具体的現実を構成する力をもっています。

じつをいえばこの文章は、「です・ます調」で執筆するよう、編者の方々から要請されたものです。なので、私は「です・ます」の秩序でもって表現しなければなりません。実際、書きにくいです（という告白はしかし、「です・ます調」のほうが気楽ではあります）。これが制度的権力というやつです。

▷1　「言説分析」には大きく分けて、フーコーの「知の考古学」に由来するものと、社会心理学ないし社会言語学に由来するものが存在している。前者の流儀は「ディスクール研究」とよばれることが多く、後者の流儀は「ディスコース分析」ないし「談話分析」ともよばれる。おおまかに、前者は理論的・歴史的研究、後者は経験的研究に傾くといえるだろう。

前者の場合、「言表（エノンセ）」を単位とする「言説」の歴史的・社会的な「編成（アルシーヴ）」が問題とされるので、「言説」の用語は、個々の言表の一定のまとまりから、物質的集積体、各時代の社会的編成作用まで、かなり幅を含んで使用されているようだ。

後者の場合、おおむね「語」や「語句」、「文」といった従来の分析単位を超えた大きな分析上のまとまりを指すのに用いられ、このとき話されたものを「ディスコース（談話）」、書かれたものを「テクスト」として区別する場合もある。

▷2　誤解も多いようだが、言説分析はひとつの「方法論」ではない。なにか適当な文章をとりあげて、文体上の特徴とか、共通のテー

たしかに「です・ます」がふさわしい場と，「だ・である」がふさわしい場は，それぞれに存在するようです。逆にいえば「です・ます」文や「だ・である」文は，その語尾によってそうした場を例示しながら，場そのものや発話している主体を形成している，というわけです。学生さんのレポートにままあるように，それらが混在すると当惑しますし，誰が話しているのか，別人の言葉なのかよくわからなくなります。「博士」や「長老」はかならず「……じゃ」としゃべるものであるように，これが「主体」を構成する力というやつです。

3 言説の諸効果

文字通りには「同じ」とみなされる発話でも，同じ言説的効果をもつということにはなりません。同一の発話が，異なる言説空間の秩序に置かれることで，異なる機能を発揮する場合もあります。

たとえばJ. L. ボルヘスによると，17世紀スペインでセルバンテスの書いた有名な『ドン・キホーテ』のテクストと，20世紀初頭のフランス作家がスペイン語で書いた（という）『ドン・キホーテ』のテクストは，その字面としては「文字どおり同一」でありながら「しかし後者のほうが，ほとんど無限に豊か」と評されます。これは，物理的にはまったく同一の語の配列からなる文章が，まったく異なるふたつの言説秩序に属しているという事例です。

対照的な事例として，『地下鉄のザジ』で有名なクノーに『文体練習』という書物があります。これは，同一のシーンを99通りに異なる文章のスタイルによって描き出した，いわば文体のショー・ケースですが，その各々は同一の場面であると同時にまったく別の場面であるといえます。いいかえれば，そのさまざまな例示による「文体の練習」は，また「文体の行使」でもあるわけです。

ここで，文体の問題は広義に（すなわち現実構成のそれとして）解されるべきです。このとき「主体」だの「意味」だの「作者」だの「読者」だのといった，過去の哲学を悩ませてきた人間論的問題は，すべて「言説上の効果」と関連づけて説明されます。もちろんこうした「効果」は，言説空間における「磁場」と「磁力」の働きによって，つまり一定の社会権力のなかで発生するものです。

4 言説の物質性

こういったお話は，たんなる「形式の問題」「文体上の趣味の問題」として片づけられることも多いわけですが，それが物質的諸条件についての具体的問いであることは重要です。ひろく「ことば」にかかわることを問題にすると，なにかすぐ「観念的」と捉えたがる人がいますが，言説分析はこうした安直で抽象的な非反省的思考にあらがいます。モノとしての観念（体系）こそ，まさにイデオロギーの問いです。モノとしてのコトバを問題としたフーコーは，だからこそ自分が「しあわせな実証主義者」であるといったのです。

マとか，文章のくせとかを分類して，気がついたことをコメントしていけば「分析」になる，というのは大きな勘違いである。ところがこういう「分析」は，いささかの努力と根気さえ惜しまなければだれにでもできてしまうわけだから，「業績」を「生産」するための便利な道具として利用しようとする者があとを絶たない。初心者のみなさんが「言説分析」と名付けられた文献にあたるときには，注意が必要である（遠藤知巳（2006）「言説分析とその困難」佐藤俊樹・友枝敏雄編『言説分析の可能性』東信堂，27-58頁）。

▷3 ボルヘス，J. L. (1944=1993)「『ドン・キホーテ』の著者，ピエール・メナール」（鼓直訳『伝記集』岩波文庫）。

▷4 クノー，R./朝比奈弘治訳（1947=1996）『文体練習』朝日出版社。ちなみにそのヴィジュアル版が，マドン，M./大久保謙訳（2005=2006）『コミック文体練習』国書刊行会。

▷5 蓮實重彦（1990）『物語批判序説』中公文庫。

▷6 かつてヘーゲルは「抽象的に考えるのは誰か」という問いを提起した（加藤尚武訳（1978）「抽象的に考えるのは誰か」『現代思想』vol. 6-16）。

おすすめ文献

†鈴木聡（2007）『ワードマップ 会話分析・ディスコース分析』新曜社。
†原宏之（2007）『言語態分析』慶應義塾大学出版会。
†マクドネル，D./里麻静夫訳（1986=1990）『ディスクールの理論』新曜社。

2 隣接・関連領域から

5 精神分析

近森高明

1 精神分析の基本認識

　主体は統一された存在ではなく，内部に欠如や分裂を抱え，失われた対象を果てしなく欲望する存在である——これが精神分析の基本認識です。人間主体は，自分では認識も制御も不可能な心の領域としての無意識をもつ，というのがS.フロイトの発見でした。のちにJ.ラカンはこの発見を引き継ぎ，言語学の視点から精緻な体系的モデルをつくります。なぜ言語学なのでしょうか。ヒントは，フロイトが神経症の症状や夢を「意味」や「象徴」の問題として捉えた点にあります。症状や夢は，抑圧された欲望が変形して表現されたものであり，その変形には無意識の「象徴」作用が関与しているとフロイトは考えました。ラカンはさらに徹底して，無意識はひとつの言語として構造化されていると論じたのです。

　この見方からすれば人間とは，常に象徴や記号の次元に横切られ，充実した自分になりきれない存在です。象徴や記号というのは，つまりは「本物」の代理物ですから，人間は「本物」の影を追いながら，いつでも代理物に騙されてしまう存在だといえます。とはいえ，騙されるなかでも辛うじて「本物」を垣間見ることはできるので，やはり人間は代理物に依存し，それを熱心に求めることになります。文化社会学の守備範囲のうち精神分析がとくに活躍できる場面としては，絵画や小説，それに映画や広告，建築など，広い意味での表象文化の領域があげられますが，これらはまさに「本物」を垣間見ようとして人間がつくりあげた，代理物としての象徴や記号の領域といえるでしょう。

2 フロイトの芸術論

　そう考えると，こうした領域について精神分析によるアプローチが説得力をもちうるのは，ある意味で当然ともいえます。ある作品の主題や物語に，なぜ人びとは強い感動をおぼえるのか。ある場面の形式的特徴（構図やショットやシークエンス）が，なぜ人びとに深い印象を与えるのか。そうした理由を精神分析的アプローチは，人間であれば誰にも普遍的にそなわっている，無意識の仕組みに照らして説明するのです。

　そもそもフロイト自身が，シェイクスピアの『ハムレット』やドストエフスキーの『カラマーゾフの兄弟』などを，エディプス・コンプレックスに基づく

▷1　フロイト, S./高橋義孝訳（1928=1969）「ドストエフスキーと父親殺し」『フロイト著作集　第3巻　文化・芸術論』人文書院。
▷2　父親への両価的態度（尊敬と嫉妬）と母親への欲望からなる観念複合体。

父親殺しの物語として読み解いています（エディプス・コンプレックス概念がソフォクレスの戯曲に由来するなど，精神分析の理論自体が，芸術作品に含まれる洞察を応用している面があります）。たとえば登場人物が，一見謎めいてはいるが不可避だと納得されうる言動をとり，そこに読者が感動を覚えるとき，その深い納得や感動はエディプス・コンプレックスという，登場人物と読者自身（それに作者）が共有する主体の構造に由来するというわけです。

3 ラカンの絵画論とジジェクの映画論

ラカンは絵画の本質を欲望をキーワードに説明しています。そこで引かれているエピソードを紹介しましょう。ゼウキシスとパラシオスが，絵画の勝負をしています。まずゼウキシスが壁にブドウを描くと，あまりに写実的だったので鳥が騙されブドウを啄みにやってきます。ゼウキシスは「どうだ」とばかりに勝利を確信しながらパラシオスに向かって，彼の絵の覆いを早く取れとせかします。しかしじつはこの覆いこそがパラシオスの描いた絵なのでした。このとき覆いの向こうに何かがあると騙すことができた，つまりは欲望をかき立てることに成功したパラシオスのほうが，絵画の本質をついているのだとラカンは指摘します。

S. ジジェクはラカン理論を縦横に駆使した映画批評で有名です。たとえば，足を骨折して自室で動けない主人公が，裏窓から向かいのアパートを覗き見ているうちに事件に巻き込まれてしまうという筋書きの，ヒッチコックの『裏窓』。主人公は覗き見に没頭して，自室を訪れるヒロインには見向きもしないのですが，あるとき，ヒロインが向かいのアパートにいるのを見出すや，主人公は彼女の挙動にすっかり惹きつけられてしまいます。ここでジジェクは，アパートの裏窓は主人公の《幻想》の窓なのだと指摘します。不定形な欲望に具体的対象を与えるものが《幻想》ですが，その《幻想》の窓に枠づけられてはじめて主人公はヒロインを欲望できるのだ，というわけです。

4 ツールとしての限界と可能性

精神分析を援用したアプローチには，いくつか限界もあります。第一に，歴史的・文化的特殊性への視点の欠如。精神分析の理論は，主体の無意識の仕組みを普遍的なかたちで想定していますが，これをツールとして用いる場合，対象の特殊性が削ぎ落とされてしまう危険性があります。第二に，受け手による読解プロセスへの能動的参与という点の軽視。精神分析の見方では，作品の意味や効果が，作品に内在する要素（物語や主題や形式的特徴）によって一義的に決まると考える傾向があり，受け手の側での多義的解釈の可能性を閉ざしてしまいがちです。とはいえ，これらの限界を自覚しつつうまく応用すれば，精神分析は文化現象の有力な解読ツールになるでしょう。

▷3 ミレール, J.-A. 編／小出浩之他訳（1973＝2000）『ジャック・ラカン 精神分析の四基本概念』岩波書店。

▷4 ジジェク, S. 編／鈴木晶・内田樹訳（1992＝2005）『ヒッチコック×ジジェク』河出書房新社。

おすすめ文献

†フロイト, S.／高橋義孝他訳（1969）『フロイト著作集 第3巻 文化・芸術論』人文書院。
†ジジェク, S.／鈴木晶訳（1991＝1995）『斜めから見る――大衆文化を通してラカン理論へ』青土社。
†斎藤環（2006）『生き延びるためのラカン』バジリコ。

2 隣接・関連領域から

6 マルクス主義
——絡み合う経済と文化

野村明宏

1 経済が文化を規定する？

「人間の意識がその存在を規定するのではなく，人間の社会的存在がその意識を規定する」。この言葉は，K. マルクスが『経済学批判』（1859）の序言で述べた有名な一節です。ここでいわれている「意識」は，法律や政治，宗教や芸術，文化，哲学等の観念形態を広く含意しています。一方，「存在」とは，われわれの生存や物質的な生活の土台となる生産や労働といった現実のありようを指しています。つまり，上記の一節は人間の思考や道徳，文化等は，人間精神の内部で独自に変化し，現実社会に影響を及ぼすものではなく，むしろ経済の側が基盤となり，社会的意識を規定し変容させることを示しています。

19世紀を生きたマルクスや彼の同時代人にとって，経済という物質的レベルが意識という主観的レベルに優越し，決定的な影響を及ぼすとする分析は，近代的人間観を180度転回させるものでした。R. デカルトのコギトやT. ホッブズ等の社会契約説のように，人間を自律した理性的存在と捉えるのではなく，生産活動での他者との相互行為のなかで生起する存在として捉えなおすことで，マルクスは社会分析や社会変革にかんする独創的な思索を行ないました。

2 反映としての文化とその批判

現代の私たちの多くは，自らの欲望の充足を積極的に肯定する社会に暮らしています。やりたいことにチャレンジし，欲しいモノを思う存分消費して人生を楽しむことに疾しさを感じる人はまれでしょう。このような快楽中心のライフスタイルは，現代社会のなかに浸透していますが，いつの時代にも同様であったわけではありません。近代以前の社会では，人間の欲望とは概して卑しむべきものであり，禁欲こそが美徳とされてきたのです。

欲望の否定から肯定へという転回は，史的唯物論と呼ばれるマルクスの歴史観（唯物史観）からすれば必然的なプロセスといえます。生産力に乏しく，自給自足が基本であるような社会にとっては，過度な消費を慎む道徳や禁欲的な宗教こそが，その経済の反映として形成されます。一方，大規模な生産力を備えた現代社会では，禁欲は経済活動にマイナスであり，欲望の肯定こそが大量生産—大量消費をうまく連動させる強力なモラルとなります。

「存在が意識を規定する」という命題は，端的にはこのような経済決定論と

▷1 マルクス，K.／武田隆夫ほか訳（1859=1956）『経済学批判』岩波文庫。

▷2 コギト：デカルト（1596-1650）は，すべての知識を懐疑の対象としたうえで，〈コギト・エルゴ・スム（われ思う，ゆえに我あり）〉を唯一確実な疑いえない事実だとし，「思考する我」を認識論哲学の基礎においた。

▷3 社会契約説：ホッブズ（1588-1679）によれば，人間の自然状態は〈万人の万人に対する闘争状態〉であり，これを克服するために諸個人は，すべての権利を全体に譲り渡す「社会契約」を結ぶことになると想定した。社会契約説は，国家や社会秩序の前提に合理的で利己的な個人をおいている。

▷4 ジェルジ・ルカーチ（1885-1971）：ハンガリーのマルクス主義哲学者，美学者。主著の『歴史と階級意識』（1923）は，階級意識の物象化論により，西欧的マルクス主義の哲学的発

して理解するとわかりやすいでしょう。マルクスは建築の比喩を用いて、物質的な経済領域が「土台」となって、法律や政治、文化などの「上部構造」を決定すると論じます。上部構造には、経済の支配的な諸価値を反映したイデオロギーが含まれています。階級制度や家父長制のような支配―従属関係が自然の摂理であるかのように考える虚偽意識をつくり出すものがイデオロギーの作用です。イデオロギーは社会的不平等や緊張関係を覆い隠し、資本主義の価値に偏った観点が社会全体を代表しているかのように浸透させます。

ただし、経済決定論には、克服すべき重大な課題があります。唯物史観では、歴史の運動法則として土台と上部構造のあいだに矛盾が生じる結果、社会変革が必然的にもたらされることを理論化するため、共産主義革命などの変革を志向する運動家にとって、自らの実践の必要性をその理論内部から導けません。

③ いくつかのマルクス解釈と経済決定論の克服

経済決定論やイデオロギー論に内在する問題に対しては、さまざまな異論や修正が加えられてきました。たとえば、G.ルカーチは、階級性を自覚した労働者(プロレタリアート)の主体的な実践に活路を見出そうとします。ルカーチは、労働者の階級意識に基づいた実践のなかに社会変革に対する主体の能動的関与の可能性を論じ、経済決定論の隘路を切り開こうとしました。

またA.グラムシ▷5は、文化的生産物は必ずしも支配階級や支配的イデオロギーによって一方的に押しつけられるものではなく、大衆の同意形成が必要であることを指摘します。労働者の主体的関与と抵抗の可能性を示唆するヘゲモニー概念によって、グラムシはカルチュラル・スタディーズなどのポスト・マルクス主義的な研究にも強い影響を与えています。

L.アルチュセール▷6は、構造主義的記号論の知見からイデオロギーを「表象」として捉えなおし、上部構造の相対的自律性を指摘することで、社会構造が重層的に決定されることを論じました。アルチュセールは、経済的なものを「最終審級」に据え、経済決定論の原理も堅持しましたが、文化生産物もまた社会秩序へ積極的な影響を及ぼしうることを理論的に明らかにしたのです。

④ 現代文化への批判的ツールとして

ひとりの思想家の言葉が、現実の世界をつくり変えるほどの力をもったケースとして、マルクスはほとんど特権的な地位を占めてきました。彼の思想が、旧ソ連圏をはじめ共産主義国家の政治経済体制に巨大な軌跡を残したことは周知のとおりです。それゆえマルクス解釈には膨大な蓄積がありますが、資本主義経済が文化的なものと複雑に絡み合いながら私たちの生活の隅々にまで及んでいる現在、社会と文化の関係を分析し、批判的実践に向かう理論的ツールを得るために、マルクスを再読する意義はいまなお残されています。

展に寄与した。

▷5 アントニオ・グラムシ(1891-1937):イタリアの革命家、思想家。ファシスト政権下で10年余りのあいだ、死にいたる間際まで投獄された。遺稿の『獄中ノート』(1929-35)では、思想や文化、諸個人の意志や行為の力の重要性を〈ヘゲモニー〉や〈陣地戦〉、〈有機的知識人〉などの諸概念によって論じた。

▷6 ルイ・アルチュセール(1918-90):フランスのマルクス主義哲学者。主著の『マルクスのために』(1965)や『資本論を読む』(1965)などによって、ポストモダン思想を牽引した。マルクス研究では、〈土台と上部構造〉モデルを再定式化し、社会構造の諸契機は対立や矛盾、ずれによって複雑に決定されることを〈重層的決定〉の概念で示した。また、支配階級が支配を維持、再生産する手段としては、国家の抑圧装置(軍事力や警察力)だけではなく、宗教、教育機関、マスメディア、家庭等が〈国家のイデオロギー装置〉として日常生活のなかで浸透し機能していることを論じた。

おすすめ文献

† 今村仁司(2005)『マルクス入門』ちくま新書。
† ホルクハイマー,M.・アドルノ,T./徳永恂訳(1947=2007)『啓蒙の弁証法』岩波文庫。
† ラクラウ,E.・ムフ,C./山崎カヲル・石澤武訳(1985=2000)『ポスト・マルクス主義と政治――根源的民主主義のために』大村書店。

2 隣接・関連領域から

7 カルチュラル・スタディーズ
――文化の政治学(ポリティクス)

野村明宏

1 カルチュラル・スタディーズという脱領域的研究

カルチュラル・スタディーズ（以下，CSと略記）が人文・社会科学を横断する新たな知の潮流として日本で強いインパクトを与えたのは1990年代半ばのことです。80年代のポストモダン思想からの理論的影響を色濃く受けながら，従来のアカデミズムが積極的に論じてこなかった幅広い文化領域――たとえばTVドラマ，アニメ，コミック，ハリウッド映画，ポップミュージック，ストリートファッション等――を先端の理論を使いこなして分析するCSに注目が集まったのです。大衆的で通俗的な文化をCSが取りあげるのは，これらの文化領域が政治経済領域と切り離せないものであり，階級や人種，エスニシティ，ジェンダー等をめぐる不均等な権力関係が編成される場だからです。

CSは，アメリカやカナダ，オーストラリアなどの英語圏のほか，中国や韓国などアジア諸国でも急速に受容され，良くも悪くもグローバル化のなかで存在感を増しましたが，その震源は1964年に設立された英国バーミンガム大学の現代文化研究センター（CCCS）にたどることができます。

2 初期CSにおける文化主義と構造主義

CCCSにおける揺籃期のCSは，「文化主義(カルチュラリズム)」と「構造主義」という2つのパラダイムの狭間にありました。前者は，CCCSの初代所長であったR.ホガート▷1やR.ウィリアムズ▷2，E. P. トムソン▷3らに代表される研究アプローチで，歴史や空間の固有性や特殊性にこだわり，諸個人の能動性や創造性を強調します。文化主義は労働者階級に関心を注ぎ，アメリカ文化や商業メディアが浸透する戦後の英国において，労働者階級が自らつくり出す生活様式や歴史を跡付けました。しかし構造主義の理論的知見では，諸個人の行為や思考は社会変容の要因ではなく，文化的・言語的構造によって規定されていることになります。

ホガートの後を受けてCCCS所長に就いたS.ホール▷4は，文化主義と構造主義の分断を架橋することによって70年代以降のCSの発展を牽引しました。ホールは，L.アルチュセールのイデオロギー装置論やA.グラムシのヘゲモニー論などの批判的マルクス主義理論をCSに取り入れ，社会と個人のいずれの決定論にも拠らない理論的地平を切り開き，メディアや人種差別主義(レイシズム)などの具体的な社会分析のためにCSを練りあげました。

▷1 リチャード・ホガート（1918-2014）：英国の英文学者。ユネスコ副会長やロンドン大学ゴールドスミス・カレッジ学長を務めた。主著の『読み書き能力の効用』(1957)は，1930年代の英国の労働者階級の生活文化や第二次世界大戦後のアメリカ文化の影響によって変貌する英国の大衆文化を論じた。

▷2 レイモンド・ウィリアムズ（1921-1988）：英国の文芸批評家。ケンブリッジ大学教授を務めたニューレフト（新左翼）の代表的な知識人。主著の『文化と社会』(1958)などでは，〈文化〉概念を知的エリートが保持してきた教養や芸術だけに限定せず，「生活様式の総体」として捉え直した。文化の創造や歴史的変化を人びとの集合的な経験や日常的実践と結びつける文化論はCSに大きな影響を与えた。

▷3 エドワード・P・トムソン（1924-1993）：英国の歴史家。主著の『イングランド労働者階級の形成』(1968)は，18世紀末から19世紀初頭の労働者の階級意識の形成を考察し，公式的な〈歴史〉からは忘却された民衆の伝統や集団的経験を叙述した。

③ メディア受容の能動性

S. ホール（1980）によれば，メディアの流すメッセージは伝統的マルクス主義の経済決定論とは異なり，生産関係を反映したものではなく，相対的に自律しています。もちろんテレビや雑誌メディア等の送り手は，自由にメッセージを制作しているのではなく，言語構造やテクノロジー等のコミュニケーション・システムによって制約されています。とはいえ，送り手の意図したメッセージが受け手の解釈と完全に一致するとは限りません。テクストとは，オーディエンスの立場に応じた多様なコンテクストと接合可能であり，多義的な解釈に開かれたものだからです。メディアに対してオーディエンスは，主流となっている優勢な意味を読み取るだけでなく，そうした解釈をある程度認めつつも独自の読解をする場合や正反対の対抗的な意味を読みこむ場合があります。

CS が明らかにするのは，大衆文化（ポピュラー・カルチャー）は多様性を奪い，同質化を進めるのではなく，多様な立場がせめぎ合い，ヘゲモニックに意味が編成される場だということです。支配的なイデオロギー言説に対する諸個人の能動性は，ときにしたたかな抵抗を示す一方で，逆に支配的な集団に積極的に同調する場合もあります。差別や社会的不平等などの権力関係が文化を通して根強く残るのは，支配側の強制や抑圧の結果だけによるのではなく，能動的な合意形成のメカニズムが文化的アイデンティティの形成に深く関与しているからです。しかし同時に，こうした能動性は，権力への抵抗や介入の可能性も示唆しているのです。

④ カルチュラル・スタディーズの可能性

文化の政治学（ポリティクス）に焦点を向ける CS は，多様なテーマのなかで拡がりをみせ，80年代から90年代にかけて CS は大きく発展しました。たとえば，メディア研究の D. モーレーや J. フィスク，R. シルバーストーン，サブカルチャーや若者文化研究の D. ヘブディジや P. ウィリス，黒人文化研究の P. ギルロイ，民族誌研究（エスノグラフィ）の J. クリフォード，フェミニズム研究の A. マクロビーらが代表的な論者にあげられます。CS が援用する理論は，R. バルトや M. フーコー，J. デリダ，W. ベンヤミン，M. バフチン，M. ド・セルトー，P. ブルデュー，あるいはフランクフルト学派やシカゴ学派，ラカン派精神分析など多彩です。

これら諸理論を CS とは別の経路ですでに導入してきた日本では，CS の理論的オリジナリティの乏しさを批判する向きもあります。ただし，CS にとっての重要性は，理論の目新しさやオリジナリティにあるのではなく，自らの問題関心に応じて諸理論をつなぎ合わせ，実践することに置かれています。理論は学ぶためにあるのではなく，使用するためにあるという CS の研究姿勢は，CS を"学ぶ"私たちにとっても同様です。自らを取り巻く状況に介入するために複数形の Cultural Studies を実践することが求められています。

▷4　スチュアート・ホール（1932-2014）：現在のポストコロニアル時代を代表する知識人。ジャマイカ出身の黒人留学生としてオクスフォード大学で英文学を専攻し，CCCS での活動以前は，『ニューレフト・レビュー』誌の編集長として，フランス構造主義など新たな思想潮流を英国にいち早く紹介した。また CCCS 辞職後に教授を務めたオープン・ユニバーシティでは，メディア教育を積極的に活用するなど，ホールは理論面のみならず，実践的教育法においても CS の発展に多大な影響を与えた。『現代思想：総特集スチュアート・ホール』（1998, vol. 26-4）では，主要論文の多くが訳出されている。

▷5　Hall, S. (1980) "Encoding / Decoding", *Culture, Media, Language*, S. Hall et al. eds., Hutchinson, pp. 128-138.

▷6　ホールは，メディア研究の焦点を情報の送り手から受け手（オーディエンス）に移し，「優先的読解」「交渉的読解」「対抗的読解」という3つの読み（デコーディング）の立場をモデル化することでメディアから相対的に自律した能動的（アクティヴ）オーディエンス像を提示した。

【おすすめ文献】

†吉見俊哉編（2001）『カルチュラル・スタディーズ』講談社．

†ターナー，G.／毛利嘉孝ほか訳（1996=1999）『カルチュラル・スタディーズ入門——理論と英国での発展』作品社．

†プロクター，J.／小笠原博毅訳（2004=2006）『スチュアート・ホール』青土社．

2 隣接・関連領域から

8 ジェンダー・スタディーズ

木村涼子

1 ジェンダー・スタディーズの源流としてのフェミニズム

　ジェンダー・スタディーズは，性差別を告発し女性の解放をめざす思想・運動であるフェミニズムを背景に誕生した学問です。フェミニズムの歴史を抜きにして，ジェンダー・スタディーズの成り立ちを語ることはできません。

　近代社会の到来は，新しい性差別システムが構築されるプロセスのはじまりでもありました。近代的市民権が身分や階級を越えた普遍的なものとして確立される過程で，女性は権利主体の範疇から排除されていきました。すなわち，近代的市民権の行使者としての「人間」は，「男性」を意味していたのです。また，産業化の進展とともに，職場と生活の場の分離がすすみ，男性は家庭の外で働き，女性は家庭を守るという性分業が広がることによって，「男」「女」の非対称性がさまざまな形でつくられていきました。そうした近代的な性差別システムに対して，19世紀末から20世紀初頭にかけて隆盛したフェミニズムの「第一の波」は公的な法制度上の平等を求め，婦人参政権をはじめとする種々の成果を勝ち取りました。しかしながら，法制度上の基本的な男女平等が確立された後も，性分業を前提とした男性中心的な社会のあり方が再生産され続けました。そうした状況に対して異議申し立てをしたのが，1960年代から70年代にかけて西欧諸国で勃興した「ウーマンズ・リベレーション・ムーブメント」でした。20世紀後半のこの動きは，フェミニズムの「第二の波」と呼ばれ，同時代の日本社会にも大きな影響を与えたのです。

　フェミニズムの「第二の波」は，固定的な性分業や性別の特性（〜らしさ）論および，それらを前提とした社会・文化システムを問題にしていきました。「男は仕事／女は家庭」といった分業や，「男性は攻撃的で能動的／女性は平和的で受動的」といった「男／女らしさ」の二分法は，果たして生来的かつ普遍的なものなのだろうか。そうした問いを追求するために，社会的／文化的に構築される性別二分法と両者の非対称的な関係性を意味する「ジェンダー」(gender) 概念が登場します。

2 「ジェンダー」概念を用いた文化研究

　アメリカにおける第二波フェミニズムの旗手といわれるベティ・フリーダンが『フェミニン・ミスティーク』を書いたのは1963年のことです。いまやフェミ

▷1　原題 *The Feminine Mystique*（邦訳タイトル『新しい女性の創造』）

ニズムの古典ともいえる本書ですが，そのなかには女性雑誌に描かれる女性像が第二次世界大戦の前後で異なること，戦後には「結婚して主婦になる」イコール「女の幸せ」という枠組みが強化されていくことが，データを示して説得的に論じられています。マスメディアのジェンダー分析の嚆矢ともいえるでしょう。

　ジェンダーの視点からマスメディアを対象とする研究はその後幅広く展開し，多くの成果を生み出しています。映画，小説，雑誌，音楽，テレビなど，大衆文化において「女」や「男」がいかに表象されているのかをテーマとする研究が，精力的に行なわれてきました。その結果，大衆文化におけるジェンダー・バイアスや，男性中心性（たとえば，人間が男性によって代表されているといった）が浮き彫りにされていきます。

　ジェンダー・スタディーズは，メディアのみならず，私たちの社会におけるさまざまな文化現象を分析の俎上に載せてきました。今やその考察対象は，性役割（ジェンダー・ロール）意識，言語やコミュニケーション（D. スペンダー，D. タネンなど），ふるまいやしぐさ（E. ゴフマン，J. バトラーなど），道徳観（C. ギリガン，N. ノディングズなど），世代や階層ごとのサブカルチャー（カルチュラル・スタディーズ：バーミング学派など）と，多岐にわたります。

③ ジェンダー・スタディーズにおける多様性への視点

　1980年代以降，「ジェンダー」概念は，多様な存在である私たちが，「女／男」の二分法によって分割されるとともに，それぞれ異なる役割や特性を期待されることによって，非対称的な権力関係のなかに埋めこまれていくメカニズムを浮かび上がらせる分析概念として盛んに用いられました。

　そして，1990年代から21世紀にかけての現在，ジェンダー・スタディーズは，男女の二分法に焦点を当てるにとどまらない研究動向をみせています。「女性」や「男性」といっても，その内部には複雑な多様性があります。わたしたちの文化が，性差別のみならず，人種・民族・階層・年齢・障害の有無・性的志向性など，さまざまな社会的差別をはらんでいることを忘れることはできません。性別に人種や階級など複数のマイノリティ性を交差させて，たとえば「黒人女性」「労働者階級の白人男性」「レズビアンの女性」などに焦点を定め，それぞれが何をシンボライズするものとして大衆文化のなかで活用されているのか，あるいはそれぞれがどのような文化活動を実践しているのかについて考察する研究が展開されています。ジェンダー・スタディーズにおける「現実の多様性」に即した精緻な研究の発展は，かつてのフェミニズム「第二の波」が「中流階級の異性愛主義の白人女性」中心のものであったとの批判（フェミニズムの「第三の波」と呼ぶ論者もいます）から生まれています。ジェンダー・スタディーズは，その誕生だけでなく，いまもなお「運動」から刺激を受けて発展し続けているのです。

▷2　スペンダー，D.／れいのるず・秋葉かつえ訳（1982=1987）『ことばは男が支配する──言語と性差』勁草書房。

▷3　タネン，D.／田丸美寿々ほか訳（1990=1992）『わかりあえない理由──男と女が傷つけあわないための口のきき方10章』講談社。

▷4　Goffman, E.（1978）*Gender Advertisements*, Harpercollins.

▷5　ギリガン，C.／岩男寿美子訳（1982=1986）『もうひとつの声──男女の道徳観のちがいと女性のアイデンティティ』川島書店。

▷6　ノディングズ，N.／立山善康ほか訳（1984=1987）『ケアリング──倫理と道徳の教育　女性の観点から』晃洋書房。

【おすすめ文献】

✝フリーダン，B.／三浦冨美子訳（1963=2004）『新しい女性の創造　改訂版』大和書房。

✝バトラー，J．／竹村和子訳（1989=1999）『ジェンダー・トラブル──フェミニズムとアイデンティティの攪乱』青土社。

✝江原由美子（2001）『ジェンダー秩序』勁草書房。

2 隣接・関連領域から

9 民俗学・考現学・風俗学

永井良和

1 制度化された知

　近年の社会学は，大学で学ぶことのできる学問領域としては大きい部類といえます。社会学を専門にする学部や学科を設置する大学もたくさんあります。けれども，哲学や文学などに比べると社会学の歴史は浅く，社会科学の一分野に過ぎないという見かたもできます。人間の知的な営みの総体を思い起こせば，社会学はそのなかの小さな一部分でしかなく，社会学と同じような対象を研究する他の学問分野や，似たような研究・調査の方法を用いる領域についても広く関心をもち，視野狭窄に陥ることがないようにしたいものです。

　歴史学や人類学は，大学で学ぶことができます。社会学を勉強する学生が，専門外の授業として，そういった科目を履修する機会は多くの大学で開かれています。なぜなら，社会学や歴史学，人類学といった学問領域が，大学という制度のなかで公認されているからです。けれども，ものの見かたや発想・思考法が社会学に似ているにもかかわらず，大学では学ぶ機会が少ない分野もあります。ここで取りあげる，民俗学・考現学・風俗学が，その例です。

2 変化しない「民俗」への注目

　このうち，民俗学（フォークロア）については，日本のいくつかの大学で専門に学ぶことができます。科目として選択できる大学も少なくありません。歴史学にも近い分野ですが，高校までに習った歴史で扱われるような，名高い武将や政治家の活躍などが中心ではなく，庶民（民俗学では「常民」）の暮らしぶりがどのように「変わらずに」続いてきたのかを描くことが重要な仕事になっています。たとえば，日本の社会は大きく変化してきましたが，米を食べる（あるいは米を大切に思う）暮らしかたは，長年にわたって変わりません。このように庶民の生活のなかに根づく不変の部分の意味を問うのが民俗学の立場です。また，歴史学との大きな違いは，文書として残された資料よりも，話し言葉によって伝承されてきた説話（民間伝承）や，ふだんの生活で用いられる道具（民具）をよりどころとして研究を進める点です。柳田らは，明治以降の社会が大きく変化する時代を生きながら，失われゆく古い暮らしのかたちを記述することに力を注ぎました。

▷1　たとえば，現代の社会について知るためには，歴史学の研究成果に目配りをしておくことが重要である。とくに近代以降の世の中の変化，人びとの生活のありようを学ぶために，歴史に関心をもつべきである。また，人類学のように，他の民族の暮らしについて調査し報告する研究分野にも参考になることがらがたくさん含まれている。

▷2　民俗学は，日本では柳田國男が牽引し，その後，研究のしくみが整えられ，大学で学ぶことができるようになった。

▷3　『遠野物語』のように民話を採集して記録するのも課題のひとつだったが，社会学を学ぶ現代人にとっては，『明治大正史　世相篇』という本が，よい導きになる。

186

3 微細な変化への関心——流行と風俗の研究

　社会のなかの変わらない部分が民俗であるとすれば，これに対し，変化しやすい部分があります。その変わりようを観察し，記録しようとするのが，考現学や風俗学という試みです。どちらも，大学で専門に学習することはほとんどありません。大学で公的に認められた学問とは違うという意味で，「民間学」というふうに呼べます。民俗学にも，郷土史研究者のように，大学に籍を置かない一般の人たちに支えられている部分がありますが，考現学や風俗学は専門家集団のものではなく，市井の人たちの学びとして成り立っています。

　考現学（モデルノロヂオ）というのは，考古学をもじってつけられた名称です。1923年の関東大震災のあと，今和次郎とその仲間たちは，大きく変貌する世相を記録にとどめました。世相を観察する現場で確認された数的データも，現代の私たちにとって興味深い資料です。現代の私たちが，思いこみから推定する当時の世相を，現場の観察に基づいたデータによって反省的に見なおすことができるのは，考現学グループが残してくれた記録のおかげです。

　民俗学や考現学は，第二次世界大戦の前の日本に生まれた学問です。これに対し，高度経済成長の時代以降に産声をあげたのが風俗学です。『風俗学』という本を著した多田道太郎をはじめ，桑原武夫や鶴見俊輔ら大学にかかわった人たちも中心的な役目を果たしましたが，彼らの呼びかけに応じて集まったのは，一般の社会人，学生でした。そういった民間の人びとの研究団体としてつくられた現代風俗研究会は，1976年から活動を続けています。当初から多くの女性会員が含まれていました。風俗を研究対象にする人たちの集まりとしては，歴史系の研究者を中心とする日本風俗史学会という団体もあります。いっぽう現代風俗研究会は，まだ歴史になっていない，いま現在の流行現象を主に扱っています。研究会では年報を刊行して，その成果を発表しています。

　かつての大学では，風俗や流行を研究対象としてとりあげることは軽薄であるとされ，そのような好奇心をもつことじたいが控えられ，戒められていました。しかし，文化の研究に一定の重要性が認められるようになると，じゅうらい風俗学の研究対象やテーマとされてきた遊びやファッション，性行動などといった項目について調べたり分析したりすることが，大学のなかで正式な学問として認められるようになりました。このことは，文化や生活の変化に関心をもつ学生にとっては，ありがたいことかもしれません。しかし，大学のなかで制度化された研究分野になることによって，発想が硬直化したり，成果の発表が社会に還元されにくくなったりするという弊害も現れています。民間学が大学の外で生まれ育ったことの意味を考えることも，社会学を学ぶ人にとっては大事な課題といえるでしょう。

▷4　彼らには絵心があったので，記録にはイラストが用いられ，地図や図表も視覚的効果をあげるために多用されている。

▷5　『考現学入門』という本では，1925年初夏の銀座を歩く人たちのファッションが分析されている。銀座といえば，昭和のはじめから最先端の流行を発信する場所であり，モダンガールと呼ばれる若い女性が洋装で闊歩しているところとして知られていた。ところが，今たちの観察によれば，その銀座でも洋服を着ている女性はわずか1％であった。

▷6　今らのグループのなかからは，名古屋を拠点に現在も考現学を受け継いでいる岡本靖子・岡本信也ら野外活動研究会の活動がある。また，日本生活学会のような研究者団体，路上観察学会のような集団も，考現学が生み出した知的営みといえる。

おすすめ文献

†柳田國男（1993）『明治大正史〈世相篇〉』（新装版）講談社学術文庫。
†今和次郎（1987）『考現学入門』ちくま文庫。
†現代風俗研究会編『現代風俗』（年報：1977-1986年は自主刊行，1987-1997年はリプロポート刊，1998-2003年は河出書房新社刊，以降は新宿書房刊）。

2 隣接・関連領域から

10 メディア論

長谷川一

1 溢れるメディア論

ご専門は？　と訊かれれば「メディア論」と答えます。でもこのところ雲行きが怪しい。巷間いわれる「メディア論」は、どうやらぼくの方向性とはだいぶ異なるものらしいのです。

いまやメディア論は世に溢れています。映画やテレビや新聞やケータイや各種ネットサービスといった個別の媒体にかんする研究はもとより、ジャーナリズムから工学や技術にいたるまで、多くが自らを「メディア論」と称します。もちろんいずれも意義深い。ただそれらの多くは、媒体ごとに仕切られた産業や制度、技術に基づく縦割り的な枠組みを前提とし、その内側においてなされています。ならば以前そうだったように、新聞研究や放送研究、ジャーナリズム論などと名のればよさそうなものなのに。

2 文化とマスメディア

「メディア」という言葉が今日のような形でつかわれはじめたのは、日本では80年代後葉から90年代にかけて。メディア論が研究領域としてアカデミーの片隅でささやかに居場所を得るのは、少しあとのことです。それに先だつ知的系譜のひとつに、マスコミュニケーション研究があげられます。

第一次世界大戦前後の時代、ラジオ放送や映画の急速な普及に伴って、軍事や政治、あるいは近代的な資本によるプロパガンダの影響力が増大していました。この研究潮流は、これらマスメディアによって実現される現象を「マスコミュニケーション」と名づけ、おもにマスメディアがいかに大衆の信念やふるまいに影響を与えるかという観点から知見を積みあげて、50年代までには一個の専門領域としての地位を確立しました。60年代には、マスメディアの効果をより限定的とみる立場からの知見が蓄積され、マスメディアに対して大衆がいかにふるまうかという方向へ転回します。

マスコミュニケーション研究の重要な成果のひとつは、報道や娯楽を人間の行動と関係づけることを通して、マスメディアを20世紀型の消費社会やその文化へと結びつけたことです。伝統が失われ共同体が解体し、大衆社会や大衆文化が形成されるなかで、テレビや新聞や雑誌などが新たな共通基盤を提供したというのです。

▷1　学問をする者がなんらかの専門分野をもつ研究者であるという図式は、必ずしも自明ではない。その仕掛けは、直接には19世紀以降の近代大学の成立・普及に由来する。

▷2　1970年代から80年代にかけては「ニューメディア」という言葉が流行した。これは、官僚と大手メーカーが手を組んで構想した、テレビ以後を想定したプロジェクトであった。それに先だつ1960年代後半にはM.マクルーハンが日本に紹介され、「メディア」は情報社会論や未来社会論と結びついて語られる素地が用意されることになる。

▷3　念のため重ねて断っておくが、マスコミュニケーション研究の発展形がメディア論、というわけではまったくない。なおマスコミュニケーション研究史の概要は、たとえば次の文献を参照。デニス、E. E.／伊達康博・藤山新・末永雅美・四方由美・栢沼利朗訳（1996=2005）『アメリカ・コミュニケーション研究の源流』春風社。

今日でも頻繁に反復されるこの構図は、しかし80年代以降、徐々に相対化されてゆきます。デジタルメディアの普及するポストモダンな消費社会の下で一枚岩の「大衆」を素朴に措定できなくなり、マスメディアが統合していたはずの国民文化が無数に解体されてゆくからです。

90年代には英国系カルチュラル・スタディーズのメディア研究が日本に紹介されます。その底流には、米国流のマスコミュニケーション研究が専門化し、文化や人間に対する包括的な関心が失われていったことへの批判がありました。メディアの受容という日常の場に目を向け、そこに動的な力学過程を見出すこの研究は、しかし現在必ずしも、当初構想されていたような新たな知の運動としての拡がりや力を得ているとはいえない状況になります。

３ それでも、なぜメディア論か？

メディア論は早くも行き詰まっているのでしょうか。そうかもしれません。というのも、これまでその参照軸はマスメディアだったのだから。

新しい技術やサービスは、テレビやラジオや新聞などと比較され、類似点や相違点を抽出することで理解されてきました。SNSやネトゲーやツイッターも、放送や映画、さらには19世紀的マスメディアである新聞や雑誌から続く連続線上のどこかに収まるべきものと考えられてきたのです。メディアリテラシーや市民メディアといった対抗的な動きさえも同様でした。

今日そんな対立図式はもう通用しません。ぼくたちが投げこまれているのは、メディア技術やサービスが日常のあらゆる細部にまで入りこみ、既存のマスメディアをも巻きこんで際限なく拡がってゆく世界です。誰もがそれぞれの局所へと封じ込められつつあり、全体像をつかめずにいるのです。

したがって、マスメディア的な枠組みにおいて暗黙に前提されるように、「メディア」を諸々の個別媒体の集合体として捉えているだけでは、展望はひらけません。個別の媒体についてどれだけ多くを語ったところでけっしてメディアを語りきることはできず、逆に抽象的な水準でのみ語ったとしても空回りするだけでしょう。あがきにあがいて、それでも残ってしまう余白。むしろそこにこそ、「メディア」的としかいえない何かが棲息しているのです。怪しさ、いかがわしさ、不思議さ、驚き……そんなものにつながる何か。そしてそれはおそらく、ぼくたちの「もののわかり方」そのものに関係しているにちがいありません。メディアを思索することからぼくが離れられない理由は、そのあたりにありそうです。

話を冒頭に戻しましょう。数多溢れる個別の媒体に閉じた言説が、それでも「メディア論」を自称したくなってしまうのはなぜか。ぼくは思います。それは案外このことに、どこかで気づいているからではないのかと。

▷4　典型は日本テレビが製作した映画『ALWAYS 三丁目の夕日』(2007)。街頭テレビ、三種の神器、プロレス放送など、日本の放送業界が好んで反復するテレビ草創期から最盛期にかけてのさまざまな神話がほぼそのまま盛りこまれ、テレビがいかに国民文化の形成に大きな影響力を発揮したかがノスタルジーたっぷりに語られる。

▷5　メディアリテラシーとは一般に、メディアが送り届けるとされるメッセージを批判的に読み解く力のこと。市民メディアとは、マスメディアにおいては受容者でしかないとされる市民が、自らメディア技術を駆使してメッセージを発信する活動およびそのための媒体のこと。

（おすすめ文献）

†水越伸（2002）『新版デジタル・メディア社会』岩波書店。

†マクルーハン, M.／栗原裕・河本仲聖訳（1964=1987）『メディア論——人間の拡張の諸相』みすず書房。

†Carey, J. W. (1992) *Communication as Culture : Essays on Media and Society*, Routledge.

2 隣接・関連領域から

11 視覚文化論

菊池哲彦

1 視覚文化論の展開

　視覚を人間の眼球という感覚器官の生理学的メカニズムとして捉えれば，それは普遍的なものです。他方，視覚は，「世界の見方」という意味では社会的・文化的・歴史的に異なります。視覚文化論が扱うのは，後者の意味での視覚です。

　1980年代に入ってからアメリカを中心に展開していった視覚文化論は，これまでに多くの優れた研究を蓄積してきました。ここでは，日本語で読むことができる二人の重要な論者の研究から，視覚文化論の関心を検討してみます。

　ジョナサン・クレーリーは，西洋社会における視覚の意味づけの歴史的変遷を丁寧に検討しました。17世紀から18世紀においては，世界を知的に捉える主体としての「観察者」を暗箱のなかに外部世界の像を精確に映し出すカメラ・オブスキュラによってモデル化することで，視覚は客観的・安定的に捉えられた世界の真理という意味を与えられていました。しかし，こうした意味づけは，19世紀に入って登場した生理学や精神物理学が，観察によって世界を知る主体そのものを知の対象にすることで変化します。観察者の視覚は，カメラ・オブスキュラという装置でモデル化される客観的・安定的な世界の真理ではなく，観察者がもつ具体的な身体内部で刺激によって生じる錯覚・幻覚といった要素を組み入れた，不安定で身体的なものとして捉えられるようになります。観察の知的対象化は，身体的な視覚という新しい視覚経験を発見しましたが，それと同時に，身体的視覚の不安定さを統制して再び安定化させるさまざまな文化的実践を形成していったこともクレーリーは指摘します。

　もうひとりは，バーバラ・M.スタフォードです。彼女がその博覧強記ぶりで示すのは，西洋文化の歴史が，雑多なものを類似に基づいてつなげることで世界を統一的に捉えようとするアナロジー精神と，世界を差異によって断片化して捉えるアレゴリー精神との関係において捉えられる，ということです。さまざまな時代の文化のなかにあらわれるアナロジーとアレゴリーの関係を，絵画や図像などの造形芸術を中心とした豊富な事例で示しながら，19世紀のロマン主義からこんにちのポストモダンにいたる西洋文化のなかではアレゴリー精神が優位にあることを指摘します。そのうえで，スタフォードは，アレゴリーが浸透し「多様性の多様化」が極端に進行した現代においてこそ，断片化した世界を「つなぐ技術」としてアナロジー精神が必要だと主張し，その可能性を

▷1　クレーリー，J.／遠藤知巳訳（1990=2005）『観察者の系譜──視覚空間の変容とモダニティ』以文社。また，クレーリー，J.／樽沼範久訳（1988=2007）「近代化する視覚」フォスター，H.編／樽沼範久訳『視覚論』平凡社ライブラリー，53-74頁も参照。

▷2　クレーリー，J.／岡田温司監訳（1999=2005）『知覚の宙吊り──注意，スペクタクル，近代文化』平凡社。また，クレーリー，J.／長谷正人・岩槻歩訳（1995=2003）「解き放たれる視覚──マネと「注意」概念の出現をめぐって」長谷正人・中村秀之編訳『アンチ・スペクタクル──沸騰する映像文化の考古学』東京大学出版会，143-176頁も参照。

▷3　スタフォード，B.M.／高山宏訳（1999=2006）『ヴィジュアル・アナロジー──つなぐ技術としての人間意識』産業図書。

現代美術だけでなく，情報科学や認知科学などのなかに求めていきます。

② 視覚文化論の2つの源流

このように優れた研究を積みあげてきた視覚文化論は，人文科学における2つの研究の潮流が交わるところにその出自をもっています。その2つの流れとは，「新しい美術史(ニュー・アート・ヒストリー)」と「カルチュラル・スタディーズ」です。

伝統的な美術史は，高級文化としての「芸術」と低級文化としての「大衆文化」を区別したうえで，世俗から切り離されて自律的に存在する芸術のあり方について，主に造形芸術（絵画や彫刻などの視覚的な芸術）を対象として研究してきました。伝統的な美術史が制度的に硬直化してきたときに，それに対する異議申し立ての動きが起こりました。その動きは，芸術の自律性を前提とする伝統的な美術史に対して，芸術の社会性に注目することによって批判を加えていきました。それが，1970年代以降に活発になる新しい美術史です。新しい美術史は，社会史，フェミニズム，受容美学，精神分析，批評理論などに依拠しながら，芸術を，それが受容される社会的文脈のなかで捉えようとします。スタフォードの研究が，伝統的な美術史が研究対象として扱ってきた造形芸術を用いつつ，それらに浸透している「社会的な精神」を捉えようとしている点は，新しい美術史の流れに連なっているといえるでしょう。

カルチュラル・スタディーズは，ポスト構造主義などの現代思想を理論的に用いながら文化における政治的なものを批判的に論じていきました。視覚文化論は，芸術と大衆文化が区別されてしまうことの政治性を問題にし，それゆえに美術史が大衆文化として研究対象から除外してきたサブカルチャーやメディア文化を積極的にとりあげようとします。視覚文化は，19世紀中葉以降の映像メディアの発達を通して，美術史が回避してきた大衆文化の領域でさまざまな展開をみせており，美術史の射程を超えてその点を捉えていくためにもカルチュラル・スタディーズの意義は大きいといえます。クレーリーが，視覚の意味のあらわれを示すときに，伝統的な絵画と同じように，19世紀に流行した視覚玩具や映画といった大衆的視覚メディアを扱っている点はカルチュラル・スタディーズの関心に連なるものと捉えることもできます。

③ 視覚文化論と文化社会学

その出自を確認すると，視覚文化論は，「ポスト構造主義に連なる人文諸科学の知を理論として積極的に用い，造形芸術に限定されない〈視覚的なもの〉の文化の社会性・歴史性・政治性を批判的に問い直す試み」と定義できます。そうすると，視覚文化論は，カルチュラル・スタディーズが文化の社会性・歴史性・政治性を問い直す点で文化社会学と重なるのと同じ意味で，「〈視覚的なもの〉の文化社会学」の別称だということもできるでしょう。

▷4 視覚文化論と新しい美術史，カルチュラル・スタディーズとの関係についての詳細は，犬伏雅一（2008-2009）「視覚文化論の可能性を問う(1)-(3)」青弓社編集部編『写真空間』1：197-205頁；2：207-215頁；3：175-184頁（連載中）を参照。

▷5 伝統的な美術史から新しい美術史への流れについては，加藤哲弘（1999）「美術史の展開」太田喬夫編『芸術学を学ぶ人のために』世界思想社，4-30頁も参照。

(おすすめ文献)
†フォスター，H. 編／榑沼範久訳（1988=2007）『視覚論』平凡社ライブラリー。
†岡田温司（2006）『ヴィーナスの誕生』視覚文化への招待』みすず書房。
†多木浩二（1982→2008）『眼の隠喩——視線の現象学』ちくま学芸文庫。

191

3　文化を考えるための補助線

1　文化と自然

長谷正人

1　自然としての文化

　マスメディアやインターネットなどによって日々膨大に流されている，ヴァーチャルなイメージや記号に浸って暮らしていると，人間の営みとしての「文化」を「自然」と関連づけて考えることはほとんどなくなるように思います。たとえば私たちは，ブログやミクシーやツイッターなどを媒介にして発展するインターネット上の情報文化が，新聞やテレビを中心にしたマスコミ文化のありようをどう変えるのかを議論するとき，人間がチンパンジーと98.5％の遺伝子を同じくする類人猿の一種であり，生物学的に規定された存在であるという事実はほとんど頭に浮かびません。

　しかしどんなに言語情報とイメージの仮想空間を肥大化させ，どんなに室内のエアコンデイショニングを発達させて自然環境に左右されない人工的環境をつくりあげたとしても，やはり私たち人間の「文化」が，着ること，食べること，性交すること，老いること，死ぬことといった生物性（自然）をめぐって展開するという事実は変わらないでしょう。

　たとえばファッションがどんなに年齢や性別といった生物学的条件とは無関係に個々人の個性を表現するための文化になったとしても，それが体毛の退化した脆弱な身体を覆う機能性をもつことは変わりないですし，たとえ食物がどんなに気候風土と切り離されてつくられる工業製品となったとしても，それが生存のために必要な栄養として摂取されることは同じですし，たとえどれほど生殖活動とは無関係に快楽としての性行動が追求されるとしても，それが動物としての生存本能に基づいているという事実は変わりません。

　したがって「文化」と「自然」の関係について考察するには，まずは自然条件から切り離されて展開する高度な仮想「文化」を，もう一度「自然」の歴史のなかに差し戻して考えることが重要になるかと思われます。サルがウォークマンを頭にかけて気持ちよさそうに音楽を聴いているコマーシャル映像がテレビでかつて流されていましたが，まさにそのイメージが指し示したとおり，カメラやパソコンをいじっている人類を自然史や文明史の一局面として（進化したサルとして）捉え直す必要があるでしょう。

　たとえば19世紀半ばにパリのブルジョアたちが初めて写真館で自分の顔写真を撮ってもらったとき，彼らはそれが毎日鏡を通して見ていた自分の自己愛的

なイメージとあまりにも違っていた（顔の左右が反転していた）ためにひどくプライドが傷つけられて「これは私じゃない」と戸惑ったそうです（現代人でもテープレコーダーに録音された自分の声を聴いたときには同じような嫌悪を感じるでしょう）。この歴史的事実は，単に19世紀の市民社会のブルジョワたちのプライドの高さに還元されてよい問題ではないでしょう。人間は，このときカメラの発明を通して，他人が見ている客観的な自分の姿を見ることができない生物から，それを知ることができる別の生物へと進化したともいえるのです。

これは少し大げさすぎる表現のように思えるかもしれませんが，しかし少なくとも，カメラの発明が歴史上，人間の自己意識のありように決定的な変化を与えたことは間違いありません。

❷ 文化人類学と文化記号論

しかしながら，従来の人文諸科学において「文化と自然」という問題を扱うときには，このように人間がいかに「自然」的存在であるのかという問題よりは，人間がいかに「文化」的存在であり，人間にとって自然的に見えることがいかに「文化」的な虚構にすぎないかを主として明らかにしてきました。私たちは，そうした過去の研究成果を無視することもできません。

たとえばかつての文化人類学がそうです。ダーウィンの進化論の影響が強かった20世紀初頭には，人間の行動が人種や遺伝によって生物学的に決定されるという思考が一般社会にも広く流布していました。それに対してM.ミードら文化人類学者たちは，太平洋の島々に暮らす人びとの生活をくわしく調査して，子育ての仕方や男女の役割関係に関する生活様式が，それぞれの社会が伝統的に築きあげてきた「文化」的習慣によって違っていることを明らかにしました。いまでは常識となっている，こうした文化の多様性を容認する文化人類学の考え方は，20世紀初頭に人間の普遍的な「生物」性を重視する進化論や優生学との論争のなかで生まれ，20世紀を通して定着してきたものなのです。

こうした文化人類学の（人間の普遍的な「自然」性に対して）多様な「文化」性を重視する考え方は，その後の社会学や社会改良政策などにも大きな影響を与えました。たとえば，犯罪者を社会がどのように処遇するかをめぐって，犯罪は犯罪者の遺伝や素質などの「生物」的要素が原因なのだと考えれば，犯罪者は更生の余地など考慮されず，ただ刑罰によって処罰するしかなくなってしまうでしょう。それに対して社会学は，人間が犯罪に走るのは生物学的素質のせいではなく，社会的環境（文化）のためであると主張し，社会的更正の必要を訴えてきました。

下層階級の家庭に育ち，社会的上昇への道が断たれた子どもたちは，自分の周囲の非行少年グループに参加することで仲間をつくり，非行はかっこよいという文化を学ぶことを通して人生の生きがいを発見していくのです。つまりこ

▷1　19世紀のブルジョワの自分の肖像写真に対する拒絶反応については，ナダール，F.／大野多加志・橋本克己訳（1900=1990）『私は写真家である』筑摩書房を参照せよ。

▷2　カメラやテープレコーダーと自意識の問題については，柄谷行人（1989）「鏡と写真装置」『隠喩としての建築』講談社が明快に論じている。

▷3　いささか違った観点からだが，W.ベンヤミンは，久保哲司訳（1935～6=1995）「複製技術時代の芸術作品」『ベンヤミン・コレクション1　近代の意味』ちくま学芸文庫において，写真や映画を，人間が自然を征服しようとする第一の技術に対して，人間と自然を遊戯的な関係におく第二の技術と呼んでいる。これもまた人生史のなかで写真を捉える考え方だといえよう。

▷4　M.ミードのサモア調査が行なわれた20世紀初頭の，進化論的思考の一般的流布の状況，そしてミードがいかに遺伝決定論を文化決定論によって覆したかについては，フリーマン，D.／木村洋二訳（1983=1995）『マーガレット・ミードとサモア』みすず書房にくわしい。もっともフリーマンの本は，ミード批判を目的した論争的な書物なので注意して読む必要がある。むろん，ミード，M.／畑中幸子・山本真鳥訳（1928=1976）『サモアの思春期』蒼樹書房も参照すべきである。

こでは犯罪は，ひとつの「文化」として捉えられます。だから社会現象を人間の「自然」性を要因としてではなく，「文化」的現象と考えることは，社会秩序を政策によって改良可能なものとして捉えるという民主政治的な主張を支えることにほかなりません。

これに対して文化記号論は，メディア文化現象の「文化」性を批判的に明らかにしようとしてきました。たとえばロラン・バルトは，ある有名なパスタ会社の広告写真が，いかに自然さを演出した写真であるかを記号論的に明らかにしてみせました。この広告のなかのパスタ製品は，網でできた買い物かごからトマトやピーマンなどほかの野菜とともにダイニング・テーブルにこぼれ落ちそうな状態で捉えられています。それは工業製品にすぎないビニール入りのパスタが，生野菜と同様に新鮮で健康的な食材として見えるように工夫されているといえるでしょう。しかしむろん広告写真を一瞬だけ見るふつうの人びとにとっては，そのような写真家の演出を読み取るよりも，そこに新鮮な食べ物の雰囲気を感じ取るのが自然だと思われます。

つまり生活のなかであたかも自然環境のように当たり前のものとして流通しているイメージや記号を，自然さを装った文化（現代社会の神話）として暴露的に読み解くことが文化記号論のめざすところです。文化記号論だけではありません。文化社会学は全般的に，人間の暮らしのなかに虚構としての文化性を読み解き，文化のイデオロギー性を批判することを大きな役割としてきました。

3 文化と自然の境界の揺らぎ

以上のように，仮想的な映像文化を自然史のなかで捉えることも，イメージの演出された自然さを虚構として批判的に読み解くことも，文化社会学の大事な役割といえるでしょう。いずれにせよこれらは，私たちが日常生活のなかで出会う事象が，文化なのか自然なのかを簡単に分類することができないことを教えてくれています。むしろ文化的に見えたものが自然現象の一部であり，自然的に見えるものが文化現象の一部であると気づいたときに，文化社会学のアイディアが動きはじめると言ったほうがよいかもしれません。

むしろ文化と自然との境界がどこにあるかは，それ自体でかなり厄介な問題だと考えるべきでしょう。たとえば，「桜の花見」という日本の文化的習慣について考えてみましょう。日本では毎年春になると，各地で桜が並ぶ並木道に大勢の人が押しかけ，樹木の下にビニールシートを敷いてお酒を飲んで騒いだり踊ったりして楽しみます。しかしこのとき私たちは，桜という「自然」の樹木を味わっているのでしょうか。

むろんそれは単純に「自然」とはいえないでしょう。誰もが知るように，桜並木はその土地に自生した樹木が並んでいるのではなく，桜を楽しむために人間が観賞用に植えて人工的に作ったテーマパーク（文化）にすぎません。東京

▷5 文化としての非行については，大村英昭 (1980)『非行の社会学』世界思想社を，社会学の思考と犯罪対策の関係については，徳岡秀雄 (1987)『社会病理の分析視覚』東京大学出版会を参照せよ。

▷6 バルト, R. ／蓮實重彦・杉本紀子訳 (1961=2005)『映像の修辞学』ちくま学芸文庫。

▷7 バルトは下澤和義訳 (1957=2005)『現代社会の神話（ロラン・バルト著作集3）』みすず書房において，ツール・ド・フランスからワインにいたる，さまざまなフランスの大衆文化の自然らしさをブルジョワの「神話」として批判的に解読している。

▷8 桜の花見をめぐる文化社会学的研究としては，佐藤俊樹 (2005)『桜が創った日本』岩波新書を参照せよ。

の上野恩賜公園にせよ大阪の造幣局の通り抜けにせよ，そこには植林された樹木が並んでいます。むろん気候によって毎年微妙に開花日が変化することも，開花するや否や花びらが散ってしまうことも，いずれも花見という文化は，自然としての桜の特徴に深くかかわっています。しかし同時に，それは桜の花吹雪をスペクタクルとして楽しみたいという人間の文化的欲望の発現であることも間違いないでしょう。

　それでは，奈良の吉野山の桜の場合はどうでしょうか。都市空間につくられた桜並木ではなく，山の風景のなかに盛大に咲く3万本もの桜を楽しむことは，より自然的な現象と考えることができるのではないでしょうか。しかも昔から吉野山の桜は，和歌にも詠まれて人びとに知られてきました。つまりここでの桜鑑賞は，吉野地方の気候風土や伝統に深く根ざした土着の自然的文化のように思えます。ところが，事実としては，吉野山の気候風土は桜の生育環境として適しているわけではないのです。すなわち3万本もある桜は，500年かけて人間たちが人工的に植樹してきたものにすぎません。

　こうなると，もはやそれは「自然」か「文化」か，という二分法をはるかに超えてしまった領域にあるように思います。鳥越皓之は，吉野山は水を司る神の山だという信仰があったので，人びとは日照りを願って桜の苗木を植林してきたのだろうと推測しています。つまり，吉野山の桜の裏側には，自然環境に左右されて作物を思い通りに収穫できない人間たちが超越的な力にすがろうとしてきた精神の歴史が宿っています。その自然への切ない思いが500年にもわたって蓄積したとき，山を覆うような巨大な桜のテーマパークが生まれたというわけです。

　そう考えて改めて私たちの日常生活を見渡しますと，じつは吉野山の桜と同じように自然と文化を融合させた事象がそこら中にあることに気づきます。ありふれた野菜も米も，決して自然に自生した植物ではありません。人類が長い歴史をかけて，品種改良を積み重ねた結果生み出された，栄養過剰の，植物の人工的サラブレッドだといったほうがよいでしょう。人間はそうやって自分たちの生存のために自然をつくり変えてきました。人工的な川をつくり，海を埋め立て，動物を家畜化してその生存本能を弱体化させ，観賞用の魚や花や昆虫を育ててきました。その先に，人類という品種自体を改良したい遺伝子工学や優生学の危険な欲望（M.ミードが反対した）が控えているのは，あまりにも当然です。

　人間が人間という自然自体をコントロールしたい欲望が「文化」を生み出していること。それが道徳的に悪いというだけでは割り切れない根深い問題であること。これを理解することが，「文化と自然」を考えることの最も大きな意義でしょう。

▷9　鳥越皓之（2003）『花をたずねて吉野山——その歴史とエコロジー』集英社新書を参照せよ。

おすすめ文献

†鳥越皓之（2003）『花をたずねて吉野山——その歴史とエコロジー』集英社新書。
†ベイトソン, G.／佐藤良明訳（1979=2006）『精神と自然——生きた世界の認識論』新思索社。
†佐々木正人（1996）『知性はどこに生まれるか——ダーウィンとアフォーダンス』講談社現代新書。

3 文化を考えるための補助線

2 文化と身体
──身体を通して文化を捉える

倉島 哲

1 文化の経験を捉える

　一見して同じことをしていても、得られる経験が異なることはよくあることです。たとえば、家族で露天風呂のある温泉に行ったとします。おじいちゃんは、山の景色を眺めつつ鼻歌を歌いながらゆっくりお湯に浸かります。かたや、一緒に行った孫は、湯船が熱すぎたため入ってもすぐに出てしまいます。景色には目もくれずに岩についた湯の花を観察したり、岩に登って叱られたりしているうちに、上がる時間になってしまいました。

　さて、温泉という文化を捉えようとしたとき、どちらの経験に依拠すればよいのでしょうか。景色もお湯も楽しんでいない孫の経験よりも、温泉を満喫したおじいちゃんの経験に依拠すべきであるかにみえます。しかし、孫は、不思議な形の湯の花や、足裏に吸い付く岩のざらざらした表面を楽しんだのに対し、おじいちゃんはいずれも楽しんでいません。したがって、可能な温泉の経験の一部を経験したにすぎないという点では、おじいちゃんも孫も同じなのです。

2 「あるべき論」の恣意性

　おじいちゃんの経験は、可能な温泉の経験の部分であるという点では孫のそれと同じでも、「本来あるべき温泉の経験」により近い部分なのだ、という考え方もあるかもしれません。しかし、それはいったいどのような経験でしょう。

　その温泉の経営者にしてみれば、「本来あるべき温泉の経験」とは、何度も繰り返し来て、お金をたくさん使いたくなるような経験のはずです。温泉療法の推進者にしてみれば、それはもっとも治療効果のあがる経験でしょう。しかし、これらの経験はいずれも、特定の実際的関心に偏っており、こうした関心をもたない一般の人びとに普遍的に妥当するものではないことは明らかです。

　とはいえ、一般の人びとと一口にいっても、お年寄りも子どもも、日本人も外国人も、病気の人も健康な人も、障害のある人もない人も温泉を経験しています。一見して同じ温泉好きなお年寄りどうしでも、毎日温泉に通いつめている人にしてみれば、週末ごとにしか温泉に行かない人の温泉の楽しみ方はまだまだ底の浅いもので、「温泉本来の経験」には程遠いと映るかもしれません。

　したがって、人びとの想定する「本来あるべき温泉の経験」とは、どのようなものであれ、可能な温泉の経験のひとつにすぎないという意味で恣意的なの

です。そのため,「本来あるべき経験」ないしそれに近い経験だけを捉えてしまっては,文化の経験の多様性を恣意的に切り詰めてしまうことになります。このような恣意的な単純化の論理を,「あるべき論」と呼ぶことにしましょう。

3 科学者と「あるべき論」

「あるべき論」は,文化のなかにいる人びとだけのものではありません。文化から距離を置いて,これを客観的に捉えようとする社会学者や人類学者などの科学者も,事実上,「あるべき論」に陥っていることが多いのです。なぜなら,科学者は一般の人びとのような実際的関心からは自由かもしれませんが,科学的な問題関心からは自由ではないからです。そして,問題関心から派生する方法と視点は,実際的関心から派生する「本来あるべき経験」に劣らず,文化の経験を恣意的に単純化してしまいます。

方法や視点は,経験の多様性を捉えるための枠組みを設定するだけで,経験の多様性を単純化するものではない,という反論も考えられます。しかし,いったん基準が設定されたなら,すべての経験はこの枠組みの内部の偏差やズレとしてのみ捉えられることになります。そのため,方法も視点も,これを設定することは,経験の多様性に対して決して回復できない排除を行なうことなのです。標準値を算出したり,モデルを構築したり,先行研究に依拠したりすることもすべて同じです。

温泉の経験の多様性を「あるべき論」で切り詰めることができないなら,いっそのこと主観的な経験などに目を向けずに,温泉そのものを客観的に捉えればよいのでしょうか。温泉の客観的記述の一例は,1948年(昭和23)制定の「温泉法」にみることができます。それによれば,「温泉」とは,「地中からゆう出する温水,鉱水及び水蒸気その他のガス(炭化水素を主成分とする天然ガスを除く。)で,別表に掲げる温度又は物質を有するもの」です。「別表」がどのような数値と物質名で埋められていようと,このような客観的な捉え方では文化としての温泉はみえてこないことは明らかです。人びとの経験した温泉以外に,文化として捉えるべき温泉などないのです。こうして再び,人びとの経験の多様性という問題に引き戻されてしまいます。

▷1 方法や視点を設定することが,人びとの実践の認識を阻害してしまうことについては,エスノメソドロジストのH.ガーフィンケルの思想を参照。入門向けには,前田泰樹・水川喜文・岡田光弘編(2007)『ワードマップ エスノメソドロジー——人びとの実践から学ぶ』新曜社がおすすめできる。

4 モノ・慣習・規範・価値・傾向

およそ文化を捉えようとするとき,「あるべき」論と無関係でいることは困難です。モノとしての文化の例として椅子を取りあげてみます。椅子は座るもので「あるべき」ですが,実際はそのうえに立ったり,寝たり,頭をぶつけたりすることで椅子を経験する人もいるに違いありません。これほどの経験の多様性を前にしたとき,椅子の経験を記述することなど放り投げたくなります。かといって,こうした多様性から目を背けて,椅子の物理的性質を客観的に記

述することでは、椅子を文化として描いたことにはなりません。

慣習としての文化はどうでしょう。正座は日本文化の一部をなす重要な身体技法で「あるべき」ですが、実際は、これを非西洋の未開人の所作として経験する人や、権威にひれ伏す屈辱的な姿勢として経験する人、あるいは、ただの窮屈な姿勢として経験する人もいるはずです。かといって、正座における生理的状態を客観的に測定しても、正座を文化として捉えたことにはなりません。

規範としての文化についても同じことがいえます。校則は学生生活を規制するもので「あるべき」ですが、実際は、バイクに乗ったり飲酒喫煙したりする学生もいるでしょう。かといって、校則そのものの特徴や整合性を客観的に分析しても文化としての校則を捉えたことにはなりません。

価値としての文化についても同様です。校則違反をする学生たちにインタビューをして、彼らなりの抵抗という価値観についての客観的モデルを構築して、彼らの「あるべき」振る舞いについて仮説を立てることはできます。しかし、誰でも、口でいうことと実際にすることのあいだには開きがあります。そのため、インタビューをどれほど繰り返しても、誰がいつどのように校則違反をするかはわからないでしょう。

集合的な傾向としての文化についても同じことがいえます。特定の学校では、他の学校と比べて中途退学率が高いことが統計的にわかったとします。しかし、この統計的事実を経験するのは、この統計の母集団としての学校ではなく、学校を構成する一人ひとりの学生や教師なのです。そのため、中途退学率がもたらす経験は一様ではありません。たとえば、親しい友人が中途退学してしまった学生と、そうでない学生では、異なった経験をしているはずです。

モノ・慣習・規範・価値・傾向のいずれについても、これらの文化の客観的記述を超えて、これらが人びとによって実際にどのように経験されるかを捉えようとしたとたんに、「あるべき論」の罠が口を開けて待っているのです。

5 方法としての身体

「あるべき論」にはまらずに文化の経験を捉えることは可能でしょうか。ここでは、身体を通して文化を捉えることを提案したいと思います。

そもそも、モノ・慣習・規範・価値・傾向などの文化が経験されるためには、身体という媒介が不可欠です。たとえば、椅子というモノが経験されるためには、身体がこれに座ったり頭をぶつけたりする必要があります。正座の姿勢の美しさに感動したり窮屈さに苦しんだりする経験も、正座という慣習が身体で知覚されたときにのみ可能になるのです。

規範や価値のような精神的な文化であっても事情は同じです。学生が校則を知るのは、テレパシーや命令電波による入力を介してではなく、先生の視線や声を介してです。同様に、抵抗という価値観が形成されるのは、内省や瞑想を

▷2 身体技法とは、フランスの社会学者であり人類学者であるM・モースが論文「身体技法」(1936=1976『社会学と人類学Ⅱ』所収)で提出した概念である。そこでは、身体技法が社会的慣習であると同時に、心理的意味と生理的機能を備えた存在であることが述べられている。

介してではなく，仲間とバイクを飛ばしたり，捕まって殴られたりすることを介してなのです。

　ここで着目したいのは，文化を知覚する身体は，必ず，それ自体も知覚されうるという事実です。たとえば，手でモノに触れるためには，手それ自体もモノでなければなりません。さもなければ，手は触れようとするモノをすり抜けてしまうでしょう。同様に，モノの不透明な表面に反射する光を目で見るためには，目それ自体が不透明な網膜を備えていなければなりません。さもなければ，光は網膜を素通りしてしまうでしょう。知覚する身体の被知覚可能性は，文化を経験する身体を通して文化の経験そのものを捉える可能性を原理的に保証してくれます。△3

❻ 身体の相互性

　文化を経験する身体は捉えることができても，それは文化の経験そのものを捉えることではないのではないか，という批判が考えられます。冒頭の例に立ち返れば，おじいちゃんの身体が温泉でどのように振る舞っているかは目に見えても，そのときのおじいちゃんの経験は目に見えないのではないか，というわけです。この批判は，経験が主観的なものであり，客観的身体からは直接には知りえないという，心身二元論的な身体観を前提しています。もしこれを正面から受け止めるなら，客観的身体と主観的経験の一般的な対応関係を解明せねばならないことになります。

　しかし，そもそも，文化を経験する身体を捉えるうえで，客観的身体と主観的意味を区別する必要はあるのでしょうか。山の景色を眺めつつ鼻歌を歌いながらゆっくりお湯に浸かるという身体的な振る舞いを捉えることは，おじいちゃんにとっての温泉の経験を捉えるうえで十分なはずです。そのときおじいちゃんが内心何を考え，感じていたかを知ることは，温泉の経験を捉えるうえでは，まったく必要ありません。そのような情報は，おじいちゃんの経験を捉えようとする科学者にとっても，その科学者の研究成果の読者にとっても，余剰なものでしょう。△4

　ここに，身体を通して文化の経験を捉える可能性を認めることができます。この身体とは，文化を経験する人びとの身体だけを指すのではありません。人びとの身体と，人びとの経験を捉えようとする科学者の身体，そして，科学者の研究成果を通して人びとの経験を知ろうとする読者の身体なのです。これらの身体の相互関係に依拠することで，「あるべき論」がもたらす恣意的な枠組みによる単純化によらずに，人びとの多様な経験をありのままに捉えることができるはずです。△5

▷3　知覚する身体の被知覚可能性については，哲学者のM・メルロ＝ポンティの思想を参照。入門向けには，熊野純彦（2005）『メルロ＝ポンティ――哲学者は詩人でありうるか？』日本放送出版協会がおすすめできる。

▷4　身体の振る舞いから行為の意味を直接知ることはできないという考えの批判については，哲学者のL・ウィトゲンシュタイン，哲学者のG・ライル，生態心理学者のJ・ギブソンの思想を参照。入門向けには，河野哲也（2006）『〈心〉はからだの外にある――「エコロジカルな私」の哲学』NHKブックス；野矢茂樹（1995）『心と他者』勁草書房がおすすめできる。

▷5　身体の相互性に依拠して実践を捉える可能性については，倉島哲（2007）『身体技法と社会学的認識』世界思想社を参照。

おすすめ文献

†前田泰樹・水川喜文・岡田光弘編（2007）『ワードマップ　エスノメソドロジー――人びとの実践から学ぶ』新曜社。

†河野哲也（2006）『〈心〉はからだの外にある――「エコロジカルな私」の哲学』NHKブックス。

†倉島哲（2007）『身体技法と社会学的認識』世界思想社。

3 文化と性・ジェンダー

牟田和恵

1 文化研究の手がかりとしてのジェンダー・性

　ジェンダーや性（セックス・セクシュアリティ）は、いくつもの意味で、文化の社会学にとって重要な領域だといえます。
　まず、ジェンダーや性は、社会の文化現象を分析する際の鋭い切り口となります。というのは、「文化」は、サブカルチャーであれ、ハイカルチャーであれ、決してジェンダー中立ではないからです。
　たとえばアニメやマンガは、日本の輸出産業として経済的にも大きな位置を占めるほど隆盛しているポピュラーカルチャーですが、ジェンダーと切り離せない現象です。「オタク」とされる熱心なアニメファンはもっぱら男性で女性は少数派ですが、それはなぜなのでしょうか。「リアル」ではない、二次元世界の魅力が、現代の若い男性たちの置かれている社会的状況を反映しているからではないでしょうか。最近のアニメの世界では「闘う美少女」キャラクターが目立っていますが、それは、可憐で無垢な少女、幼女のような顔つきで豊満な肉体をもつ美少女に守り救ってほしい男の子たちの欲望を反映していると論じる研究者もいます。
　他方で、最近のコミックマーケットは、女性の参加者が男性を上回る勢いですが、そこでは、男性同士の性関係を描く「やおい」「ボーイズラブ（BL）」作品が熱心に取引されています。BLものは、すでに一般の書店でもコミックが山積みになっているほどです。それらの作品には男性同士の性行為があからさまに描かれており、一見すると、過激で逸脱的な性表現のようにみえますから、「普通」の女性たち、少女たちがこんな「ポルノまがい」のものを楽しんでいるなんて、と驚かれ問題視されがちです。しかし、あからさまなセックス表現が取られてはいますが、それらに描かれているのは、男性同士という究極の障害を乗り越えて運命の相手と結びつくロマンティックな愛の物語です。異性と交際しセックスをするのがそれほど特別のことではなくなった現在、女の子と男の子が出会って結びつくだけでは、大したドラマにはなりません。だから、真の愛の物語としてやおい・BLが登場してきたのではないでしょうか。そう考えると、表現は違っていても、女性たちのメンタリティはあまり変わらないといえるかもしれません。
　また、やおい・BLは、グローバルにひろがりつつあります。さすがに普及

▷1　斎藤環（2000）『戦闘美少女の精神分析』ちくま文庫。

度はアニメにはおよびませんが，アメリカやフランス，オーストラリアといった欧米諸国だけでなく，タイやフィリピンといった国々でも，インターネットを駆使してやおい・BLのファンたちが活発に情報交換し，コミックマーケットのような集いも行なわれています。現代の女性たちが，男性同士の性関係の表現を通じて得ているものは，特定の国や地域の文化の枠にとどまらないということでしょう。

　ポピュラーカルチャーの担い手は，若者だけではありません。「韓流」と呼ばれる，韓国ドラマへの熱狂は，中高年の女性たちにとくにみられた現象でした。孫がいるような世代の女性たちが，韓国という異文化のなかで描かれる恋愛に深く感情移入し，男優に「様」付けで熱狂した背景には，現代の日本の中高年女性たちがたどってきたライフコースと現実の生活での意識が興味深く映し出されているといえるでしょう。

　このように，ジェンダー・性は，文化と社会をグローバルに理解するうえでも，重要なパースペクティブを提供してくれます。

2　文化研究の対象としての恋愛・性

　また，私たちにとって日常的な，ジェンダーやセックスをめぐるさまざまな出来事が，文化研究の対象となります。

　たとえば，恋愛やセックスは，社会の規範や理性に捉われない，自由な情熱の結果だと思われがちです。しかし，どんな相手に愛情をもつようになるのか，どのように性的欲求を抱くのか，どんな性行動を取るかは，まさに文化の産物だといえます。

　そもそも，「恋愛」は，普遍的な男女のつながりではありません。恋愛の原型は，ヨーロッパ中世の騎士が既婚の貴婦人（マドンナ）を崇拝する「騎士道的愛」だといわれています。それまで，我を忘れて誰かに夢中になるようなロマンティックな情熱を抱くのは，「魂の病気」，一種の発狂とさえ受け止められていたのです。しかし次第に「恋愛」は，高められた魂の状態として社会的に正当化され，美しい生活にいたるものとしてポジティブな意味をもつことになります。そしてさらには，一時的でスリリングなものだったはずの「恋愛」は，「結婚」という制度と結びつき，「恋愛結婚」という，本来的に矛盾するかたちで拡散・普及していったのです。

　現在では，恋愛と結婚の結びつきは曲がり角に来ているようにみえます。ギデンズは，現代社会の特徴として，「純粋な関係性」をあげています。人びとはかつては，経済的保障や社会的信用が得られることを結婚の意義とみなしていましたが，現代では，相手のことが好きだから一緒にいたい，一緒にいることが幸せだと感じるから一緒に暮らす，というように，結びつき自体の満足度が重視されます。これが「純粋な関係性」です。したがって純粋な関係性では，

▷2　井上俊（1973）『死にがいの喪失』筑摩書房。

▷3　ギデンズ，A.／松尾精文・松川昭子訳（1992＝1995）『親密性の変容』而立書房。

関係が「自然」に持続することは期待できません。愛がなくなれば、一緒にいる意味はない、ということになります。こうした点をふまえれば、現代、どの先進諸国でも離婚率が高くなっている理由がわかります。そこには、結婚に意義を見出さなくなったからではなく、結婚や愛情関係そのものへの期待が高まったからこそ、関係性の不安定さが生じているというパラドックスがあるのです。

また、セクシュアリティをめぐる問題は、私的領域にのみとどまるものではありません。それは、社会の公私の区分の見直しを迫ってもいます。セクシュアル・ハラスメントはその一例です。

セクシュアル・ハラスメント、いわゆるセクハラは、日本では1980年代の末から社会問題として登場しましたが、その時点ではじめてそうした問題が生まれてきたというわけではありません。細井和喜蔵の『女工哀史』は、明治時代の紡績工場での劣悪な労働環境をルポした名作ですが、そこには、工場の監督から性的暴行を受け、泣き寝入りをさせられる女工たちのエピソードが出てきます。

しかし、「セクシュアル・ハラスメント」「セクハラ」ということばと概念が登場するまで、そんな体験・経験は、「仕方のないこと」「ささいなこと」「口に出すことすらはばかられること」でした。被害は、性にかかわる「私的」で「秘すべきこと」であるために、公的な問題とされることはなく、水面下に埋もれていたのです。それが1970年代以降、世界的な女性運動の発展のなかで、性にかかわることがらを公に告発することが可能になっていきました。その結果として、セクハラも社会問題とみなされるようになったのです。このように、性は、時代と社会の変動の様相を浮かび上がらせる鍵ともなりうるのです。

③ 社会構造とジェンダー

さらに、ジェンダーに着目してみえてくるのは、恋愛や結婚、性や性別にかかわる具体的な現象だけではありません。ジェンダーは、近代以降の社会の構成の枠組みの根底をなしてもいるのです。

このことを考えるには、「ジェンダー」という用語を深く理解することが必要です。「ジェンダー」は、通常は、肉体的・解剖学的性差である「セックス」と対比して、社会文化的性差という意味で用いられます。つまり、生まれながらの性差とは異なって、生まれ落ちたのちに社会のなかで身につけていく性差がジェンダーである、という理解です。しかし、1990年代以降のフェミニズムは、こうした「ジェンダー」概念に疑問を呈するようになりました。男女の性差を解剖学的・生物学的決定論で捉えるべきでないのは当然にしろ、社会的性差と生物学的性差は違う、という見方の背後には、生物学的性差は疑いのない「自然」な事実だ、という前提がありました。しかし、そこで自明とされている「自然」な性差、「セックス」とはいったい何なのでしょうか。

ジュディス・バトラーは徹底的な構築主義の立場に立って，自然なものにみえている身体的な性差も，時代によってさまざまな「科学」的知識の名の下に，二分法的に男／女の記号を付されてきたものだと論じました。解剖学上の男女差，ホルモン・染色体の性差など，「セックス」の自然な事実のようにみえているものは，じつはそれとは別の政治的・社会的な利害に寄与するために，さまざまな科学的言説によって作りあげられたものにすぎない，ジェンダーをセックスの文化的解釈と定義することは無意味であって，「セックスは，つねにすでにジェンダーである」とバトラーは言明します。

つまり，ジェンダーとは，単に「性別」を意味するのではなく，人を男／女に意味づけようとする知のことであって，あらゆる社会関係の場に存在し，人間が世界を認識する際の基本概念として機能しているのです。ジェンダーと権力は不可分のものであり，まず「男」「女」というジェンダー化された主体が最初にあってそこに支配被支配の関係が生まれるのではなく，「『男』『女』としてジェンダー化されること自体が権力を内包している」と江原由美子は論じています。

こうした権力の格差を含んだ男女二元論を含みこんだジェンダー概念は，近代以降，社会全体の構成原理として，「家族」のありように深く根を張ってきました。一夫一婦的で永続する異性愛に基づく男女の結合が特権的なものとして制度化され，「異性愛者の意味を単なる異性愛への指向のみならず，家族形態，法的制度，経済的特権，社会的帰属意識へと拡げ」て，男女の夫婦と子どもよりなる核家族のイデオロギーが資本主義社会の基底装置となったのです。わかりやすくいいかえるなら，夫婦という男女の結びつきが家族の核に存在することが必然であり（そうでなければ「片親」），その家族のなかで家事や子育てが必ずなされねばならず（さもなければ「無責任な親」），情緒的にも経済的にももっとも根底的なのは家族でそれ以外は当てにならない不安定な結びつきにすぎない（「最後に頼れるのは家族」）と，家族をめぐる常識は，私たちのつむぎ出す人間関係のありようを縛ってきました。そうした家族とは，たった二人の大人しか擁しない，人の生きる基盤としては，きわめて脆弱なものであるというのに。

現代の厳しい社会経済状況下で，人が生きることのリスクは深刻なものとなっています。雇用の拡大や社会保障の充実はもちろん重要な緊急課題ですが，脆弱な核家族が危機に瀕したとき，国家による保障や救済しか人の生を支えるものがないというのは，社会にとって本当に望ましいことでしょうか。国家しか頼るものがないよりも，核家族・血縁小家族を超えた，親密で多重な人のつながりのなかでも，人の生が支えられうるほうがもっと豊かな社会のあり方なのではないでしょうか。私たちがそれを望むとすれば，近代以降の「ジェンダー」のありようをラディカルに問うことが不可欠な作業となるでしょう。

▷4 この言明に対し，「男女の生殖器やDNA，遺伝子の違いは明白だ。どんな社会・時代にあっても，人間の身体の本質は変わらない」とすぐさま反論があるだろう。だが，バトラーはこの言明で，解剖学的差異や遺伝子上の差異が「存在しない」といっているのではない。あらゆる個人ごとに，「自然」な差異はあるはずだ。ところが人を常に「男」「女」に絶対的に二分する思考がまずあるゆえに，生殖器の形状であれ遺伝子であれ他の何であれ，その思考に都合のよい「基準」が取り出され「自然」なものとして要請される，というのがバトラーの意味するところだ。「男」「女」を区分せずにはいない思考は，まさしく，私たちの社会の政治的な利害に一致して存在している（バトラー，J.／竹村和子訳（1990＝1999）『ジェンダー・トラブル』青土社参照）。

▷5 スコット，J. W.／荻野美穂訳（1999＝2004）『ジェンダーと歴史学』平凡社ライブラリー。

▷6 江原由美子（2001）『ジェンダー秩序』勁草書房。

▷7 竹村和子（2001）『愛について』岩波書店。

▷8 牟田和恵（2006）『ジェンダー家族を超えて』新曜社。

おすすめ文献

†牟田和恵編（2009）『家族を超える社会学』新曜社。

†千田有紀（2009）『女性学／男性学』岩波書店。

†堀あきこ（2009）『欲望のコード──マンガに見るセクシュアリティの男女差』臨川書店。

3 文化を考えるための補助線

4 文化と階級

奥村　隆

1 「階級」と「文化」

　人は所属する階級によってその文化が異なる。——この端的な命題を聞いて，なるほどとうなずく人もいれば，首をかしげる人もいるでしょう。

　「階級」にはさまざまな定義がありますが，この概念を軸に資本主義社会を分析しようとしたK.マルクスは，生産手段の所有／非所有によってこれを区別しました。彼は，資本主義社会は，資本（元手となる貨幣）をもちモノやサービスを生産する手段（機械や原料など）を所有する資本家（ブルジョワ）と，これを所有できず資本家が所有する工場で雇用されて賃金を得る労働者（プロレタリア）の2つの階級に分かれていき，この間の格差が広がると論じます。ただし，資本主義では解体するとされる農民や自営業の人びとと，管理職や専門職などの知識や技能が必要な職種を担う人びとも存在するでしょう。彼らを中間階級（ミドル・クラス）と呼んでおきましょう。

　では「階級」と「文化」はどう関係するのでしょう。マルクスは一方で，「支配階級の思想が，どの時代においても，支配的な思想である」，つまり，物質的に支配力をもつ階級の考え方が他の階級の考え方も支配する，と述べます。なんらかのイデオロギー（階級社会の存続に都合よい）が支配階級から被支配階級に注ぎ込まれる，と考えればよいでしょう。他方，マルクスに基づいてK.マンハイムが論じたように，「意識は存在に拘束される」ともいわれます。物質的な存在条件や利害関係により考え方は異なる，というのです。あれ？後者によれば，階級ごとの存在条件によって文化は（日常の生活様式や考え方も，音楽や小説の好みも）異なることになります。前者によれば，支配階級の文化がどの階級にも影響する（とすれば，階級間の違いはなくなる？）ことになります。

　どうも階級という「社会の構造」と文化という「意識の構造」の関係は一筋縄ではいかないようです。ここでは，冒頭の命題「階級によって文化が異なる」から出発して，いくつかの研究を辿りながらこの関係を考えてみましょう。

2 ゆとり／気後れ／必要趣味

　それを，食事の仕方というごく身近な「文化」から考えはじめましょう。ある晩，あなたは「高級レストラン」とされている店に入ったとします。そこであなたはどのようにふるまうでしょうか。3つの態度を対比してみます。

▷1　マルクス，K.・エンゲルス，F.／大内兵衛・向坂逸郎訳（1848=1971）『共産党宣言』岩波文庫。
▷2　資本家とも労働者ともいえないこの人びとのうち，一般に，農民や自営業者などは「旧中間階級」，管理職・専門職などは「新中間階級」と呼ばれる。
▷3　マルクス，K.・エンゲルス，F.／廣松渉編訳／小林正人補訳（1845-6=2002）『新編輯版　ドイツ・イデオロギー』岩波文庫。
▷4　マンハイム，K.／高橋徹・徳永恂訳（1929=1979）『イデオロギーとユートピア』高橋徹責任編集『世界の名著68　マンハイム・オルテガ』中央公論社，93-381頁。
▷5　奥村隆（1998）「リスペクタビリティの病——中間階級・きちんとすること・他者」『他者といる技法——コミュニケーションの社会学』日本評論社，127-163頁。
▷6　ブルデュー，P.／石井洋二郎訳（1979=1989，90）『ディスタンクシオン——社会的判断力批判』（Ⅰ・Ⅱ）藤原書店。こうした階級間の「まなざし」の力関係を，見田宗介（2008）

態度1。あなたは「高級レストラン」に慣れています。どうふるまえばいいかを子どものころから身につけているので、ウェイターや他の客があなたを見てもそのまなざしにどうということなくまなざし返し、ときには決まりきったマナーを崩すこともできます。この態度を「ゆとり」と呼びましょう。

態度2。あなたは「高級レストラン」でのマナーを知っています。でもそれほど身についておらず、自分がきちんとしているかどうか心配です。ウェイターや他の客に見られているのではないか、間違わないようにしなければと思い、正しいふるまいをしようと努力します。これを「気後れ」と呼びましょう。

態度3。あなたがたまたま入った店は「高級レストラン」らしく、いつもの食堂とは雰囲気が違います。でも、気取ったマナーなんて気にせず、食事するのに必要なやり方で十分、いつも通り仲間とわいわい食事すればいい。背伸びするより必要なものを選択するこの態度を、「必要趣味」と名づけましょう。

この例は、P.ブルデューの『ディスタンクシオン』(1979)から抽出したものです。階級ごとのふるまいや趣味・好みの相違を描くこの本で、彼は「ゆとり」を支配階級、「気後れ」を中間階級、「必要趣味」を庶民階級に対応させます。仮に支配階級がもつ文化が(マナーでも音楽の趣味でも文学の教養でも)「正統」とされているとしましょう。支配階級はこれをすでに身につけています。中間階級は知っているが身につけておらず、学ぼうと努力します。庶民階級は知らないか、知っていても馬鹿にします。この「正統文化」への態度の差を、「階級」と「文化」の関係の当座の見取り図にしておきましょう。

ブルデューは、「階級」を生産手段の所有/非所有だけでは捉えません。「経済資本」に加えて、「社会関係資本」(利用できる人脈)、「文化資本」(家庭や学校で身につける知識・教養・ふるまいなど)を組み合わせ、これらが親から子へと「再生産」されると論じるのです。——さて、あなたが「正統文化」に感じるのは「ゆとり」ですか、「気後れ」ですか、それとも「必要趣味」でしょうか。

③ 労働者階級の文化

では各階級の文化を少しくわしくみてみましょう。まず労働者階級、あるいは庶民階級の文化です。ブルデューが「必要趣味」と捉えたこの文化は、イギリスで生まれたカルチュラル・スタディーズが初期の研究対象としたものでした。

もっとも早い時期の成果であるR.ホガートの『読み書き能力の効用』(1957)は、イングランド北部の工業都市リーズの労働者家庭で育った自らの経験などをもとに、労働者階級が家族や隣近所といった「土地の感覚」のなかで生き、その外部や労働者以外の教師や公務員や警官などを「やつら」と捉えて「おれたち」と区別すると指摘します。個人的に出世するより、労働者階級の集団内で相互扶助しながらいまを楽しく生きる生活様式が受け継がれることで、経済的に不安定な状況でも彼らは「大地に根ざして」生きていけるのです。

『まなざしの地獄』河出書房新社は、1960年代日本の連続射殺犯N・Nの事例から、「階級の実存構造」として描き出している。
▷7 ホガート, R./香内三郎訳 (1957=1974)『読み書き能力の効用』晶文社。ヤングとウィルモットは、1950年代のイースト・ロンドンの労働者コミュニティで、母親を中心に既婚の娘たちが相互に助け合い交流する「拡大家族」が存在することを記している(Young, M. and Willmott, P. (1957) *Family and Kinship in East London*, Pelican Books)。また、世界的な階級構造を考えたとき、アメリカの人類学者ルイスが1950~60年代にメキシコ・シティやサン・ファンなどのスラムで観察した「貧困の文化」は、将来に備えるよりも現在に喜びを見出し、個人の上昇よりも集団での相互扶助を志向する点で、共通の特徴をもつといえるだろう(ルイス, O./高山智博訳 (1959=1985)『貧困の文化——メキシコの五つの家族』思索社;奥村隆 (1988)「〈貧困の文化〉と生活世界の再生産——生活世界・文化・社会構造にかんする一試論」『ソシオロゴス』第12号、20-35頁)。
▷8 ウィリス, P./熊沢誠・山田潤訳 (1977=1996)『ハマータウンの野郎ども——学校への反抗 労働への順応』ちくま学芸文庫。
▷9 ブルデュー, P.・パスロン, J.-C./宮島喬訳 (1970=1991)『再生産』藤原書店。言語社会学者のバーンスティンは、中間階級の子どもは家庭のなかで客観的で文脈に依存しない言

P. ウィリスは『ハマータウンの野郎ども』(1977)で、イングランド中部の町ハマータウン(仮名)の労働者階級の若者(とくに学校からの「落ちこぼれ」)の文化を描き出します。「野郎ども」と呼ばれる彼らは、教師や学校に従順な「耳穴っ子」に反抗し、ファッションや飲酒や喫煙でそれを表現します。彼らにとって、学校で勉強し個人的に努力してオフィスの仕事を獲得することは、現在の喜びを失う意味のないことです。現場でモノを作る力をもち職場を切りまわせる「男らしさ」こそ真の「能力」だという、学校の価値観を「上下逆転」した考え方を、彼らは工場で働く父親たちから受け継ぎ、仲間同士で支えあいます。この「対抗文化」は、ほとんど可能性のない上昇移動のために努力せよと命ずる学校文化の正統性を疑う「洞察」を孕むものです。[8]

こうして労働者階級は「正統」とされる文化や価値基準をひっくり返し、彼らが地域や職場で作るコミュニティが支配的な文化の進入を阻むシールドとなります。ブルデューは『再生産』(1970)で、学校で正しいとされ生徒の評価に用いられる基準とは支配階級の文化を恣意的に(彼らに都合よく)「正統」としたものではないかと指摘しますが[9]、労働者階級文化はこの「恣意性」を見抜いて別の文化を育てる可能性をもちます。D. ヘブディジが『サブカルチャー』(1979)で描く、ロンドンの労働者の若者が作るモッズやスキンヘッドやパンクなどのファッションや音楽は、この階級の若者たちの「正統文化」に対する抵抗を表現するスタイルといえるでしょう。[10]

4 卓越化とリスペクタビリティ

これと正反対の位置にいるのが「支配階級」、つまり「正統」な文化を身につけている人びとです。ブルデューは、このなかに経済資本を多く所有し文化資本はそうでもない経営者たち(マルクスのいう「資本家」)、文化資本は大きいが経済資本は小さい大学教授などの相違があるとし、その文化の差を描きます。ですが、庶民の「必要趣味」とは逆に、必要ないものを時間をかけて身につけた「贅沢趣味」の文化がここにあり、他人から自分を「卓越化」(distinction)するものとしてそれを見せびらかすという点では共通するでしょう。[11]

以上のふたつの階級に挟まれるのが「中間階級」です。ブルデューの見方では、彼らは「正統文化」を承認しています(労働者階級のように上下逆転などしません)が、それを(支配階級のようには)身につけていません。ここに見られるのが、「正統文化」を努力して身につけようとする態度、「文化的善意」です。支配階級が文化のゲームをゲームとして遊べるのに対し(「ゆとりのエートス」)、彼らは文化に畏敬の念を抱き、そのゲームに参加できるよう上昇しようとまじめに努力してしまうのです(「制限のエートス」)。[12] この学校くさいまじめさを、ウィリスが描く労働者階級の若者たちは「耳穴っ子」と嘲ったのでした。

逆に、きちんとしようとする中間階級の人びとは、きちんとしていない人び

語(「精密コード」)を、労働者階級の子どもは主観的で文脈依存的な言語(「制限コード」)を身につける傾向があり、学校では前者が評価されるという(バーンスティン、B./萩原元昭編訳 (1971=1981)『言語社会化論』明治図書)。

▷10 ヘブディジ、D./山口淑子訳 (1979=1986)『サブカルチャー——スタイルの意味するもの』未來社。モッズは1960年代初期、スキンヘッドは1960年代末期、パンクは1970年代中期に見られたロンドンの若者たちのスタイルであり、それぞれ異なる「労働者階級らしさ」を表している。

▷11 ブルデュー『ディスタンクシオン』(Ⅱ)。この階級の描写は、アメリカの経済学者ヴェブレンの『有閑階級の理論』に遡ることができるだろう(ヴェブレン、T./小原敬士訳 (1899=1961)『有閑階級の理論』岩波文庫)。

▷12 ブルデュー『ディスタンクシオン』(Ⅱ)。ブルデューは彼らを「プチブル=小さく生きるブルジョワ」と皮肉っぽく呼んでいる。

▷13 ウートラム、D./高木勇夫訳 (1989=1993)『フランス革命と身体——性差・階級・政治文化』平凡社。

▷14 モッセ、G. L./佐藤卓己・佐藤八寿子訳 (1985=1996)『ナショナリズムとセクシュアリティ——市民道徳とナチズム』柏書房。なお「リスペクタビリティ」(respectability)はこの訳書では「市民的価値観」と訳されているが、ここで述べたような、中間階級に広がった「きちんとす

とを発見し非難することで，自らの価値を確認しようとすることがあります。時代は遡りますが，フランス革命期に当時の中間階級（貴族と庶民の間の階級）だったブルジョワたちは，農民や貧民の身体の汚れを見つけ出して，自分たちの制御された身体を卓越したものと位置づけようとします。19世紀前半にドイツの中間階級に広がった「きちんとした性道徳」は，同性愛者や黒人やユダヤ人が性欲を自制できないと決めつけて非難し，のちにナチス党は性道徳の回復を訴えることでこの階級の支持を獲得していきます。中間階級の「リスペクタビリティ」，つまり尊敬される礼にかなった存在であろうとする態度は，そうでないとされる存在を差別・排除するという帰結を生むことがあるのです。

5 文化の再生産／社会の再生産

こうして3つの「文化」を見てきましたが，次のような印象をもったかもしれません。労働者階級の文化は現状の階級社会の構造を変える力をもつのではないか，中間階級はその逆ではないか，と。でもはたしてそうなのでしょうか。

労働者階級文化についてここで見た研究は1950年代や70年代のものですが，一方でこの文化を支える条件が変容してきたことは確かです。豊かな社会になり，集団で相互扶助するより個人的に経済条件の改善をめざすほうが賢い選択になります。マスメディアの情報が労働者コミュニティに入りこみ，他の階級の文化や価値観が普及します。50年代の『読み書き能力の効用』はすでに，労働者の世界で雑誌がもたらす娯楽や消費主義などの大衆文化が階級文化とせめぎあっていることを描き，「文化的に無階級」になる危険を指摘しています。

しかし他方，階級社会の構造を「洞察」するようにみえる労働者の文化そのものがある「限界」を抱えています。ウィリスは，「野郎ども」がもつ「男らしさ」に能力や働く意味を見出そうとする考え方が男尊女卑につながり，「男らしい」働き方をしようとしない移民たち（とくに勉強して上昇をめざすアジア系の移民）を差別する暗い側面をもつことを，鋭く指摘しています。

そして，次のような逆説的な帰結も生まれます。「野郎ども」は支配的基準を逆転して，「ペン先の仕事」などくだらないと「耳穴っ子」を嗤うのでした。ところがその結果，彼らは「男らしく」て能力の証明となる工場での労働（それは過酷で，経済的に不安定な労働です）を自ら進んで選び取ります。逆に「耳穴っ子」は，「野郎ども」と競争しなくてすみ，より有利なオフィスの仕事に就くことができます。つまり，支配的な価値基準と異なる「対抗的」な階級文化が存在することで，労働者の子どもは親と同様に労働者になり，中間階級の子どもは中間階級になって，階級社会という構造が再生産されるのです。

階級によって文化が異なる。この命題がいうように，支配文化とは別の階級文化が生き続けるとき，「社会の構造」を変えうるかもしれません。しかし，その文化が階級という「社会の構造」を再生産する可能性もあるのです。

▷る」道徳をさす（奥村（1998），前掲書）。
▷15 ヤングとウィルモットによる1950年代のイースト・ロンドン調査では，労働者コミュニティが存在する地域と労働者が新たに移住してきた地域におけるテレビ普及率の伸びは，後者がはるかに高かったという。社交が存在していた前者に比べ，後者では「孤立した家族を支える」のにテレビが必需品になったというのだ（Young and Willmott (1957), op. cit.）。
▷16 ウィリス『ハマータウンの野郎ども』。支配文化と異なる文化により階級構造が再生産される仕組みは，▷7で触れた第三世界にみられる「貧困の文化」にもあてはまるかもしれない（奥村（1998），前掲書）。
▷17 では，現代の日本ではどうだろうか。たとえば，階級社会の変動を描いた橋本健二（2009）『「格差」の戦後史──階級社会　日本の履歴書』河出書房新社と，「ヤンキー文化」を描いた難波功士（2009）『ヤンキー進化論──不良文化はなぜ強い』光文社新書を対比することから考えることもできるだろう。

（おすすめ文献）

†難波功士（2009）『ヤンキー進化論──不良文化はなぜ強い』光文社新書。
†橋本健二（2009）『「格差」の戦後史──階級社会　日本の履歴書』河出書房新社。
†ウィリス, P.／熊沢誠・山田潤訳（1977=1996）『ハマータウンの野郎ども──学校への反抗　労働への順応』ちくま学芸文庫。

3　文化を考えるための補助線

5　文化と権力

松浦雄介

1　ソフト・パワーとしてのマンガ・アニメ

　2006年4月，麻生太郎外務大臣（当時）は，東京・秋葉原のデジタル・ハリウッド大学で「文化外交の新発想——みなさんの力を求めています」と題する講演を行ない，日本の文化，とりわけマンガやアニメなどの「ポップカルチャー」の世界への普及に外務省として積極的に取り組むことを表明しました。その理由を，マンガ好きで知られるこの大臣は次のように述べています。

　　『日本』とか，『ジャパン』と聞いて，『ぱっ』と浮かぶイメージ。それが明るい，暖かい，あるいはカッコいいとかクールなものですと，長い目で見たとき，日本の意見はそれだけ通りやすくなります。つまり，日本の外交がじわりじわり，うまく行くようになるわけです。▷1

　第二次世界大戦後の日本人がアメリカの映画やマンガを通じて近代的・民主的な生活様式を学び，戦前の敵国に愛着を抱くようになっていったように，今日の日本のマンガやアニメなどのポップカルチャーは世界中に"日本ファン"を増やし，それはひいては日本の他国との交渉を有利にすることに寄与するだろう——こういった日本政府の思惑が，ここではっきりと語られています。

　　ごく普通の人々がつくる世論というもので，一国の外交が，大きく影響を受ける時代になりました。だからこそ，大衆に浸透するたくましい力をもったポップカルチャーを，われわれ味方につけたいし，ついてほしいわけです。／言い換えますと外交は一面，ブランドイメージの競争になっています。外交官の占有物では，ますますもってあり得ません。広く日本文化に携わる人々の力を借りずしては，できなくなりました。▷2

　講演のなかでは言及されていませんが，この日本政府の文化外交政策の理論的根拠の一つとして，国際政治学者J.ナイの「ソフト・パワー」論があります。ソフト・パワーとは「強制や報酬ではなく，魅力によって望む結果を得る能力」のことです。▷4 人びとを軍事力のような「ハード・パワー」で支配することができるのは，支配する者とされる者とのあいだに圧倒的な軍事力の差があるときのみであり，しかもそのような差があったとしても，支配される者の抵抗（テロやゲリラなど）を根絶することはできません。けれども，もしも支配される者がする者に好感をもち，支配者を積極的に支持するようになれば，それは軍事力による強制的な支配よりも，はるかに効果的でしょう。文化は，その

▷1　この講演は外務省のホームページで読むことができる。
http://www.mofa.go.jp/mofaj/press/enzetsu/18/easo_0428.html （09.04.15）

▷2　同上。

▷3　ナイはハーバード大学教授。クリントン政権で国防次官補に就くなど，学者でありながら現実政治にも深く関わっている人物である。

▷4　ナイ，J.／山岡洋一訳（2004=2004）『ソフト・パワー』日本経済新聞社，10頁。

ような支配を可能にするソフトなパワー（権力）の源泉のひとつであり、この力は今日では軍事力や経済力と並んで国際政治の重要な要素である、というのがナイの主張です。

② グラムシ——ヘゲモニーと市民社会

じつは、「政治的支配の手段としての文化」という視点は、それほど新しいものではありません。そもそも漢字の「文化」という言葉の語源がこの視点を含んでいます。『大漢和辞典』（大修館）には、「文化」の第一の意味として「刑罰威力を用いないで人民を教化すること。文治教化」とあります。その他の漢和辞典や国語辞典をみると、この場合の「文」とは文徳や学問、教育を指すとされています。

近代以降に話を限定しても、20世紀前半にイタリアのマルクス主義哲学者A.グラムシが「ヘゲモニー」の概念によって同じようなことを語っています。マルクスは国家を、支配階級（資本家）が自分たちの利害を守るため、被支配階級（労働者）を力で抑圧する装置とみなしました。しかしこの「抑圧装置としての国家」という視点だけでは、資本主義が発達した社会における「力」の性質をうまく捉えることができません。もしも国家が単に暴力的・抑圧的なものであれば、多くの人びとが自分たちを支配する政治体制に満足し、それを積極的に支持することさえあるのはなぜか、という疑問に答えられないからです。

そこでグラムシは国家を「政治社会」と「市民社会」とに分けます。政治社会とは人びとを支配する強制力をもった装置であり、「抑圧装置としての国家」と同じものを指しています。しかしこれとは別に、国家には「市民社会」と呼ばれる領域があります。そこでの力の行使は、強制力によってではなく、学校・家族・組合・教会などの私的組織を通じて、文化的・教育的な手段で人びとを誘導（グラムシの言葉では「指導」）し、同意を形成することによってなされます。グラムシはこの誘導する力を「ヘゲモニー」と呼び、国家は政治社会の強制力と市民社会のヘゲモニーの複合体であるけれども、近代国家においては後者が徐々に肥大化し、前者を吸収するにいたると考えました。

人びとを強制力によって支配しなくとも、ある社会の規範や価値を人びとが"当たり前"として受け入れ、自発的・積極的にその規範や価値に沿って行動するようになれば、強制力による支配は不要となります。このような規範や価値を形成し、それを人びとに受け入れさせる力こそがヘゲモニーですが、その性質上、ヘゲモニーはとりわけ文化的・教育的な力なのです。

③ アルチュセール——国家のイデオロギー装置

グラムシ以降、文化と権力との関係を分析しようとする社会理論の多くは、直接的な影響関係の有無にかかわらず、グラムシの視点を共有し、さまざまに

▷5 このような国家の変容に伴い、国家に対する抵抗のスタイルも変容する。グラムシは市民社会に対する抵抗のスタイルとして、権力と真正面から対決する「陣地戦」から、日常生活のさまざまな場所で展開する「機動戦」への移行を提唱した。

▷6　文化と権力にかんする他の代表的理論家として、P. ブルデューがいる。ブルデューの理論については、本書の「文化と階級」(204-207頁)を参照。

発展・改良・応用したものといえます。ここではひとつの理論的系譜として、L. アルチュセール，M. フーコー，E. サイードについてみることにしましょう。

断片的なものにとどまっていたグラムシのヘゲモニー論をより体系的な理論へと深めたのが、フランスのマルクス主義哲学者アルチュセールの「国家のイデオロギー装置」論です。

古典的なマルクス主義は経済（生産力と生産関係からなる生産様式）が社会の土台をなすと考え、資本家と労働者との生産関係を重視してきました。しかしこの生産関係は自動的に維持されるわけではありません。仕事に必要な知識やスキル、モラルを未だ習得していない若者がそれらを習得して「一人前」になること、平日の仕事で疲れきった労働者が休息を取ってまた職場に向かうこと、などがなければ、生産関係は維持できません。要するに、人びとが日々の生産労働を担いうる労働者になること、これが「再生産」と呼ばれる事態であり、この再生産を可能にする社会的メカニズムこそ、国家のイデオロギー装置に他なりません。労働にはさまざまなイデオロギーが付随しています。それらのイデオロギーは漠然と社会に広まっているのではなく、学校、家族、組合、メディア、そして文化など、具体的な社会制度を通じて人びとに浸透していきます。国家のイデオロギー装置とはこの制度のことです。

▷7　たとえば、勤勉に働く、組織内の地位のヒエラルキーに従う、顧客には笑顔で応じる、他社との競争に勝つ、など。

イデオロギーは、これらの制度を通じて個人に呼びかけ、個人はその呼びかけに応じることによって主体となっていきます。ここでは大衆文化から一例をあげてみましょう。『週刊少年ジャンプ』という少年マンガ雑誌があります。かつてこの雑誌には「友情・努力・勝利」を基本テーマとする作品が多く載せられていました。これらのテーマは資本主義における生産労働を支える典型的なイデオロギーといえるものです（他の社員と協力して懸命に働き、他社に勝利する）。日本の少年たちは、「ジャンプ」のマンガを読み、そのイデオロギーを身体化することによって現代の労働主体――サラリーマン――になる日に備えていったのです。その意味で、『週刊少年ジャンプ』は文化的イデオロギー装置のひとつだったといえるでしょう。

④ フーコー――知と権力

アルチュセールの教え子でもあったフーコーの理論は、権力を国家権力のようなものとのみ捉えるのではなく、日常的な社会生活のさまざまな領域――文化はそのひとつです――に存在するものとして捉える点で、そしてまた「いかにして権力は自らに服従する主体を形成するか」をひとつの中心的な問いとする点で、グラムシ―アルチュセールの系譜の延長上に置くことができます。しかしフーコーは前二者と違い、マルクス主義の理論枠組から離れ、もっぱら権力の個人への作用の仕方それ自体を問題としました。

近代社会における権力は、それ以前の社会のように物理的な暴力として行使

されるよりも，人びとの生にかんする規範や価値を定め，ある種の生のあり方を禁止・排除・否定したり，あるいは逆に，あるべき生のあり方に基づいて人びとを管理・統制・誘導することを通じて行使されます。これらの規範や価値は，漠然とした道徳によって人びとに浸透するのではなく，具体的な知や言説が具体的な制度と結びつき，具体的に個々人の精神と身体に働きかけることによって浸透します。たとえば18世紀までの西洋には，犯罪者を公開で残虐な身体刑に処すことがみられました。しかし19世紀前半頃にはこの見世物的な刑罰は消滅し，監禁刑が主流になります。犯罪者は監獄という閉ざされた制度の内部で，司法や精神医学などの知が定める言説にしたがって精神と身体とを訓育されるようになったのです。このような「規律訓練」型の権力の働きは，近代の学校，工場，軍隊，病院などの諸制度にも，多かれ少なかれみられるものです。

　フーコーの知と権力の絡まりあいという視点は，さまざまな問題に応用されてきました。その一例として，それを近代西洋における東洋の表象の分析に応用したサイード『オリエンタリズム』をあげることができます。19世紀以降の西洋で発展を遂げたオリエントについての諸言説――文学，学問，政治などさまざまな領域における――こそが「東洋」についての固定的なイメージを作り出し，そしてそのイメージは西洋による東洋の帝国主義的支配を正当化する役割を担ったのでした。

5　グローバル化時代の文化と権力

　本章で取りあげた諸理論は基本的に一国内を想定したものですが，フーコーの理論がサイードに応用されたように，今日のグローバルな文脈における文化と権力の関係を分析するうえでも有効な道具になります。と同時に，これらの理論が明らかにしていない点も，まだまだあります。たとえば，これらの理論は，文化をつくり出し，権力を行使する側に焦点をあてたものでした。しかし文化を受容する側は，どのようにこの文化＝権力に反応するのでしょうか。日本のマンガやアニメから呼びかけられた外国の消費者たちは，日本政府の思惑どおり日本ファンとなって，政府の外交を容易にすることに寄与するのでしょうか。アルチュセールやフーコーの理論は，学校や監獄のような確固とした制度を前提としたものでしたが，大衆文化のように個人に規則的・体系的に介入できるわけではない制度の場合，その権力作用はどのようなものなのでしょうか。本項でみた文化と権力をめぐる諸理論を創造的・批判的に活用するならば，きっとこれらの問いの答えを明らかにすることができるはずです。

▷8　サイード，E.／板垣雄三・杉田英明監修／今沢紀子訳（1978=1993）『オリエンタリズム』（上・下），平凡社ライブラリー。

おすすめ文献

†グラムシ，A.／片桐薫訳編（2001）『グラムシ・セレクション』平凡社ライブラリー。
†アルチュセール，L.／西川長夫ほか訳（1995=2005）「イデオロギーと国家のイデオロギー装置」『再生産について』平凡社。
†フーコー，M.／田村俶訳（1975=1977）『監獄の誕生』新潮社。

3 文化を考えるための補助線

6 文化とテクノロジー

近森高明

1 文化現象としてのテクノロジー

　現代社会では，日常生活のあらゆる領域に種々の次元のテクノロジーが介在しています。これらの技術的産物について，文化社会学の立場からどのようなアプローチが可能でしょうか。

　まずは，個別的な技術的産物の周囲に形成される文化現象にアプローチするという立場が考えられます。テクノロジーといえども他の事象と同じく，日々の生活に入りこんで文化の一部となることに変わりはありません。個々のモノとしての技術的産物は，日常的場面のなかで特定の意味を与えられたり，ジェンダーや階級，エスニシティ，等々の属性と結びついた実践に組みこまれたりします。そうして形成された独自の文化現象を問うわけですが，この場合，他の種類の文化現象にも利用可能な，既存のさまざまな分析枠組みやツールを応用できるでしょう。

　自動車を例にとりましょう。たとえば R. バルトは「家庭的／スポーティ」という，自動車をめぐる記号論的な二項対立に注目しています。これは現在のCMにも顕著な対立です——たとえばファミリーカーであれば，元気な子どもを乗せてキャンプ場に出かけるほのぼのとした雰囲気のCMがつくられ，またスポーツ向け多目的車であれば，荒々しい地形をたくましく走ってゆくCMがつくられる，等々。このようにテクノロジーは単なるモノの次元を超えて，記号やイメージにかかわる意味や実践の次元に入りこむのですが，その具体的様態を，たとえば記号論的分析という手法で問うわけです（同様の記号論的分析は J. ボードリヤールなども展開しています）。あるいは同じ自動車を主題とする場合にも，暴走族やカスタマイズ文化を対象とする対抗的サブカルチャー分析や，カーチェイスや事故を扱った映画や小説の主題論的分析，ETCなどの技術をめぐる監視社会論的な考察，等々，他にもいくつかのアプローチが考えられるでしょう。このように個別的な技術的産物について，その周囲に形成される文化現象を問うという研究スタイルは，それ自体で十分に意義と可能性をもっています。

2 テクノロジーの二重性

　しかしこれらのアプローチは，テクノロジーという，まさにその対象の特性

▷1　バルト，R.／塚本昌則訳（1963=2005）「自動車の神話」『ロラン・バルト著作集4 記号学への夢：1958-1964』みすず書房，336-347頁。

▷2　ボードリヤール，J.／宇波彰訳（1968=1980）『物の体系——記号の消費』法政大学出版局。

▷3　フェザーストン，M.・スリフト，N.・アーリ，J.／近森高明訳（2005=2010）『自動車と移動の社会学——オートモビリティーズ』法政大学出版局。

に焦点を絞った問いの立て方とはいいがたい面があります。記号論にせよ，サブカルチャー論にせよ，手法そのものはテクノロジーと必然的な結びつきはありません。では，技術的産物という対象の特性とは何でしょうか。文化とテクノロジーの関係を考えるうえで重要なのは，文化現象であると同時に文化現象の基盤的条件でもあるという，テクノロジーの独特の二重的性格です。一方でテクノロジーは，それ自体が文化現象の主題的内容になりえます。自動車をめぐる文化，テレビをめぐる文化，コンピュータをめぐる文化，等々。しかしテクノロジーは同時に，さまざまな文化現象が成立する条件そのものをつくり出す存在でもあります。自動車が，テレビが，コンピュータが，それぞれ固有の仕方で，さまざまな文化現象が繰り広げられる基盤そのものを支えているのです。

　素朴に考えれば，テクノロジーとは人間の《道具》であり，特定の目的をより合理的かつ効率的に果たすための手段にすぎません。しかし《道具》であるはずのテクノロジーのほうが，人間や文化や社会のありようを変えてしまう場合もあります。《道具》でありながら《道具》以上でもある，この微妙な関係性をとり逃さないことが重要だと思われます。それゆえテクノロジーという対象の特性に注目しつつ，文化現象について有効な問いを立てるには，このテクノロジーの二重性を考慮に入れておく必要があるでしょう。そのときアプローチの仕方は，重点の置き方によって大きく2つに分かれます。ひとつは（紹介したように）文化現象としてのテクノロジーを問うもので，もうひとつは，文化現象の基盤的条件としてのテクノロジーに焦点をあてるものです。前者のほうが狭義の（文化）社会学の守備範囲に近く，後者になるほど，より広い隣接領域の思考，たとえばメディア論や技術哲学の思考にも重なってきます。以下ではとくに後者の側面をみていきましょう。

③ 技術決定論／技術の社会構築

　そもそもテクノロジーと社会とはどのような関係にあるのでしょうか。この関係をめぐっては，技術決定論と技術の社会構築主義という2つの見方があります。ある画期的なテクノロジーが，社会のあり方をすっかり変えてしまうと考えるのが技術決定論です。M.マクルーハンは活字印刷やテレビなどのメディア・テクノロジーが，人間の思考や社会のあり方に決定的な影響を与えるのだと主張しました。マクルーハンによれば，グーテンベルク以来の活字印刷は，視覚を中心に，線形論理で思考する近代的人間を形成してきました。それに対して，テレビなど近年の電子メディアは五感が再統合された人間を形成し，世界全体もまたグローバル・ヴィレッジとして一体化しつつあるというのです。ここでは活字印刷やテレビというテクノロジーは，あたかも社会の外部からいきなり降ってきて，一方的に社会の側に甚大なインパクトを与えるというニュ

▷4　マクルーハン, M.／森常治訳（1962=1986）『グーテンベルクの銀河系──活字人間の形成』みすず書房。

▷5　マクルーハン, M.／栗原裕・河本仲聖訳（1964=1987）『メディア論──人間の拡張の諸相』みすず書房。

アンスがあります。

しかしテクノロジーとは，そもそも社会からそれほど切り離された存在なのでしょうか。そうした疑問から出発するのが社会構築主義です。この立場では，テクノロジーの機能や意味は当初から決まっているわけではなく，さまざまな社会関係や社会的諸力のなかで利用されているうちに，なかば偶然的に，ある方向へと固まっていくという見方をします。たとえばエジソンの発明したフォノグラフは，当初は口述記録用の事務機器というふれこみで開発されました。しかし人びとはそれを娯楽機器として受容し，ジュークボックスのような装置を街角に設置していきました。結局のところフォノグラフの技術は，発明者の意図に反して，大量に複製された音楽を楽しむためのテクノロジーとして普及していくことになるのですが，こうした過程は，テクノロジーの社会構築という道筋をよく示しています。技術決定論の研究がどちらかといえば思弁的スタイルをとるのに対して，技術の社会構築主義のほうは実証的スタイルの歴史研究と相性がよく，電灯や電話など，個別的なテクノロジーの社会的な受容プロセスを詳細にたどった研究が多数提出されています。

4 テクノロジー批判

それでは2つの見方のうち，どちらがより説得力をもっているといえるでしょうか。構築主義は，技術決定論のやや単純すぎる見方を批判する流れで出てきたという経緯があります。たしかに構築主義の立場は，技術から社会への一方向的な影響関係を強調する決定論よりも，複雑な社会的プロセスに目配りをきかせた慎重なアプローチであるといえるでしょう。とはいえ，技術決定論の単刀直入な洞察力にも捨てがたいところがあります。とくに重要と思われるのは，技術決定論が，人間の《道具》であると同時に《道具》以上の存在でもあるという，テクノロジーの二重性に深く踏み込んでいる点です。《道具》を使う側であるはずの人間が，《道具》そのものによって人間的な基盤そのものを組み換えられてしまうということ——。

こうしたテクノロジーの二重性は，従来の哲学的思考ではしばしば否定的に扱われてきました。たとえばM. ハイデガーは，芸術・工芸（テクネー）と技術（テクノロジー）を区別しつつ，前者（ギリシャの職人がつくる銀皿など）が事物の本来の姿を引き出すのに対して，後者（ライン川をせき止める近代的ダムなど）は，事物を人間の恣意的な意志に従わせるのだと論じています。またフランクフルト学派のT. アドルノやM. ホルクハイマーも，近代の科学技術は道具的理性の権化であるとして否定的な視線を向けています。いずれにしてもテクノロジーとは，自然を力ずくで操ろうとする人間の傲慢さを体現した《道具》的存在にほかならず，それがいつの間にか《道具》以上の力を発揮し，いまや逆に人間自身の本質が歪められているのだ，という見方をしています。一面ではたし

▷6 吉見俊哉（1995）『「声」の資本主義——電話・ラジオ・蓄音機の社会史』講談社。

▷7 マーヴィン, C. ／吉見俊哉・水越伸・伊藤昌亮訳（1988＝2003）『古いメディアが新しかった時——19世紀末社会と電気テクノロジー』新曜社。

▷8 フィッシャー, C. S. ／吉見俊哉・松田美佐・片岡みい子訳（1992＝2000）『電話するアメリカ——テレフォンネットワークの社会史』NTT出版。

▷9 ハイデッガー, M. ／関口浩訳（1953＝2009）『技術への問い』平凡社。

▷10 ホルクハイマーの指導のもとフランクフルト大学の「社会研究所」に集まり，マルクス主義の立場から，資本主義による文化の産業化やファシズムを支える社会心理的基盤などを対象とする批判理論を展開した研究者集団。

▷11 ホルクハイマー, M. ・アドルノ, T. ／徳永恂訳（1947＝2007）『啓蒙の弁証法』岩波文庫。

かにその通りなのでしょう。けれどもこれは，やや悲観的にすぎる見方であるともいえます。たしかにテクノロジーは支配や抑圧を強化する側面がありますが，それだけではなく，新たな知覚や経験の地平を切り開くというポジティヴな可能性もそこには同時に見出しうるのです。

5 テクノロジーが切り開く新たな経験の地平

かつて写真が画期的技術として登場した時代に，芸術家たちから「はたして写真は芸術か？」という問いかけがなされました。W.ベンヤミンは，その問いを無意味な問いとして一蹴します。なぜならそこでは，芸術的なるものの基準が不変の本質として前提され，その基準に合わせて，これは芸術である／芸術でないと切り分けようとしているのですが，じつのところ写真の登場がもたらしたのは，芸術が芸術として成立する条件そのものの変更であったからです。ベンヤミンによれば，かつて芸術は宗教や魔術と結びついており，人目に触れないよう秘蔵され，儀式のなかで礼拝される対象でした。ところが複製技術により同一作品の大量複製が可能となることで，芸術はそうした結びつきから解放され，誰でも目にしうる場所に展示され鑑賞される対象になったのです。コピーの氾濫に伴う「礼拝価値」から「展示価値」へという芸術の変容は，同時に《いま―ここ》のオリジナルの真正性に基づくアウラが失われる過程でもありました。それは一方では，惜しむべき人間的なものの消失という見方もできるでしょう。しかし他方，ベンヤミンが映画に期待したように，非アウラ的な複製技術は，モンタージュ手法などによってリアリティを再組織化し，新たな種類の知覚や経験を生み出す契機にもなったのです。そこではテクノロジーによって自然を支配するというよりも，テクノロジーを通じて自然とともに人間が遊び，戯れる，自由な《遊動空間》が切り開かれるのだとベンヤミンはいいます。

このように《道具》によって人間的基盤が組み換えられ，新たな経験の地平が切り開かれるという，メディア史的＝技術史的出来事の意義を問おうとする問題意識は，他の思想家にも共有されています。たとえばP.ヴィリリオは，自動車やコンピュータなどがもたらす《速度》が新たな知覚世界を創出しつつあると論じています。またF.キットラーは，19世紀から20世紀にかけての記録メディアの転換（文字から蓄音機・映画・タイプライターへ）が，人間の思考様式にラディカルな変容をもたらしたのだと指摘しています。

畏怖と魅惑という，よくいわれる技術的産物の両義的魅力も，おそらくはテクノロジーの二重性から発しているのだと思われます。テクノロジーへの問いは，この両義性の問題をどこかで押さえておくべきでしょう。

▷12 ベンヤミン，W.／久保哲司訳（1935=1995）「複製技術時代の芸術作品」浅井健二郎編訳『ベンヤミン・コレクションⅠ 近代の意味』ちくま学芸文庫。
▷13 ある対象の一回性や真正性に由来する，どれほど近づいても遙かさを感じさせる独特の雰囲気。
▷14 ヴィリリオ，P.／丸岡高弘訳（1984=2003）『ネガティヴ・ホライズン――速度と知覚の変容』産業図書。
▷15 Kittler, F.（1985）*Aufschreibesysteme 1800/1900*. München: W. Fink.
▷16 キットラー，F.／石光泰夫・石光輝子訳（1986=1999）『グラモフォン・フィルム・タイプライター』筑摩書房。

（おすすめ文献）

†ベンヤミン，W.／久保哲司訳（1935=1995）「複製技術時代の芸術作品」浅井健二郎編訳『ベンヤミン・コレクションⅠ 近代の意味』ちくま学芸文庫。
†吉見俊哉（1995）『「声」の資本主義――電話・ラジオ・蓄音機の社会史』講談社。
†フィーンバーグ，A.／直江清隆訳（1999=2004）『技術への問い』岩波書店。

関連文献年表

（1） 本書において参照または推奨されている基本的文献を中心に，刊行年順（同一年度については著者名50音順）に配列する。
（2） 原則として，原著・初版の刊行年を基準とする。ただし，出版社名については，現時点での入手のしやすさを考慮したので，当初の出版社とは異なる場合がある。

【1835～1945年】

トクヴィル，A. de（1835-40）『アメリカのデモクラシー』（上下／全4冊）岩波文庫。
マルクス，K.／エンゲルス，F.（1845-46）『ドイツ・イデオロギー』岩波文庫。
マルクス，K.（1859）『経済学批判』岩波文庫。
デュルケム，E.（1897）『自殺論』中公文庫。
ヴェブレン，T.（1899）『有閑階級の理論』岩波文庫／ちくま学芸文庫。
横山源之助（1899）『日本の下層社会』岩波文庫。
ジンメル，G.（1903）「大都会と精神生活」『ジンメル・エッセイ集』平凡社ライブラリー。
ウェーバー，M.（1904-05）『プロテスタンティズムの倫理と資本主義の精神』岩波文庫。
デュルケム，E.（1912）『宗教生活の原初形態』岩波文庫。
プレハーノフ，G. V.（1912-13）『芸術と社会生活』岩波文庫。
ジンメル，G.（1917）『社会学の根本問題』岩波文庫。
ルカーチ，G.（1920）『小説の理論』ちくま学芸文庫。
今和次郎（1922）『日本の民家』岩波文庫。
マリノフスキー，B.（1922）『西太平洋の遠洋航海者』講談社学術文庫。
ルカーチ，G.（1923）『歴史と階級意識』白水社。
パノフスキー，E.（1924-25）『〈象徴形式〉としての遠近法』哲学書房。
細井和喜蔵（1925）『女工哀史』岩波文庫。
モース，M.（1925）『贈与論』ちくま学芸文庫。
フロイト，S.（1928）「ドストエフスキーと父親殺し」『フロイト著作集3　文化・芸術論』人文書院。
ミード，M.（1928）『サモアの思春期』蒼樹書房。
マンハイム，K.（1929）『イデオロギーとユートピア』中公クラシックス。
柳田國男（1931）『明治大正史　世相篇』講談社学術文庫。
和辻哲郎（1935）『風土』岩波文庫。
ベンヤミン，W.（1935-36）「複製技術時代の芸術作品」『ベンヤミン・コレクション1　近代の意味』ちくま学芸文庫。
ホイジンガ，J.（1938）『ホモ・ルーデンス』中公文庫。
ワース，L.（1938）「生活様式としてのアーバニズム」鈴木廣編『都市化の社会学』誠信書房。
ルージュモン，D.（1939）『愛について――エロスとアガペ』平凡社ライブラリー。
瀬川清子（1942）『きもの』六人社。

【1946～1969年】

オルポート，G. W.／ポストマン，L.（1946）『デマの心理学』岩波書店。
ベネディクト，R.（1946）『菊と刀――日本文化の型』講談社学術文庫／光文社古典新訳文庫。
クラカウアー，S.（1947）『カリガリからヒトラーへ』みすず書房。
ホルクハイマー，M.／アドルノ，T. W.（1947）『啓蒙の弁証法』岩波文庫。

ギーディオン, S. (1948)『機械化の文化史――ものいわぬものの歴史』鹿島出版会。
ホイジンガ, J. (1950)『アメリカ文化論』世界思想社。
モース, M. (1950)『社会学と人類学』弘文堂。
リースマン, D. (1950)『孤独な群衆』みすず書房。
フランカステル, P. (1951)『絵画と社会』岩崎美術社。
マクルーハン, M. (1951)『機械の花嫁』竹内書店。
レヴィ＝ストロース, C. (1952)「火あぶりにされたサンタクロース」『サンタクロースの秘密』せりか書房。
ハイデガー, M. (1953)『技術への問い』平凡社。
マズロー, A. H. (1954)『人間性の心理学』産能大学出版部。
レヴィ＝ストロース, C. (1955)『悲しき熱帯』中公クラシックス。
ウォーフ, B. L. (1956)『言語・思考・現実』講談社学術文庫。
バルト, R. (1957)『現代社会の神話』(ロラン・バルト著作集3) みすず書房。
ホガート, R. (1957)『読み書き能力の効用』晶文社。
マートン, R. K. (1957)『社会理論と社会構造』みすず書房。
伊藤整 (1958)「近代日本における「愛」の虚偽」『近代日本人の発想の諸形式』岩波文庫。
ウィリアムズ, R. (1958)『文化と社会』ミネルヴァ書房。
エスカルピ, R. (1958)『文学の社会学』白水社文庫クセジュ。
カイヨワ, R. (1958)『遊びと人間』講談社学術文庫。
ゴフマン, E. (1959)『行為と演技――日常生活における自己呈示』誠信書房。
ルイス, O. (1959)『貧困の文化』思索社。
アリエス, P. (1960)『〈子供〉の誕生』みすず書房。
丸山真男 (1961)『日本の思想』岩波新書。
アドルノ, T. W. (1962)『音楽社会学序説』平凡社ライブラリー。
マクルーハン, M. (1962)『グーテンベルクの銀河系――活字人間の形成』みすず書房。
デュマズディエ, J. (1962)『余暇文明へ向かって』東京創元社。
レヴィ＝ストロース, C. (1962)『野生の思考』みすず書房。
ゴフマン, E. (1963)『集まりの構造』誠信書房。
フリーダン, B. (1963)『新しい女性の創造』大和書房。
ベッカー, H. S. (1963)『アウトサイダーズ――ラベリング論とはなにか』新泉社。
ブラウ, P. M. (1964)『交換と権力――社会過程の弁証法社会学』新曜社。
マクルーハン, M. (1964)『メディア論――人間の拡張の諸相』みすず書房。
アルチュセール, L. (1965)『マルクスのために』平凡社ライブラリー。
見田宗介 (1965)『現代日本の精神構造』弘文堂。
ジャンケレヴィッチ, V. (1966)『死』みすず書房。
バーガー, P. L./ルックマン, T. (1966)『現実の社会的構成――知識社会学論考』新曜社。
ガーフィンケル, H. (1967)『エスノメソドロジー』マルジュ社。
作田啓一 (1967)『恥の文化再考』筑摩書房。
鶴見俊輔 (1967)『限界芸術論』ちくま学芸文庫。
中根千枝 (1967)『タテ社会の人間関係』講談社現代新書。
ボードリヤール, J. (1968)『物の体系――記号の消費』法政大学出版局。
モラン, E. (1969)『オルレアンのうわさ――女性誘拐のうわさとその神話作用』みすず書房。

【1970～1989年】

アルチュセール, L. (1970)「イデオロギーと国家のイデオロギー装置」『再生産について』平凡社。
ブルデュー, P./パスロン, J. C. (1970)『再生産』藤原書店。

ボードリヤール，J.（1970）『消費社会の神話と構造』紀伊國屋書店。
マンフォード，L.（1970）『権力のペンタゴン』河出書房新社。
イリイチ，I.（1971）『脱学校の社会』東京創元社。
ドルフマン，A.／マトゥラール，A.（1971）『ドナルド・ダックを読む』晶文社。
バーンスティン，B.（1971）『言語社会化論』明治図書。
作田啓一（1972）『価値の社会学』岩波書店。
瀬川清子（1972）『若者と娘をめぐる民俗』未來社。
井上俊（1973）『死にがいの喪失』筑摩書房。
ギアーツ，C.（1973）『文化の解釈学』岩波書店。
ウォーラースティン，I.（1974）『近代世界システム』（1・2）岩波書店。
多田道太郎（1974）『遊びと日本人』筑摩書房。
藤本浩之輔（1974）『子どもの遊び空間』NHKブックス。
斎藤次郎（1975）『子どもたちの現在——子ども文化の構造と論理』風媒社。
ショーター，E.（1975）『近代家族の形成』昭和堂。
スクラー，R.（1975）『アメリカ映画の文化史——映画がつくったアメリカ』講談社学術文庫。
ハリスン，M.（1975）『買い物の社会史』法政大学出版局。
フーコー，M.（1975）『監獄の誕生』新潮社。
イリイチ，I.（1976）『脱病院化社会——医療の限界』晶文社。
ボウルズ，S.／ギンタス，H.（1976）『アメリカ資本主義と学校教育』岩波書店。
ソレ，J.（1976）『性愛の社会史——近代西欧における愛』人文書院。
フーコー，M.（1976）『性の歴史1　知への意思』新潮社。
ブレイン，R.（1976）『友人たち／恋人たち——友愛の比較人類学』みすず書房。
井上俊（1977）『遊びの社会学』世界思想社。
ウィリス，P. E.（1977）『ハマータウンの野郎ども——学校への抵抗，労働への順応』ちくま学芸文庫。
スペクター，M.／キツセ，J. I.（1977）『社会問題の構築』マルジュ社。
サイード，E.（1978）『オリエンタリズム』（上・下）平凡社ライブラリー。
ソンタグ，S.（1978）『隠喩としての病い』みすず書房。
多田道太郎（1978）『複製芸術論』講談社学術文庫。
チョドロウ，N. J.（1978）『母親業の再生産』新曜社。
ヴォーゲル，E. F.（1979）『ジャパン・アズ・ナンバーワン』阪急コミュニケーションズ。
鶴見俊輔（1979）『太夫才蔵伝——漫才をつらぬくもの』平凡社ライブラリー。
ブルデュー，P.（1979）『ディスタンクシオン——社会的判断力批判』（I・II）藤原書店。
ベイトソン，G.（1979）『精神と自然——生きた世界の認識論』新思索社。
ヘブディジ，D.（1979）『サブカルチャー——スタイルの意味するもの』未來社。
大村英昭（1980）『非行の社会学』世界思想社。
シヴェルブシュ，W.（1980）『楽園・味覚・理性——嗜好品の歴史』法政大学出版局。
バタンテール，E.（1980）『母性という神話』筑摩書房。
増川宏一（1980）『賭博』法政大学出版局。
作田啓一（1981）『個人主義の運命——近代小説と社会学』岩波新書。
竹内芳郎（1981）『文化の理論のために』岩波書店。
チクセントミハイ，M.／ロックバーグ＝ハルトン，E.（1981）『モノの意味』誠信書房。
ブルンヴァン，J. H.（1981）『消えるヒッチハイカー』新宿書房。
マカルーン，J. J.（1981）『オリンピックと近代』平凡社。
真木悠介（1981）『時間の比較社会学』岩波現代文庫。
ギリガン，C.（1982）『もうひとつの声——男女の道徳観のちがいと女性のアイデンティティ』川島書店。

スペンダー，D.（1982）『ことばは男が支配する』勁草書房。
多木浩二（1982）『眼の隠喩』ちくま学芸文庫。
本田和子（1982）『異文化としての子ども』紀伊國屋書店。
アンダーソン，B.（1983）『想像の共同体――ナショナリズムの起源と流行』書籍工房早山。
ウルフ，J.（1983）『芸術社会学』玉川大学出版部。
ゲルナー，E.（1983）『民族とナショナリズム』岩波書店。
シヴェルブシュ，W.（1983）『闇をひらく光――19世紀における照明の歴史』法政大学出版局。
高橋三郎ほか（1983）『共同研究・戦友会』インパクト出版会。
ホックシールド，A. R.（1983）『管理される心――感情が商品になるとき』世界思想社。
ホブズボウム，E.／レンジャー，T. 編（1983）『創られた伝統』紀伊國屋書店。
リーヴァー，J.（1983）『サッカー狂の社会学――ブラジルの社会とスポーツ』世界思想社。
ヴィリリオ，P.（1984）『ネガティヴ・ホライズン――速度と知覚の変容』産業図書。
小林章夫（1984）『コーヒーハウス』講談社学術文庫。
作田啓一・富永茂樹編（1984）『自尊と懐疑――文芸社会学をめざして』筑摩書房。
スコチポル，T. 編（1984）『歴史社会学の構想と戦略』木鐸社。
副田義也編（1984）『日本文化と老年世代』中央法規出版。
丸山圭三郎（1984）『文化のフェティシズム』勁草書房。
ボウルビー，R.（1985）『ちょっと見るだけ――世紀末消費文化と文学テキスト』ありな書房。
モッセ，G. L.（1985）『ナショナリズムとセクシュアリティ』柏書房。
ラクラウ，E.／ムフ，C.（1985）『ポスト・マルクス主義と政治』大村書店。
江守五夫（1986）『日本の婚姻――その歴史と民俗』弘文堂。
エリアス，N.／ダニング，E.（1986）『スポーツと文明化――興奮の探求』法政大学出版局。
カウフマン，S. R.（1986）『エイジレス・セルフ』筑摩書房。
キットラー，F.（1986）『グラモフォン・フィルム・タイプライター』筑摩書房。
フォーティ，A.（1986）『欲望のオブジェ――デザインと社会 1750-1980』鹿島出版会。
ベック，U.（1986）『危険社会』法政大学出版局。
マクドネル，D.（1986）『ディスクールの理論』新曜社。
内田隆三（1987）『消費社会と権力』岩波書店。
カプフェレ，J.-N.（1987）『うわさ――もっとも古いメディア』法政大学出版局。
今和次郎（1987）『考現学入門』（藤森照信編）ちくま文庫。
フィッシュマン，R.（1987）『ブルジョワ・ユートピア』勁草書房。
吉見俊哉（1987）『都市のドラマトゥルギー――東京・盛り場の社会史』河出文庫。
大日向雅美（1988）『母性の研究――その形成と変容の過程』川島書店。
小川博司（1988）『音楽する社会』勁草書房。
ノイバウアー，H.-J.（1988）『噂の研究』青土社。
橋爪大三郎（1988）『はじめての構造主義』講談社現代新書。
フォスター，H.（1988）『視覚論』平凡社ライブラリー。
マーヴィン，C.（1988）『古いメディアが新しかった時――19世紀末社会と電気テクノロジー』新曜社。
落合恵美子（1989）『近代家族とフェミニズム』勁草書房。
蓮實重彦（1989）『小説から遠く離れて』河出文庫。
バトラー，J.（1989）『ジェンダー・トラブル――フェミニズムとアイデンティティの攪乱』青土社。
フィスク，J.（1989）『抵抗の快楽――ポピュラーカルチャーの記号論』世界思想社。
マッケロイ，A.／タウンゼント，P. K.（1989）『医療人類学』大修館書店。

【1990〜1999年】

アーリ，J.（1990）『観光のまなざし――現代社会におけるレジャーと旅行』法政大学出版局。
エイベルソン，E. S.（1990）『淑女が盗みにはしるとき――ヴィクトリア朝期アメリカのデパートと中流階級の万引き犯』国文社。
鹿島茂（1990）『デパートを発明した夫婦』講談社現代新書。
ギデンズ，A.（1990）『近代とはいかなる時代か？』而立書房。
クレーリー，J.（1990）『観察者の系譜――視覚空間の変容とモダニティ』以文社。
高橋勇悦・藤村正之編（1990）『青年文化の聖・俗・遊――生きられる意味空間の変容』恒星社厚生閣。
ドゥルーズ，G.（1990）『記号と事件』河出文庫。
ジジェク，S.（1991）『斜めから見る――大衆文化を通してラカン理論へ』青土社。
志田基与師（1991）『平成結婚式縁起』日本経済新聞社。
トムリンソン，J.（1991）『文化帝国主義』青土社。
永井良和（1991）『社交ダンスと日本人』晶文社。
長谷正人（1991）『悪循環の現象学』ハーベスト社。
保坂展人（1991）『子どもが消える日』六興出版。
ポスター，M.（1991）『情報様式論』岩波書店。
アクロス編集室編（1992）『ポップ・コミュニケーション全書』PARCO 出版局。
池井優（1992）『オリンピックの政治学』丸善ライブラリー。
井上俊（1992）『悪夢の選択――文明の社会学』筑摩書房。
柏木博（1992）『デザインの20世紀』NHK ブックス。
ギデンズ，A.（1992）『親密性の変容――近代社会におけるセクシュアリティ，愛情，エロティシズム』而立書房。
仙田満（1992）『子どもと遊び――環境建築家の眼』岩波新書。
フィッシャー，C. S.（1992）『電話するアメリカ』NTT 出版。
ブルデュー，P.（1992）『芸術の規則』（2分冊）藤原書店。
吉見俊哉（1992）『博覧会の政治学』中公新書。
吉見俊哉・若林幹夫・水越伸（1992）『メディアとしての電話』弘文堂。
ロバートソン，R.（1992）『グローバリゼーション――地球文化の社会理論』東京大学出版会。
井上俊編（1993）『現代文化を学ぶ人のために』世界思想社。
川村邦光（1993）『オトメの祈り――近代女性イメージの誕生』紀伊國屋書店。
佐藤忠男（1993）『大衆文化の原像』岩波同時代ライブラリー。
佐藤俊樹（1993）『近代・組織・資本主義』ミネルヴァ書房。
蓮實重彦（1993）『ハリウッド映画史講義』筑摩書房。
ハルバースタム，D.（1993）『ザ・フィフティーズ――1950年代アメリカの光と影』新潮社。
宮台真司・石原英樹・大塚明子（1993）『サブカルチャー神話解体』ちくま文庫。
初田亨（1993）『百貨店の誕生――都市文化の近代』ちくま学芸文庫。
リッツア，G.（1993）『マクドナルド化する社会』早稲田大学出版部。
池上嘉彦ほか（1994）『文化記号論』講談社学術文庫。
落合恵美子（1994）『21世紀家族へ』有斐閣。
グットマン，A.（1994）『スポーツと帝国――近代スポーツと文化帝国主義』昭和堂。
斎藤美奈子（1994）『妊娠小説』ちくま文庫。
神野由紀（1994）『趣味の誕生――百貨店がつくったテイスト』勁草書房。
松井豊編（1994）『ファンとブームの社会心理』サイエンス社。
宮台真司（1994）『制服少女たちの選択』講談社。
山田昌弘（1994）『近代家族のゆくえ』新曜社。
井上俊・上野千鶴子・大澤真幸・見田宗介・吉見俊哉編（1995-97）『岩波講座・現代社会学』（全26巻，別巻1）岩波

書店。
ヴィレーム, J.-P.（1995）『宗教社会学入門』白水社文庫クセジュ。
ギトリン, T.（1995）『アメリカの文化戦争』彩流社。
佐藤健二（1995）『流言蜚語――うわさ話を読みとく作法』有信堂高文社。
ジャンケレヴィッチ, V.（1995）『死とはなにか』青弓社。
芹沢俊介（1995）『不眠の都市の現象学』筑摩書房。
多木浩二（1995）『スポーツを考える――身体・資本・ナショナリズム』ちくま新書。
竹内洋（1995）『日本のメリトクラシー』東京大学出版会。
桝潟俊子（1995）『企業社会と余暇――働き方の社会学』学陽書房。
マルティニエッロ, M.（1995）『エスニシティの社会学』白水社文庫クセジュ。
吉見俊哉（1995）『「声」の資本主義――電話・ラジオ・蓄音機の社会史』講談社。
岡田斗司夫（1996）『オタク学入門』新潮文庫。
佐々木正人（1996）『知性はどこに生まれるか』講談社現代新書。
ターナー, G.（1996）『カルチュラル・スタディーズ入門』作品社。
谷岡一郎（1996）『ギャンブルフィーヴァー――依存症と合法化論争』中公新書。
デニス, E. E.（1996）『アメリカ・コミュニケーション研究の源流』春秋社。
富永茂樹（1996）『都市の憂鬱――感情の社会学のために』新曜社。
ニーガス, K.（1996）『ポピュラー音楽理論入門』水声社。
フィンケルシュタイン, J.（1996）『ファッションの文化社会学』せりか書房。
古瀬幸広・廣瀬克哉（1996）『インターネットが変える世界』岩波新書。
吉見俊哉（1996）『リアリティ・トランジット――情報消費社会の現在』紀伊國屋書店。
ロビンス, K.（1996）『サイバー・メディア・スタディーズ――映像社会の〈事件〉を読む』フィルムアート社。
ゲイ, P. du. ほか（1997）『実践 カルチュラルスタディーズ』大修館書店。
センブリーニ, A.（1997）『多文化主義とは何か』白水社文庫クセジュ。
成沢光（1997）『現代日本の社会秩序』岩波書店。
ハイケン, E.（1997）『プラスチック・ビューティー――美容整形の文化史』平凡社。
吉野耕作（1997）『文化ナショナリズムの社会学』名古屋大学出版会。
間場寿一編（1998）『地方文化の社会学』世界思想社。
今村仁司（1998）『近代の労働観』岩波新書。
上野千鶴子（1998）『ナショナリズムとジェンダー』青土社。
オドリル, D. ほか（1998）『世界遺産』白水社文庫クセジュ。
奥村隆（1998）『他者といる技法――コミュニケーションの社会学』日本評論社。
河原和枝（1998）『子ども観の近代』中公新書。
葛野浩昭（1998）『サンタクロースの大旅行』岩波新書。
古川隆久（1998）『皇紀・万博・オリンピック』中公新書。
ベック, U.（1998）『世界リスク社会論』平凡社。
村井純（1998）『インターネットⅡ』岩波新書。
天野正子（1999）『老いへのまなざし』平凡社ライブラリー。
井上俊・亀山佳明編（1999）『スポーツ文化を学ぶ人のために』世界思想社。
北山晴一（1999）『衣服は肉体になにを与えたか――現代モードの社会学』朝日選書。
ギデンズ, A.（1999）『暴走する世界――グローバリゼーションは何をどう変えるのか』ダイヤモンド社。
清水学（1999）『思想としての孤独――視線のパラドクス』講談社。
スコット, J. W.（1999）『ジェンダーと歴史学』平凡社ライブラリー。
フィーンバーグ, A.（1999）『技術への問い』岩波書店。
水越伸（1999）『デジタル・メディア社会』岩波書店。

【2000～2009年】

アーリ，J. (2000)『社会を越える社会学――移動・環境・シチズンシップ』法政大学出版局。
井上俊 (2000)『スポーツと芸術の社会学』世界思想社。
上杉正幸 (2000)『健康不安の社会学』世界思想社。
落合恵美子 (2000)『近代家族の曲がり角』角川叢書。
現代思想編集部編 (2000)『ろう文化』青土社。
コーエン，R.／ケネディ，P. (2000)『グローバル・ソシオロジー』平凡社。
斉藤環 (2000)『戦闘美少女の精神分析』ちくま文庫。
デランティ，G. (2000)『グローバル時代のシティズンシップ』日本経済評論社。
日本生活学会 (2000)『祝祭の一〇〇年』ドメス出版。
パットナム，R. (2000)『孤独なボウリング――米国コミュニティの崩壊と再生』柏書房。
原田隆司 (2000)『ボランティアという人間関係』世界思想社。
吉田純 (2000)『インターネット空間の社会学――情報ネットワーク社会と公共圏』世界思想社。
芦田哲郎 (2001)『祭りと宗教の現代社会学』世界思想社。
東浩紀 (2001)『動物化するポストモダン――オタクから見た日本社会』講談社現代新書。
江原由美子 (2001)『ジェンダー秩序』勁草書房。
加藤晴明 (2001)『メディア文化の社会学』福村出版。
北野圭介 (2001)『ハリウッド100年史講義――夢の工場から夢の王国へ』平凡社新書。
グラムシ，A. (2001)『グラムシ・セレクション』(片桐薫訳編) 平凡社ライブラリー。
斎藤美奈子 (2001)『紅一点論――アニメ・特撮・伝記のヒロイン像』ちくま文庫。
佐藤健二 (2001)『歴史社会学の作法』岩波書店。
副田義也編 (2001)『死の社会学』岩波書店。
高橋英夫 (2001)『友情の文学誌』岩波新書。
竹村和子 (2001)『愛について』岩波書店。
橋本毅彦・栗山茂久編『遅刻の誕生――近代日本における時間意識の形成』三元社。
長谷正人 (2001)『映像という神秘と快楽』以文社。
広田照幸 (2001)『教育言説の歴史社会学』名古屋大学出版会。
桝山寛 (2001)『テレビゲーム文化論』講談社現代新書。
ライアン，D. (2001)『監視社会』青土社。
太田省一 (2002)『社会は笑う――ボケとツッコミの人間関係』青弓社ライブラリー。
岡田朋之・松田美佐編 (2002)『ケータイ学入門』有斐閣。
亀山佳明・富永茂樹・清水学編 (2002)『文化社会学への招待――「芸術」から「社会学」へ』世界思想社。
北田暁大 (2002→2011)『増補 広告都市・東京――その誕生と死』ちくま学芸文庫。
坂村健 (2002)『ユビキタス・コンピュータ革命』角川書店。
澤田隆治 (2002)『笑いをつくる――上方芸能笑いの放送史』NHKライブラリー。
津金澤聰廣編 (2002)『戦後日本のメディア・イベント』世界思想社。
早川洋行 (2002)『流言の社会学――形式社会学からの接近』青弓社。
河口和也 (2003)『クイア・スタディーズ』岩波書店。
竹内洋 (2003)『教養主義の没落』中公新書。
寺岡伸悟 (2003)『地域表象過程と人間』行路社。
鳥越皓之 (2003)『花をたずねて吉野山――その歴史とエコロジー』集英社新書。
長谷正人・中村秀之編『映画の政治学』青弓社。
長谷川公一 (2003)『環境運動と新しい公共圏』有斐閣。
森川嘉一郎 (2003)『趣都の誕生――萌える都市アキハバラ』幻冬舎。
リッツア，G.／丸山哲央 (2003)『マクドナルド化と日本』ミネルヴァ書房。

ロス，K.／ナイチンゲール，V.（2003）『メディアオーディエンスとは何か』新曜社。
飯沢耕太郎（2004）『デジグラフィ──デジタルは写真を殺すのか？』中央公論新社
五十嵐太郎（2004）『過防備都市』中公新書クラレ。
大畑裕嗣ほか編（2004）『社会運動の社会学』有斐閣。
帯谷博明（2004）『ダム建設をめぐる環境運動と地域再生』昭和堂。
坂元章（2004）『テレビゲームと子どもの心』メタモル出版。
東谷護編（2004）『ポピュラー音楽へのまなざし──売る・読む・楽しむ』勁草書房。
ナイ，J.（2004）『ソフト・パワー』日本経済新聞社。
ブライマン，A.（2004）『ディズニー化する社会』明石書店。
三浦展（2004）『ファスト風土化する日本──郊外化とその病理』洋泉社新書。
本田由紀（2004）『多元化する「能力」と日本社会──ハイパー・メリトクラシー化のなかで』NTT出版。
吉見俊哉（2004）『メディア文化論』有斐閣。
吉見俊哉・北田暁大編（2004）『路上のエスノグラフィー──ちんどん屋からグラフィティまで』せりか書房。
吉見俊哉・若林幹夫編（2004）『東京スタディーズ』紀伊國屋書店。
秋田孝弘（2005）『「コマ」から「フィルム」へ──マンガとマンガ映画』NTT出版。
井上章一ほか編（2005）『性の用語集』講談社現代新書。
歌川令三（2005）『新聞がなくなる日』草思社。
河原和枝（2005）『日常からの文化社会学──私らしさの神話』世界思想社。
北田暁大（2005）『嗤う日本の「ナショナリズム」』NHKブックス。
斎藤光（2005）『幻想の性　衰弱する身体』洋泉社。
佐藤俊樹（2005）『桜が創った日本』岩波新書。
鈴木貞美（2005）『日本の文化ナショナリズム』平凡社新書。
須藤廣・遠藤英樹（2005）『観光社会学──ツーリズム研究の冒険的試み』明石書店。
竹内オサム（2005）『マンガ表現学入門』筑摩書房。
津堅信之（2005）『アニメーション学入門』平凡社新書。
土佐昌樹・青柳寛編（2005）『越境するポピュラー文化と〈想像のアジア〉』めこん。
野村総合研究所（2005）『オタク市場の研究』東洋経済。
細辻恵子（2005）『揺らぐ社会の女性と子ども──文化社会学的考察』世界思想社。
松浦雄介（2005）『記憶の不確定性──社会学的探究』東信堂。
森真一（2005）『日本はなぜ諍いの多い国になったのか』中公新書クラレ。
山下晋司・福島真人編（2005）『現代人類学のプラクシス』有斐閣。
吉見俊哉（2005）『万博幻想』ちくま新書。
渡辺潤・伊藤明己編（2005）『〈実践〉ポピュラー文化を学ぶ人のために』世界思想社。
浅野智彦編（2006）『検証・若者の変貌──失われた10年の後に』勁草書房。
稲垣恭子編（2006）『子ども・学校・社会──教育と文化の社会学』世界思想社。
小倉康嗣（2006）『高齢化社会と日本人の生き方』慶應義塾大学出版会。
菊幸一・清水諭ほか編（2006）『現代スポーツのパースペクティブ』大修館書店。
ケルツ，R.（2006）『ジャパナメリカ──日本発ポップカルチャー革命』ランダムハウス講談社。
小泉和子編（2006）『昭和のキモノ』河出書房新社。
斎藤美奈子（2006）『冠婚葬祭のひみつ』岩波新書。
佐藤俊樹・友枝敏雄編（2006）『言説分析の可能性』東信堂。
田間泰子（2006）『「近代家族」とボディ・ポリティックス』世界思想社。
西山哲郎（2006）『近代スポーツ文化とはなにか』世界思想社。
見田宗介（2006）『社会学入門──人間と社会の未来』岩波新書。
牟田和恵（2006）『ジェンダー家族を超えて──近現代の生／性の政治とフェミニズム』新曜社。

モネイロン，F.（2006）『ファッションの社会学——流行のメカニズムとイメージ』白水社文庫クセジュ。
山下晋司編（2006）『観光人類学』新曜社。
四方田犬彦（2006）『「かわいい」論』ちくま新書。
赤坂真理（2007）『モテたい理由——男の受難・女の業』講談社現代新書。
上野千鶴子（2007）『おひとりさまの老後』法研。
遠藤薫編（2007）『グローバリゼーションと文化変容』世界思想社。
小川伸彦・山泰幸編（2007）『現代文化の社会学入門』ミネルヴァ書房。
倉島哲（2007）『身体技法と社会学的認識』世界思想社。
小林哲生ほか（2007）『モバイル社会の現状と行方』NTT出版。
佐藤健二・吉見俊哉（2007）『文化の社会学』有斐閣。
シュン，Z.／タロッコ，F.（2007）『カラオケ化する世界』青土社。
杉野昭博（2007）『障害学——理論形成と射程』東京大学出版会。
鈴木謙介（2007）『〈反転〉するグローバリゼーション』NTT出版。
武川正吾（2007）『連帯と承認』東京大学出版会。
玉川博章ほか（2007）『それぞれのファン研究——I am a fan.』風塵社。
近森高明（2007）『ベンヤミンの迷宮都市』世界思想社。
中川清（2007）『現代の生活問題』放送大学教育振興会。
ノッター，D.（2007）『純潔の近代——近代家族と親密性の比較社会学』慶應義塾大学出版会。
前田泰樹ほか編（2007）『ワードマップ　エスノメソドロジー』新曜社。
丸田一（2007）『ウェブが創る新しい郷土——地域情報化のすすめ』講談社現代新書。
吉見俊哉（2007）『親米と反米』岩波新書。
石原千秋（2008）『ケータイ小説は文学か』ちくまプリマー新書。
境真良（2008）『テレビ進化論』講談社現代新書。
塩川伸明（2008）『民族とネイション』岩波新書。
祐成保志（2008）『〈住宅〉の歴史社会学』新曜社。
谷本奈穂（2008）『美容整形と化粧の社会学』新曜社。
谷本奈穂（2008）『恋愛の社会学——「遊び」とロマンティック・ラブの変容』青弓社。
土井隆義（2008）『友だち地獄——空気を読む世代のサバイバル』ちくま新書。
東谷護編（2008）『拡散する音楽文化をどうとらえるか』勁草書房。
西城戸誠（2008）『抗いの条件——社会運動の文化的アプローチ』人文書院。
羽渕一代編（2008）『どこか〈問題化〉される若者たち』恒星社厚生閣。
原克（2008）『流線形シンドローム——速度と身体の大衆文化誌』紀伊國屋書店。
藤田結子（2008）『文化移民——越境する日本の若者とメディア』新曜社。
藤村正之（2008）『〈生〉の社会学』東京大学出版会。
サマーズ＝ブレムナー，E.（2008）『眠らない——不眠の文化』青土社。
松平誠（2008）『祭りのゆくえ——都市祝祭新論』中央公論新社。
松宮秀治（2008）『芸術崇拝の思想——政教分離とヨーロッパの新しい神』白水社。
南田勝也・辻泉編（2008）『文化社会学の視座』ミネルヴァ書房。
森岡清志編（2008）『地域の社会学』有斐閣。
八木晃介（2008）『健康幻想の社会学——社会の医療化と生命権』批評社。
吉本哲郎（2008）『地元学をはじめよう』岩波ジュニア新書。
米澤泉（2008）『コスメの時代——「私遊び」の現代文化論』勁草書房。
鷲巣力（2008）『公共空間としてのコンビニ』朝日選書。
五十嵐太郎（2009）『ヤンキー文化論序説』河出書房新社。
千田由紀（2009）『女性学／男性学』岩波書店。

高井直之（2009）『日本カフェ興亡史』日本経済新聞社。
難波功士（2009）『ヤンキー進化論――不良文化はなぜ強い』光文社新書。
橋本健二（2009）『「格差」の戦後史――階級社会日本の履歴書』河出書房新社。
長谷正人・奥村隆編（2009）『コミュニケーションの社会学』有斐閣。
長谷川一（2009）『アトラクションの日常』河出書房新社。
原田信男ほか（2009）『食文化から社会がわかる！』青弓社。
牟田和恵編（2009）『家族を超える社会学』新曜社。

事 項 索 引

- ページの**太字**は項目見出しであることを示す。
- 索引項目は側注も含む。

あ

アーツ・アンド・クラフツ 61
アール・ヌーボー 61
愛情欲求 106
アイデンティティ 146
　──・ポリティクス 105
アキバ 39
能動的(アクティヴ)オーディエンス 183
アグリ・ツーリズム 75
遊び 10, 65, 81, 112, 113, 164
　私── 69
　外── 113
アドベント・カレンダー 104
アナール学派 163
アナロジー 190
アニメ 38, 62, 208
『雨に唄えば』 10
アメリカ的なもの 56
アメリカ同時多発テロ 148
アメリカニゼーション 23, 140
アメリカン・ニューシネマ 57
アレゴリー 190
安全欲求 106
アンチエイジング 67
イヴ →クリスマス
異議申し立て活動 131
育児 96
『いじわるばあさん』 121
伊勢参り 74
一人称の死 122 →死
一村一品運動 94
逸脱と統制 130
イデオロギー 181, 194, 204, 210
　──装置 127
　犠牲者非難── 73
遺伝 193
　──子工学 195
医療社会学 72
インスタント食品 89
インターネット 6-8, 11, 40, 48, 50, 192
ヴァーチャル 192

Wikipedia 51
ウェディングドレス 109
宇宙船地球号 150
うわさ 42
エアロビクス 70
映画 7
　──館 13
　ハリウッド── 12, 56
エイジズム 121
エイジレス・セルフ 121
APC 効果 121
エコ・ツーリズム 75
SNS 189
エスニシティ 136, 146
　象徴的── 147
　選択的── 147
エスニックフード 147
エスノグラフィー 170
エスノセントリズム 173
エスノメソドロジー 197
エディプス・コンプレックス 178
NGO 133
遠近法 156
オウム真理教 155
大喜利 81
オーディエンス 44
オートクチュール 67
『ALWAYS三丁目の夕日』 189
お客様 19, 20
贈り物 102
オジサン・オバサン 118
オタク 38, 69
　──族 39
　──文化 63
男らしさ 206
おひとりさま 121
オリジナル 60
オリンピック 138
　東京── 75
音楽 11, 13

　──産業 83
　ポピュラー── 58

か

絵画 13
階級 204
　支配── 204
　中間── 204
　中産── 167
外食産業 89
下位文化 →サブカルチャー
科学の社会学 160
核家族 128
隠れたカリキュラム 126
家族計画 129
価値観の多元化 116
学校 98, 126
活動理論 120
家庭用ヴィデオ機器 63
家内領域 128
カフェ 30
　──ブーム 31
　メイド── 31, 39
家父長制 181
神なき祭り 111
カメラ 192, 193
　──・オブスキュラ 190
　銀塩── 48
　デジタル── 48
　防犯── 4
カラオケ 82
カリスマ 154
文化主義(カルチュラリズム) 182
カルチュラル・スタディーズ 35, 44, 173, 181, 182, 185, 189, 191, 205
カルト 155
かわいい 115
観光 74
　──資源 111
　──のまなざし 75
　──立国 75

事項索引

監獄　127
観察者　190
監視　4, 134
　　——カメラ　4
　　——社会　35
　　——的環境管理　5
感情労働　19, 159
管理社会　127, 135
韓流　201
　　——ブーム　143
気後れ　205
記号　174
　　——内容　172, 174
　　——表現　172, 174
　　——論　173, 181
儀式　110
喫茶店　30
『機動戦士ガンダム』　63
キモノ・ブーム　93
ギャグ　80
キャピタル・フライト　151
ギャンブル　84
　　——依存症　85
教育社会学　158
教育の道具的側面　159
共時態　172 →通時態
競争の公正　151
教団　154
共同体　167
教養　154
虚偽意識　181
虚構の時代　16
規律訓練　126, 211
儀礼　109, 154
銀座　187
近代　64
　　——化　64
　　——家族　128
　　——スポーツ　139
　　——的個人　60
　　——的自我　54
　　——文学　54
クィア　137
空間の快適さ・快楽　2
クール・ジャパン　143
グリーン・ツーリズム　75
クリスマス　104
　　——イヴ　104
　　——ソング　104

クレオール　125
グローカル化　22
グローバル・ガバナンス　149
グローバル・ミニマム　151
グローバル化（グローバリゼーション）　33, 65, 133, 141, 150, 211
グローバル戦略　145
経済資本　205
計算能力　126
芸術　10, 52, 60
　　——作品　11
　　——至上主義　53
　　——社会学　156
　　——のための芸術　55
　　高級——　13
　　限界——　11
　　純粋——　11
ケータイ（携帯電話）　6, 7, 9, 40, 113
　　——小説　54
　　デジカメ付——　48
ゲートボール　121
ゲーム　11, 38, 78, 165
　　——有害論　78
　　コンピュータ——　78
　　スペースインベーダー——　79
化粧　68
　　——文化　68
結婚式　108
限界集落化　94
健康　72
　　——至上主義　72
顕在的機能　110 →潜在的機能
検索エンジン　8
言説　73
　　——分析　163, 176
現代思想　191
現代風俗研究会　187
現代文化研究センター（CCCS）　182
「顕著な普遍的価値」　144
権力　208
　　——のペンタゴン　141
公営競技　84
後期高齢者　120
公共領域　128
考現学　186
合コン　87

工場　126
構造主義　172, 181, 182
　　——的マルクス主義　173
　　ポスト——　173, 191
降誕劇　104
構築主義　163
　　社会——　73
高度経済成長　93, 108
合理化　33
高齢化社会　16, 120
コーヒーハウス　31
コーホート　121
互換性　103
コギト　180
国語　124, 126
国民　126
　　——国家　124, 136
　　——生活時間調査　41
　　『——生活白書』　14
　　——文化　189
『こゝろ』　54, 55
個室化　6
ゴシック・ロリータ（ゴスロリ）　115
個人主義　64
コスメフリーク　68
コスモポリタン・シティズンシップ　149
国家のイデオロギー装置　181, 210
子ども　112
　　——文化　112
コマ　62 →マンガ
コマーシャリズム　167
コミックマーケット　63, 200, 201
コミュニケーション　18, 117
　　——・スキル　19
コミュニティ　94
　　——放送局　95
婚姻規則　173
婚活　87
コンテンツ化　11
伴侶動物（コンパニオンアニマル）　123
コンビニ　32, 77, 89

さ

サービス産業　18
差異　174
再生産　205, 210
在日コリアン　147

盛り場 2
作者 60
サブカルチャー（下位文化） 117, 136, 183, 191, 200
産育文化 96
産業遺産 95
産業革命 74
産業化論 150
産業社会 64
産業主義 126
三種の神器 15
サンタクロース 105
三間の喪失 113
三間の不足 113
参与観察 170
死 122
　　三人称の—— 122
　　二人称の—— 122
自意識 193
恣意性 175
CD 11
J-Pop 104
ジェンダー 87, 97, 182, 184, 200
　　——・スタディーズ 184
視覚文化論 190
シカゴ学派 34, 183
　　——都市社会学 2
時間割 126
自己意識 193
自己規律化 167
自己実現の欲求 106
自己責任 73
自己の分身 47
自己表出 46, 47
システム 172
　　スタジオ・—— 56
自然 192
　　——史 192
持続可能性 149, 151
実存主義 173
師弟関係 159
史的唯物論 180
児童読物浄化運動 112
シノプティコン 134
渋谷 3
資本家（ブルジョワ） 204
資本主義 126
　　出版—— 125
地元学 95

社会運動 132
　　新しい—— 132
社会化 118
社会改良政策 193
社会関係資本 71, 205
社会契約説 180
社会史 191
社会制度 176
社会秩序 131
社会的徳性 167
社会統制 116
社会老年学 120
写真館 192
写真撮影のモラル 49
宗教社会学 154
重層的決定 181
従属論 150
住民運動 132
主体 177
　　——なき目的なき過程 173
　　——の脱中心化 173
出産 96
趣都 39
受容美学 191
シュルレアリスム 13
準児童ポルノ 39
純粋な関係性 201
巡礼 74
障害 137
商業主義 167
少女 114
肖像写真 193
象徴的暴力 127
承認欲求 106
少年 114
消費革命 93
消費行動 83
消費社会 32, 105
商品 60
　　——化 58
上部構造 181
情報社会 134
常民 186
女給 30
食育基本法 89
食生活 88
職場づきあい 106
『女工哀史』 14
ショッピング 76

庶民階級 205
書物 11
進化論 193
人権 151
人種 193
心身二元論 199
身体 196
　　——技法 198
新聞 6-8, 40, 41, 192
人文諸科学 193
進歩の時代 74
神話 194
　　三歳児—— 97
スーパーマーケット 77
『スタートレック』 45
スターバックスコーヒー 30
文体（スタイル） 177
ストリート 34
ストレンジャー 28
スポーツ 64, 70
　　——社会学 166
　　競技—— 167
　　生涯—— 167
住まい 90
スロー・フード 89
性（セックス・セクシュアリティ） 137, 200
聖—俗—遊 111
生活世界 77
制限コード 205 →精密コード
性産業 86
生産手段 204
性事 86
精神世界 155
精神分析 178, 191
　　ラカン派—— 183
贅沢趣味 206
制度 176
聖と俗 110
性別分業 16
精密コード 205 →制限コード
生理的欲求 106
世界遺産 144
世界システム論 150
世界人権宣言 144
セガサターン 79
セキュリティー化 2
セクシュアル・ハラスメント（セクハラ） 202

事項索引

セクト　154
世俗化　155
世代闘争　117
接続可能な社会　17
セル　62
　——・アニメーション　62
セルフ・ジャッジ　167
セレブ　31
前期近代　64
前期高齢者　120
専業主婦　88, 128
潜在的機能　110　→顕在的機能
全体論的アプローチ　170
『千と千尋の神隠し』　39
相関主義　160
相互行為　146
贈与　102
ソフト・パワー　208
存在拘束性　160

た

体育　70
　——社会学　166
第一の技術　193
ダイエット　67
対応理論　126
大衆　189
　——芸術　11
　——小説　54
　——文化　40, 45, 85, 183, 185, 191　→ポピュラー文化
第二の技術　193
対面相互作用　34
大量配給　58
卓越化（distinction）　206
惰性態　175
地域社会　94
知—権力　96
知識社会学　160
チャーチ　154
ツイッター　189
通時態　172　→共時態
DVD　11
　——化　11
低開発の開発　150
抵抗　183
デート　87, 104
テープレコーダー　193
テーマパーク　2, 138, 194
　——化　2
　——都市　2
テクノロジー　212
デザイン　60
デジタル・デバイド　121
デパート　→百貨店
テレコミュニケーション　46
テレビ　6-8, 40, 41, 192
　——ドラマ　104
　——放映　11
　日本——　189
展示価値　13, 215　→礼拝価値
電車男　39
伝承母体　94
伝統の発明　93, 147
電話　6, 7, 9, 46
東京ディズニーランド　2
洞窟壁画　13
道徳規範　116
匿名性　29
都市　2
　——空間　195
　——伝説　42
時計時間　127
土着　80
ドメスティケーション　91
友だち　98
ドラゴンクエストⅢ　79
ドラマツルギー　34

な

ながら視聴　41
ナショナリズム　125, 139, 142
　方法論的な——　149
二次利用　12
日常生活　14
日本生活学会　187
日本的経営　169
日本風俗史学会　187
日本文化論　168
新しい美術史（ニュー・アート・ヒストリー）　191
人間（人格）崇拝　155
『人間失格』　55
人間の安全保障　151
人間力　135
妊娠小説　54, 55
NINTENDO64　79
ヌーヴェル・ヴァーグ　57
ネットワーク　9
　——化　6
ネトゲー　189

年齢差別禁止法　121

は

パーソナル・コンピュータ（パソコン, PC）　6-9, 192
仮想現実（バーチャル・リアリティ）　78
ハイカルチャー　200
売春防止法　86
排除　5
媒体　58
買売春　86
バウハウス　61
舶来趣味　105
パソコン　→パーソナル・コンピュータ
パチンコ　84
パッケージ・ツアー　74
パノプティコン　127, 134
ハビトゥス　88
パブリックスクール　167
バブル期　105
原っぱ　112, 113
パルコ　3
ハレとケ　110
バレンタインデー　102
パロール　172　→ラング
万国博　138
犯罪　130
必要趣味　205
ビデオ化　11
批評論理　191
百貨店（デパート）　76, 93, 138, 160
美容　68
ファスト・フード　89
ファスト風土　77
ファッション　66, 187, 192
ファミリーコンピュータ　79
ファンジン（fanzine）　45
ファンタスマゴリー（幻影）　77
フィットネス　67, 70
　——クラブ　70
風俗　187
　——学　186
　性——　86
フーゾク　86
フェミニズム　183, 184, 191
フォークロア　186
フォーディズム　61
不関与規範　29

229

複製　60
　——技術　58
　——技術品　13
腐女子　115
物象化　181
プライバシー　28
フランクフルト学派　183, 214
プレイステーション　79
ブログ（Blog）　7, 48, 192
映画制作倫理規定（プロダクション・コード）　56
プロパガンダ　188
　——としての芸術　53
プロフェッショナリズム　167
文化　170
　——遺産オンライン　144
　——記号　194
　——記号論　174
　——産業　13, 23, 140, 142
　——資本　205
　——人類学　53, 170, 193
　——帝国主義　23, 33, 143
　——的権利　144
　——的善意　206
　——の境界をめぐるシンボル操作　131
　——の主導権　131
　——の正当性　131
　高級——　191
　コスプレ——　63
　産育——　96
　児童——　112
　消費——　93
　正統——　205
　対抗——（カウンターカルチャー）　45, 116, 133, 136, 141, 206
　罪の——　169
　同人誌——　63
　恥の——　169
　貧困の——　205
　ファン——　44
　ポピュラー——　142　→大衆文化
　マスコミ——　192
　ヤンキー——　207
　若者——　45, 116
分節化　174, 175
文明化の過程　64
文明史　192

ヘゲモニー　209
ヘテロセクシズム　87
報道　7, 41
方法としての身体　198
亡命映画作家　56
ボーイズラブ（BL）　115, 200
ポータルサイト　8
ホームページ（ウェブページ, World Wide Web=WWW）　7
母子保健法　97
ポストコロニアル　183
ポストモダン　55, 181, 182
母性　96
ポルノグラフィ　87

ま

マイノリティ　136
　性的——　137
『舞姫』　54
マカロニ・ウエスタン　57
マクドナルド化　89
マス・ツーリズム　75
マスコミュニケーション研究　188
マダン（広場）　147
祭り　110
まなざし　204
マルクス主義　157, 160, 180
マンガ　38, 62, 174, 208　→コマ
　ストーリー・——　62
『漫画ブリッコ』　38
漫才　80
マンタリテ（心性）　129
ミクシィ　192
ミュージカル　11
　——映画　10
民間学　187
民間伝承　186
民具　186
民族　146
　——音楽　147
民俗学　186
民俗芸能　110
無意識　178
メール　6, 9
メタフィクション　55
メディア　6, 40, 80, 91, 167, 191
　——文化　142
　——文化現象　194

　——リテラシー　189
　——論　188
　市民——　189
　ニュー——　189
　マス——　6-8, 40, 41, 188, 192
メディエーション　59
萌え　39
モデルノロヂオ　187
物語　55, 62
モボ・モガ　93

や

やおい　200
約束事　174, 175
『谷根千』　95
唯物史観　180
優生学　193
優生思想　73
ユートピア　141
豊かな社会　164
ゆとり　205
ユネスコ（国際連合教育科学文化機関）　144
用件伝達　47
幼女連続誘拐殺人事件　39
洋服　92
余暇　164
　——社会　164
　——社会学　164
よさこい（YOSAKOI）　111
読み書き　126

ら

ライフコース　116, 121
ライフストーリー　137
ラスコーの洞窟　13
ラディカル・エイジング　121
ラベリング論　136
ラング　172　→パロール
リスク社会　148
　世界——　148
リスペクタビリティ　206
離脱理論　120
リテラシー　91
流行　187
流用（用途）　24
了解可能性　130
臨死体験　122
人種差別主義（レイシズム）　182
冷戦　57
年齢別鑑賞制限制度（レイティング・システム）　57

礼拝価値　13, 215　→展示価値
歴史社会学　162
レクリエーション運動　139
レコード　13
赤狩り（レッド・パージ）　57
恋愛　100, 201
　──結婚　100, 201
　宮廷風──　100
老人力　120

労働者（プロレタリア）　204
老年　120
ろう（聾）文化　137
　──宣言　137
ロシア・アバンギャルド　61
路上　34
　──観察学会　187
『ロビンソン・クルーソー』　54, 55

ロマン主義　60
ロマンティック・ラブ　100
ロンドン万国博覧会　74

わ

若者組　99
私探し　69
和服　92
笑い　80

人名索引

あ
アーリ John Urry 74, 75
秋田孝弘 62
阿佐田哲也 85
浅野智彦 117
芦田徹郎 111
東浩紀 5, 69
アドルノ Theodor W. Adorno 12, 22, 64, 157, 214
阿部謹也 100
天野正子 121
アリエス Philippe Ariès 129, 163
有馬哲夫 24
アルチュセール Louis Althusser 127, 173, 181, 210
アンダーソン Benedict Anderson 125, 163
飯沢耕太郎 49
飯田隆 87
五十嵐太郎 5
池井望 167
石原英樹 45
井上俊 100, 111, 131, 165, 201
井上章一 86
イリイチ Ivan Illich 73, 98
岩尾龍太郎 55
ウィトゲンシュタイン Ludwig Wittgenstein 199
ウィリアムズ Raymond Williams 182
ウィリス Paul E. Willis 34, 183, 206
ヴィリリオ Paul Virilio 215
ウィルモット Peter Willmott 205
ウー John Woo（呉宇森）57
ウートラム Dorinda Outram 206
ウェーバー Max Weber 84, 155, 162, 168
上杉正幸 72
上野千鶴子 121
ヴェブレン Thorstein Veblen 206

ヴォーゲル Ezra F. Vogel 169
ウォーラステイン Immanuel Wallerstein 150
ウォルト Charles F. Worth 67
内田隆三 61
梅棹忠夫 86
ウルフ Janet Wolff 157
エイベルソン Elaine S. Abelson 160
エスカルピ Robert Escarpit 157
江原由美子 185, 203
エリアス Norbert Elias 64, 84
エリクソン Erik H. Erikson 120
オーウェル George Orwell 141
太田肇 107
大塚明子 45
大畑裕嗣 133
大平健 20
大村英昭 194
大山昌彦 25
岡田温司 191
岡田斗司夫 63
岡田光弘 197
小川博司 59
奥野健男 112
奥村隆 21, 204
落合恵美子 128
小津安二郎 57
オルポート Gordon W. Allport 42

か
カープ David A. Karp 29
ガーフィンケル Harold Garfinkel 197
カイヨワ Roger Caillois 80, 84, 111, 165
笠井潔 38
カステル Manuel Castells 33
加藤晴明 9
カプフェレ Jean-Noel Kapferer 42
亀山佳明 157, 167

柄谷行人 193
河野哲也 199
河原和枝 70, 161
ガンス Herbert J. Gans 146
ギアーツ Clifford Geertz 170
菊幸一 167
北田暁大 3, 181
北野圭介 57
キツセ John I. Kitsuse 131
キットラー Friedrich Kittler 215
ギデンズ Anthony Giddens 23, 101, 126, 201
ギブスン James J. Gibson 199
ギリガン Carol Gilligan 185
ギルロイ Paul Gilroy 183
ギンタス Herbert Gintis 126
クーベルタン Pierre de Coubertin 139
葛野浩昭 105
クック Thomas Cook 74
クノー Raymond Queneau 177
クラカウアー Siegfried Kracauer 156
倉島哲 199
グラシム Antonio Gramsci 181, 209
クリフォード James Clifford 183
クレーリー Jonathan Crary 190
黒田清輝 87
黒田浩一郎 72
桑原武夫 187
ゲイ Paul du Gay 24
ケリー Gene Kelly 10
ケルツ Roland Kelts 22
ゲルナー Ernest Gellner 126
ゴダール Jean-Luc Godard 57
小林信彦 80
ゴフマン Erving Goffman 29, 34, 185
今和次郎 90, 187
コント Auguste Comte 162

232

人名索引

さ
サイード Edward Said 161, 210
斎藤次郎 113
斎藤美奈子 54, 55, 109
酒井紀美 42
酒井真人 31
坂元章 78
作田啓一 53, 122, 157
シヴェルブシュ Wolfgang Schivelbusch 36
ジェンキンス Henry Jenkins 44
ジジェク Slavoj Žižek 179
島田ゆか 76
清水諭 167
清水学 157
シャブロル Claude Chabrol 57
ジャンケレヴィッチ Vladimir Jankelevitch 122
シュン Zhou Xun 25
ショーター Edward Shorter 129
シルバーストーン Roger Silverstone 91, 183
ジンメル Georg Simmel 29
スクラー Robert Sklar 57
スタフォード Barbara Maria Stafford 190
スペクター Malcolm Spector 131
スペンダー Dale Spender 185
瀬川清子 92
芹澤俊介 37
セルバンテス Miguel de Cervantes 55, 177
仙田満 113
副田義也 121
ソーキン Michael Sorkin 2
ソシュール Ferdinand de Saussure 172, 174

た
ダーウィン Charles Darwin 193
タイラー Edward B. Tylor 170
ダヴィッド Jacques-Louis David 53
髙井尚之 30
高橋哲哉 151
高橋勇悦 117
多木浩二 139, 191
竹内オサム 63
竹内洋 158, 161
武川正吾 151
多田道太郎 165, 187
田辺聖子 119
田間泰子 129
タロッコ Francesca Tarocco 25
チュダコフ Howard P. Chudacoff 118
チョドロウ Nancy J. Chodorow 97
津堅信之 63
鶴見俊輔 80, 187
テーヌ Hippolyte A. Taine 156
デカルト René Descartes 180
手塚治虫 63
デフォー Daniel Defoe 54, 55
デュマズディエ Joffre Dumazedier 164
デュルケム Émile Durkheim 53, 110, 155, 162, 169, 174
デリダ Jacques Derrida 183
テンニース Ferdinand Tönnies 162
ド・セルトー Michel de Certeau 183
土井隆義 21, 98
ドゥルーズ Gilles Deleuze 127, 135
ドーネン Stanley Donen 10
トクヴィル Alexis de Tocqueville 162, 169
トビン Joseph Tobine 24
富永茂樹 157
トムソン Edward P. Thompson 182
トムリンソン John Tomlinson 23, 33
鳥越皓之 195
トリュフォー François Truffaut 57
ドルフマン Ariel Dorfman 23

な
ナイ Joseph S. Nye 208
永井荷風 31
永井良和 86
中根千枝 169
中森明夫 38
夏目漱石 87
夏目房之介 174
難波功士 25, 207
ニコルズ Mike Nichols 56
西城戸誠 133
ノイバウアー Hans-Joachim Neubauer 43
ノディングス Nel Noddings 185
野矢茂樹 199

は
バーガー Pater L. Berger 161
ハーバーマス Jurgen Habermas 77
バーンスティン Basil Barnstein 205
ハイデガー Martin Heidegger 214
橋本健二 207
蓮實重彥 54, 57
長谷正人 21
長谷川一 76
バダンテール Elisabeth Badinter 163
パットナム Robert D. Putnam 71
バトラー Judith Butler 185, 203
パノフスキー Erwin Panofsky 156
馬場伸彦 31
バフチン Mikhail Bakhtin 183
浜崎あゆみ 69
林要 166
バルト Roland Barthes 172, 183, 194, 212
ハルバースタム David Halberstam 140
ヒラリー G. A. Hillery 94
ヒル George Roy Hill 56
フィスク John Fiske 44, 183
フーコー Michel Foucault 75, 87, 96, 161, 163, 167, 172, 176, 177, 183, 210
フォスター Hal Foster 191
福本信行 85
藤村正之 117
藤本浩之輔 112, 113
ブライマン Alan Bryman 25
ブラウ Peter M. Blau 103
ブルンヴァン Jan H. Brunvand 42
フランカステル Pierre Francastel 157

フリーダン Betty Friedan　184
フリーマン Derek Freeman　193
ブルデュー Pierre Bourdieu　88, 127, 157, 183, 205
プレハーノフ Georgij V. Plekhanov　53, 156
フロイト Sigmund Freud　178
ヘーゲル Georg Wilhelm Friedrich Hegel　177
ベーコン＝スミス Camille Bacon-Smith　44
ベッカー Howard S. Becker　131
ベック Ulrich Beck　148
ベネディクト Ruth Benedict　169
ヘブディジ Dick Hebdige　183, 206
ベンヤミン Walter Benjamin　13, 60, 77, 138, 156, 183, 193, 215
ホイジンガ Johan Huizinga　64, 165
ボウルズ Samuel Bowles　126
ボウルビー Rachel Bowlby　76
ボードリヤール Jean Baudrillard　32, 34, 77, 141
ホール Stuart Hall　24, 182
ホガート Richard Hoggart　141, 182, 205
ポスター Mark Poster　135
ポストマン Leo Postman　42
細井和喜蔵　14
ホックシールド Arlie Hochschild　18, 19, 159
ホッパー Dennis Hopper　56
ホッブズ Thomas Hobbes　180
ホブズボウム Eric Hobsbawm　93, 125, 147
堀井憲一郎　36
ホルクハイマー Max Horkheimer　12, 22, 214
ボルヘス Jorge L. Borges　177
ホワイト William F. Whyte　34
本田和子　114
本多勝一　86
本田由紀　19

ま

マートン Robert K. Merton　160
前田泰樹　197
マクルーハン Marshall McLuhan　71, 189, 213
マクロビー Angela McRobbie　183
マズロー Abraham H. Maslow　107
松平誠　111
松宮秀治　13
松谷創一郎　39
マトゥラール Armand Mattelart　23
マドンナ Madonna　44
マリノフスキー Bronislaw Malinowski　170
マルクス Karl Marx　77, 160, 180, 204
丸田一　95
丸谷才一　105
丸山圭三郎　175
丸山真男　169
マンハイム Karl Mannheim　160, 204
マンフォード Lewis Mumford　141
ミード Margaret Mead　193
水川喜文　197
水越伸　189
見田宗介　16, 204
港千尋　13
宮崎勤　39
宮下規久朗　87
宮島喬　151
宮台真司　45
宮本常一　112
ミルグラム Stanley Milgram　29
牟田和恵　97, 203
メルロ＝ポンティ Maurice Merleau-Ponty　199
モース Marcel Mauss　87, 102, 198
モーレー David Morley　183
モッセ George L. Mosse　206
モラン Edgar Morin　43
森昭雄　78
森鷗外　31
森雄繁　107

森真一　19
森岡清志　94
森川嘉一郎　39
森高千里　118

や

柳田國男　90, 110, 186
山田昌弘　129
ヤング Michael Young　205
横山源之助　14
吉川ひなの　69
吉田純　51
吉野耕作　125
吉見俊哉　3, 15, 139, 140

ら・わ

ライアン David Lyon　4, 135
ライル Gilbert Ryle　199
ラカン Jacques Lacan　173, 178
ラブレー François Rabelais　55
ラリー Celia Lury　24
ラング Fritz Lang　56
リー Ang Lee（李安）　57
リースマン David Riesman　19, 164
リーチ Edmund Leach　171
リッツァ George Ritzer　18, 33, 89
ルイス Oscar Lewis　205
ルカーチ György Lukács　156, 181
ルソー Jean-Jaques Rousseau　74, 75
ルックマン Thomas Luckmann　161
ルドフスキー Bernard Rudofsky　93
ルノワール Jean Renoir　56
ルビッチ Ernst Lubitsch　56
レヴィ＝ストロース Claude Lévi-Strauss　105, 140, 172
レオーネ Sergio Leone　56
ロバートソン Roland Robertson　22
ロビンス Kevin Robins　49
ロフランド Lyn H. Lofland　28
ロメール Éric Rohmer　57
ワース Louis Wirth　2
和辻哲郎　169

執筆者紹介（氏名／よみがな／現職） ＊執筆担当は本文冒頭に記載

赤枝香奈子（あかえだ・かなこ）
追手門学院大学社会学部教授

芦田徹郎（あしだ・てつろう）
甲南女子大学名誉教授

東　園子（あずま・そのこ）
京都産業大学現代社会学部准教授

阿南　透（あなみ・とおる）
江戸川大学特任教授

池田太臣（いけだ・たいしん）
甲南女子大学人間科学部教授

稲垣恭子（いながき・きょうこ）
京都大学理事・副学長

井上　俊（いのうえ・しゅん）
奥付編著者紹介参照

太田省一（おおた・しょういち）
社会学者

大貫恵佳（おおぬき・さとか）
駒沢女子大学人間総合学群准教授

大村英昭（おおむら・えいしょう）
元大阪大学人間科学部教授

小川伸彦（おがわ・のぶひこ）
奈良女子大学文学部教授

奥村　隆（おくむら・たかし）
関西学院大学社会学部教授

小倉敏彦（おぐら・としひこ）
立教大学社会学部非常勤講師

小澤考人（おざわ・たかと）
東海大学観光学部教授

帯谷博明（おびたに・ひろあき）
甲南大学文学部教授

柏原全孝（かしはら・まさたか）
甲南女子大学人間科学部教授

加島　卓（かしま・たかし）
筑波大学人文社会系教授

加藤晴明（かとう・はるひろ）
元中京大学現代社会学部教授

加藤裕治（かとう・ゆうじ）
静岡文化芸術大学文化政策学部教授

河原和枝（かわはら・かずえ）
元甲南女子大学人間科学部教授

菊　幸一（きく・こういち）
国士舘大学大学院スポーツ・システム研究科特任教授

菊池哲彦（きくち・あきひこ）
尚絅学院大学総合人間科学系准教授

木島由晶（きじま・よしまさ）
桃山学院大学社会学部准教授

木村涼子（きむら・りょうこ）
大阪大学大学院人間科学研究科教授

倉島　哲（くらしま・あきら）
関西学院大学社会学部教授

高野光平（こうの・こうへい）
茨城大学人文社会科学部教授

斎藤　光（さいとう・ひかる）
京都精華大学マンガ学部教授

佐伯　勇（さえき・いさむ）
甲南女子大学人間科学部教授

清水　学（しみず・まなぶ）
神戸女学院大学文学部教授

祐成保志（すけなり・やすし）
東京大学大学院人文社会系研究科准教授

執筆者紹介（氏名／よみがな／現職） ＊執筆担当は本文冒頭に記載

周藤真也（すとう・しんや）
早稲田大学社会科学総合学術院教授

高井昌吏（たかい・まさし）
東洋大学社会学部教授

田中大介（たなか・だいすけ）
日本女子大学人間社会学部教授

田邊　浩（たなべ・ひろし）
金沢大学大学院人間社会環境研究科教授

近森高明（ちかもり・たかあき）
慶応義塾大学文学部教授

辻　　泉（つじ・いずみ）
中央大学文学部教授

寺岡伸悟（てらおか・しんご）
奈良女子大学文学部教授

土井隆義（どい・たかよし）
筑波大学大学院人文社会科学研究科教授

東谷　護（とうや・まもる）
愛知県立芸術大学音楽学部教授

土佐昌樹（とさ・まさき）
国士舘大学21世紀アジア学部教授

富永茂樹（とみなが・しげき）
元京都大学人文科学研究所教授

永井良和（ながい・よしかず）
関西大学社会学部教授

西山哲郎（にしやま・てつお）
関西大学人間健康学部教授

野村明宏（のむら・あきひろ）
大谷大学社会学部教授

野村佳絵子（のむら・かえこ）
龍谷大学矯正・保護総合センター嘱託研究員

野田さやか（のだ・さやか）
元甲南女子大学大学院人文科学総合研究科研修員

橋本　満（はしもと・みつる）
元甲南女子大学人間科学部教授

長谷正人（はせ・まさと）
奥付編著者紹介参照

長谷川　一（はせがわ・はじめ）
明治学院大学文学部教授

原田隆司（はらだ・たかし）
甲南女子大学人間科学部教授

藤村正之（ふじむら・まさゆき）
上智大学総合人間科学部教授

古川岳志（ふるかわ・たけし）
関西大学ほか非常勤講師

細辻恵子（ほそつじ・けいこ）
甲南女子大学名誉教授

松浦雄介（まつうら・ゆうすけ）
熊本大学大学院人文社会科学研究部教授

牟田和恵（むた・かずえ）
大阪大学名誉教授

村田泰子（むらた・やすこ）
関西学院大学社会学研究科教授

百々　徹（もも・とおる）
大阪成蹊短期大学生活デザイン学科教授

森　雄繁（もり・かつしげ）
元甲南女子大学人間科学部特任教授

米澤　泉（よねざわ・いずみ）
甲南女子大学人間科学部教授

渡辺　潤（わたなべ・じゅん）
東京経済大学名誉教授

《編著者紹介》

井上　俊（いのうえ・しゅん／1938年生まれ）
大阪大学名誉教授
『死にがいの喪失』（単著，筑摩書房，1973年）
『遊びの社会学』（単著，世界思想社，1977年／新装版1999年）
『悪夢の選択――文明の社会学』（単著，筑摩書房，1992年）
『スポーツと芸術の社会学』（単著，世界思想社，2000年）
『武道の誕生』（単著，吉川弘文館，2004年）
『社会学ベーシックス・シリーズ』（全11巻，共編著，世界思想社，2008年～2011年）
『今どきコトバ事情――現代社会学単語帳』（共編著，ミネルヴァ書房，2016年）
『文化社会学界隈』（単著，世界思想社，2019年）
『よくわかるスポーツ文化論［改訂版］』（共編著，ミネルヴァ書房，2020年）

長谷正人（はせ・まさと／1959年生まれ）
早稲田大学文学学術院教授
『悪循環の現象学――「行為の意図せざる結果」をめぐって』（単著，ハーベスト社，1991年）
『映像という神秘と快楽――〈世界〉と触れ合うためのレッスン』（単著，以文社，2001年）
『映画の政治学』（共編著，青弓社，2003年）
『テレビだョ！全員集合――自作自演の1970年代』（共編著，青弓社，2007年）
『コミュニケーションの社会学』（共編著，有斐閣，2009年）
『映画というテクノロジー経験』（単著，青弓社，2010年）
『敗者たちの想像力――脚本家　山田太一』（単著，岩波書店，2012年）
『映像文化の社会学』（編著，有斐閣，2016年）
『ヴァナキュラー・モダニズムとしての映像文化』（単著，東京大学出版会，2017年）

文化社会学入門
――テーマとツール――

2010年10月20日　初版第1刷発行　　　　　（検印省略）
2025年3月30日　初版第5刷発行

定価はカバーに表示しています

編著者　井上　　俊
　　　　長谷　正人
発行者　杉田　啓三
印刷者　森元　勝夫

発行所　株式会社　ミネルヴァ書房
607-8494 京都市山科区日ノ岡堤谷町1
電話代表（075）581-5191
振替口座 01020-0-8076

©井上俊・長谷正人，2010　　モリモト印刷
ISBN978-4-623-05824-2
Printed in Japan

やわらかアカデミズム・〈わかる〉シリーズ

よくわかるスポーツ文化論［改訂版］	井上俊・菊幸一編著	本体 2500円
よくわかる社会学［第3版］	宇都宮京子編	本体 2500円
よくわかる現代家族［第2版］	神原文子ほか編著	本体 2600円
よくわかる宗教社会学	櫻井義秀・三木 英編	本体 2400円
よくわかる環境社会学［第2版］	鳥越皓之・帯谷博明編著	本体 2800円
よくわかる国際社会学［第2版］	樽本英樹著	本体 2800円
よくわかる医療社会学	中川輝彦・黒田浩一郎編	本体 2500円
よくわかる観光社会学	安村克己ほか編著	本体 2600円
よくわかるメディア・スタディーズ［第2版］	伊藤 守編著	本体 2500円
よくわかる異文化コミュニケーション	池田理知子編著	本体 2500円
よくわかる質的社会調査 技法編	谷 富夫・芦田徹郎編著	本体 2500円
よくわかる文化人類学［第2版］	綾部恒雄・桑山敬己編	本体 2500円
よくわかるNPO・ボランティア	川口清史・田尾雅夫・新川達郎編	本体 2500円
よくわかる統計学 Ⅰ 基礎編［第2版］	金子治平・上藤一郎編	本体 2600円
よくわかる統計学 Ⅱ 経済統計編［第2版］	御園謙吉・良永康平編	本体 2600円
よくわかる学びの技法［第3版］	田中共子編	本体 2200円
よくわかる卒論の書き方［第2版］	白井利明・高橋一郎著	本体 2500円
今どきコトバ事情	井上俊・永井良和編著	本体 2000円
文化社会学の視座	南田勝也・辻泉編著	本体 2800円

ミネルヴァ書房

https://www.minervashobo.co.jp/